第二次青藏高原综合科学考察研究丛书

国家出版基金项目
NATIONAL PUBLICATION FOUNDATION

阿里及邻近地区
土地利用变化与生态保护

张镱锂　刘林山　等　著

科学出版社

北　京

内 容 简 介

本书是"第二次青藏高原综合科学考察研究"之阿里及邻近地区土地利用变化与生态保护科学考察的总结性成果。全书共 7 章，阐述科考的背景、意义、目标、内容，阿里及邻近地区基本概况、人口和社会经济发展状况；开展阿里及邻近地区土地利用与土地覆被现状和变化分析，识别区域内土地利用现状特征、变化特点及存在的问题；针对土地利用变化与生态保护之间的冲突，围绕具体案例分析，提出缓解畜牧业发展与野生动物保护之间冲突的有效措施。本书通过科考获得了可分析的第一手观测资料，为青藏高原的土地利用变化与生态保护及区域绿色发展提供科学参考。

全书内容系统全面、资料严谨翔实、结构逻辑严密，极大地推动了对阿里及邻近地区土地利用变化与生态保护的深入研究。本书可供土地资源、气候学、生态学等专业的科研、教学等相关人员参考使用。

审图号：GS (2022) 2806号

图书在版编目（CIP）数据

阿里及邻近地区土地利用变化与生态保护 / 张镱锂等著. —北京：科学出版社，2022.9

（第二次青藏高原综合科学考察研究丛书）

国家出版基金项目

ISBN 978-7-03-073202-6

Ⅰ.①阿… Ⅱ.①张… Ⅲ.①土地利用–土地管理–研究–阿里地区 ②生态环境保护–研究–阿里地区 Ⅳ.①F321.1 ②X321.275.4

中国版本图书馆CIP数据核字（2022）第172522号

责任编辑：朱 丽 郭允允 赵 晶 / 责任校对：杜子昂
责任印制：肖 兴 / 封面设计：吴霞暖

科 学 出 版 社 出版

北京东黄城根北街16号
邮政编码：100717
http://www.sciencep.com

北京汇瑞嘉合文化发展有限公司 印刷

科学出版社发行 各地新华书店经销

*

2022年9月第 一 版 开本：787×1092 1/16
2022年9月第一次印刷 印张：19 3/4
字数：465 000

定价：298.00元

（如有印装质量问题，我社负责调换）

《阿里及邻近地区土地利用变化与生态保护》
编写委员会

主　任　　张镱锂

副主任　　刘林山　　阎建忠　　刘峰贵　　王兆锋　　徐增让

委　员　　（按姓氏汉语拼音排序）

才项措毛　陈强强　　陈屹松　　谷昌军　　扈晶晶

金绍兵　　靳茗茗　　李兰晖　　李媛媛　　刘　飞

刘琼欢　　刘兆飞　　马伟东　　王　宏　　吴　雪

谢芳荻　　许寰戈　　杨　柳　　姚予龙　　于海彬

张炳华　　郑　度　　郑　鑫

第二次青藏高原综合科学考察队

河湖源土地资源变化与区域发展考察分队

部分人员名单

姓名	职务	工作单位
张镱锂	分队长	中国科学院地理科学与资源研究所
刘林山	野外分队长	中国科学院地理科学与资源研究所
阎建忠	队员	西南大学
刘峰贵	队员	青海师范大学
徐增让	队员	中国科学院地理科学与资源研究所
王兆锋	队员	中国科学院地理科学与资源研究所
陈屺松	队员	中国科学院地理科学与资源研究所
姚予龙	队员	中国科学院地理科学与资源研究所
宫宝昌	队员	中国科学院遥感与数字地球研究所
次 仁	队员	西藏大学
马和平	队员	西藏农牧学院／西藏高原生态研究所
扈晶晶	队员	西藏自治区林业调查规划研究院
李兰晖	队员	中国科学院地理科学与资源研究所
刘琼欢	队员	中国科学院地理科学与资源研究所
张炳华	队员	中国科学院地理科学与资源研究所
靳茗茗	队员	中国科学院地理科学与资源研究所
李媛媛	队员	中国科学院地理科学与资源研究所
谢芳荻	队员	中国科学院地理科学与资源研究所

谷昌军	队员	中国科学院地理科学与资源研究所
王宇坤	队员	中国科学院地理科学与资源研究所
郑 鑫	队员	中国科学院地理科学与资源研究所
王 宏	队员	西南大学
杨 柳	队员	西南大学
马伟东	队员	青海师范大学
才项措毛	队员	青海师范大学
陈强强	队员	青海师范大学
刘 飞	队员	青海师范大学
许寰戈	队员	青海师范大学
何 毅	队员	北京师范大学
刘丹辉	队员	北京师范大学

丛书序一

　　青藏高原是地球上最年轻、海拔最高、面积最大的高原,西起帕米尔高原和兴都库什、东到横断山脉、北起昆仑山和祁连山、南至喜马拉雅山区,高原面海拔 4500 米上下,是地球上最独特的地质－地理单元,是开展地球演化、圈层相互作用及人地关系研究的天然实验室。

　　鉴于青藏高原区位的特殊性和重要性,新中国成立以来,在我国重大科技规划中,青藏高原持续被列为重点关注区域。《1956—1967 年科学技术发展远景规划》《1963—1972 年科学技术发展规划》《1978—1985 年全国科学技术发展规划纲要》等规划中都列入针对青藏高原的相关任务。1971 年,周恩来总理主持召开全国科学技术工作会议,制订了基础研究八年科技发展规划(1972—1980 年),青藏高原科学考察是五个核心内容之一,从而拉开了第一次大规模青藏高原综合科学考察研究的序幕。经过近 20 年的不懈努力,第一次青藏综合科考全面完成了 250 多万平方千米的考察,产出了近 100 部专著和论文集,成果荣获了 1987 年国家自然科学奖一等奖,在推动区域经济建设和社会发展、巩固国防边防和国家西部大开发战略的实施中发挥了不可替代的作用。

　　自第一次青藏综合科考开展以来的近 50 年,青藏高原自然与社会环境发生了重大变化,气候变暖幅度是同期全球平均值的两倍,青藏高原生态环境和水循环格局发生了显著变化,如冰川退缩、冻土退化、冰湖溃决、冰崩、草地退化、泥石流频发,严重影响了人类生存环境和经济社会的发展。青藏高原还是“一带一路”环境变化的核心驱动区,将对“一带一路”沿线 20 多个国家和 30 多亿人口的生存与发展带来影响。

　　2017 年 8 月 19 日,第二次青藏高原综合科学考察研究启动,习近平总书记发来贺信,指出“青藏高原是世界屋脊、亚洲水塔,是地球第三极,是我国重要的生态安全屏障、战略资源储备基地,是中华民族特色文化的重要保护地”，要求第二次青藏高原综合科学考察研究要“聚焦水、生态、人类活动，着力解决青藏高原资源环境承载力、灾害风险、绿色发展途径等方面的问题，为守护好世界上最后一方净土、建设美丽的青藏高原作出新贡献，让青藏高原各族群众生活更加幸福安康”。习近平总书记的贺信传达了党中央对青藏高原可持续发展和建设国家生态保护屏障的战略方针。

第二次青藏综合科考将围绕青藏高原地球系统变化及其影响这一关键科学问题，开展西风-季风协同作用及其影响、亚洲水塔动态变化与影响、生态系统与生态安全、生态安全屏障功能与优化体系、生物多样性保护与可持续利用、人类活动与生存环境安全、高原生长与演化、资源能源现状与远景评估、地质环境与灾害、区域绿色发展途径等 10 大科学问题的研究，以服务国家战略需求和区域可持续发展。

“第二次青藏高原综合科学考察研究丛书”将系统展示科考成果，从多角度综合反映过去 50 年来青藏高原环境变化的过程、机制及其对人类社会的影响。相信第二次青藏综合科考将继续发扬老一辈科学家艰苦奋斗、团结奋进、勇攀高峰的精神，不忘初心，砥砺前行，为守护好世界上最后一方净土、建设美丽的青藏高原作出新的更大贡献！

孙鸿烈

第一次青藏科考队队长

丛书序二

青藏高原及其周边山地作为地球第三极矗立在北半球，同南极和北极一样既是全球变化的发动机，又是全球变化的放大器。2000年前人们就认识到青藏高原北缘昆仑山的重要性，公元18世纪人们就发现珠穆朗玛峰的存在，19世纪以来，人们对青藏高原的科考水平不断从一个高度推向另一个高度。随着人类远足能力的不断加强，逐梦三极的科考日益频繁。虽然青藏高原科考长期以来一直在通过不同的方式在不同的地区进行着，但对于整个青藏高原的综合科考迄今只有两次。第一次是20世纪70年代开始的第一次青藏科考。这次科考在地学与生物学等科学领域取得了一系列重大成果，奠定了青藏高原科学研究的基础，为推动社会发展、国防安全和西部大开发提供了重要科学依据。第二次是刚刚开始的第二次青藏科考。第二次青藏科考最初是从区域发展和国家需求层面提出来的，后来成为科学家的共同行动。中国科学院的A类先导专项率先支持启动了第二次青藏科考。刚刚启动的国家专项支持，使得第二次青藏科考有了广度和深度的提升。

习近平总书记高度关怀第二次青藏科考，在2017年8月19日第二次青藏科考启动之际，专门给科考队发来贺信，作出重要指示，以高屋建瓴的战略胸怀和俯瞰全球的国际视野，深刻阐述了青藏高原环境变化研究的重要性，要求第二次青藏科考队聚焦水、生态、人类活动，揭示青藏高原环境变化机理，为生态屏障优化和亚洲水塔安全、美丽青藏高原建设作出贡献。殷切期望广大科考人员发扬老一辈科学家艰苦奋斗、团结奋进、勇攀高峰的精神，为守护好世界上最后一方净土顽强拼搏。这充分体现了习近平生态文明思想和绿色发展理念，是第二次青藏科考的基本遵循。

第二次青藏科考的目标是阐明过去环境变化规律，预估未来变化与影响，服务区域经济社会高质量发展，引领国际青藏高原研究，促进全球生态环境保护。为此，第二次青藏科考组织了10大任务和60多个专题，在亚洲水塔区、喜马拉雅区、横断山高山峡谷区、祁连山–阿尔金区、天山–帕米尔区等5大综合考察研究区的19个关键区，开展综合科学考察研究，强化野外观测研究体系布局、科考数据集成、新技术融合和灾害预警体系建设，产出科学考察研究报告、国际科学前沿文章、服务国家需求评估和咨询报告、科学传播产品四大体系的科考成果。

两次青藏综合科考有其相同的地方。表现在两次科考都具有学科齐全的特点，两次科考都有全国不同部门科学家广泛参与，两次科考都是国家专项支持。两次青藏综合科考也有其不同的地方。第一，两次科考的目标不一样：第一次科考是以科学发现为目标；第二次科考是以摸清变化和影响为目标。第二，两次科考的基础不一样：第一次青藏科考时青藏高原交通整体落后、技术手段普遍缺乏；第二次青藏科考时青藏高原交通四通八达，新技术、新手段、新方法日新月异。第三，两次科考的理念不一样：第一次科考的理念是不同学科考察研究的平行推进；第二次科考的理念是实现多学科交叉与融合和地球系统多圈层作用考察研究新突破。

"第二次青藏高原综合科学考察研究丛书"是第二次青藏科考成果四大产出体系的重要组成部分，是系统阐述青藏高原环境变化过程与机理、评估环境变化影响、提出科学应对方案的综合文库。希望丛书的出版能全方位展示青藏高原科学考察研究的新成果和地球系统科学研究的新进展，能为推动青藏高原环境保护和可持续发展、推进国家生态文明建设、促进全球生态环境保护做出应有的贡献。

姚檀栋

第二次青藏科考队队长

序

　　青藏高原素有"世界屋脊"之称，是我国和亚洲的"江河源"，是地球上对全球变化产生重要影响和响应的关键区域。青藏高原的隆升改变了行星系统的大气环流，使中国东部在太平洋暖湿气流的影响下，避免了出现类似于相同纬度的北非、中亚等地区的荒漠景观。青藏高原作为亚洲乃至北半球气候变化的"感应器"和"敏感区"，是我国与东亚气候系统稳定的重要屏障；分布着丰富多样、独具特色的生态系统类型和珍稀动植物种类，是全球生物多样性保护的重要区域。青藏高原复杂多样的自然环境以及在这个特殊环境中产生的复杂地表过程，使其成为研究地球圈层相互作用的天然实验室。

　　从 1973 年开始，我国先后组织青藏高原的科考活动，完成了填补空白、积累基本资料的工作。自第一次青藏科考开展以来，青藏高原自然环境与社会经济均发生了剧烈变化。一方面，几十年来自然环境发生了系列的变化，当年考察的成果仅是过去时间断面的静态体现，部分地区在近几十年发生的变化并不清晰；另一方面，社会经济发生了巨大的变化，生态文明建设理念的提出，也要求进一步审视人与自然的关系，对如何合理协调高原社会发展与自然资源的保护提出了更高的要求。开展新一轮的青藏高原综合考察研究，对于深入了解资源、环境、生态的变化，正确处理好西藏生态环境保护与富民利民的关系，具有非常重大的意义，将为"守护好世界上最后一方净土""建设美丽的青藏高原"和绿色丝绸之路建设提供重要的科技支撑。

　　阿里及邻近地区位于青藏高原西部，其北侧以昆仑山为界和新疆相连，东侧与那曲和日喀则毗邻，南侧以喜马拉雅山脉为界与印度、尼泊尔接壤，西侧为克什米尔，区域平均海拔超过4500m，素有"世界屋脊的屋脊"之称，面积占青藏高原总面积的10%以上，是西藏自然条件最严酷的地区之一，也是世界上人口密度最小的地区之一。

区内分布有喀喇昆仑山、冈底斯山、喜马拉雅山等高大山脉，孕育了雅鲁藏布江－布拉马普特拉河、印度河、恒河等多条国际大河的源区，形成了玛旁雍错、班公错等众多湖泊，演化出了独具特色的高寒生态系统和动植物物种资源。区内拥有羌塘国家级自然保护区、玛旁雍错湿地国家级自然保护区、札达土林国家地质公园、狮泉河国家湿地公园、冈仁波齐国家森林公园等多个国家级的自然保护地。

20世纪70～80年代，中国科学院青藏高原综合科学考察队对青藏高原地区综合考察中涵盖了这一区域，完成了《西藏阿里地区植被的地带性及类型》《阿里地区农业考察报告》《羌塘高原的植被》等系列报告。80～90年代，阿里地区农牧局和中国科学院新疆生物土壤沙漠研究所对各县级行政区的草地资源进行了考察。1987～1990年，中国科学院青藏高原综合科学考察队先后对喀喇昆仑山和昆仑山西部地区以及喀喇昆仑山中段进行了深入考察。考察内容涵盖了喀喇昆仑山－昆仑山地区各地体的地质特征、晚新生代该地区的隆起过程和自然环境变化、地区生物区系特征形成和演化、自然地理环境特点、区域分异及演化趋势等，完成了《喀喇昆仑山－昆仑山地区自然地理》等系列报告。这些考察工作克服了海拔高、自然条件恶劣等因素，形成了一批具有填补空白意义的开创性成果，基本掌握了该区域的自然环境本底和社会经济发展状况。

但随着气候变化和人类活动强度不断加剧，该地区资源环境面临新的挑战。特别是近几十年来，阿里及邻近地区的气温上升趋势明显高于全球平均增温速率，同期该地区人口以高于西藏和全国平均水平的速度增长，加之旅游、工矿等产业的快速发展，区域资源环境压力不断加大；同时，在强有力的保护措施下，野生动物种群数量恢复性增长，野生动物与家畜争夺草场，伤人伤畜事件多发，保护与利用的矛盾日渐突出。在这种新形势下，区域水、生态及人类活动发生了哪些变化？变化程度多大？应该如何应对？这些问题成为区域经济与环境协调发展中亟须回答的科学问题与现实需求。

在第二次青藏高原综合科学考察研究中，张镱锂研究员带领团队，承担了"土地利用变化及其环境效应"专题的考察研究任务。在此次科考的总体部署下，该团队自2017年起，对阿里及邻近地区土地资源利用与生态保护状况开展了系统的科学考察，并结合以往科考和国内外相关研究成果，分析了该区域社会经济发展过程、土地利用与土地覆被变化情况；重点考察了耕地和建设用地的扩张过程，以及草地和湿地的变化过程；研究了区域发展中面临的主要人地矛盾，分析了这些矛盾形成过程与发展趋势，评估了减缓措施的可行性，提出了协调区域发展和自然保护的策略和建议。在此基础上，完成了《阿里及邻近地区土地利用变化与生态保护》科学考察报告。

该书是"第二次青藏高原综合科学考察研究丛书"的首批优秀科考成果之一。这本书基于大量翔实的第一手调研资料，结合现代遥感等技术手段，系统展示了近40年来阿里及邻近地区土地利用变化过程与生态保护状况，提出了生态保护与资源利用的协调发展建议，积累了一批科学、有效的数据，提高了对该地区陆表生态环境变化过程的认识，为优化青藏高原生态安全屏障体系提供了支撑，为区域的绿色发展途径提供了科学途径，为青藏高原生态文明建设做出了贡献。

中国科学院院士

2021 年 5 月

前　言

　　阿里及邻近地区位于"世界屋脊"——青藏高原的西南部，这里平均海拔超过 4000m，有着"世界屋脊的屋脊"之称。区域内横亘着多条山脉，主要包括喜马拉雅山、冈底斯山、喀喇昆仑山和昆仑山。高山之上发育的众多古老冰川，使得阿里及邻近地区成为亚洲主要大河的源头，亦是国家生态安全屏障的重要组成。严苛的自然环境使得大多数生命无法在此繁衍生息，北部的羌塘高原更是被视作无人区，然而其却成为藏羚羊、野牦牛等珍稀野生动物的天堂。作为古丝绸之路以及南亚通道的重要节点，这里是连接我国和中亚、南亚的关键廊道，而发现于革吉县的史前文明遗迹以及札达县的古象雄文明遗址也在佐证着该地区有着漫长的人类活动历史。这里不仅是青藏高原自然条件最严酷、生态环境最脆弱的地区，也是对气候因素和人类活动变化最敏感的地区之一。

　　独特的自然环境条件使得该区域保存着较为完整的高寒生态系统，而人类在适应环境的过程中也逐渐形成了以放牧为主的生产生活方式，因而也催生了具有区域特点的人地关系，土地利用与土地覆被研究是最凸显这种人地关系特点的研究之一。人地关系的不协调导致了人地矛盾的产生：不合理的放牧活动，给脆弱的草地生态系统带来了巨大的压力，在气候变化的进一步影响下，有限的草地资源出现退化乃至沙漠化的现象，迫使牧民进一步扩大放牧范围，占据了野生动物的栖息地。虽然意识到阿里及邻近地区面临一系列生态环境问题，迫切想要了解发生这一系列变化的过程和机制，然而由于其恶劣的自然环境特征，有关这一重要区域的土地利用与土地覆被等资料仍然十分缺乏，学者们在研究现阶段青藏高原土地覆被相关的科学问题时，仍主要参考 20 世纪 70 ～ 80 年代第一次青藏高原综合科学考察积累的实地数据和资料。

　　自第一次对青藏高原生态环境等进行综合科学考察以来，青藏高原的气候和人类活动均发生了显著变化：1960 年以来，青藏高原升温速率是全球平均变暖速率的两倍；而1990年以来青藏高原人类活动强度平均增幅为全球同期（1993～2009年）的3倍以上。敏感的生态环境随之发生变化，原有的调查覆盖面和数据精度已不能完全反映现阶段的生态环境状况。全面深入地对土地利用与土地覆被进行新一轮的本底、变化及人类活动扰动调查已成为当务之急。

第二次青藏高原综合科学考察研究的启动为我们揭示这些变化提供了新的契机。阿里及邻近地区为"世界屋脊的屋脊"、国家生态安全屏障的重要组成、青藏高原的腹地以及古象雄文明的发源地，明晰40年来区域自然、社会经济条件以及基础设施变化；评估40年来阿里及邻近地区土地资源变化及其影响因素；揭示阿里及邻近地区灌丛、草地、耕地、湿地、建设用地等主要土地利用类型的变化幅度与速率；查清阿里及邻近地区农牧业发展变化及其对生态与环境系统的影响，提出协调人地关系的战略与措施，将为阿里及邻近地区生态环境保护与可持续发展提供科学参考。

因此，土地利用与土地覆被相关调查成为第二次青藏高原综合科学考察的重要内容之一。本次专题科考从土地利用与土地覆被、畜牧业发展与野生动物保护冲突以及基础设施调查3个方面系统展开。

土地利用与土地覆被调查：包括不同土地利用类型的土地利用特点、土地覆被类型的植被组成及其结构特点、优势种和常见种的生态学特性及地理分布特点。采用调查方法为样地点、线和面相结合，对接地、空和星一体化模式，来解析整个面域的土地利用与土地覆被格局变化特征。

畜牧业发展与野生动物保护冲突调查：调查方法为沿考察路线记录围栏界线与野生动物种类和数量，并采用参与式农村评估（PRA）方法开展了牧民草场经营模式及畜牧业发展与野生动物保护冲突的问卷调查。

基础设施调查：从公路、铁路、航空运输等基础设施以及边疆地区的基础设施现状和变化情况进行调研和记录。

基于上述的调查数据和资料，并结合现阶段的遥感、GIS技术和模型模拟等手段，对阿里及邻近地区的土地利用变化及生态保护的内容进行了较为系统的阐述，形成了新的认识，并编写完成了本书。

本书分为五个部分。

第一部分为背景介绍，包括第1章和第2章，主要概述了土地利用与土地覆被变化研究的意义，以及本次科考的核心任务、技术手段和亮点成果。并从行政区划与地理环境、地质与地貌、气候、水文与水资源、土壤和生物6个方面详细阐述了科考核心区及沿途的地理环境特征。

第二部分为人类活动概况，包括第3章和第4章，内容涉及人口和经济增长趋势、城乡结构变化特征、农业和牧业生产水平、旅游业发展形势、矿产开发利用程度及环境状况6个社会经济指标，以及公路、邮电通信业、能源、航空运输及边疆地区的基础设施的完善过程。

第三部分为土地利用与土地覆被现状和变化，包括第 5 章和第 6 章，系统阐述了耕地、林地、草地、水域、居民建设用地等主要土地利用类型的现状、态势和景观格局特征，并重点分析了人类活动控制的建设用地和耕地的扩张过程，以及自然土地覆被中草地和湿地类型的变化过程。

第四部分为土地利用与生态保护冲突与协调，围绕畜牧业发展与野生动物保护冲突的主要类型和详细案例，分析畜牧业发展与野生动物保护矛盾冲突的主要缘由，并试图为缓解畜牧业发展与野生动物保护冲突提供解决方案，以期创造人与野生动物和谐发展的生存空间。

第五部分为附录，主要列举了本书所采用的数据和方法以及科考队员们在野外考察过程中形成的考察日记。此次科考队员主要为 20 世纪八九十年代出生的新时代的研究人员，他们从新的视角来讲述科考过程中的见闻及收获，以及如何克服艰辛的野外环境和遇到的困难进行野外作业。

总体上，本书在第一次青藏高原综合科学考察的基础上，进一步丰富了青藏高原地区的基础资料，明确了阿里及邻近地区近 40 年土地利用与土地覆被变化过程及驱动机制，阐明了新时期的畜牧业发展与野生动物保护之间冲突现状特征与动因，并提出了基于生态保护的生态系统管理和区域发展建议。本书期望为青藏高原的土地变化科学和生态保护及区域绿色发展的科教和管理者提供科学参考。限于作者水平、野外调查的局限性以及时间仓促，书中可能有不妥之处，敬请读者批评指正。

作 者

2021 年 5 月

摘　　要

　　阿里及邻近地区地处青藏高原西部，与尼泊尔、印度以及克什米尔地区相接，该地区是雅鲁藏布江、印度河、恒河等跨境河流的发源地，境内有"神山"冈仁波齐以及"圣湖"玛旁雍错，是世界著名的朝圣胜地，同时也是我国重要的边境贸易口岸。随着国家对"一带一路"倡议的重视程度与日俱增，该地区重要的政治、军事地位及其在边境经济贸易中所扮演的重要角色日益突显。严酷的自然条件使得阿里及邻近地区成为气候变化与人类活动的重要敏感区，若对自然资源监管及使用方式不当，其环境变化较难恢复甚至不可逆转。因此，正确了解该区域主要的生态与环境问题，对实现经济、生态效益双丰收，实施可持续发展战略，维持边疆繁荣稳定有着重要的意义。基于以上背景，河湖源土地资源变化与区域发展考察分队于 2017 年 8 ～ 9 月对该地区进行实地考察，在该过程中搜集整理大量统计资料，结合第一次科考结果，以探明阿里及邻近地区自然资源本底情况，在过去几十年发展过程中社会经济、人类活动的变化，以及伴随这些因素的变化该地区土地利用变化情况与存在的问题。本次科考过程中的主要发现如下：

　　（1）阐明阿里及邻近地区自然与区域经济发展背景，提出了气候变化与区域发展特点。基于第一次科考成果、相关研究结果和此次调查分析，系统地阐述了阿里及邻近地区自然环境特点和区域社会经济发展状况。其突出变化特征如下：阿里及邻近地区气温升高显著，降水变化不显著。1961 ～ 2016 年平均气温（狮泉河站）增幅为 0.43℃ /10a，高于西藏地区总体增温幅度；尤其 21 世纪以来，在全球增温停滞的背景下，该地区的增温幅度为 0.45℃ /10a（狮泉河站、改则站和普兰站的平均值），且空间上呈现由西向东递增的特征。最低气温变化趋势（狮泉河站）(0.60℃ /10a）明显高于最高气温变化趋势（0.31°/10a），气温日较差呈现显著下降趋势。阿里及邻近地区降水变化空间呈现一定的异质性，西南部地区微弱下降，东北部明显上升，但总体变化不显著。阿里及邻近地区人口增长速度远高于西藏和全国。1982～2016 年，阿里及邻近地区总人口由约 6.10 万人增长到 12.87 万人，年均净增长率达 2.22%，其中噶尔县人口规模增长最快，年均净增长率达 2.86%。在旅游业发展的带动下，经济发展水平也在不断提高，GDP 由 2000 年的 31554.3 万元增长到 2017 年的 325717 万元，年均净增长率为 14.72%，但与西藏其他地区相比仍属于欠发达地区。产业结构不断优化调整，逐渐形成了以特色畜牧业、旅游业为核心的产业体系。

（2）阿里及邻近地区土地利用组成与结构总体稳定，突出变化表现在城镇建设用地显著增加，草地资源质量明显下降，草畜矛盾加大。阿里及邻近地区土地利用具有典型的高寒地区特色，牧草地和未利用土地构成比例高达 96.05%，而耕地、林地、城镇村等建设用地构成比例仅为 0.06%。近几十年土地利用结构总体稳定，土地利用变化主要表现在建设用地迅速扩张，草地质量下降，生态保护用地与农牧业发展用地冲突加剧等。受自然、交通及社会条件的限制，该地区城镇化水平较低（阿里及邻近地区 2015 年仅为 19.61%），低于整个西藏的 27.74%，远低于同年全国城镇化率（56.10%）；城镇化空间分布不均衡，阿里地区半农半牧的"西四县"城镇化水平高于"东三县"。近年来，随人口增长，各县建成区面积扩张迅速，如狮泉河镇、普兰镇、托林镇的面积在近几十年内扩张超过 10 倍。阿里及邻近地区草地资源丰富，2005～2015 年，考察区草地面积减少率为 0.08%，共减少 242.46km^2，主要发生在改则、日土、仲巴、革吉 4 县。草地存在不同程度的超载放牧问题，加之气候变化影响，草地载畜量潜力不断下降，由 1977 年的 855.03 万羊单位[①]下降到 2015 年的 320.58 万羊单位。阿里及邻近地区湿地总面积为 8709.23km^2，其中湖泊面积最多，约占湿地总体面积的 94%。1990～2015 年阿里及邻近地区湿地面积总体增加，增速为 0.08%/a，噶尔县湿地增速大于其他县，为 4.73%/a。该区域交通建设用地有了较大发展，1959 年阿里及邻近地区的公路里程数仅为 700km，如今形成了阿里昆莎机场、新藏公路、两条省道、两条县道、两条边防公路和 25 条乡村道路组成的交通设施网络，截至 2016 年公路里程数已达到 2209km。

（3）阿里及邻近地区农牧业、城乡建设与自然保护事业都取得长足进展，但由于人口的增长，土地利用矛盾加剧。主要表现在：牧区向北迁移，居民点向保护区内扩张，不断挤压和干扰野生动物生存空间；青藏高原草地承载盈亏状况评估出现严重偏差，家畜与野生动物冲突激烈，野生动物频频到牧场采食，时有伤及人畜事件发生；近 10 年禁牧围栏阻拦野生动物迁徙和威胁其生存等一系列问题。针对这些土地利用冲突的问题，本书提出了系列建议：①实施自然保护区生态移民。根据生态移民、扶贫

---

① 羊单位，sheep unit，指草食家畜饲养量当量单位。1 个羊单位相当于 1 只体重 50kg、1 年内哺育 1 只断乳前羔羊的健康成年绵羊，日食量为 1.6kg 标准干草。

搬迁等政策，将自然保护区核心区、部分缓冲区等关键保护地区和高海拔等不宜居地区的人口迁移出来，将羌塘国家级自然保护区作为第三极国家公园体系的主体部分进行保护与建设。把生态移民与兴边富民相对接，实现人口与草地的优化配置。②协调自然保护和牧业发展政策；协调农牧和自然保护部门的草场围栏政策。将围栏与禁牧分开，能不围就不围，能少围不多围，禁牧管理以明确标识、加强巡护、完善奖惩为主；原则上拆除自然保护区核心区、缓冲区及实验区野生动物迁徙通道上的围栏，确保野生动物迁徙和草路、水路通畅。③开展对野生动物科学保护与适度利用的应用示范研究。科学评估并审慎调整青藏高原主要食肉性、食草性野生动物的保护级别。结合第三极国家公园建设，开展野生动物资源适度利用研究。强化野生动物采食、迁徙等行为及种群规模研究，深化野生动物保护－草地承载力－生态安全的系统研究，促进青藏高原生态安全屏障功能稳定和提升。

目　　录

第 1 章

绪　论

1.1 背景和意义

阿里及邻近地区行政范围主要包括阿里地区和日喀则市的仲巴县，其是世界上人口密度最小的地区之一，大部分地区海拔为 4600 ~ 5100m，素有"世界屋脊的屋脊"之称，是西藏自然条件最严酷的地区之一。该区域是雅鲁藏布江、印度河、恒河的发源地，被称为"百川之源"，是古象雄文明的发祥地。区域内拥有羌塘国家级自然保护区、玛旁雍错湿地国家级自然保护区、札达土林国家地质公园、狮泉河国家湿地公园、冈仁波齐国家森林公园等多个国家级自然保护地。该区域 8 个县均被列入国家重点生态功能区，旨在强化生态保护和生态功能。近半个世纪以来，在气候变暖和人类活动的双重作用下，阿里及邻近地区自然生态环境发生了哪些变化、生态与区域发展的现状如何、区域发展与生态环境保护存在哪些矛盾等是该区域绿色发展面临的基本问题。第二次青藏高原综合科学考察研究的启动，为把握该地区的自然环境、资源利用和保护的现状及形成原因带来了契机。对阿里及邻近地区土地利用与生态保护的科学考察研究，将丰富阿里及邻近地区土地利用与生态保护的多学科资料，为区域生态保护和发展提供科学依据。

土地利用与土地覆被作为人类活动与自然生态过程交互的纽带和最直接的表现形式（张镱锂，2012），其变化直接关系到区域生态安全和农牧业的可持续发展。由于阿里及邻近地区独特的自然环境和气候特点，当地拥有丰富的草地资源，随着人口不断增加、对畜牧产品的需求量急剧上升，草地负荷加大，局部地区草地畜牧业系统出现恶性循环（杨汝荣，2002）。近年来，旅游业的迅速发展和基础设施建设的加强，进一步加大了区域人类活动对生态环境的影响。同时，阿里及邻近地区地域辽阔，区域上存在一定的差异，部分区域主要受气候变化影响，人类活动相对较少。因此，辨析气候变化和人类活动对阿里及邻近地区土地利用和覆被变化影响的机制、方向和程度，识别其区域差异，有助于阿里及邻近地区土地利用、生态系统管理及区域可持续发展。

草地畜牧业是阿里及邻近地区社会经济的主导产业，畜牧业产值占农、林、牧、渔业总产值的 90.26%。典型区的研究表明，各种自然、人为因素导致草地资源退化、产量下降，个别地区牧民的生活质量已受到影响（畅慧勤，2012）。在长时间尺度上，气候变化也是草地退化的主要原因。研究表明，阿里及邻近地区草地退化主要是由人为因素造成的：人口增长、牲畜数量增加、人为破坏（如砍伐灌木、滥挖草皮等）致使草地退化、沙漠化和荒漠化日趋严重（杨汝荣，2002；钱拴等，2007；武高林和杜国祯，2007；侯阁，2018）。因此，深入了解阿里及邻近地区当前草地利用和畜牧业发展的现状与限制条件及发展潜力，有助于合理利用草地资源、提高草地生产能力和经济效益、维护草畜平衡，进而促进区域畜牧业健康发展。

湿地是阿里及邻近地区保护珍稀高原动物的重要栖息地和维持区域生态服务功能的关键生态系统，也是未来第三极国家公园承载文化和旅游功能的最重要的自然景观。阿里及邻近地区湖泊星罗棋布，主要分布着玛旁雍错、扎日南木错、洞错和班公错

4 个湿地自然保护区。该地区湿地拥有比较丰富的动植物和旅游资源，具有重要的生态保护利用价值。自 20 世纪 70 年代以来，青藏高原湿地总体呈现退化态势（Zhang et al.，2010，2011；Zhao et al.，2015），该地区的玛旁雍错和拉昂错湖泊面积同样呈减小趋势；同期，不少小湖泊消失（拉巴等，2012）。湿地资源保护存在着诸如湖泊周围固体废弃物污染较严重、过度放牧、湿地周边植被破坏等问题。然而，目前对于阿里及邻近地区湿地的类型、分布和变化趋势还未形成整体的认识。

分布在本研究区的羌塘国家级自然保护区是仅次于东北格陵兰国家公园的世界第二大自然保护区（唐芳林，1999），其核心区域的主体位于阿里地区改则、日土等县。保护区内大部分为无人区，拥有完整的高寒草原生态系统、高寒荒漠生态系统、原始自然景观、地质自然遗迹等，保护价值极高（李林等，2010）。研究表明，羌塘高原无人区的生态环境变化主要受自然因素的影响（李林等，2013），过去 40 年中，青藏高原的气候发生显著变化和部分区域人类活动增强，那么羌塘高原无人区乃至全部羌塘高原生态环境发生了哪些变化？变化过程如何？理解这些问题对系统解释青藏高原土地系统对气候和人文因素变化的响应有重要的意义。

阿里边疆地区具有海拔高、相对偏远、交通发展相对滞后的特点，边疆地区丰富的文化、旅游、土地等资源没能及时转化为竞争优势，限制了边疆地区社会经济的发展，使边疆地区处于相对落后状态。随着近年来各国综合国力的提升，边疆地区的发展已经成为国家竞争的核心，经济、边防安全的战略地位日益凸显。随着我国"一带一路"倡议的全面推进，作为南亚通道的重要组成部分，西藏西南和阿里边疆地区逐渐成为改革开放的前沿，以交通为主的基础设施建设不仅为国防建设服务，也为边疆地区的经济发展和民众福祉提升带来机遇，同时，生态保护与建设将对青藏高原生态安全起到保障作用。

1.2 科考回顾

在阿里及邻近地区开展的与土地利用和土地覆被主题相关的考察研究，主要被包括在第一次青藏高原综合科学考察和部分专题科学考察中。其中，第一次青藏高原综合科学考察可分为以下 3 个阶段：

（1）20 世纪 70～80 年代，由中国科学院组织的中国科学院青藏高原综合科学考察队在青藏高原地区开展了多学科的综合考察。1976 年开始，其陆续完成了系列考察报告，相关的报告有《羌塘高原的植被》（1977 年）、《羌塘地区草原考察报告》（1977 年）等，涉及阿里及邻近地区的有《西藏阿里地区植被的地带性及其类型》（1976 年）、《西藏阿里地区草场资源考察报告》（1977 年）、《阿里地区农业生产地域类型及其分区》（1977 年）、《阿里地区农业考察报告》（1977 年）、《阿里地区的自然类型》（1977 年）等；随后完成"青藏高原科学考察丛书"等著作，如《西藏自然地理》（1982 年）、《西藏家畜》（1981 年）、《西藏植被》（1988 年）、《西藏草原》（1992 年）等。

（2）20 世纪 80～90 年代，阿里地区农牧局和中国科学院新疆生物土壤沙漠研究

3

所对各县级行政区的草地资源进行了考察。相关报告包括《西藏阿里地区草地资源调查报告（日土县）》（1989 年）、《西藏阿里地区草地资源调查报告（普兰县）》（1989 年）、《西藏阿里地区草地资源调查报告（革吉县）》（1989 年）、《西藏阿里地区草地资源调查报告（噶尔县）》（1989 年）和《西藏阿里地区草地资源调查报告（措勤县）》（1989 年）等。

（3）1987～1990 年，中国科学院青藏高原综合科学考察队对喀喇昆仑山－昆仑山区进行了考察。此次科考围绕"青藏高原的形成，演化及其对自然环境和人类活动的影响"这一中心，先后对喀喇昆仑山和昆仑山西部地区及喀喇昆仑山中段进行了深入考察。考察内容涵盖了喀喇昆仑山－昆仑山地区各地体的地质特征、晚新生代以来该地区的隆起过程和自然环境变化、地区生物区系特征形成和演化、自然地理环境特点、区域分异及演化趋势等。主要成果报告有《喀喇昆仑山－昆仑山地区自然地理》（1999 年）、《喀喇昆仑山－昆仑山地区土壤》（2000 年）和《喀喇昆仑山－昆仑山地区冰川与环境》（1998 年）等。

在第一次青藏高原综合科学考察中，与湿地相关的科学考察主要围绕湖泊、沼泽和沼泽植被等展开。1973～1979 年，在藏北那曲地区、藏南雅鲁藏布江谷地及藏东部分地区首次进行了沼泽考察。通过对青藏高原 11 种不同类型沼泽的分布、成因及其发展趋势进行考察，阐明了青藏高原典型沼泽植被类型的生态环境基本特征、分布特点与成因。1980～1990 年，阿里地区县级土地资源调查中也涉及部分湖泊、沼泽植被的调查，调查从土地利用的角度进行，阐明了当时主要湖泊和沼泽的分布和覆盖范围及资源特点。上述考察研究工作对阿里及邻近地区沼泽湿地的研究有着极其重要的学术价值和现实意义，但碍于海拔较高、自然条件恶劣等原因，目前对阿里及邻近地区的湿地分布现状、变化动因和发展趋势等认识仍不足，从而影响着区域生态环境保护和绿色发展。

与农牧业相关的主题是第一次青藏高原综合科学考察的重要内容，科考成果主要体现在《西藏草原》（1992 年）、《西藏作物》（1984 年）、《西藏家畜》（1981 年）、《西藏农业地理》（1984 年）等专著及各地区的综合科学考察报告中。这些成果为本次考察提供了翔实的历史资料。《阿里地区农业考察报告》（1977 年）则详细论述了阿里地区农业生产发展概况及农作物的种类和分布规律。《西藏阿里地区草场资源考察报告》（1977 年）对阿里地区草场的分布规律、草场类型与特征、载畜能力、牧草产量与主要牧草营养成分等进行了阐述，为牧区草场合理利用和建设提供了科学依据。

关于西藏边疆地区交通等基础设施的研究鲜见报道。目前，对我国边疆地区的研究主要集中在自然地理、生态环境、土地利用及旅游发展和区域安全方面，较少涉及交通等基础设施，关于西藏边疆地区的研究更少。1994 年新华出版社出版的《西藏自治区经济地理》一书中将西藏的交通运输业作为一个章节，主要阐述了西藏交通从无到有的过程，以及交通对西藏地区经济建设的贡献。该书介绍了几条主要交通干线，基本未涉及边疆地区交通线路。1986 年，西藏人民出版社出版的《西藏自治区地理》一书中也将交通运输业作为一个章节，介绍了西藏迅速发展的交通运输业、管道运输业和航空业，还描述了正在建设的青藏铁路，在边疆基础设施建设方面介绍了两个重要边疆通道——亚东口岸和樟木口岸。2010 年以来，围绕青藏铁路建设带来的交通效应，部分学者对西藏地区的交通运输业发展及其对经济的影响、旅游交通运输状况，以及青藏铁路带来的交通效应进行了分析和研究，但缺乏系统性，尤其是关于边疆地区交通建设状况和影响方面的研究尚未见报道。

1.3　本次科学考察的概况

第二次青藏高原综合科学考察研究于 2017 年 8 月 19 日在拉萨启动，将对青藏高原的水、生态、人类活动等环境问题进行考察和研究，分析青藏高原环境变化对人类社会发展的影响，提出青藏高原生态安全屏障功能保护和第三极国家公园建设方案。阿里及邻近地区土地利用与生态保护正是这次科考研究重要的专题之一，其以阿里及邻近地区为关键考察区，围绕该地区的土地利用与生态保护相关的问题开展野外调查与研究（图 1.1）。

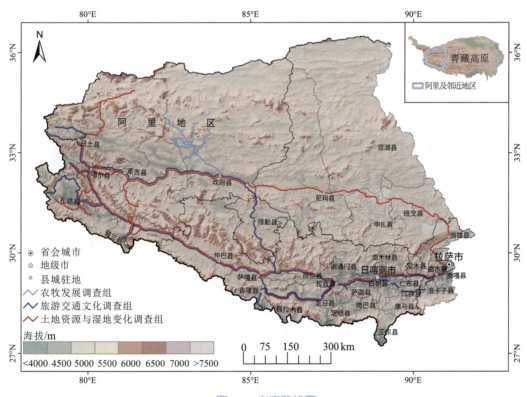

图 1.1　考察路线图

此次河湖源土地资源考察由 43 人参加，包括科研人员 25 人（其中有 3 位分别来自西藏大学、西藏农牧学院、西藏自治区林业调查规划研究院），辅助人员 18 人。根据不同的考察目的和内容，河湖源土地资源变化与区域发展考察分队分为土地资源与湿地变化调查组、农牧发展调查组和旅游交通文化调查组。3 个考察小分队同时开展野外调查工作，累计考察时间为 609 天，累计考察路线总长约 13000km。

使用样区、样带和样点结合的方法，调查阿里及邻近地区土地利用和土地覆被现状特征，在典型样点结合无人机航拍与地面调查进行植被类型与土地利用和土地覆被类型调查，并测量典型地物类型的光谱特征，构建关键地物类型的光谱特征库，分析土地利用类型结构、空间格局和区域特征。针对主要土地利用类型和关键区域的特色，调查阿里及邻近地区草场质量状况与变化、耕地分布上限变化、建设用地扩张速率等。基于遥感卫星数据并结合植被样方调查，开展阿里及邻近地区典型湿地构成要素、类型和功能分区等现状资料的调查等。

通过入户访谈，采用参与式农村评估（participatory rural appraisal）法调查典型乡镇农牧业资源利用与农牧业发展的现状及其时空变化，分析影响和限制区域农牧业发展的因素。调查围栏封育、自然保护等生态建设措施对农牧业资源利用的影响，探讨农牧业发展与自然保护冲突问题发生的程度、区域及其变化态势。

调查收集阿里及邻近地区交通等基础设施、居民点、文化背景与风俗、社会经济发展数据等的动态变化情况，调查基础设施建设与运营对景观格局、水土保持、水资源的影响。

通过本次科考，搜集整理大量统计资料，结合第一次科考结果，探讨阿里及邻近地区过去几十年发展过程中土地利用与生态保护的问题。深化对阿里及邻近地区自然生态系统的科学认识，推进对相关区域生态系统、景观资源的保护和有序开发。其成果将体现在服务于建设生态屏障、创建国家生态文明高地、全面建成小康社会等西藏重大需求方面。本次科考过程中的主要进展如下：

（1）明晰了阿里及邻近地区自然与区域经济发展背景，提出气候变化与区域发展特点。阿里及邻近地区 1961～2016 年平均气温增幅为 0.43℃ /10a，高于西藏地区总体增温幅度。1982～2016 年，阿里及邻近地区人口年均净增长率达 2.22%，增长速度远高于西藏和全国，其中噶尔县人口增长最快。

（2）阿里及邻近地区土地利用组成与结构总体稳定。其呈现典型的高寒地区特色，牧草地和未利用土地构成比例高达 96.05%，耕地、林地、城镇建设用地占比低。①该地区城镇化水平较低（2015 年仅为 19.61%），远低于同年全国城镇化率（56.10%）；建设用地面积增加显著，如狮泉河镇、普兰镇、托林镇建成区面积在近几十年内扩张超过 10 倍，扩张幅度高于拉萨、日喀则、西宁等地区。②草地资源丰富，但草场面积略有减少，部分区域草地资源质量下降，草地减少的县主要为改则、日土、仲巴、革吉 4县。家畜增长基本持恒，潜在载畜量下降，草畜供需矛盾进一步加大。湖泊占湿地的94%，湿地面积总体增加，其中噶尔县湿地面积增加速度最快。

（3）阿里及邻近地区农牧业、城乡建设与自然保护事业都取得了长足进展，但由于人口增长，土地利用矛盾加剧。主要表现在：牧区向北迁移，居民点向保护区内扩张，不断挤压和干扰野生动物的生存空间；青藏高原草地承载盈亏状况评估出现偏差，家畜与野生动物冲突激烈，野生动物频繁到牧场采食，时有伤及人畜事件发生；近 10 年来，禁牧围栏阻拦野生动物迁徙和威胁其生存等。针对阿里及邻近地区发展和羌塘国家级自然保护区建设中的土地利用冲突问题,笔者提出了实施自然保护区生态移民、实行协调自然保护和牧业发展政策、开展对野生动物科学保护与适度利用的应用示范研究等建议。

（本章执笔人：张镱锂、刘林山、刘琼欢、谢芳荻）

参考文献

畅慧勤. 2012. 西藏阿里草原生态承载力研究. 咸阳: 西北农林科技大学.

侯阁. 2018. 羌塘高原草地沙化评估研究. 西安: 长安大学.

拉巴, 边多, 次珍, 等. 2012. 西藏玛旁雍错流域湖泊面积变化及成因分析. 干旱区研究, 29(60): 992-996.

李林, 杨秀海, 扎西央宗, 等. 2010. 近30年羌塘自然保护区气候特征分析. 高原山地气象研究, 30(1): 62-65.

李林, 杨秀海, 扎西央宗, 等. 2013. 羌塘自然保护区湖泊变化及其原因分析. 干旱区研究, 30(3): 419-423.

钱拴, 毛留喜, 侯英雨, 等. 2007. 青藏高原载畜能力及草畜平衡状况研究. 自然资源学报, 22(3): 389-396.

孙尚志. 1994. 西藏自治区经济地理. 北京: 新华出版社.

唐芳林. 1999. 西藏羌塘自然保护区的保护与管理//面向21世纪的科技进步与社会经济发展. 杭州: 中国科协首届学术年会: 229.

武高林, 杜国祯. 2007. 青藏高原退化高寒草地生态系统恢复和可持续发展探讨. 自然杂志, 29(3): 159-164.

徐华鑫. 1986. 西藏自治区地理. 拉萨: 西藏人民出版社.

杨汝荣. 2002. 西藏阿里地区草地退化现状与防治措施. 中国草地, 24(1): 61-67.

张镱锂. 2012. 青藏高原土地利用与土地覆被变化及区域适应. 北京: 气象出版社.

中国科学院青藏高原综合科学考察队. 1981. 西藏家畜. 北京: 科学出版社.

中国科学院青藏高原综合科学考察队. 1984. 西藏农业地理. 北京: 科学出版社.

中国科学院青藏高原综合科学考察队. 1992. 西藏草原. 北京: 科学出版社.

中国科学院青藏高原综合科学考察队. 1998a. 喀喇昆仑山–昆仑山地区冰川与环境. 北京: 科学出版社.

中国科学院青藏高原综合科学考察队. 1998b. 喀喇昆仑山–昆仑山地区自然地理. 北京: 科学出版社.

中国科学院青藏高原综合科学考察队. 2000. 喀喇昆仑山–昆仑山地区土壤. 北京: 中国环境科学出版社.

中国科学院植物研究所. 1988. 西藏植被. 北京: 科学出版社.

Zhang J P, Zhang Y L, Liu L S, et al. 2011. Identifying alpine wetlands in the Damqu River Basin in the source area of the Yangtze River using object-based classification. Journal of Resources and Ecology, 2(2): 186-192.

Zhang Y L, Wang C L, Bai W Q, et al. 2010. Alpine wetland in the Lhasa River Basin, China. Journal of Geographical Sciences, 20(3): 375-388.

Zhao Z L, Zhang Y L, Liu L S, et al. 2015. Recent changes in wetlands on the Tibetan Plateau: a review. Journal of Geographical Sciences, 25(7): 879-896.

第 2 章

自然地理概况

　　阿里及邻近地区以位于西藏西部的阿里地区为主体,包括西藏阿里全部地区和日喀则市下辖的仲巴县。该区域地势南北高、中间低,大部分区域海拔在 4600~5100m,区域内地广人稀,是世界上人口密度最小的地区之一。该区域气候寒冷、干燥,多年平均气温为 −10~0℃,年降水量普遍少于 200mm。1961 年以来,气温呈显著上升趋势,降水量略有增加。狮泉河、象泉河、孔雀河、马泉河等是区域内主要外流河,该地区湖泊星罗棋布,有扎日南木错、昂拉仁错、班公错、玛旁雍错等大型湖泊,日土、改则、革吉等县域内分布大量内陆湖泊。区域内土壤剖面分异简单,受成土条件影响明显,具有地带性分布特征。源区内物种资源丰富,有青藏高原特有种子植物 145 种,国家一级保护野生动物 4 种,包括藏野驴、野牦牛、藏羚羊等青藏高原特有动物。

2.1　行政区划与地理环境概述

　　阿里及邻近地区介于 28°45′N ~ 35°52′N,78°23′E ~ 86°23′E(图 2.1),北部以昆仑山为界,与新疆相连;东起唐古拉山以西的杂美山,与那曲市毗邻;南以喜马拉雅山脉为界,与印度、尼泊尔接壤;西南连接喜马拉雅山西段,与尼泊尔、印度毗邻;

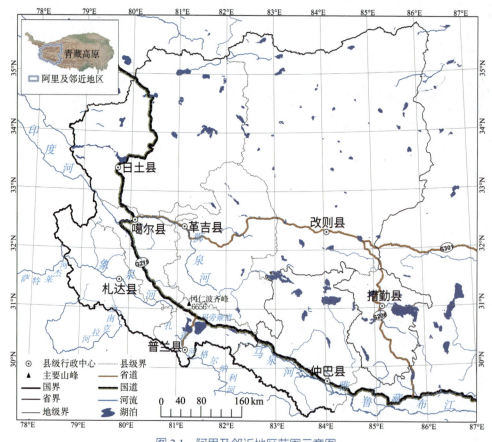

图 2.1　阿里及邻近地区范围示意图

西至喀喇昆仑山脉，与克什米尔接壤。

该区域位于"世界屋脊"——青藏高原的西部，主要山脉有喜马拉雅山、冈底斯山和喀喇昆仑山。其南部和西南部为深切的沟、谷及零星的冲积扇地带；东部及西北部地势相对平缓，形成宽谷和一望无际的草原戈壁。其总的地势特征是从南到北高原面次第抬升，而各大山脉主脊线逐渐降低，最高点为普兰县境内的纳木那尼峰，海拔7694m，最低点在札达县什布奇附近的朗钦藏布河谷，海拔2800m，最大相对高差为4894m。

阿里及邻近地区总面积约 38 万 km²，约占西藏总面积的 31%。该地区是世界上人口密度最小的地区之一，每平方千米不足 1 人，约 0.38 人 /km²（第 3 章 3.1 节）。行政区域包括西藏阿里全区和日喀则市的仲巴县，共 8 个县、50 个乡镇和 200 个行政村，其中中印和中尼边境村 37 个。区域内总人口约为 12.87 万人，以藏族人口为主，占90% 以上，另有汉族、回族等其他民族人口。该区域是西藏的主要牧产区，牧民人口占 70% 以上。

"神山圣湖"冈仁波齐和玛旁雍错位于区内的普兰县。冈仁波齐峰位于31°04'0.53″N、81°18'43.88″E，海拔 6656m，是被藏族人称为"雪山之王"的冈底斯山的主峰。这里有 250 多条冰川，面积达 150km²（刘时银等，2014），冈仁波齐峰附近，由于冰川融水源源不断地补给，发育了狮泉河、马泉河、象泉河和孔雀河。这 4 条河流分别是印度河、雅鲁藏布江（布拉马普特拉河）、萨特莱杰河和恒河的源头。玛旁雍错位于普兰县北部，湖面超过 400km²，海拔将近 4588m，是世界上海拔最高的淡水湖之一。玛旁雍错拥有丰富的水资源，为普兰县发展农牧业提供了有力保障，更是整个南亚地区最大的河流发源地（中国科学院青藏高原综合科学考察队，1984）。"神山"冈仁波齐与"圣湖"玛旁雍错是西藏乃至世界著名的朝圣地和旅游目的地。

2.2 地质与地貌[①]

阿里及邻近地区以羌塘高原为主体，其形成历史最早可追溯到二叠纪末昆仑山脉的隆起，该区域逐步脱离特提斯海，直至晚白垩世全部成陆。在新生代，特别是上新世以后，随着喜马拉雅运动，该区域整体发生大幅度抬升，最终奠定了阿里及邻近地区的地质基础和地貌雏形（李明森，1980a）。

2.2.1 地质特征

阿里及邻近地区地壳演变经历了基底形成，古特提斯边缘海的发展，特提斯洋的形成、发展与消亡，内陆碰撞造山，陆壳改造 – 高原隆升 5 个发展演化阶段。由于印

---

① 本节主要参考阿里地区农牧局主持编写的《西藏阿里地区土壤》，1990 年 11 月，承担单位：中国科学院新疆生物土壤沙漠研究所。

度次大陆板块向北俯冲于亚欧大陆板块下，古特提斯海逐步退出阿里及邻近地区。直至上新世，阿里及邻近地区高程仅 1000m 左右。经数次强烈的喜马拉雅运动后，这一地区才整体抬升到现在平均海拔 4500m 以上的高度。

阿里及邻近地区地层特点是古老基底出露少，新生代以前的沉积盖层以海相为主，地层年代自北向南更新。南部的冈底斯山与喜马拉雅山以侏罗纪—白垩纪海相灰岩和砂砾岩为主；北部的昆仑山、喀喇昆仑山为古生代浅变质砂岩与页岩为主的复理石构造。其间断陷湖盆与山前拗陷带，遍布以红色或灰色砂砾岩与片岩为主的古 / 新近纪地层。冈底斯山的冈仁波齐峰全部由始新世砾岩和砂岩组成，冈底斯山主脊带为始新世砾岩所覆盖。

阿里及邻近地区湖盆岩类与山脉岩系有关，如玛旁雍错除多为变质岩以外，尚有灰岩、页岩和石英岩；班公错的北岸有晚古生代灰岩出露，南岸主要为砂板岩，其宽谷的西南岸出露古 / 新近纪红色砂砾岩，东岸为石英岩和石英砂岩，班公错沿途还有超基性岩体出露；坐落在冈底斯山北侧的扎日南木错湖盆，南北山地由灰岩、砂岩、火山岩和花岗岩组成，措勤西南还见有以辉绿岩为主的基性岩类（李明森，1980a）。

札达盆地主体构造线为北西—南东向，形成于印度－欧亚板块晚白垩世以来的俯冲碰撞－陆内汇聚过程。札达盆地的构造主要由基底构造、盆缘断裂构造和盆内构造组成。盆缘断裂构造由藏南拆离带、大反向逆冲断裂系组成；盆内构造由香孜组与古格组角度不整合、古格组与托林组平行不整合和上新统的宽缓褶皱组成（孟宪刚等，2006）。

日土县班公错北侧及多玛地区一带的喀喇昆仑山区，多为石炭系—二叠系厚层灰岩分布区，改则县麻米乡盆地北侧山地为侏罗系—白垩系灰岩夹砂页岩和煤系地层。灰岩夹砂页岩分布广泛，成为阿里北部的主要岩类。

2.2.2　地貌特征

阿里及邻近地区内高山耸峙，雪峰林立，河流纵横，湖泊星罗棋布，主要山脉有喜马拉雅山、冈底斯山、喀喇昆仑山，同时，又派生出众多次一级山脉，它们首尾相接，连绵起伏。山系总的走向为自西向东、自西向北—东南向逐渐过渡为向东。其著名山峰有纳木那尼峰、冈仁波齐峰等。其南部和西南部为深切的沟、谷及零星的冲积扇地带；东部及西北部地势相对平缓，形成宽谷和一望无际的草原戈壁。总的地貌特征是从南到北高原面次第抬升，而各大山脉主脊线逐渐降低。地貌有高山、沟谷、土林、冰蚀、冲积扇、冰碛和火山等类型。

1. 地貌轮廓

阿里及邻近地区的藏北高原西部是青藏地区海拔最高、高原形态最完整的地貌单元。大部分区域海拔在 4600 ～ 5100m，相对高差一般在 200 ～ 500m，最大高差也超过 1500m。总的地势为南北高、中间低。南北向中间倾斜至黑阿公路沿线海拔 4400m

左右，沿班公错—东巧—怒江断裂带形成藏北高原地势最低的巨大集水洼地。在其倾斜背景面上分布着的数列巨大山系，始于帕米尔高原，向东呈扇形舒展，自北向南大致趋于平行东西走向排列，即昆仑山、喀喇昆仑山、冈底斯山。在这些平行山脉之间沿断裂带有宽谷或串珠状湖盆洼地。

昆仑山形成于海西期，是藏北最古老的褶皱带，其中昆仑山南支横亘于阿里及邻近地区北缘，海拔 5500 ～ 6000m，个别高峰近 7000m。喀喇昆仑山形成于印支期，在该区自西向东做扇状展开，平均海拔由西部的 6000m 逐渐降至 5500m 以下，冈底斯山形成于燕山晚期，其主峰冈仁波齐峰，山系高大雄伟，是阿里及邻近地区内外流水系的分水岭，也是该地区气候的重要地理分界线。喜马拉雅山形成于喜马拉雅期，从札达县的什布奇开始，自西北向东南延伸，至狮泉河与雅鲁藏布江分水岭地带以东，逐渐变为近东西向而继续东延；山岭的平均海拔在 6000m 以上；现代冰川广为发育。阿依拉日居介于冈底斯山和喜马拉雅山之间，属于喜马拉雅山系；从狮泉河和噶尔藏布汇流处算起至门士一带，长约 200km，平均海拔在 5700m 左右；有山谷冰川和冰斗冰川发育。

阿里及邻近地区北部流水侵蚀和堆积作用较弱，强烈的寒冰风化、冻融作用与干旱剥蚀作用成为近代主要地貌的外营力。因此，形成于古 / 新近纪初至中新世的海拔为 5200 ～ 5500m 山的原面保存较好，表现为以浅切割的顶面宽缓、波状起伏的盆地宽谷为代表的高原面，其形成时代为上新世初期至上新世末期。这两级地形面保存及其分布之广，使藏北高原西部具有典型的高原状态。

2. 地貌类型

按照地貌类型组合结构的区域差异，阿里及邻近地区可分为三大地貌区，即北部高原湖盆区、中部高山宽谷区和南部高山峡谷区。

1）北部高原湖盆区

北部高原湖盆区地处昂龙岗日—班公错以北、昆仑山以南，属于藏北—羌塘—可可西里—昆仑山构造区的西部。其行政区包括革吉、措勤北部、改则全部以及日土的东部、北部。该区为内流区，地貌类型主要为湖盆、宽谷和山地 3 种。

该区内湖盆地势开阔，周围多为低山丘陵，多沿东西向的班公错—东巧—怒江断裂带和龙木错—马尔盖茶卡—金沙江断裂带分布。南部湖泊多中、大湖泊，北部小湖泊居多。湖盆内次一级的地貌单元有湖漫滩地、湖成阶地和山麓洪积扇或洪冲积扇。宽谷地貌多沿构造线发育，平缓开阔，多由湖盆退缩而成。宽谷内次一级的地貌类型可分为河滩、河流阶地和洪冲积扇。高原湖盆区山地发育受东西构造带控制，也受北西、北东向断裂影响，多呈褶皱断块山。按相对高程，其可分为残高山、浅切高山、中切高山、深切高山和极高山。

2）中部高山宽谷区

中部高山宽谷区地处阿依拉日居以北，昂龙岗日—班公错以南，包括玛旁雍错、拉昂错、噶尔藏布和狮泉河谷，以及它们之间的冈底斯山，属班公错—东巧—怒江构造区西部和雅鲁藏布江断裂带。其行政区包括普兰北部，措勤南部，革吉、日土的南部以及噶尔全部。区域西部为外流区。该区主要有湖盆、河谷和山地 3 种地貌类型。

该区湖盆较小，周围多高山，湖泊多为淡水湖和半咸水湖。次一级地貌单元可分为湖滩地、湖阶地和洪冲积扇。河谷地貌沿断裂带发育，河谷上游狭窄、下游宽广。次一级地貌为河漫滩和洪冲积扇。高山宽谷区山地主要为阿依拉日居和冈底斯山，山岭的平均海拔在 5600 ～ 5700m，相对高差达 1000m 以上，属深切高山。

3）南部高山峡谷区

南部高山峡谷区地处阿依拉日居以南、国境线以北，包括喜马拉雅山、象泉河谷和孔雀河谷。其行政区包括札达县和普兰县大部。该区为外流区，切割较深，呈现高山峡谷形态。次一级地貌分为河谷和山地两种类型。

该区河谷多以窄谷形态出现，河床纵比降大，河床深切，河漫滩、阶地、洪冲积扇分异不太明显。区域内山地主要为喜马拉雅山，山岭平均海拔在 5800 ～ 6000m，山地被强烈切割，山体陡峻，属于深切高山和极高山。

2.3 气候

阿里及邻近地区位于青藏高原西北部，地势高亢且周边巨大山体对水汽的阻隔，形成了该区独特的高原气候。该区的气候总体呈现寒冷、干燥的特点，是亚洲典型的寒旱地区之一。

2.3.1 温度分布和变化的基本特征

1. 温度分布的基本特征

阿里及邻近地区温度低，寒冷时间长，平均气温明显低于西藏中东部地区（图 2.2）。在阿里及邻近地区的大部分地区，1980 ～ 2016 年的年平均气温低于 0℃，并且呈现西南高、东北低的特征，其中，北部和冈底斯山年平均气温多为 –10 ～ –5℃[图 2.2（a）]。阿里及邻近地区年平均最高气温多为 5 ～ 10℃，其中，札达县和普兰县部分地区可达 10℃以上 [图 2.2（b）]；大部分地区年平均最低气温低于 –5℃，其中北部地区低于 –10℃ [图 2.2（c）]。

阿里及邻近地区气温年较差高于西藏平均水平，与全国平均水平（26℃）相当。在空间分布上，其与年平均气温相反，呈现北高南低的特征 [图 2.2（d）]，由南部地区的 18 ～ 21℃向北逐渐递增，北部地区气温年较差可达 27 ～ 33℃，为藏东南地区的 1.5 ～ 2 倍。阿里及邻近地区昼夜温差大，年平均气温日较差达到 15 ～ 16℃，是西藏和全国年平均气温日较差分布的高值区之一 [图 2.2（e）]，约为全国年平均气温日较差的 1.5 倍。

基于遥感监测的阿里及邻近地区 2003 ～ 2015 年白天（当地时间 13：30）和夜间

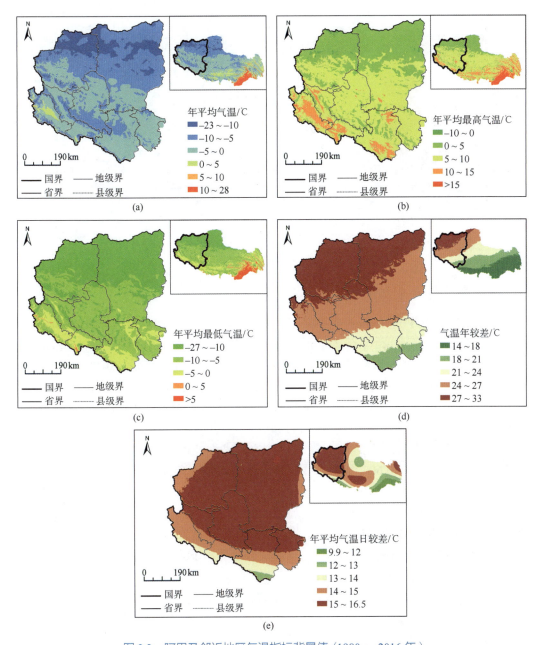

图 2.2　阿里及邻近地区气温指标背景值（1980 ～ 2016 年）

（当地时间 1：30）年地面温度的分布格局分别与年平均最高气温和最低气温保持一致
（图 2.2 和图 2.3），其中白天地面温度多高于 10℃，在海拔较低的地方可到 20℃；而
夜间地面温度多低于 –10℃。此外，对该地区 1cm、10cm、20cm 深度土壤的温度进行
监测，发现最冷月平均温度为 –12.69℃，最暖月平均温度为 13.15℃，土壤日平均温度
的年际变幅约为 30℃。在土壤冻结 / 消融过程中，土壤温度的变异系数高，且消融过
程变异性比冻结过程更强（祁威等，2017）。

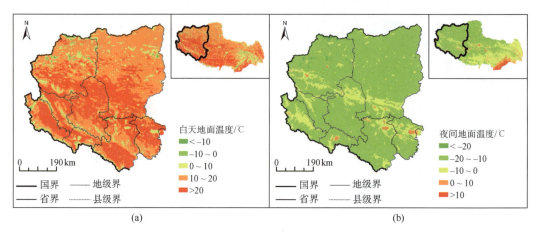

图 2.3　基于遥感监测的阿里及邻近地区近地面温度背景值（2003～2015 年）

传感器过境当地时间为 13：30（a）和 1：30（b）

2. 温度变化的基本特征

在全球变暖的背景下，近半个多世纪，阿里及邻近地区呈现显著的持续增温趋势。狮泉河站气象观测资料显示 [图 2.4（a）]，1961～2017 年平均增温幅度为 0.43℃ /10a，高于西藏地区和青藏高原的同期增温速率（0.34℃ /10a）（Li et al.，2019；Xu et al.，2017），超过全球同期增温速率的 2 倍。21 世纪以来，尽管全球气候系统呈现暂时的增温停滞现象（Easterling and Wehner，2009），但阿里及邻近地区的增温幅度为 0.45℃ /10a，也略高于西藏地区（0.43℃ /10a）。

阿里及邻近地区的快速增温呈现不对称的模式。1961～2017 年，狮泉河站年平均最低气温变化趋势（0.60℃ /10a）明显高于年平均最高气温变化趋势（0.31℃ /10a）[图 2.4（b）和（c）]。年平均气温日较差呈现显著下降趋势（0.28℃ /10a）[图 2.4（d）]，高于西藏地区（0.12℃ /10a）和青藏高原（0.20℃ /10a）同期的变化趋势（You et al.，2016）。此外，研究时段距今越近，年平均最高气温变化趋势越明显，导致 21 世纪以来，西藏地区年平均气温日较差由下降趋势转为上升趋势（Li et al.，2019），但狮泉河站年平均气温日较差仍保持快速下降趋势。

在空间上，阿里及邻近地区增温速率呈现由西至东递增的特征（图 2.5）。1961 年以来，年平均最低气温变化趋势普遍高于 0.4℃ /10a，而年平均气温和年平均最高气温变化趋势由西部的增温 0.3℃ /10a 过渡到东部则高于 0.4℃ /10a，这可能与高海拔地区气温的增加幅度高于低海拔地区有关（杜军，2001；杨续超等，2006），且该增温的海拔依赖性在预测情景中可能持续存在（Liu et al.，2009）。

2.3.2　降水分布和变化的基本特征

1. 降水分布的基本特征

阿里及邻近地区降水稀少，并且雨季与干季分明，降水主要分布在 6～8 月（李

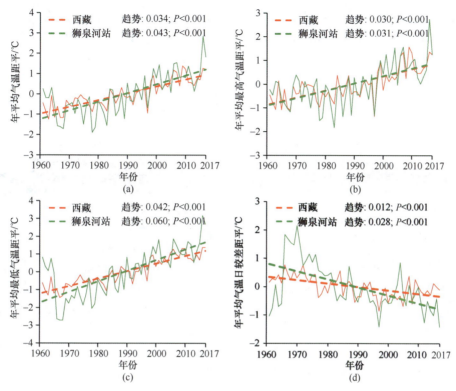

图 2.4　1961 ~ 2017 年阿里及邻近地区和西藏地区气温变化特征

数据来源：国家气象信息中心气象科学数据共享服务平台

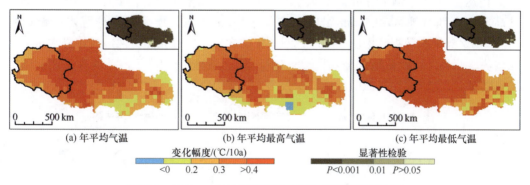

图 2.5　1961 ~ 2016 年西藏地区气温变化的空间特征

数据来源：国家地球系统科学数据中心

兰晖等，2017）。由于巨大山脉的阻隔作用，印度季风挟带的水汽难以深入西藏的西北地区，而夏季降水主要来自印度次大陆上的深对流系统（Dong et al.，2016），从而使得大部分地区年降水量低于 200mm（1961 ~ 2016 年平均值）[图 2.6（a）]，为藏东南地区的 1/4 ~ 1/3。降水量从东南向西北递减，且西北部雨季开始更迟、雨季更短，为西藏降水最少的地区之一。其中，位于中西部的狮泉河站 1961 ~ 2016 年的平均年降水量低于 100mm，且降水量年际波动大；平均年降水日数少，狮泉河站仅有 34 天（杜军和马玉才，2004）。普兰县和札达县大部分区域位于冈底斯山南侧，水汽相对丰富，1998～2015年平均年降水量比山脉北侧区域更为丰富［图2.6(b)］。热带降雨测量任务（TRMM）卫星计划的降水数据能较好地反映该地区降水分布的空间差异，然而该数据在阿里及邻近地区存在"低值高估"现象，难以反映该地区降水的"量"（李兰晖等，2017）。此外，降水量极值和降水频次极值主要发生在傍晚及上半夜（李兰晖等，2017；Guo et al.，2014）。

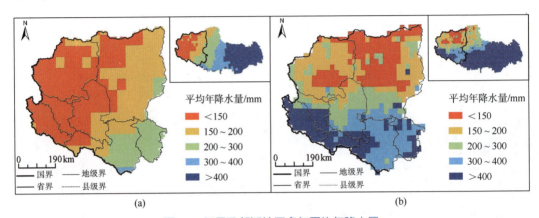

(a)   (b)

图2.6   阿里及邻近地区多年平均年降水量

(a) 数据来源于国家地球系统科学数据中心；(b) 数据为 TRMM 数据

2. 降水变化的基本特征

1978～2015年狮泉河站和普兰站降水量平均值呈增加趋势，增加幅度为0.74mm/a，且高于整个西藏地区（0.56mm/a）［图2.7(a)］。Yao等（2012）基于全球降水气候计划（GPCP）格点降水数据，指出1970～2009年帕米尔高原和亚洲中部地区年降水量呈增加趋势。此外，在西藏地区降水日数总体呈现减少趋势的背景下，羌塘高原西北部仍呈现微弱上升趋势［图2.7(b)］。

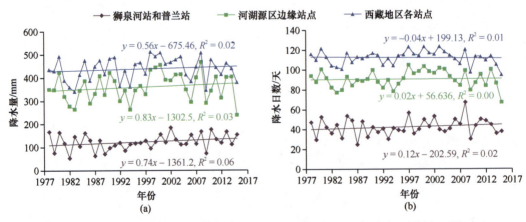

图2.7   1978～2015年阿里及邻近地区和西藏地区降水量和降水日数特征对比

数据来源：国家气象信息中心气象科学数据共享服务平台

基于空间插值的资料显示（图 2.8），阿里及邻近地区的西南部，1961～2016 年降水量呈现微弱的下降趋势，但该趋势未通过 95% 的显著性水平检验；然而，东北部地区呈现较为明显的上升趋势，部分地区增加幅度达 1mm/a。需要指出的是，由于该地区观测站点稀少，尤其是东北部，空间插值资料仍然存在较大的不确定性（李兰晖等，2017），东北部降水量增加趋势未得到实测资料的验证。

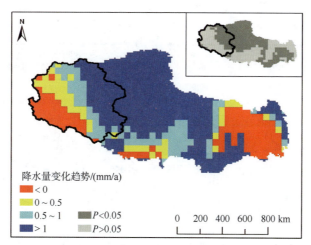

图 2.8　1961～2016 年阿里及邻近地区和西藏地区降水量变化的空间特征

数据来源：国家地球系统科学数据中心

2.3.3　日照时数、平均风速、相对湿度和平均气压的特征分析

阿里及邻近地区辐射强，日照时间长，相对湿度和平均气压低（图 2.9）。狮泉河站多年日照时数的平均值略高于普兰站，分别为 3531h 和 3195h。阿里及邻近地区日照时数总体呈下降趋势（图 2.9），与西藏近 35 年日照时数显著减少趋势一致（杜军等，2007），与全球普遍"变暗"的趋势也保持一致。狮泉河站日照时数从 1973 年开始增加，到 1987 年左右达到最大值（3740h），随后开始减少，到 2012 年左右达到最低值（3220h）。普兰站日照时数变化趋势与狮泉河站一致，1987 年左右达到最大值（3470h），随后开始减少，到 2013 年左右达到最低值（2990h）。

狮泉河站和普兰站多年平均风速分别为 2.9m/s 和 3.3m/s，1973～2016 年均呈现波动下降趋势。狮泉河站多年平均风速从 1973 年开始呈明显的下降趋势，并从 1996 年开始呈急剧下降趋势，到 2004 年左右渐入相对平稳趋势。普兰站多年平均风速也从 1973 年开始呈明显的下降趋势，1988 年左右开始波动上升，到 2000 年后继续下降。

狮泉河站和普兰站相对湿度的平均值分别为 32.6% 和 46.6%。狮泉河站相对湿度低于普兰站，与冈底斯山对水汽的阻挡（狮泉河站位于冈底斯山的北侧，普兰站位于其南侧）有关。两站点平均相对湿度在 1973～2016 年均呈现显著下降趋势，但狮泉河站相对湿度下降速度大于普兰站。此外，狮泉河站和普兰站多年平均气压分别为 637hPa 和 604hPa，两站点的平均气压均呈现波动上升趋势。

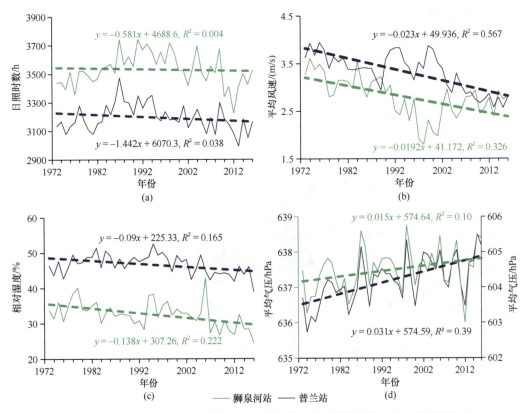

图 2.9　1973 ～ 2016 年阿里及邻近地区日照时数（a）、平均风速（b）、相对湿度（c）和平均气压（d）的变化特征

2.4　水文与水资源

2.4.1　河流概况

阿里及邻近地区河流包括外流河和内流河两类水系（图 2.10）。内流河是内流湖泊流域的水源，主要分布于藏北的日土县、改则县、革吉县、普兰县、仲巴县及措勤县等地区。外流河水系主要包括森格藏布（狮泉河）、朗钦藏布（象泉河）、马甲藏布（孔雀河）及雅鲁藏布江 4 条河流，其中雅鲁藏布江源流主要为马泉河。阿里及邻近地区河流与湖泊受冰川补给，这是该区域河湖水系的特点之一。

森格藏布（狮泉河）是印度河的源流，而印度河是有名的圣河，也是巴基斯坦最主要的河流。森格藏布藏语意为"狮口河"或"狮泉河"，其位于西藏的革吉县与噶尔县，发源于海拔 6656m 的冈仁波齐峰，中国境内长 430km，落差 1264m，平均坡降 2.9‰，年均流量 22m³/s，年均径流量 6.9 亿 m³，属印度洋水系（中国科学院青藏高原综合科学考察队，1984）。流域面积为 27450km²，因流域气候干燥，平均径流深 25mm，其为西藏外流水系中单位面积产水率最低的河流。流域多为荒漠、半荒漠景观，气候干旱

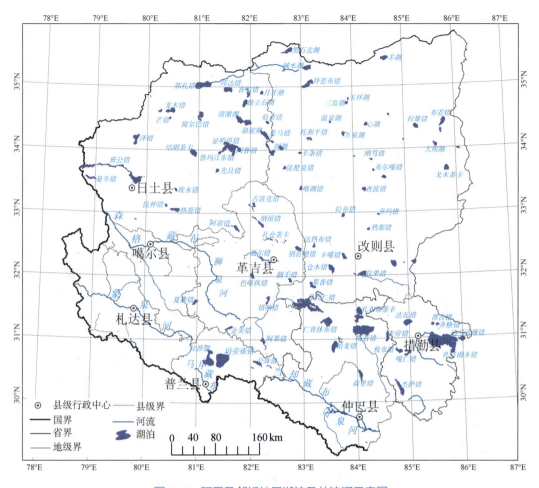

图 2.10　阿里及邻近地区湖泊及外流河示意图

少雨，11 月至翌年 5 月为风季，3～5 月多大风。流域蒸发强，无霜期短，故耕地少，当地藏族居民以牧业为主。

朗钦藏布（象泉河）也是印度河的源流，是阿里地区主要河流之一，发源于喜马拉雅山脉西段兰塔附近的现代冰川。其自南向北流经曲龙、东波、札达、札布让、努巴、什布奇、喜马拉雅山后，在巴基斯坦境内汇入印度河，并改称萨特莱杰河，属印度洋水系。朗钦藏布流域全长 309km，流域呈矩形，流域面积为 22760km^2，平均坡降 17‰（中国科学院青藏高原综合科学考察队，1984），在中国境内全长 260km，宽 140km，落差 2400m，河源处海拔约 5300m。流域地势为东南高、西北低。

马甲藏布为恒河的源流，又名孔雀河，曾译为麻楚河，位于西藏西南部普兰县境内，发源于喜马拉雅山兰批雅山口附近的马羊浦，源头海拔 5400m，在梅耳查姆折向南流入印度国境，在巴特那附近汇入恒河，在中国境内长 110km，平均坡降 16.1‰，流域面积为 3020km^2，年平均流量为 4.2m^3/s，年均径流量为 1.3 亿 m^3（中国科学院青藏高原综合科学考察队，1984），属于印度洋水系。

雅鲁藏布江是我国第五长河，也是世界上最高的大河之一，流域平均海拔高于4600m。其位于雅鲁藏布缝合带，是将印度洋的水汽输送到青藏高原腹地的巨大运输通道，雅鲁藏布江流域在青藏高原降水产生机制中发挥着重要作用。此外，雅鲁藏布江流域也是青藏高原中人口密度最大、水力资源最丰富的地区。流域内冰川发育，冰川总面积约69000km²（Liu et al.，2014）。雅鲁藏布江源流马泉河发源于西藏西南部的杰玛央宗冰川，主要位于普兰县与仲巴县。其由西向东横贯西藏南部，绕过喜马拉雅山脉最东端的南迦巴瓦峰转向南流，经巴昔卡出中国境，进入印度后称布拉马普特拉河，在孟加拉国与恒河汇流后注入孟加拉湾，属于印度洋水系。

2.4.2 湖泊概况

根据2015年该区域的遥感影像（Landsat OLI）解译结果（表2.1），发现阿里及邻近地区大于1km²的湖泊个数为256个，水面总面积为9037.8km²。其中，面积最大的湖泊为扎日南木错，水面面积为999.1km²，面积较大的湖泊有昂拉仁错（497.9km²）、塔若错（485.6km²）、班公错（境内部分，456.2km²）、玛旁雍错（415.9km²）、鲁玛江冬错（399.5km²）。阿里及邻近地区有26个湖泊的面积介于100～500km²，其总面积达到5251.6km²，占到阿里及邻近地区湖泊总面积的58.1%，其平均面积为202.0km²；有70个湖泊的面积介于10～100km²，其总面积达到2239.6km²，占到阿里及邻近地区湖泊总面积的24.8%，其平均面积约为32.0km²；有159个湖泊的面积介于1～10km²，其总面积为547.5km²。

表 2.1　阿里及邻近地区湖泊面积统计表（2015 年）

分类 /km²	湖泊个数	湖泊面积 /km²	
		平均	合计
>500	1	999.1	999.1
(100, 500]	26	202.0	5251.6
(50, 100]	20	61.4	1228.9
(10, 50]	50	20.2	1010.7
(1, 10]	159	3.4	547.5

通过对比当前该区域湖泊面积与20世纪80年代的湖泊面积（表2.2），发现大约2/3的湖泊面积呈增加趋势。其中，面积增加幅度最大的湖泊为碱水湖，增加了131.03%，其次是邦达错（37.87%）、独立石湖（33.64%）；此外黑石北湖、美马错及洞错均增加了约20%。面积减少幅度最大的是阿果错，面积减少了38.22%；其次是纳屋错，减少了29.48%；此外森里错和公珠错则分别减少了14.01%和15.38%。

表 2.2　阿里及邻近地区部分湖泊面积变化统计表

湖泊名称	20 世纪 80 年代面积 /km²	2015 年面积 /km²	面积变化量 /km²	面积变化百分比 /%
碱水湖	88.90	205.39	116.49	131.03
邦达错	106.50	146.83	40.33	37.87
独立石湖	75.30	100.63	25.33	33.64
黑石北湖	93.50	114.68	21.18	22.65
美马错	140.50	171.19	30.69	21.84
洞错	87.70	104.40	16.70	19.04
阿翁错	58.60	69.27	10.67	18.21
骆驼湖	121.40	143.13	21.73	17.90
鲁玛江冬错	340.40	399.49	59.09	17.36
仓木错	87.50	101.85	14.35	16.40
龙木错	97.00	108.41	11.41	11.76
泽错	112.70	122.74	10.04	8.91
结则茶卡	107.60	116.40	8.80	8.18
拜惹布错	128.80	137.69	8.89	6.90
拉果错	91.20	97.08	5.88	6.45
班公错	604.00	633.50	29.50	4.88
达瓦错	114.40	119.55	5.15	4.50
帕龙错	140.70	147.02	6.32	4.49
错呐错	51.70	53.29	1.59	3.08
阿鲁错	103.00	105.91	2.91	2.83
攸布错	64.30	65.13	0.83	1.29
玛旁雍错	412.00	415.85	3.85	0.93
果普错	62.30	62.64	0.34	0.55
仁青休布错	187.10	187.78	0.68	0.36
郭扎错	252.60	253.40	0.80	0.32
扎日南木错	996.90	999.07	2.17	0.22
塔若错	486.60	485.56	−1.04	−0.21
窝尔巴错	93.80	93.56	−0.24	−0.26
昂拉仁错	512.70	497.93	−14.77	−2.88
拉昂错	268.50	259.28	−9.22	−3.43
杰萨错	146.40	138.20	−8.20	−5.60
曼冬错	61.60	57.84	−3.76	−6.10
麦穷错	62.30	57.32	−4.98	−7.99
嘎仁错	66.00	59.52	−6.48	−9.82
森里错	83.80	72.06	−11.74	−14.01
公珠错	66.20	56.02	−10.18	−15.38
纳屋错	65.80	46.40	−19.40	−29.48
阿果错	62.30	38.49	−23.81	−38.22

2.4.3 典型湖泊及其变化

玛旁雍错曾名马法木错，是西藏西南部边境地区著名的淡水湖泊，位于普兰县东北约 35km，地理位置为 81°22′E ～ 81°37′E，30°34′N ～ 30°47′N。湖水面积为 415.9km²，湖面海拔 4588m。湖盆形态北岸宽、南岸窄，长轴 26km、短轴 21km，平均宽度为 15.9km。由于玛旁雍错在宗教传统上的特殊地位，过去一个多世纪以来其就广泛为世人所关注。广为流传的是瑞典人斯文·赫定在 1907 年前后对玛旁雍错的调查，据记载其测定的最大水深达 81.8m（Hedin，1910）。

玛旁雍错在构造上为介于冈底斯山与喜马拉雅山之间的一个断陷盆地。拉昂错紧邻其西侧，两湖均坐落在盆地的低洼地带。湖盆处于东南—西北走向的宽谷带内，历史上曾属于森格藏布水系，后为朗钦藏布袭夺，所以玛旁雍错原是外流湖，后来因为洪水，冰水堆积，堵塞河谷，才形成了内陆湖。

玛旁雍错湖盆形状较规则，从水下地形分布来看，其也显示了与流域湖盆较为相似的特征，四周湖岸坡度都较为平缓，中间深水区坡度更小，超过 50m 水深的区域面积较大，实测最大水深为 72.60m，位于中部深水开阔湖区的偏南部位置；在北部浅水区，测深过程中发现水下地形起伏较大，可能存在湖泊低水位时期形成的沙丘（王君波等，2013）。

1975 ～ 2015 年，玛旁雍错与拉昂错的湖泊面积呈减小趋势，但减幅不大。40 年中，玛旁雍错面积一直保持在 410km² 以上（表 2.3），面积在 412 ～ 417km²，过去 30 年间保持在 415km² 左右；而拉昂错面积一直处于低幅减少趋势，减幅（0.12%/a）远高于玛旁雍错。

表 2.3 玛旁雍错与拉昂错的湖泊面积变化 （单位：km²）

时间	玛旁雍错	拉昂错	文献
1975 年	417.00	272.37	拉巴等，2012
20 世纪 80 年代	412.00	268.50	Liu et al.，2019
1990 年	415.20	272.08	拉巴等，2012
1999 年	413.63	265.82	拉巴等，2012
2009 年	415.40	261.36	拉巴等，2012
2015 年	415.85	259.28	Liu et al.，2019

基于 CryoSat-2 测高卫星数据，提取了玛旁雍错 2015 年水位数据，结果表明，湖面水位在海拔 4886.5 ～ 4588.5m，年内水位呈"双峰"形。从玛旁雍错湖面水位变化特征来看（图 2.11），在年内变化中，玛旁雍错的湖面水位包括两个波峰，分别在 4 月和 8 月，其中 4 月的湖面水位增加与春季冰雪融水补给湖泊有较大关系，而 4 月之后先下降后上升，可能蒸发加强成为湖面变化的主导因素，随后在 7 ～ 8 月，湖面水位增加并保持在较高水平，这与雨季降水增加有关。

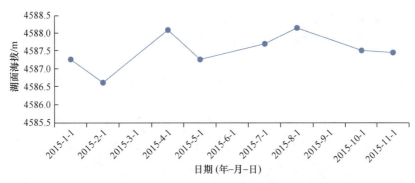

图 2.11　典型年份（2015 年）玛旁雍错湖面水位变化

2.5　土壤①

2.5.1　土壤形成发育

阿里及邻近地区土壤几乎是在非生物、弱地球化学条件下发育的,该地区土层浅薄,粗骨性强,剖面分异简单,甚至不少坡地上还没有形成土壤（张百平,1990）。上述土壤发生特征与该区域土壤形成条件密切相关。

母岩和母质性质是影响土壤属性的主要因素。阿里及邻近地区土壤形成的母质基础是上新世和第四纪沉积物。一般而言,花岗岩风化物上发育的土壤质地粗糙;砂页岩风化物上形成的土壤质地相对稍细。湖积物母质上发育的土壤多为黏土或黏壤土;而洪积物上发育的土壤多为砂壤土或砂质壤土。喜马拉雅酸性花岗岩和三叠纪花岗闪长岩等风化物母质上发育的土壤普遍偏中性;而灰岩砂岩风化物上发育的土壤多偏碱性。

地形直接影响土壤的分布。地形对水热的再分配作用强化了该区土壤水平地带分异;巨大的山体形成了土壤垂直地带性,更进一步加剧了水平地带性的复杂程度;而河流的切割侵蚀导致土壤出现负垂直带分布;湖盆地貌造就了土壤的环形分布特征。有研究表明,改则县查日那足山麓至湖滨地区土壤属性特征大多表现出规律性变化（王兆锋等,2017）。

气候条件直接决定了土壤的水热状况,进而影响土壤形成发育和空间分布。阿里及邻近地区北缘为高原寒带季风干旱区,土壤主要为高山荒漠草原土或高山荒漠土,粗骨性强;北部高原亚寒带季风干旱区土壤主要为高山草原土;中部高原温带季风干旱区土壤主要为亚高山耕种草原土,土层浅薄;南部高原温带半干旱区土壤主要为潮土、灌淤土,土层相对稍厚。冻融过程对寒区土壤形成也有影响。研究表明,藏北地区土壤温度与气温整体变化趋势一致,但土壤温度变化相对缓和,冻融过程对土壤温度具有显著调节作用（李卫朋等,2014）。

---

① 本节主要参考阿里地区农牧局主持编写的《西藏阿里地区土壤》,1990 年 11 月,承担单位:中国科学院新疆生物土壤沙漠研究所。

生物也是影响土壤形成发育的主要因素之一。有研究显示，藏北高寒草原土壤有机碳含量与草地盖度、优势种高度、生物量呈显著相关关系（曹樱子和王小丹，2012）。同时，微生物在土壤的形成过程中也发挥着重要作用。阿里地区土壤微生物有三十四大门类（孙怀博，2010）。土壤 pH、有机质、含水量与土壤微生物类群显著相关（何建清等，2010）。

阿里及邻近地区人类活动强度相对较小，人为因素对土壤形成发育的影响仅体现在部分人类活动相对频繁的城镇与居民点周边，主要是耕作、施肥、灌溉等对土壤的熟化作用。在该区自然因素是土壤性质的主要影响因素，人类活动对该区的表层土壤元素含量虽有一定影响，但影响强度不大（刘玉梅等，2015）。

2.5.2 主要土壤类型

阿里及邻近地区分布有 30 个土壤亚类（图 2.12）。其中，高山草原土是主要土壤类型，覆盖了 50% 以上的区域；其次为高山荒漠草原土、高山寒漠土、石质土、高山草甸土等（表 2.4）。

1. 高山草原土

高山草原土是阿里及邻近地区分布最广、面积最大、最具代表性的土类。它东连那曲的高山草甸土带，西、北分别与阿里的亚高山荒漠土、高山荒漠土及昆仑山南麓的高山荒漠草原土地带衔接。在土壤垂直带谱中，上接高山寒漠土和高山草甸土，下连亚高山草原土或亚高山荒漠土。

高山草原土成土过程主要为腐殖质积累过程和钙积过程（西藏自治区土地管理局，1994）。区域内干旱低温，植被给土壤提供的有机残体较少，但由于好气性微生物活动弱，植物残体分解不完全，土壤中仍有部分植物残体积累，表现了腐殖质的弱积累作用。由于降水量少，蒸发量大，高山草原土的淋溶弱，碳酸钙在土壤剖面的中上部相对聚积，聚积层厚度较小，形成的碳酸钙新生体也不太发育，多以石灰胶膜的形式存在于剖面中石砾背面。

该区域高山草原土可划分为高山草原土、高山草甸草原土、高山盐渍草原土和高山荒漠草原土等亚类。

2. 高山寒漠土

高山寒漠土面积占阿里及邻近地区总面积的 12.22%，主要分布在海拔 5400m 以上的山地，是区域土壤垂直带谱中分布位置最高的土壤类型。成土母质多为岩屑、滚石的冰碛物和残坡积物，地表多裸岩，土被不连续，只在岩隙中有少量的细土物质。高山寒漠土地表多为中生和旱生的草本植物，垫状植物和地衣、苔藓之类。高山寒漠土成土作用主要是低等植物和微生物参与下的原始成土过程，以寒冻物理风化为主，化学风化较弱，局部伴有微弱的腐殖质积累过程和氧化还原过程。该土壤类型只有高山寒漠土一个亚类。

图 2.12 阿里及邻近地区土壤分布图（全国土壤普查办公室，1995）
依据 1 ∶ 100 万中国土壤数据绘制

表 2.4 阿里及邻近地区各土壤类型比例统计

土壤代码	土壤亚类	面积百分比 /%	土壤代码	土壤亚类	面积百分比 /%
23120122	高山草原土	51.83	23118141	寒原盐土	0.05
23120123	高山草甸草原土	0.81	23118142	寒原草甸盐土	0.11
23120124	高山荒漠草原土	24.34	23118143	寒原碱化盐土	0.09

续表

土壤代码	土壤亚类	面积百分比 /%	土壤代码	土壤亚类	面积百分比 /%
23120125	高山盐渍草原土	0.04	23115191	粗骨土	0.02
23120171	高山寒漠土	12.22	23115142	草原风沙土	0.11
23115181	石质土	2.16	23117101	沼泽土	0.01
23115184	钙质石质土	0.08	23117103	泥炭沼泽土	0.02
23120102	高山草甸土	1.31	23117104	草甸沼泽土	0.02
23120103	高山草原草甸土	0.51	23117105	盐化沼泽土	0.05
23120132	亚高山草原土	0.32	23115123	冲积土	0.03
23120133	亚高山草甸草原土	0.01	23115122	新积土	0.06
23120134	亚高山荒漠草原土	0.97	23119112	灌淤土	<0.01
23120151	高山荒漠土	0.44	23123101	岩石	0.60
23120161	亚高山荒漠土	0.39	23126101	江河内沙洲、岛屿	<0.01
23116101	草甸土	<0.01	23127101	冰川雪被	1.04
23116102	石灰性草甸土	0.25	23125101	河流	0.05
23116104	潜育草甸土	0.70	23124101	湖泊、水库	1.08
23116105	盐化草甸土	0.29			

3. 其他土壤类型

除高山草原土和高山寒漠土以外，该区域还有少量石质土和高山草甸土分布。石质土面积占该区域总面积的 2.16%，主要分布在各大山系及低山丘陵区水土流失较为严重的阳坡，该区域大多地形陡峭。土壤富含砾石，地表砾石含量超过 70%，土层厚度多小于 10cm。高山草甸土面积约为阿里及邻近地区总面积的 1.31%，主要分布在河滩地和河流低阶地等地势较低、地下水位较浅的部位，土壤中下部有周期性潜育作用。此外，阿里及邻近地区内还有亚高山草原土、高山荒漠土、亚高山荒漠土等土壤类型分布，但面积均不到阿里及邻近地区总面积的 1%。

2.5.3 土壤分布

阿里及邻近地区土壤空间分布表现出水平地带性、垂直地带性和区域地带性特征，体现了自然要素的纬度地带性、经度地带性与垂直地带性，以及它们对土壤形成过程和区域分异的影响（李明森，1980b）。

1. 土壤分布水平地带性

阿里及邻近地区东部、南部气候稍湿润，植被以高寒草甸为主，土壤为高山草甸土。

中部气候为高原亚寒带干旱类型，土壤为高山草原土。西部降水量稍多，植被优势种以沙生针茅为主，土壤为亚高山草原土。北部气候寒冷干旱，土壤为高山荒漠土。总体上，由东南向西北，土壤腐殖质积累，以及易溶性盐分与碳酸钙淋溶程度都逐渐减少，寒冻风化作用和土壤冻融活动加剧，土壤粗骨性逐渐增强。

高山草原土与高山荒漠草原土地带间的差异，以及亚高山荒漠土与高山荒漠土地带间的差异均主要归因于热量条件的纬向差异；而草原土系列与漠境土系列间的差异则主要归因于湿润条件的径向差异（李明森，1980a）。

2. 土壤分布垂直地带性

随着海拔的变化，区域植被和水热条件在垂直空间上呈现规律性的变化，导致土壤分布表现出垂直带谱的结构与性质（李明森，1980b）。喀喇昆仑山南坡土壤垂直带谱的基带海拔为 4900 ～ 5100m，土壤为高山荒漠土或高山荒漠草原土；海拔 5100 ～ 5800m 为高山荒漠土；海拔 5800m 以上为碎石带，发育永久积雪或冰川。中部冈底斯山阳坡，海拔 4400 ～ 4600m 为亚高山荒漠草原土，海拔 4600 ～ 5450m 为高山草原土，海拔 5450 ～ 5700m 为高山寒漠土，海拔 5700m 以上为永久积雪带。冈底斯山阴坡，垂直带谱的基带土壤为高山草原土，海拔 5400 ～ 5700m 为高山寒漠土。喜马拉雅山北坡海拔 3900 ～ 4200m 为亚高山草原土，海拔 4200 ～ 5000m 为高山草甸草原土，海拔 5000 ～ 5800m 为高山寒漠土，海拔 5800m 以上为永久积雪带。

3. 土壤分布区域地带性

受区域性的地貌、母质、水文地质条件或人类活动的影响，阿里及邻近地区土壤分布也表现出枝状组合、环状组合、微域分布等区域地带性特征。

由于山地沟谷水系的树枝状伸展，自山麓到谷地沿水系形成了地带性土壤、水成与半水成土壤构成的枝状土壤组合。在中部河谷中，草甸土和沼泽草甸土与高山寒漠土、高山草甸土、高山草原土构成枝状土壤组合。狮泉河流域，草甸土或沼泽草甸土与高山草原土构成枝状土壤组合。在北部，河流多为季节性河流，枝状土壤组合不明显。

在山间盆地和湖盆周围，尤其是北部湖泊退缩过程中，湖泊周围形成多级阶地，易发育盐土，与周围地带性土壤往往构成环状组合。由于小地形和人类生产活动的影响，土壤也表现出微域分布特征，如普兰县马甲藏布两岸阶地上阶梯式的土壤分布。

4. 土壤分布过渡特征

随着计算机自动制图技术的发展，数字土壤制图结果较好地反映了土壤分布的交叉过渡特征。在阿里及邻近地区北部，传统土壤图中高山寒漠土外围直接转变为高山荒漠草原土。而数字制图结果显示，高山寒漠土以下交错分布有粗骨土和石质土，再往下分布有高山草原土和高山荒漠草原土，土壤分布呈现出明显的交错过渡特征（王宇坤，2016）。

2.6　生物

2.6.1　植物

1. 植物概况

阿里及邻近地区共有种子植物 730 种（包含变种或变型），占青藏高原种子植物的 5.71%。按照 APG III 分类系统，它们隶属于 69 科、272 属。这些种子植物包含草本植物 680 种、木本植物 50 种，它们分别占该地区种子植物种数的 93.15% 和 6.85%。

从科的组成上看，该地区种子植物隶属于 69 科，占中国种子植物 258 科的 26.74%。含 15 种以上的科依次为菊科（Asteraceae，100 种）、禾本科（Poaceae，80 种）、豆科（Fabaceae，58 种）、十字花科（Brassicaceae，48 种）、莎草科（Cyperaceae，35 种）、唇形科（Lamiaceae，33 种）、石竹科（Caryophyllaceae，32 种）、毛茛科（Ranunculaceae，31 种）、蔷薇科（Rosaceae，25 种）、紫草科（Boraginaceae，23 种）、龙胆科（Gentianaceae，23 种）、虎耳草科（Saxifragaceae，19 种）、伞形科（Apiaceae，16 种）、苋科（Amaranthaceae，15 种）、蓼科（Polygonaceae，15 种）15 科，共计 553 种，占该地区种子植物种数的 75.75%。

从属的组成上看，该地区种子植物隶属于 272 属，占中国种子植物 2872 属的 9.47%。含 15 种植物以上的有 7 属，依次为黄耆属（Astragalus，23 种）、委陵菜属（Potentilla，19 种）、风毛菊属（Saussurea，19 种）、虎耳草属（Saxifraga，18 种）、薹草属（Carex，16 种）、蒿属（Artemisia，15 种）、葶苈属（Draba，15 种），共包含物种 125 种，占该地区种子植物种数的 17.12%。

2. 属的区系组成

根据吴征镒等（2006）的划分原则，该地区植物属的区系成分及比例分别为：①世界分布 35 属（12.87%）；②泛热带分布 13 属（4.78%）；③东亚及热带亚洲和热带美洲间断分布 1 属（0.37%）；④热带亚洲至热带大洋洲分布 2 属（0.74%）；⑤热带亚洲至热带非洲分布 3 属（1.10%）；⑥热带亚洲分布 2 属（0.74%）；⑦北温带分布 102 属（37.50%）；⑧东亚及北美洲间断分布 5 属（1.84%）；⑨旧世界温带分布 35 属（12.87%）；⑩温带亚洲分布 11 属（4.04%）；⑪地中海、西亚至中亚分布 25 属（9.19%）；⑫中亚分布 18 属（6.62%）；⑬东亚分布 12 属（4.41%）；⑭中国特有分布 8 属（2.94%）。从区系成分来看，主要为温带成分（216 属，79.41%），其次为热带成分（21 属，7.72%）。

3. 特有植物概况

该地区共有特有植物 145 种，占该地区种子植物的 19.86%。它们隶属于 31 科、

77 属。这些植物包含草本植物 136 种、木本植物 9 种，它们分别占该地区特有植物种数的 93.79% 和 6.21%。

4. 植物多样性分布格局

从物种多样性的空间分布来看（图 2.13），该地区西南部（普兰县、札达县和仲巴县）的物种多样性比较高，其中普兰县的种子植物数量最多（312 种），而仲巴县的特有植物最多（71 种）。

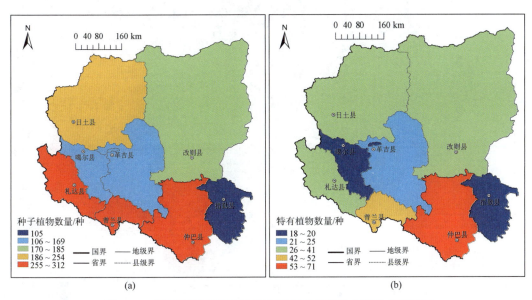

图 2.13　阿里及邻近地区种子植物和特有植物的多样性分布格局

5. 主要植被类型

该地区主要存在 5 种植被类型（中国科学院植物研究所和中国科学院长春地理研究所，1988），分别为高寒灌丛植被、高寒荒漠植被、高寒草原植被、高寒草甸和沼泽植被及高山稀疏植被（图 2.14）。其中，以紫花针茅群系为主的高寒草原植被分布范围最广。每种植被类型包含的亚型植被、代表性群系及其生境和分布等信息见表 2.5。

该地区主体植被的地带性分布规律：①从南到北，山地草原—高寒草原—高寒荒漠；②由东至西，高山灌丛与草原—高寒草原—山地荒漠。

按照吴征镒等（2010）对中国植物区系的划分情况，该地区大部分位于羌塘高原亚地区。古植物学资料证明（陶君如，2000），在中新世晚期或上新世早期，该地区上存在铁杉属（*Tsuga*）、山核桃属（*Carya*）、枫香树属（*Liquidambar*）等乔木，上新世中晚期，分布着以壳斗科、桦木、榆等为主的落叶阔叶林，随着青藏高原的隆起和冰川的影响，才形成如此贫乏而年轻的区系。

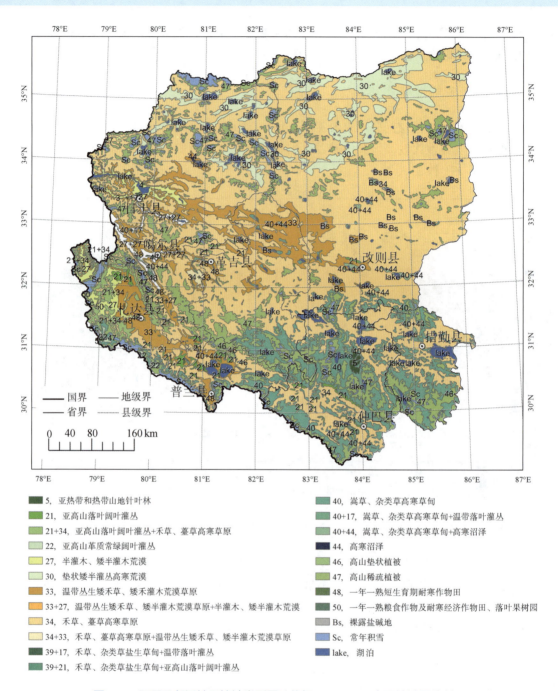

图 2.14　阿里及邻近地区植被类型图（依据 1 ∶ 100 万中国植被图编制）

图例：

- 5，亚热带和热带山地针叶林
- 21，亚高山落叶阔叶灌丛
- 21+34，亚高山落叶阔叶灌丛+禾草、薹草高寒草原
- 22，亚高山革质常绿阔叶灌丛
- 27，半灌木、矮半灌木荒漠
- 30，垫状矮半灌丛高寒荒漠
- 33，温带丛生矮禾草、矮禾灌木荒漠草原
- 33+27，温带丛生矮禾草、矮半灌木荒漠草原+半灌木、矮半灌木荒漠
- 34，禾草、薹草高寒草原
- 34+33，禾草、薹草高寒草原+温带丛生矮禾草、矮禾灌木荒漠草原
- 39+17，禾草、杂类草盐生草甸+温带落叶灌丛
- 39+21，禾草、杂类草盐生草甸+亚高山落叶阔叶灌丛
- 40，嵩草、杂类草高寒草甸
- 40+17，嵩草、杂类草高寒草甸+温带落叶灌丛
- 40+44，嵩草、杂类草高寒草甸+高寒沼泽
- 44，高寒沼泽
- 46，高山垫状植被
- 47，高山稀疏植被
- 48，一年一熟短生育期耐寒作物田
- 50，一年一熟粮食作物及耐寒经济作物田、落叶果树园
- Bs，裸露盐碱地
- Sc，常年积雪
- lake，湖泊

2.6.2　动物

按照原洪等（1986）的考察报告，羌塘高原共计有陆栖脊椎动物 58 种，隶属 3 纲 15 目 28 科 51 属，其中国家一级保护野生动物 4 种。

表 2.5　阿里及邻近地区主要植被类型

植被类型	亚型	群系	生境及分布
高寒灌丛植被	山地灌丛	变色锦鸡儿（*Caragana versicolor*） 金露梅（*Potentilla fruticosa*）	阿里地区北部的山麓地带、雅鲁藏布江河谷
	河谷灌丛	西藏沙棘（*Hippophae tibetana*） 匍匐水柏枝（*Myricaria prostrata*）	河谷的砾石滩、湖边
	常绿灌丛	山岭麻黄（*Ephedra gerardiana*）	改则县石质山沟的两侧
高寒荒漠植被		垫状驼绒藜（*Krascheninnikovia compacta*）	阿里地区的西北部
高寒草原植被	高寒草原	紫花针茅（*Stipa purpurea*） 紫花针茅 – 硬叶薹草 硬叶薹草（*Carex moorcroftii*） 座花针茅（*Stipa subsessiliflora*） 垫型蒿（*Artemisia minor*） 固沙草（*Orinus thoroldii*） 藏沙蒿（*Artemisia wellbyi*）	山坡、湖盆、平坝、河边、阶地，沙质或砂砾质土壤
	高寒荒漠草原	硬叶薹草 – 垫状驼绒藜	昆仑山南坡至北纬 35° 的湖盆、丘陵地区
高寒草甸和沼泽植被	高山草甸	高山嵩草（*Kobresia pygmaea*） 高原嵩草（*Kobresia pusilla*）	内外流水系附近的山坡上
	河漫滩草甸	硬叶薹草 – 三角草 （*Carex moorcroftii-Trikeraia hookeri*）	河边、湖边
	湖边盐生草甸	西伯利亚蓼（*Polygonum sibiricum*）	盐湖边
	沼泽化草甸	藏北嵩草（*Kobresia littledalei*）	河流岸边的积水地
高山稀疏植被		西藏扁芒菊 – 鼠麹风毛菊（*Waldheimia glabra-Saussurea gnaphalodes*）	冰缘带

注：本表根据实地调查并结合《西藏植被》（中国科学院植物研究所和中国科学院长春地理研究所，1988）等编制。

　　该地区的动物区系成分主要为古北界成分。该地区又可分为北羌塘高原区和南羌塘高原区。北羌塘高原区是青藏高原特有动物（如藏野驴、野牦牛、藏羚羊、藏原羚等）重要的栖息地和繁殖地（图 2.15）。例如，胡一鸣等（2018）估算西藏羌塘地区野牦牛种群为 11222～21072 头，其是青藏高原野牦牛最大的分布区；该地区向北野生动物数量逐渐减少；该地区没有发现两栖动物，爬行动物中的藏北沙蜥分布较广；鸟类多为雀形目百灵科和鸦科种类，西藏毛腿沙鸡数量可观，大的种群能达百只以上；兽类中的鼠兔对草场危害极大，啮食后的草场往往沙化。藏狐、猞猁、狼也比较常见。而在南羌塘高原地区，由于湖泊分布众多，每年春夏遍布迁移的鸟类主要有棕头鸥、斑头雁、鱼鸥、黑颈鹤及多种鹬、鸻等；该地区的一些江河湖内分布有很多的裂腹鱼类以及世界上海拔最高的鱼类——高原鳅（5600m 左右）。

　　阿里及邻近地区一些草食性野生动物具有重要的生态服务价值，以藏羚羊为例（鲁春霞等，2011），羌塘地区藏羚羊的生态服务价值高达 7.51 亿元 / 年，远高于羌塘国家级自然保护区涉及的 6 个县域 2007 年的总产值（4.79 亿元）。

图 2.15　阿里及邻近地区珍稀濒危动物

（本章执笔人：王兆锋、张镱锂、刘兆飞、于海彬、李兰晖、刘琼欢、吴雪）

参考文献

曹樱子, 王小丹. 2012. 藏北高寒草原样带土壤有机碳分布及其影响因素. 生态环境学报, 21(2): 213-219.

杜军. 2001. 西藏高原近40年的气温变化. 地理学报, 56(6): 682-690.

杜军, 边多, 胡军, 等. 2007. 西藏近35年日照时数的变化特征及其影响因素. 地理学报, 62(5): 492-500.

杜军, 马玉才. 2004. 西藏高原降水变化趋势的气候分析. 地理学报, 59(3): 375-382.

何建清, 张格杰, 岳海梅, 等. 2010. 羌塘自然保护区土壤微生物数量及其生物活性研究. 水土保持学报, 24(4): 238-241.

侯学煜. 2019. 1∶100万中国植被图. 北京: 国家青藏高原科学数据中心.

胡一鸣, 李玮琪, 蒋志刚, 等. 2018. 羌塘、可可西里无人区野牦牛种群数量和分布现状. 生物多样性, 26(2): 185-190.

蒋志刚. 2018. 探索青藏高原生物多样性分布格局与保育途径. 生物多样性, 26(2): 107-110.

拉巴, 边多, 次珍, 等. 2012. 西藏玛旁雍错流域湖泊面积变化及成因分析. 干旱区研究, 29(6): 992-996.

李兰晖, 刘琼欢, 张镱锂, 等. 2017. 羌塘高原降水空间分布及其变化特征. 地理研究, 36(11): 2047-2060.

李明森. 1980a. 羌塘高原土壤分布规律. 土壤, 12(3): 81-84.

李明森. 1980b. 羌塘高原土壤特点及其利用. 资源科学, (4): 60-69.

李卫朋, 范继辉, 沙玉坤, 等. 2014. 藏北高寒草原土壤温度变化与冻融特征. 山地学报, 32(4): 407-416.

刘时银, 蒲健辰, 邓晓峰, 等. 2014. 中国冰川图鉴. 上海: 上海科学普及出版社.

刘玉梅, 张建国, 吉云松, 等. 2015. 阿里表层土壤元素相关分析. 安徽农业科学, 43(19): 70-73.

鲁春霞, 刘铭, 冯跃, 等. 2011. 羌塘地区草食性野生动物的生态服务价值评估——以藏羚羊为例. 生态学报, 31: 7370-7378.

孟宪刚, 朱大岗, 邵兆刚, 等. 2006. 西藏阿里札达盆地地质构造的基本特征及其演化. 地学前缘, 13(4): 160-167.

祁威, 张镱锂, 刘林山, 等. 2017. 羌塘高原核心区2013—2014年土壤温度变化特征. 地理研究, 36(11): 2075-2087.

全国土壤普查办公室. 1995. 1∶100万中华人民共和国土壤图. 西安: 西安地图出版社.

孙怀博. 2010. 青藏高原阿里地区土壤细菌群落多样性及其分布的研究. 南京: 南京农业大学.

陶君如. 2000. 中国晚白垩世至新生代植物区系发展演变. 北京: 科学出版社.

王君波, 彭萍, 马庆峰, 等. 2013. 西藏玛旁雍错和拉昂错水深、水质特征及现代沉积速率. 湖泊科学, 25(4): 609-616.

王宇坤. 2016. 羌塘高原寒旱核心区土壤–环境关系解析及土壤推理制图. 西宁: 青海师范大学.

王兆锋, 张镱锂, 刘林山, 等. 2017. 羌塘高原高寒湖盆区土壤属性分异特征研究——以查日那足山麓至湖滨地区为例. 地理研究, 36(11): 2100-2112.

吴征镒, 孙航, 周浙昆, 等. 2010. 中国种子植物区系地理. 北京: 科学出版社.

吴征镒, 周浙昆, 孙航, 等. 2006. 种子植物分布区类型及其起源和分化. 昆明: 云南科技出版社.

西藏自治区土地管理局. 1994. 西藏自治区土壤资源. 北京: 科学出版社.

杨续超, 张镱锂, 张玮, 等. 2006. 珠穆朗玛峰地区近34年来气候变化. 地理学报, (7): 687-696.

原洪, 邱景禹, 姬明周, 等. 1986. 西藏羌塘高原野生动物考察报告. 四川动物, 3: 27.

张百平. 1990. 喀喇昆仑山–阿里喀喇昆仑山的自然特点和垂直自然带. 干旱区资源与环境, 4(2): 49-63.

张镱锂, 李兰晖, 丁明军, 等. 2017. 新世纪以来青藏高原绿度变化及动因. 自然杂志, 39(3): 173-179.

中国科学院青藏高原综合科学考察队. 1984. 青藏高原科学考察丛书——西藏河流与湖泊. 北京: 科学出版社.

中国科学院植物研究所, 中国科学院长春地理研究所. 1988. 西藏植被. 北京: 科学出版社.

Dong W, Lin Y, Wright J S, et al. 2016. Summer rainfall over the southwestern Tibetan Plateau controlled by deep convection over the Indian subcontinent. Nature Communications, 7: 10925.

Easterling D R, Wehner M F. 2009. Is the climate warming or cooling? Geophysical Research Letters, 36(8): L8706.

Guo J, Zhai P, Wu L, et al. 2014. Diurnal variation and the influential factors of precipitation from surface and satellite measurements in Tibet. International Journal of Climatology, 34: 2940-2956.

Hedin S. 1910. Trans-Himalaya: Discoveries and Adventures in Tibet. London: Macmillan & Co.

Li L H, Zhang Y L, Qi W, et al. 2019. No significant shift of warming trend over the last two decades on the mid-south of Tibetan Plateau. Atmosphere, 10(7): 416.

Liu X D, Cheng Z G, Yan L B, et al. 2009. Elevation dependency of recent and future minimum surface air temperature trends in the Tibetan Plateau and its surroundings. Global & Planetary Change, 68(3): 164-174.

Liu Z, Yao Z, Huang H, et al. 2014. Land-use and climate changes and their impacts on runoff in the Yarlung Zangbo River basin, China. Land Degradation & Development, 25: 203-215.

Liu Z, Yao Z, Wang R. 2019. Automatic identification of the lake area at Qinghai-Tibetan Plateau using remote sensing images. Quaternary International, 503: 136-145.

Xu Y, Knudby A, Ho H C, et al. 2017. Warming over the Tibetan Plateau in the last 55 years based on area-weighted average temperature. Regional Environmental Change, 17(8): 2339-2347.

Yao T, Thompson L, Yang W, et al. 2012. Different glacier status with atmospheric circulations in Tibetan Plateau and surroundings. Nature Climate Change, 2: 663-667.

You Q, Min J, Jiao Y, et al. 2016. Observed trend of diurnal temperature range in the Tibetan Plateau in recent decades. International Journal of Climatology, 36(6): 2633-2643.

Zhang D, Xu W, Li J, et al. 2014. An D. Frost-free season lengthening and its potential cause in the Tibetan Plateau from 1960 to 2010. Theoretical and Applied Climatology, 115: 441-450.

Zhang D, Ye J X, Sun H. 2016. Quantitative approaches to identify floristic units and centres of species endemism in the Qinghai-Tibetan Plateau, south-western China. Journal of Biogeography, 43(12): 2465-2476.

Zhu W Q, Zhang D H, Jiang N. 2019. Spatiotemporal variations of the start of thermal growing season for grassland on the Qinghai-Tibetan Plateau during 1961rn China. International Journal of Biometeorology, 63: 639-647.

第 3 章

社会经济发展与环境变化

社会经济发展与环境要素密切相关，优越的自然环境条件有助于早期文明的形成、发展与繁荣，而随着人类社会的进一步发展，资源消耗迅速增加，人口的不断聚集也在冲击着环境承载力的上限，使环境问题凸显，进而制约社会经济发展。过去的几十年间，青藏高原的人类活动发生了显著变化，其变化幅度数倍于同期全球变化。阿里及邻近地区作为青藏高原的腹地、"亚洲水塔"的核心区以及西藏主要的牧区，生态环境脆弱，对气候变化和人类活动十分敏感。本节基于统计数据以及多源遥感数据，从人口与经济增长，第一、第二、第三产业的发展以及环境状况等方面阐明了阿里及邻近地区过去几十年间社会经济发展与环境变化情况，以表征该区域内人类活动的特点及发展趋势。

3.1 人口与经济增长

3.1.1 人口分布

人口分布往往受到区域自然环境条件、经济社会发展以及政治历史等多种因素的影响和制约。拥有独特高原自然风貌的阿里及邻近地区，气候条件恶劣，是世界上人口密度最小的地区之一，北部的羌塘无人区被认为是"生命的禁区"。然而，该地区有着漫长的人类活动历史。自新石器以来就有远古人类在阿里及邻近地区生存、繁衍，他们集中在朗钦藏布、马甲藏布、森格藏布和班公错流域，从事以原始农牧业为主的生产活动。古象雄文明便在此地发源，距今已有约 4000 年的历史。古代时期青藏高原地区繁荣的玉石之路、食盐之路、茶叶之路、丝绸之路、麝香之路、白银之路、苯教传播之路等，均与阿里地区有交集，其助力古象雄经济社会的发展进步，通过交流借鉴推动古象雄文明的诞生与灿烂（张云，2016）。鼎盛时期的古象雄王朝曾是中亚地区不可忽视的力量，其疆域辽阔，人口众多。因此，丝绸之路的改道被认为是造成古象雄文明走向衰落的重要原因之一。1951 年以后，汉族、回族、维吾尔族、蒙古族等多民族同胞陆续到这一区域安家落户（西藏自治区阿里地区志编纂委员会，2009），形成了当前多民族聚居的人口分布格局。

1. 分布现状与变化

西藏自治区第三次、第四次、第五次、第六次全国人口普查报告及《中国人口和就业统计年鉴》显示，2016 年该区总人口达到 128708 人，全区人口密度为 0.38 人 /km²（表 3.1）。人口分布呈现西南部密集、东北部稀少的格局。人口分布最集中的噶尔县人口密度达到 1.09 人 /km²，其次依次为普兰县、措勤县、仲巴县、革吉县、札达县、改则县和日土县。

1982 ~ 2016 年，该区总人口由约 6.10 万人增长到了 12.87 万人（图 3.1），年均净增长率达到 2.22%；同期西藏总人口由 189.00 万人增长到了 337.15 万人，年均净增长率为 1.72%；全国总人口由 101541 万人增长到了 139008 万人，年均净增长率为 0.93%（国家统计局，2018a）。可以看出，该区人口增长速度远高于西藏和全国平均水平。

表 3.1　阿里及邻近地区部分年份人口县域分布情况

年份	项目	普兰县	札达县	噶尔县	日土县	革吉县	改则县	措勤县	仲巴县	阿里及邻近地区
1982	总人口 / 人	6531	4439	7186	4704	8213	11012	7965	10922	60972
	人口密度 /（人 /km²）	0.52	0.18	0.42	0.06	0.17	0.11	0.35	0.25	0.18
1990	总人口 / 人	7187	5134	9381	5815	10340	13964	9818	14133	75772
	人口密度 /（人 /km²）	0.57	0.21	0.55	0.08	0.22	0.14	0.43	0.32	0.22
2000	总人口 / 人	7913	6342	13312	7113	12775	17501	12074	17848	94878
	人口密度 /（人 /km²）	0.63	0.26	0.77	0.09	0.27	0.18	0.53	0.41	0.28
2010	总人口 / 人	9633	6872	16868	9713	15282	22081	14466	21584	116499
	人口密度 /（人 /km²）	0.77	0.28	0.98	0.13	0.32	0.23	0.63	0.50	0.34
2016	总人口 / 人	9743	7530	18744	10158	17500	24645	15694	24694	128708
	人口密度 /（人 /km²）	0.78	0.31	1.09	0.13	0.37	0.25	0.68	0.57	0.38

数据来源：西藏自治区第三次、第四次、第五次、第六次全国人口普查报告及《中国人口和就业统计年鉴》。

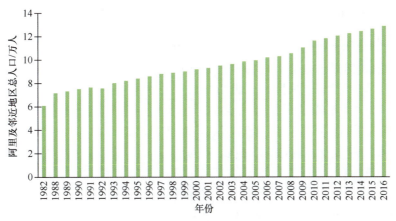

图 3.1　1982 ～ 2016 年阿里及邻近地区总人口变化

数据来源：《西藏统计年鉴》《中国人口和就业统计年鉴》

　　1982 ～ 2016 年，噶尔县的人口规模扩张最快，年均净增长率达 2.86%，其次依次为仲巴县、改则县、日土县和革吉县，人口年均净增长率分别为 2.43%、2.40%、2.29% 和 2.25%，均高于阿里及邻近地区平均值；而普兰县、札达县和措勤县人口规模扩张较慢，年均净增长率分别为 1.18%、1.70% 和 2.01%，低于阿里及邻近地区平均值（图 3.2）。

　　从地域分布看，20 世纪 50 年代，该区东部各县人口数量多于西部地区。60 年代后，阿里地区机关迁至狮泉河镇，狮泉河镇成为阿里地区政治、经济、文化中心，由昔日戈壁滩变成人口聚集区和藏西北重镇（西藏自治区地方志编纂委员会，2013）。西藏自治区全国人口普查报告显示，1982 ～ 2016 年，阿里及邻近地区总人口由 6.10 万人增至 12.87 万人，人口密度提高了一倍以上。同时期，该区域人口最高密度县，由普兰 – 噶尔型（1982 ～ 1994 年）转为噶尔 – 普兰型（1994 年至今），而日土县人口密度一直是该区域最低（表 3.1）。

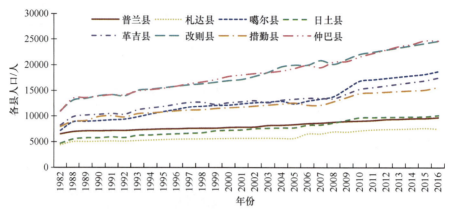

图 3.2　阿里及邻近地区各县人口规模变化

数据来源：《西藏统计年鉴》《日喀则地区统计年鉴》《阿里地区志》

2. 城乡人口变化

由于相对封闭的地理环境和相对迟缓的社会历史发展过程，西藏基本上是一个以农牧为主的自然经济社会，城镇一直处于自然发展状态（唐也，2004）。至西藏民主改革初期，阿里及邻近地区城镇人口规模极小，占全区总人口的比重不足 1%（西藏自治区阿里地区志编纂委员会，2009）。20 世纪 60 年代后，地区党政机关、企事业单位机构等逐步建立，吸引了农牧区部分群众到党政机关、企事业单位工作，该区人口城乡结构发生变化，城镇人口数量逐步增加，并且在此后相当长一段时间内，城镇人口均呈现缓慢增加的趋势。1982 年第三次全国人口普查结果显示，阿里及邻近地区城镇人口约 0.81 万人，仅占总人口的 13.28%；据《西藏统计年鉴》统计，2015年该区城镇人口总数增加到 25444 人，占总人口的 19.61%，低于同期西藏城镇平均人口水平。

据历次人口普查数据和《西藏统计年鉴》数据分析，2000 年以来，该地区城镇人口总量保持持续增长，但各县增幅不同，至 2015 年仅噶尔县、札达县和日土县的城镇人口比例超过了 20%，除噶尔县（59.7%）外，该地区各县城镇化程度都低于西藏全区平均水平（图 3.3）。

3.1.2　经济增长

1982 年以来，阿里及邻近地区经济取得了长足发展，到 2017 年，该地区国内生产总值（GDP）达 32.57 亿元，人均 GDP 约为 19979 元（西藏自治区统计局，2018）。其中，21 世纪以来是该地区经济发展最快的阶段。

对 2001 ～ 2018 年出版的《西藏统计年鉴》中报道的数据分析发现，2000 ～ 2017年，阿里及邻近地区 GDP 增长 7 倍以上，由 31554.3 万元增长到 325717 万元，年均净增长率约 14.72%（图 3.4）。各县中，革吉县的 GDP 增长最快，年均净增长率达到

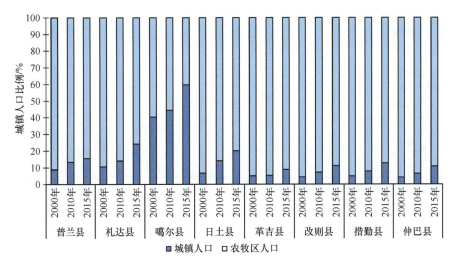

图 3.3　2000 ～ 2015 年各县城镇人口比例变化

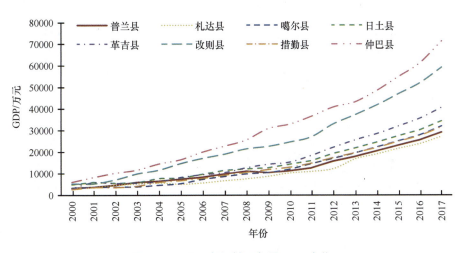

图 3.4　阿里及邻近地区各县 GDP 变化

数据来源：《西藏统计年鉴》及政府部门统计资料

16.47%，随后依次为措勤县、仲巴县、改则县、噶尔县、普兰县、札达县和日土县（图 3.4）。各县人均 GDP 增长 4 倍以上，2000 年人均 GDP 仅为 3435.04 元，到 2017年增长到 19979.08 元，年均净增长率达到 10.91%。在经济发展的推动下，农牧民收入也有了很大的提高。阿里及邻近地区农牧民人均纯收入增长最快的是日土县，人均纯收入增长 22 倍以上，由 1985 年的 348.14 元增长到 2015 年的 8108.83 元，年均净增长率达到 11.06%，农牧民生活日益富裕（图 3.5）。

　　2000 ～ 2015 年，西藏 GDP 由 117.8 亿元增长到 1026.39 亿元，年均净增长率达 15.53%，全国 GDP 由 100280.1 亿元增长到 689052.1 亿元，年均净增长率约 13.71%，阿里及邻近地区 GDP 增长率略高于全国平均水平，但仍低于西藏平均水平。2000 ～ 2016 年，西藏人均 GDP 由 4572 元增长为 35184 元，年均净增长率约 13.60%（图 3.6）；

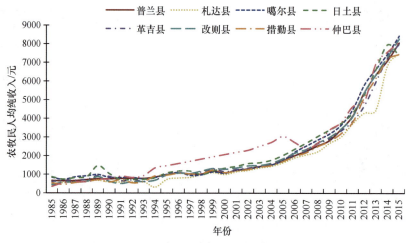

图 3.5　阿里及邻近地区各县农牧民人均纯收入变化

数据来源：《西藏统计年鉴》

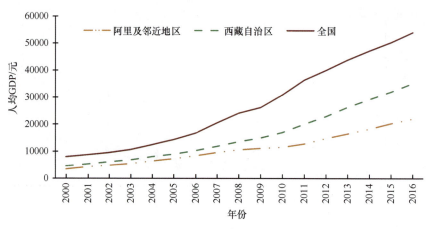

图 3.6　阿里及邻近地区、西藏和全国人均 GDP 变化

数据来源：《西藏统计年鉴》

全国人均 GDP 由 7942 元增长为 53980 元，年均净增长率约 12.72%（图 3.6）。阿里及邻近地区人均 GDP 的增长速度低于全国和西藏地区的平均水平。阿里及邻近地区人均 GDP 也远低于西藏和全国，2016 年阿里及邻近地区人均 GDP 仅约占西藏人均 GDP 的 2/3，不足全国人均 GDP 的一半，且随着时间推移，这个差距还在逐渐扩大。由此可见，与西藏其他地区相比，阿里及邻近地区仍属于不发达地区，地方财力薄弱，交通、能源基础设施差，市场发育不完善，诸多因素使得经济发展受到制约（廖忠礼等，2005）。

　　从产业结构变化看（图 3.7），2000 年阿里及邻近地区 GDP 中占比最高的是第一产业，即传统农牧业，比例达到 71.03%；第二、第三产业占比仅为 5.76% 和 23.21%，地区经济增长主要依赖传统农牧业，工业、服务业等比例较低（孙红，1986）。到 2015 年，产业结构发生了明显变化，占比最高的不再是传统农牧业，取而代之的是第三产业，第二产业的占比也明显提高，此时第一产业、第二产业、第三产业所占比例分别

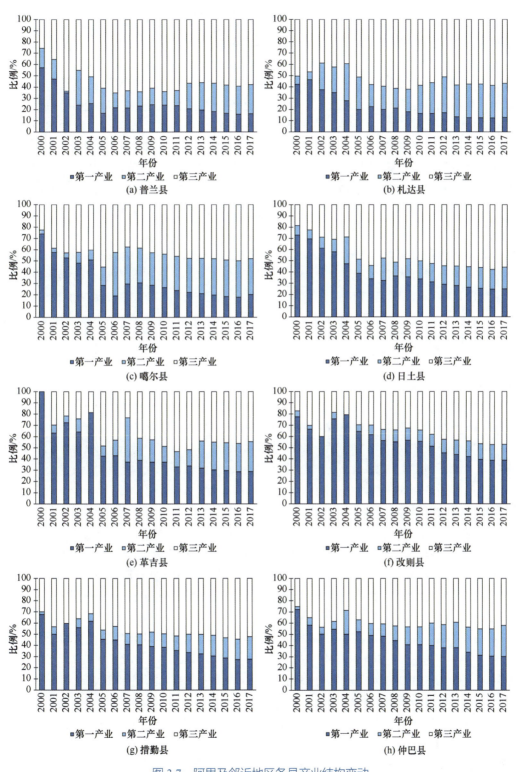

图 3.7　阿里及邻近地区各县产业结构变动

数据来源：《阿里地区统计年鉴》《日喀则地区统计年鉴》

为 27.50%、22.45% 和 50.05%，产业结构不断优化调整，逐渐形成了以特色畜牧业、矿业及旅游业为核心的产业体系（蒋光辉，2013）。

作为国民经济基本单元的县域经济，阿里及邻近地区各县因发展优势、制约因素等显著不同，产业结构变化也呈现不同的特点（白玛多吉等，2015）。位于边境地带的普兰、札达两县是阿里及邻近地区产业结构比较完备的地区（周毅等，2011），区内有土林–古格、"神山圣湖"等丰富的旅游资源，同时它们也是与印度、尼泊尔进行对外贸易交流的重要通道（古格·其美多吉等，2012）。依托区位、政策、资源等优势，这两个县以旅游业、外贸为重要支撑点，不断优化产业结构，三次产业构成中以第三产业为主，以传统农牧业和工业为辅。噶尔县作为阿里地区的政治中心、文化中心、经济中心，在地域、产业、资源等方面具有突出优势，对全区经济发展具有辐射带动作用。按照稳步加强第一产业，大力发展第二产业，加快发展旅游业、餐饮业等为阿里地区中心城镇——狮泉河镇服务的第三产业的原则，依靠科技进步优化结构，促进产业升级。当前噶尔县产业结构趋于稳定，以第二、第三产业为主，农牧业为辅的格局逐步形成（薛晓毅，2001）。改则、日土、措勤、仲巴、革吉这些县的农牧业占比高于其他县。

3.2 城乡发展

3.2.1 城乡建设发展

阿里及邻近地区基础设施较为落后，城乡发展过程与特点如下。

（1）城乡发展总体较为落后，城镇化速度缓慢。作为古象雄文化的发祥地，城镇在阿里及邻近地区历史悠久。但是由于该地区处于我国西部边境，自然条件恶劣、农牧业生产落后、交通条件落后，因此该地区城镇发展速度缓慢，城镇数量少、规模小，城镇的工商业基础极为薄弱，人口城镇化水平较西藏整体及全国平均水平都低（傅小锋，2000）。

2015 年底阿里及邻近地区城镇化率为 19.61%（城镇人口 / 总人口），低于西藏 27.74% 的整体城镇化率，更远低于同年的全国城镇化率（56.10%）（图 3.8）；除噶尔县、札达县和日土县之外，其余 5 县城镇化率不足 15%，城镇化水平远低于全国及西藏整体水平。

（2）城镇数量少、规模小，城市功能不齐全，产业发展对城乡建设支持小，长期发展需要靠国家援助与对口支援。截至 2015 年底，西藏共有 69 个县、544 个乡、140 个镇，人口为 3239700 人，城镇人口为 898700 人（表 3.2）。阿里及邻近地区面积约为 38 万 km^2，约占西藏总面积的 31%，然而仅有 8 个县、42 个乡、8 个镇，分别占西藏总数的 11.59%、7.72%、5.71%；总人口 129745 人，城镇人口 25444 人，分别占西藏的 4.0% 和 2.83%。人口最多的县为改则县 25291 人；人口最少的札达县仅有 7719 人（2015 年）。阿里及邻近地区城镇规模普遍较小，截至 2017 年底，除阿里地区行政公署狮泉河镇建成区面积接近 $10km^2$、改则县面积 $2.25km^2$ 之外，其余各县建成区面积均不足 $2km^2$。

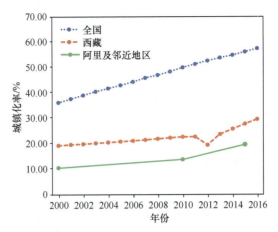

图 3.8　阿里及邻近地区、西藏、全国城镇化率比较（2000 ～ 2016 年）

表 3.2　西藏、阿里及邻近地区 2015 年人口组成及城镇化率

项目	西藏	阿里及邻近地区	普兰	札达	噶尔	日土	革吉	改则	措勤	仲巴
总人口 / 人	3239700	129745	9674	7719	18201	10635	17569	25291	15799	24857
城镇人口 / 人	898700	25444	1505	1864	10866	2142	1558	2822	2004	2683
城镇化率 /%	27.74	19.61	15.56	24.15	59.70	20.14	8.87	11.16	12.68	10.79

数据来源：《改则年鉴 2016》《西藏统计年鉴》。

　　城乡建设发展主要靠国家援助"输血"，自身"造血"能力不足。2015 年阿里及邻近地区固定资产投资总额为 726294 万元，其中国家预算内资金为 674119 万元，占总投资额的 92.82%。在国家支持下，该地区的城镇化得以快速发展。但是由于这些城镇的发展主要靠行政支持，多数是为了适应行政管理需要而形成的消费型城镇，建成区内房屋以政府机构为主，仅满足日常办公和居住使用，且缺乏地方文化特色，如狮泉河镇，各类机关用地占整个城区面积 60% 以上（罗彦等，2010）。城镇经济实力有限、辐射能力弱，难以带动周边地区经济的发展（傅小锋，2000），农牧民重牧轻商、自给自足的观念导致该地区缺乏自身经济活力，难以形成城镇发展的区域支持系统，城镇居民生活所需物品大多需要从其他地区调运（何林林等，2008）。

　　（3）城乡发展空间分布不均衡。城乡在空间上集中在河流沿岸地区，沿交通道路沿线分布，城镇化水平总体呈现西高东低的分布态势。青藏高原地广人稀，经济落后，城镇的发展严重依赖于交通的发展（傅小锋，2000）。阿里及邻近地区自然条件恶劣，因此自然环境与交通条件是影响该地区城乡发展的重要因素。阿里及邻近地区各县建成区在扩展过程中也多沿道路、河流，向海拔较低处扩张。

　　除此之外，由于该区地处西部边陲，8 个县中有 5 个县为边境县（仲巴、普兰、札达、噶尔、日土），与印度、尼泊尔、克什米尔地区接壤。因此，除自然条件及交通条件以外，其地缘关系波动也是影响该地区城镇发展的重要因素。阿里及邻近地区城镇的发展与建设事关边境地区的稳定。

　　2015 年，阿里地区"西四县"（札达、普兰、日土、噶尔）城镇化率均高于"东三县"

（措勤、改则、革吉）及东部的仲巴县。一方面，自然条件是重要影响因素，受水热条件影响，"西四县"为半农半牧县，而"东三县"及仲巴县为纯牧业县，多数牧民以长期延续和传承的游牧为主要生产方式，因而城镇化在这些纯牧业县的推进难度较大（李秋秋和王传胜，2014）。另一方面，噶尔县的城镇化水平非常突出，2000 年为 40.35%，至 2015 年达 59.70%（表 3.2 和表 3.3），其城镇化率超出同期全国平均水平（33.62%、56.10%），2015 年其城镇人口占阿里及邻近地区城镇总人口的 42.71%（表 3.2）。札达县在 8 县中人口最少，但是城镇化率在 2000 年和 2015 年均为阿里及邻近地区第二，高于阿里及邻近地区整体水平；同期城镇人口年均增长率日土县最高，为 10.45%（表 3.2、表 3.3）。

表 3.3　西藏、阿里及邻近地区 2000 年人口组成及城镇化率

项目	西藏	阿里及邻近地区	普兰	札达	噶尔	日土	革吉	改则	措勤	仲巴
总人口 / 人	2598300	94878	7913	6342	13312	7113	12775	17501	12074	17848
城镇人口 / 人	502200	9985	700	674	5372	482	648	764	596	749
城镇化率 /%	19.33	10.52	8.85	10.63	40.35	6.78	5.07	4.37	4.94	4.20

此外，外省迁入人口同样是城镇人口增加的重要动力（李秋秋和王传胜，2014）。该地区季节性流动人口较多，近年来进入阿里地区的外来人口大约有 26000 人，主要包括经商者、打工者以及旅游者三大群体（罗彦等，2010）。

3.2.2　农牧民定居工程

游牧民定居和农牧民安居工程是引导游牧民脱离原始生活生产状态、促进农牧民共享现代文明成果和走向现代化的有效途径。从 1991 年开始，西藏采用定居、半定居、城镇化安置等模式，引导游牧民告别居无定所、漂泊不定的游牧生活。2006～2010 年，西藏自治区政府实施了以农房改造、游牧民定居、扶贫搬迁和"兴边富民"安居为重点的农牧民安居工程。2011 年，西藏自治区下发《关于印发〈西藏自治区 2011 年—2013 年农牧民安居工程实施方案〉的通知》，2011～2013 年，继续实施农牧民安居工程。2014 年全地区共实施农牧民安居工程 2652 户，总投资 8829 万元，人均住房面积 18m²，受益人口近 10000 人。共实施保障性住房（包括公租房、职工周转房）1516 套、棚户区改造 1386 套，总投资 21721 万元，公租房、廉租房、棚户区改造项目顺利推进。

对于小规模适度集中居住的游牧民定居，通过解决人畜饮水困难问题，改善医疗卫生条件，建设维修乡村道路、牲畜棚圈、沼气设施，以及实施通电、通邮等措施，不仅提高了游牧民的生活质量，也对草原生态的改善产生了深远影响（吕刚，2012）。城镇化安置的牧民不再从事牧业生产，摆脱了以牧为主的生计方式，减轻了草原的人口承载压力。通过种草养畜、舍饲圈养等方式缓解冬春草场的超载压力，有利于退化草地的休养生息（白玛玉珍，2012）。此外，实现游牧民定居也便于牧民日用产生的诸如瓶、罐、袋、箱等不易降解的生活垃圾的回收和集中处理（魏刚和李霞，2013）。

3.2.3　城乡建设发展建议

1. 加强国家援助，增强国家投入

该地区生态环境恶劣、人口稀疏，在自然环境约束下城镇化进程较为缓慢。但该地区的城乡发展建设关乎西部边陲繁荣稳定，同时城乡发展也是科学保护和利用该地区自然资源、旅游资源的重要支持。提升城乡对外来务工人员、旅游者的承载力和服务能力，是该地区生态系统健康、环境友好的各产业良性发展的重要保障。

以促进民族团结、维护国防安全为根本，增强对阿里及邻近地区的援助建设（康志华等，2004），并在后期的投入中重点从以下几方面考虑：增强城乡基础建设与规划，改善落后基础设施，科学规划城乡合理环境容量，加强对外交通设施建设；积极建设狮泉河镇，使其尽快成为实力较强、综合服务能力突出、具有带动力的西藏区域中心城市（夏保林等，2002）；增加基础教育投入，促进农牧民技能培训，发展农村教育与专业技能培训；加大优势产业扶持力度，挖掘地区支柱产业，提升城镇发展内在动力，提高城镇就业能力（唐伟等，2011）。

2. 非农业发展是城乡发展的重要驱动力，应因地制宜地激发发展地区的潜力，重视旅游业等第三产业发展

旅游业对于地区经济发展、创造社会就业机会、增加城乡居民收入、提高居民生活水平和社会人力素质、保护生态环境、协调资源开发与环境保护矛盾有着重要的意义（蒋光辉，2013）。充分利用阿里及邻近地区深厚的文化以及得天独厚的自然景观资源，完善城镇，尤其是国道沿线城镇、乡村的住宿、餐饮等旅游服务设施。结合各地区特色，发展特色产业主导型城镇、市场带动主导型城镇、边境贸易主导型城镇及综合型城镇（钟祥浩等，2007）。在交通条件较好的乡镇开发乡村旅游、民俗文化体验游，鼓励扶持当地居民开设家庭旅馆等。在进行城乡建设时，应防止照搬照抄其他地区城乡建设风格。阿里及邻近地区民族以藏族为主，除噶尔县（73.08%）以外，其余各县藏族人口均超过总人口的 90%，因此应尊重与保留当地鲜明的藏文化特色，建立具有当地特色的城镇，以建筑风格是否同整个城镇建设风貌协调、体现藏文化特色为标准，规范和约束援建项目（樊杰和王海，2005）。此外，阿里及邻近地区特色产品产业化程度低，应着重扶持该地区农牧产品深加工企业发展，如牦牛制品、山羊绒、藏药等，延长生产效益链，增加农牧民收入。在农牧区推行农牧产业化经营，小城镇发展乡镇企业和中小企业，中心城市发展特色企业（李秋秋和王传胜，2014；唐伟等，2011）。此外，应重点发挥阿里及邻近地区边境贸易口岸优势，生产民族特色商品，创造更多的就业机会，做好"走出去"的工作。

3. 提高城乡居民自身素质，充分解决民生问题

受游牧民族传统思想的影响，阿里及邻近地区部分居民思想观念较为保守，不

利于人口的汇聚。非牧安置使得世代以牧为本的民众在新的社会环境中适应异常艰难（索端智，2009）。因此，为帮助农牧民实现定居、半定居，应制定科学合理的政策措施。在增加基础教育投入、增强对农牧民专业技能培训力度、提升居民素质的同时，应进一步帮助农牧民定居城镇，合理处理安置地资源分配问题（达瓦次仁等，2013），创造机会使其能够在城镇地区就职，逐步帮助其适应由牧转非牧的生活。完善城市本身的服务体系建设，使第二、第三产业发展，社会事业发展，与基础设施建设、能源合理利用相协调，满足定居人民的生存、生活要求，设置具有一定服务半径的社会服务设施，包括农牧科技服务站、教学点、医疗站、文化站等，使得定居的人们能够从事有秩序的社会生产活动（康志华等，2004）。

4. 充分利用流动人口，带动当地社会经济发展

阿里及邻近地区人口总体规模较小，而随着交通设施逐渐完善，越来越多的外来人口涌入该地区。流动人口对人口流入地区的经济发展有重要的促进作用（梁书民等，2006）。因此，应将外来人口作为阿里及邻近地区城市发展的新鲜血液注入其中，使外来人口参与到当地的生产生活中，与当地的思想文化进行融合，从而正向影响阿里及邻近地区城乡经济社会的发展。同时，对外来人口，尤其是流动人口实施适当的管控措施，避免其对当地居民的就业产生过大的压力。

5. 重视生态环境保护，生态建设与城市发展共存

阿里地区的城镇发展会导致一系列环境问题，如大气污染、城市废弃物增多、饮用水污染，以及优质草地资源被占用等，而该地区本身受自然环境条件约束，城镇环境容量较小。阿里及邻近地区是狮泉河、象泉河、马泉河、孔雀河、班公错跨境流域的重要水源地。阿里及邻近地区西北部、羌塘高原更是被称为"野生动物的乐园"，其中国家一、二级重点保护野生动物共计20种（西藏自治区阿里地区志编纂委员会，2009）。因此，在城乡发展的过程中，必须将生态环境保护放在重要位置，充分利用阿里及邻近地区丰富的太阳能、风能及地热资源，优化能源配置（李建兵等，2016），增加环保设施，以及污水、垃圾处理设施的建设投入。

3.3 农牧业发展

根据第一次青藏科考资料，阿里及邻近地区分属于藏西农牧区和藏西北牧区西部两大区划单元。前者是阿里及邻近地区的主要农区及阿里的粮食主产区，后者是传统牧区①。根据《西藏统计年鉴2017》中对各县农牧区的分类，阿里及邻近地区东部的仲

---

① 中国科学院青藏高原综合科学考察队阿里分队. 1977. 阿里地区农业生产地域类型及分区.
中国科学院青藏高原综合科学考察队阿里分队. 1977. 一九七六年青藏高原综合科学考察报告——阿里地区农业考察报告（初稿）.

巴县、措勤县、改则县、革吉县属于纯牧业县，西部的普兰县、札达县、日土县、噶尔县属于半农半牧县（图 3.9）。

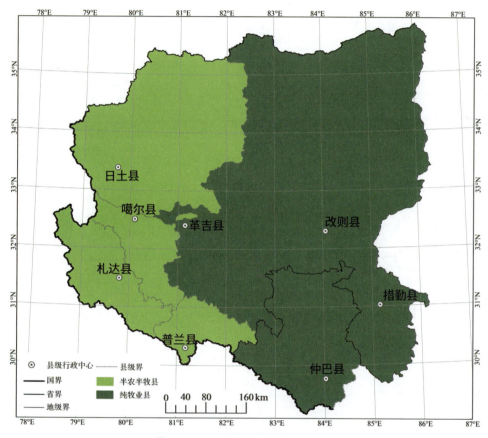

图 3.9　阿里及邻近地区农牧分区图

3.3.1　农业生产

　　农业发展状况不仅关系到农牧民的致富问题，而且关系到民族团结、边防巩固等问题（熊晓锐等，2009）。虽然阿里及邻近地区农业生产所占比例较小，但粮食生产却占有举足轻重的地位。阿里及邻近地区地域辽阔、人口居住分散、交通运输线长，受地理、交通等条件的影响，当地居民的生活资料不能完全依赖外地供应，需适当发展农业生产。

　　该地区农业发展主要发生在西藏民主改革后，国家和自治区政府相继制定了一系列加强农业的办法和措施。建立社会主义新型生产关系，通过成立互助组、办人民公社，解放了生产力，调动了广大农民的积极性。20 世纪 60 年代起在日土县、札达县、普兰县开办国有农场。70 年代起在主要农业区、半农半牧区开展"农业学大寨"活动，大量的改土造田、兴修水利使得粮食种植面积不断扩大。这一时期，农业生产主要依靠增加面积来提高粮食产量,然而不切实际地大规模开垦种植,给后来农业生产的再发展带来了较大的困难,使生态资源受到了一定破坏(西藏自治区阿里地区志编纂委员会,2009)。

1971 年初札达县当巴乡建成当巴水渠,同年又在普兰县建成了阿里第一座水电站——多油水电站,之后又陆续修建了十余座乡村水电站(西藏自治区阿里地区志编纂委员会,2009)。通过上述一系列水利设施的建设,1979 年全地区耕地面积比 1959 年增加了约 2 倍,粮食总产量也增长到 490.6 万 kg,翻了近两番(图 3.10)。

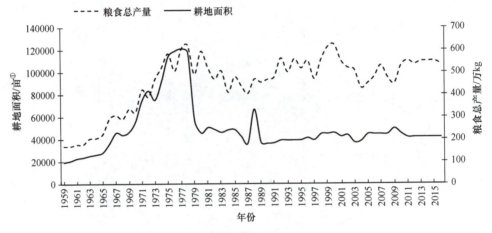

图 3.10 1959 ~ 2015 年阿里及邻近地区耕地面积和粮食总产量变化情况
数据来源:《阿里地区志》

20 世纪 80 年代,阿里地区同全国其他地区一样普遍推行家庭联产承包责任制,使得广大农民的生产积极性有了很大提高。进入 90 年代,阿里农业由计划经济向市场经济转型,提出了稳定面积、提高单产、增加总产量的农业生产方针,调整了农业内部结构,在确保粮食安全的前提下,按照市场需求进行生产。农业种植由原来单一的粮食(青稞)发展为粮食、油料、蔬菜等组合的多元结构。普兰、札达、噶尔等县大力发展蔬菜种植,这从一定程度上缓解了阿里地区"吃菜难"的问题(强巴次仁等,2014),使得居民生活得到了改善。进一步的农田水利设施建设也在逐步改善农民"靠天吃饭"的局面(西藏自治区阿里地区志编纂委员会,2009)。

3.3.2 牧业生产

阿里及邻近地区独特的自然环境和气候特点赋予当地丰富的草地资源,草地畜牧业成为社会经济的主导产业(畅慧勤等,2012)。牧业的发展也是在西藏民主改革之后,1959 年阿里地区根据西藏自治区筹备委员会《关于废除封建农奴主土地所有制,实行

① 1 亩≈666.7m^2。

农民的土地所有制的决议》等指示，在农牧区废除了"三大领主"的封建统治，调动了农民的生产积极性。

20 世纪 80 年代起，全地区实行牲畜归户、私有私养、自主经营的政策，同时重视畜种改良，提倡科学养畜（西藏自治区阿里地区志编纂委员会，2009），到 2016 年底，全地区牲畜存栏数达到 245.61 万头（图 3.11）。

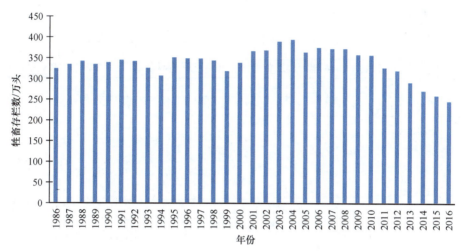

图 3.11　1986 ～ 2016 年阿里及邻近地区年末牲畜存栏数变化情况

数据来源：《西藏统计年鉴》

然而，牲畜量大幅度增加，致使全地区的草地普遍存在着不同程度的超载放牧现象，加之气候变化和人为破坏，草地发生了严重的沙化、退化和荒漠化现象（畅慧勤，2012），草畜不平衡的矛盾日益突出。1999 年对阿里及邻近地区草地调查表明，该地区已有 $8.26 \times 10^6 \text{hm}^2$ 草地发生了不同程度的退化，占全地区草地总面积的 43.15%，草地还将持续退化（高伟等，2017）。阿里及邻近地区自实行草地承包制度、禁牧轮牧制度和草畜平衡政策后，加强了对草地的载畜量控制，划定了禁牧区和轮牧区的草地，使草地的生态状况有了改善（畅慧勤等，2012）。

20 世纪 80 年代阿里及邻近地区部分县草地载畜量见表 3.4，全地区天然草地的理论载畜量为 405.65 万羊单位，而当时实际牲畜存栏数是 271.85 万羊单位，尚有 133.8 万羊单位的潜力；1999 年载畜潜力只剩 75 万羊单位，潜力比 80 年代下降了 43.95%（杨汝荣，2002）。根据 2016 年的数据求得阿里及邻近地区部分县草地载畜潜力仅为 53.80 万羊单位（表 3.5），与 1999 年相比下降了 28.27%（表 3.4 和表 3.5）。

表 3.4　20 世纪 80 年代阿里及邻近地区部分县草地载畜量　（单位：万羊单位）

县名	天然草地载畜量		附属草地理论载畜量	可利用农副产品理论载畜量	总理论载畜量	载畜潜力
	现有载畜量	理论载畜量				
普兰	18.86	23.06	—	0.7	23.76	4.9
札达	16.49	49.28	—	0.23	49.51	33.02
噶尔	27.25	32.09	0.27	0.19	32.55	5.3

续表

县名	天然草地载畜量		附属草地理论载畜量	可利用农副产品理论载畜量	总理论载畜量	载畜潜力
	现有载畜量	理论载畜量				
日土	33.27	66.04	0.64	0.3	66.98	33.71
革吉	56.02	83.85	—	—	83.85	27.93
改则	71.58	96.97	—	—	96.97	25.39
措勤	48.38	54.36	—	—	54.36	5.98
小计	271.85	405.65	0.91	1.42	407.98	136.23

表 3.5　2016 年阿里及邻近地区部分县草地载畜量 （单位：万羊单位）

县名	草畜平衡载畜量			年末牲畜存栏数	载畜潜力
	人工草地及农副产品载畜量	扣除禁牧后可利用草原年末载畜量	两项合计		
普兰	1.03	12.93	13.96	11.57	2.39
札达	1.80	15.42	17.22	13.84	3.38
噶尔	3.20	17.39	20.59	18.92	1.67
日土	1.60	36.48	38.08	28.33	9.75
革吉	2.20	51.81	54.01	38.95	15.06
改则	1.54	68.32	69.86	51.06	18.80
措勤	1.63	34.86	36.49	33.74	2.75
小计	13.00	237.21	250.21	196.41	53.80

注：表格中数据为野外实地调查数据，由中国科学院地理科学与资源研究所徐增让老师带领的农牧发展调查组提供。

3.3.3　农牧业发展存在的问题

1. 农牧业产业化水平不高，生态环境正在不断恶化

对于阿里及邻近地区，长期的农牧业发展处于比较粗放的原始农牧业生产状态，因此其产业化水平比较低，并没有形成比较良好的循环模式及具有增值功能的产业链，农牧业生产效益低，这就使得农牧区人们的生活水平不高。此外，对于一些农业开发强度相对较大的地方，过度开采使得当地土地退化现象非常严重（周伟等，2006），如草原的退化率一直上升，而且问题变得越来越严重，导致草地的生产能力有了很大幅度的下降。久而久之，水土流失问题及土地沙化问题变得更加严重（马俊峰等，2016）。

2. 市场发育比较迟缓，农业产业化进程受到影响

从目前来看，农牧业发展仍处于自给自足的状态，同社会主义市场经济发展水平还存在一定的差距。而且由于市场发育相对比较慢，对于许多农牧区来说，难买难卖的现象还是普遍存在的，这就使得许多农畜产品不能够在短时间内转化成货币收入，导致农业产业化在一定程度上受到了影响，也就很难在短时间内提升人们的生活水平（高伟等，2017）。

3. 科技落后导致人才比较少，缺乏特色农牧业

自然条件的制约使得阿里及邻近地区逐渐成为我国在教育方面最不发达的地方，同时劳动力的综合素质不高。从目前来看，阿里及邻近地区的人才综合素质及人才结构非常不适应当地的经济发展，这种情况在农牧区体现得更为明显。人才短缺及教育相对比较落后已经严重制约了特色农牧业的快速发展（刘振宁，2017）。

3.4　旅游特色及发展

3.4.1　旅游业发展

阿里及邻近地区拥有得天独厚的自然地理条件与丰富的资源，其"神山圣湖"世界闻名，同时也是苯教发祥地，其存留的古象雄文化也赋予了该地区独有的文化底蕴。自然景观与人文景观的相互融合使得该地区拥有诸多独具特色的复合型旅游资源。目前，全地区世界级旅游资源有 5 个，国家级旅游资源有 18 个，省区旅游资源有 48 个（赵战宏和巴桑仓决，2006）。

普兰县的两山两湖被佛教徒称为"神山圣湖之地"。冈仁波齐峰被西藏苯教、藏传佛教及东南亚地区诸多教徒供奉为"神山"，每年藏历四至十月均有信徒前来转山；冈仁波齐峰南边为"圣湖"玛旁雍错与"鬼湖"拉昂错。札达县是古象雄文明的发源地，境内现存古格王国遗址，托林寺，皮央、东嘎洞窟遗址，穹隆银城遗址等享誉国内外的著名景点及奇特的土林地貌。日土县的班公错拥有丰富的鱼类资源，在湖滨和小岛上分布有大量鸟类。阿里地区同时还拥有丰厚的地热资源，如曲普水热爆炸区、巴尔沸喷泉等。据统计（蒙睿等，2002），阿里地区共有 281 个旅游资源单体，涉及天文、地理、水文、生物、历史遗产等八大景类，数量丰富，种类齐全，拥有诸多世界吸引性的资源。

阿里及邻近地区的旅游业起步较晚，但发展快、影响大。1985 年阿里及邻近地区旅游公司成立，开始接待第三方旅游团队，阿里及邻近地区现代旅游业由此发端（赵战宏和巴桑仓决，2006）。随着赴藏旅游热的提升、道路贯通以及其他基础设施的不断完善，"藏西秘境，天上阿里"被越来越多的人所知晓。

1992 ～ 2012 年赴阿里地区旅游的人数由 1282 人增至 117842 人，20 年间增长了约 90 倍，年均增长率为 25.36%（图 3.12）；旅游业的收入由 122 万元增至 6014.81 万元，年均增长率为 21.52%。2012 年阿里地区接待国内外游客 117842 人，比 2011 年增长 12.94%，实现旅游收入达 6014.81 万元（图 3.12）。通过研究 1992 ～ 2012 年旅游人数和旅游收入的变化可知，阿里地区旅游人数 20 年间增长迅速，但 2008 年因受国内外经济因素的影响，阿里地区旅游业受到重创，旅游人数、旅游收入、创汇比 2007 年分别减少 72.98%、64.32%、63.33%。整个西藏都受到影响，2008 年西藏旅游人数相较于 2007 年下降 44.25%，旅游收入下降 53.45%，创汇下降 77.00%。可以看出，阿里地

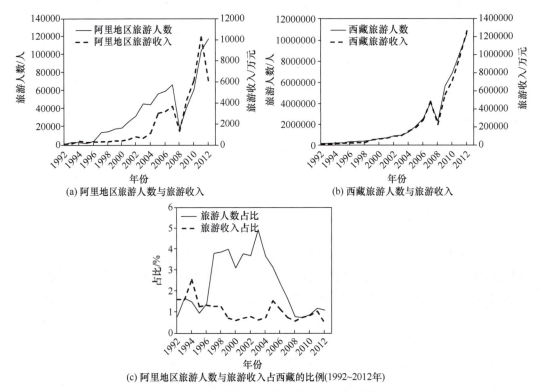

(a) 阿里地区旅游人数与旅游收入

(b) 西藏旅游人数与旅游收入

(c) 阿里地区旅游人数与旅游收入占西藏的比例(1992~2012年)

图3.12　阿里地区和西藏旅游人数与旅游收入

数据来源：《阿里地区志》《阿里地区统计年鉴》

区的旅游业市场面狭小，尚有很大的发展空间。虽然阿里地区整体面积约占整个西藏的28%，但由于位置偏远，阿里地区可选择的交通工具有限，赴该地区旅游的人数相对较少，1992～2012年，占赴西藏旅游人数的比例基本在0.7%～5%浮动，旅游收入占比不到3%，甚至有逐年下降的趋势（图3.12）。该地区的旅游业潜能亟待进一步挖掘。

1991～2016年，阿里地区的GDP由1.15亿元上升至41.43亿元，其中第三产业产值由0.26亿元、占比22.61%，飙升至20.81亿元，占比50.23%（图3.13）。对各县生产总值进行统计，第三产业占比均超过44%，普兰、札达两县占比超过57%，占比最低的革吉县是44.98%，2015年全地区住宿餐饮业创收1.81亿元，比2014年增长48.05%（改则年鉴编委会，2016）。因此，特色旅游业的发展对带动阿里及邻近地区的GDP增长有着重要影响。

3.4.2　旅游业发展中存在的问题及应对措施

阿里及邻近地区拥有着对国际、国内均具有巨大吸引力的自然与文化资源，且这些资源目前开发程度较低，潜力巨大，机遇与挑战并存。该地区的旅游现状可概括为"一流资源，二流知名度，三流开发，四流交通，五流经营"（李国斌，2012）。阿里及邻

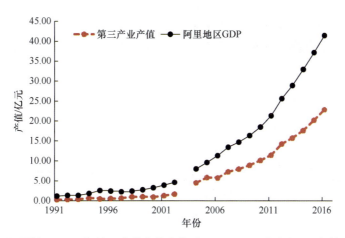

图 3.13　阿里地区 GDP 与第三产业产值变化（1991 ～ 2016 年）（2003 年缺少数据）

近地区旅游业的发展目前尚存在以下问题：

（1）基础设施与配套服务不完善。在住宿方面，阿里及邻近地区最早修建的宾馆为狮泉河饭店，于 1985 年竣工。截至 2000 年底，阿里及邻近地区仅有 4 家旅游定点宾馆（西藏自治区阿里地区志编纂委员会，2009）。随着旅游热度的提高，该地区各个县城宾馆数目不断增加，基本能满足旅游旺季的人员需求，但乡级、村级地区仍存在很大的不足，许多地区甚至没有宾馆，临时性停电也时有发生。交通方面，虽然该地区主要旅游景点均有公路与主干道路相连接，但公路网密度低、航空铁路发展速度缓慢，并且景点间无旅游交通车辆，而阿里及邻近地区的景点多、分布较为分散，因此游客出行方式少，选择空间小，基本只能选择自驾游，或者组团出游。医用制氧、医疗急救、卫生、通信、污水处理等设施都有待继续完善（蒋光辉，2013）。餐饮方面，县城内餐饮业发达，但沿路与风景区内部基本无餐饮服务。各个景区管理水平参差不齐，虽然阿里及邻近地区有丰富的人文旅游资源，但导游服务少，游览指示牌不完备，旅游产品种类少，且从业人员的素质有待提高。

（2）较为落后的服务设施无法满足过快增长的市场需求。短期经济利益的驱使使得人们在旅游资源的开发及经营管理上易采取粗放模式，而该地区自然环境严酷，其生态环境一旦遭受破坏，往往很难恢复。由于道路、景区基本无垃圾箱，在旅途中产生的废弃物只能带到县城处理，因此沿途有许多丢弃的垃圾。大量基础设施的建设也会侵占相对较为优质的土地资源，而在许多道路建设不完善的地方，其对旅游业的发展有很大的限制作用，所以基础设施的建设是阿里及邻近地区以及整个西藏发展旅游业需要考虑的首要因素。

（3）旅游业发展受气候因素制约明显。作为"生命禁区"，阿里及邻近地区为典型的高原气候，气温年较差大，改则县的日较差甚至达到 17℃；降水也多集中于 6 ～9 月。然而，不便捷的交通、不完善的接待设施，以及不能保证的持续供能，无法突破天气因素对该地区旅游发展的壁垒。因此，景区淡旺季明显，客源主要集中于夏秋季节，冬春季基本无旅游团队，而夏季雨水充沛又极易发生滑坡、泥石流和陷车事故等。因此，有必要科学规划与开发该地区的旅游资源，实现生态及旅游产业的共同可持续发展。

针对阿里及邻近地区旅游业目前存在的问题，本书提出了以下几点应对措施和建议：

(1) 应进一步摸清阿里及邻近地区的本底旅游资源，以便对阿里及邻近地区的旅游资源进行有效整合、打造精品旅游路线，实现各县相互协调的大区域旅游业发展。阿里及邻近地区处于西部边陲，游客往返一次需要花费相对较长的时间、相对较多的精力和相对较高的成本，因此游客来此地的次数有限，但是相对于内地旅游，逗留时间较长。应摸清每个县的旅游资源，并对相似类型资源进行合并归类，设计合理的旅游路线，形成完整、稳定的景观旅游链，从而满足游客的旅游需求，使阿里及邻近地区能够在较短的旅游季里获取最大的效益。根据资源已开发的强度以及开发难易程度，依照一定的顺序，努力打造普兰、札达自然景观、宗教文化特色旅游区，日土、噶尔观光旅游区，革吉、改则、措勤、仲巴生态旅游区（李国斌，2012）。

(2) 修建旅游服务设施，改善阿里及邻近地区旅游基础环境。旅游服务设施不仅关系着一个地区的旅游承载力，同时潜在关系着该地区对周边生态环境施加的压力。为更好地服务于阿里及邻近地区旅游业的发展，应对阿里及邻近地区的旅游设施进行合理升级，包括修建基础道路、景点站牌、外文标识、博物馆、景点公共厕所、太阳能和风能设施等，并对旅游旺季流动人口大量涌入提出一定的应急措施。建立完善的自驾游信息平台及自驾游救援保障服务系统（杨洋，2013）。发展公共交通，合理设计旅游专线，增设赴阿里及邻近地区公共交通车辆，使旅客赴阿里及邻近地区旅游能有更多的交通选择。

(3) 以普兰为首的边境县应扩大对外国游客的吸引，增加政府投入力度，在保证双方安全的情况下，简化国外游客的旅游手续，建立完善的贸易口岸，培养专业服务团队，建立完善的旅游解说系统。开发具有历史与民族文化特色的旅游纪念品，鼓励民众进行边贸交易，树立和输出良好的国际旅游新形象（徐宁，2015）。

(4) 建立完善的旅游法律法规制度，规范旅游市场，设立处罚制度，对旅游发展中对生态环境造成破坏的行为严惩不贷。给游客提供清晰透明的收费方案，杜绝坑蒙拐骗。明确目标责任，提高政府对旅游业的监督管理水平。

(5) 旅游与帮扶相结合。鼓励藏民开办家庭旅馆和餐馆，改善旅游设施缺乏状况，对藏民进行专业培训，鼓励藏民进行民间手工艺的制作，增加当地居民收入。

3.5 矿产资源开发

3.5.1 矿产资源分布

在长期的地质演化、频繁的岩浆和火山活动等地质作用下，阿里及邻近地区形成复杂的地质构造和多样的沉积环境，为阿里及邻近地区提供了有利的成矿地质条件。

在该地区南北宽约 660km、东西长约 700km 的境域内，由南到北分布着喜马拉雅山、雅鲁藏布、冈底斯山、班公错－怒江、羌塘、喀喇昆仑山、南昆仑等重要的区域性成矿带，这些成矿带在该地区形成了许多跨越时空的矿产资源（西藏自治区阿里地区志编纂委员会，2009）。多年的地质勘查工作和目前所掌握的地质资料反映，阿里及邻近地区各县已发现固体可燃矿产、黑色金属、有色金属、贵金属、稀有金属、光学材料、化工原料、盐类矿产、美术工艺原料、建材、地热等 17 类 38 种矿产资源，矿床、矿（化）点 301 处（刘增和邹建业，2006）。

3.5.2　已勘查的矿种

阿里及邻近地区现已发现的矿种有硼矿类、沙金、铬铁矿、稀有金属、水晶等30 余种，在区域内 301 处产矿地中探获有储量、基础储量的为固体硼矿（硼镁矿）和沙金 2 种。探获有资源量的为烟煤、铜、铁、锑、岩金、固体硼矿（硼镁矿、硼砂矿）、沙金 8 种。无勘查资料已开发利用的为水泥用石灰岩 1 种。采获有预测资源量的矿种为烟煤、铁、铜、锑、液体锂、钾、硼、固体硼等 21 种（姜天海，2014）。

该地区矿产资源主要有盐湖资源、金属矿和非金属矿三大类。盐湖资源：共有盐湖 96 个，约占西藏盐湖总数的 52.2%，盐湖中沉积了大量固态盐类资源，它们主要为芒硝、石盐、水菱镁矿、硼镁盐等。金属矿：目前已发现的金属矿主要为黄金、铜、银、铅、锌、锑、铬铁矿、铁、锂等。非金属矿：已发现的非金属矿主要为水晶、宝玉石、蛇纹岩、石灰岩、大理岩、云母和煤等，已发现的水晶矿床和矿点有 4 处（梁静等，2014）。

3.5.3　优势矿种

1. 硼矿

阿里及邻近地区的硼矿资源丰富，已知达国家工业品位的硼矿产地 35 处，其中固体硼矿（主要是硼镁矿、硼砂矿、钠硼解石矿）10 处，液体硼矿（盐湖含硼卤水和含硼晶间卤水）25 处。10 处固体硼矿中，有经详查的大型矿床 2 处（革吉县茶拉卡、改则县仓木错），经普查的小型矿床 5 处（革吉县聂尔错、噶尔县朗玛日湖、改则县基布茶卡、普兰县小玛伐木湖、措勤县小杰玛湖），经预查的矿点 2 处。25 处液体硼矿中，有远景规模达大型的 1 处（改则县拉果错），中型 5 处（日土县阿翁错，革吉县错呐错、别若则错，改则县仓木错、洞错），小型 11 处，矿点 9 处（唐超等，2013）。

2. 锂矿

阿里及邻近地区盐湖锂矿潜在资源达到一般工业品位的有 9 个盐湖，预测其潜在资源量达大型规模的有 1 处（仓木错），中型 5 处（结则茶卡、聂尔错、拉果错、扎仓茶卡、洞错），小型 1 处，矿点 2 处，多数与硼矿、钾盐、盐湖伴生。

3. 金矿

阿里及邻近地区已知金矿（床、点）共 130 处，包括热液型岩金矿 20 处、沉积型沙金矿 110 处，其中，大型岩金矿床 1 处、中型岩金矿床 2 处、小型岩金矿床 2 处、岩金矿点 15 处；大型沙金矿床 1 处、中型沙金矿床 4 处、小型沙金矿床 32 处、沙金矿点 73 处。黄金资源储量总量 9.1 万 kg，其中岩金资源量约占 63.17%，沙金资源量约占 36.83%（多吉等，2003）。

4. 铜矿

阿里及邻近地区已知铜矿产地 20 处，其中斑石型大型铜矿 1 处（多不杂矿床）、夕卡岩型中型铜矿 1 处（嘎尔穷矿床）、小型矿床 3 处、矿点 15 处（西藏自治区地方志编纂委员会，2013）。

5. 铁矿

阿里及邻近地区已知铁矿产地 11 处，其中夕卡岩型大型铁矿（富铁矿）3 处（梅花山铁矿、弗野铁矿、尼雄铁矿），中型矿床 1 处（石龙铁矿），小型矿床 4 处，矿点 2 处（西藏自治区阿里地区志编纂委员会，2009）。

3.5.4 矿产资源开发对生态环境的影响

随着阿里及邻近地区社会经济和工业的快速发展，人们对生产资料的需求量越来越大，矿产资源作为一种重要的生产资料，需求量也不断增加，使得矿业迅速发展，带来了巨大的经济效益。但同时，矿产资源的开发也给本就脆弱的高原环境带来了较大的环境破坏和生态污染（胡烨，2012）。

1. 矿产资源开发对草原生态环境的影响

大多数矿区都位于草场，部分采矿企业受利益驱使，在开采之前没有制定开采计划，而是采取"先易后难，先富后贫，采富弃贫，层层转包"的开采方式，这种不科学的开采方式不利于矿产资源可持续发展，造成许多矿区的草场几乎全部被破坏或退化（王丽颖，2007）。另外，在矿产开采过程中，车辆没有固定行驶路线，开采区也没有经过科学的规划，随意开采矿产，周边草地在车辆、机器和人员的频繁碾压下，遭到了严重破坏。而部分矿区还存在严重的越界开采行为，这样就造成新的草地被破坏，加大了矿区破坏程度，严重影响了当地的生态环境和正常的生活秩序（程琳琳等，2007）。

2. 矿产资源开发对水资源生态环境的影响

矿业废水包括矿坑水、尾池矿水等，大量废水一般就近处理排放，给矿区周边环境造成了严重污染。水体的污染也会进一步影响水中生物。矿业开采不仅造成水质污染，也造成水量减少、地下水系统被破坏。部分矿山为了追求利益最大化对矿产过度开采，使土壤被过度采挖、矿区土地下陷，造成地下水位大幅度下降，矿区主要供水水源枯竭，并使地表植被干枯，地下水含水系统及水资源被破坏（周乐，2011）。

3. 矿产资源开发对空气环境的影响

矿业生产中所排放的各类工业废气量十分多，尤其以非金属矿制品业、黑色金属冶炼及压延加工业排放的废气量最大（张钦礼和朱永刚，2006），阿里及邻近地区作为我国重要的矿产资源基地，其产生的工业废气量也随着矿业的发展而逐步增加。部分矿业企业为追求最大化利益，节约成本，在矿产开采过程中对产生的排放物不加以处理，大量废气、废水、废渣未经处理直接排放，造成严重的水污染。而排放物中所含有的大量工业烟尘、粉尘及有毒废气含有多种有毒元素，造成空气严重污染，其被人类吸收后，直接对人类器官造成伤害，导致人们患各种疾病，严重危害人们身体健康，给人们健康和安全带来严重威胁（夏青和梁钰，2006）。

4. 矿产资源开发对地质环境的影响

在矿产开采过程中，大多数金属和非金属矿石在进一步加工前都要经过粉碎的环节，该环节对周围空气、水体及土壤造成污染。矿石冶炼和深加工的过程中产生的废气、废液、废渣也会造成环境污染（田家华和牛建英，2004）。西藏矿产资源开发环境效应的特殊之处在于生态环境脆弱，上述影响更为严重，特别是矿产资源开采引起的塌陷和泥石流最为严重。在阿里及邻近地区和整个西藏，矿产资源开发对生态环境的影响并未引起足够的重视（傅群，2001）。

5. 矿产资源合理利用与保护

矿产资源不同于土地、森林、草地、海洋与淡水等自然资源，其形成过程漫长，属于不可再生资源（陈军和成金华，2015）。对阿里及邻近地区矿产资源的开发利用与保护具有重要意义，有资源不用是一种浪费，透支性使用也是一种浪费，合理利用的关键在于要从全局的角度来规划矿产资源开发利用程度（廖忠礼等，2005）。

3.6　环境状况

青藏高原生态环境质量直接影响国家生态安全屏障功能发挥和区域绿色发展及生态文明建设。《西藏自治区生态环境状况公报》显示，2000 年以来，西藏全区生态环境质量总体处于良好至优良状态[①]。其中，在阿里及邻近地区重点对县级以上城镇的固体废弃物处理、狮泉河镇的空气质量、班公错水质等进行了连续监测，总体处于优良水平。

———————————

① 西藏自治区环境保护厅. 2019. 2000～2018历年西藏自治区生态环境状况公报汇编.

3.6.1　大气环境

1. 空气质量概况

环境质量监测显示，狮泉河镇 2018 年空气质量优良率达 97.5%[①]，较 2017 年提高了 1%。2017 年狮泉河镇全年空气质量为优的天数达到 222 天（60%），SO_2、NO_2 的浓度分别在 $70\mu g/m^3$、$60\mu g/m^3$ 之下，除 6 ~ 7 月旅游旺季之外，$PM_{2.5}$ 最高值基本处于 $75\mu g/m^3$（$0 ~ 35\mu g/m^3$ 空气质量为优，$35 ~ 75\mu g/m^3$ 为良，$75 ~ 115\mu g/m^3$ 为轻度污染）以下（改则年鉴编委会，2016）。高寒干旱的气候、强劲的风力和富含易蚀物质的地表条件，孕育了狮泉河盆地剧烈的风沙灾害。风沙活动方式及强度在空间上存在明显的区域性差异，在时间上存在年际、月际和日变化。对狮泉河镇构成直接威胁的主要是戈壁风沙流。狮泉河盆地风沙灾害治理措施由砾石沙障、防护林带和人工草地组成，综合防护体系必将逐步发挥风沙灾害控制和生态环境改善的重要作用（张春来等，2006）。此外，由汽车尾气带来的污染也应该受到重视。2014 年阿里及邻近地区的汽车拥有量为 11543 辆，2015 年为 11922 辆，比 2014 年增长 3.28%；2016 年为 12420 辆，比 2015 年增长 4.18%（改则年鉴编委会，2016）。

2. $PM_{2.5}$ 浓度年际变化趋势

从 $PM_{2.5}$ 浓度统计分析发现，整个阿里及邻近地区不受 $PM_{2.5}$ 污染物影响，空气质量等级为优或良。该地区 $PM_{2.5}$ 平均浓度为 $7.91\mu g/m^3$，变化范围为 $2.4 ~ 12\mu g/m^3$，远低于国家规定的环境空气污染物二级标准浓度限值（$35\mu g/m^3$）。从 $PM_{2.5}$ 浓度变化趋势发现，研究区内 94% 区域的 $PM_{2.5}$ 浓度值处于显著（$P \leqslant 0.05$）上升趋势，浓度年增加范围为 $0.1 ~ 0.3\mu g/m^3$，年均上升值不大，但上升率在不断增加（图 3.14）。

对比各县 2016 年的 $PM_{2.5}$ 浓度值（图 3.15），结果显示，普兰县、札达县、改则县和仲巴县 $PM_{2.5}$ 浓度相对高于其他县城，最高 $PM_{2.5}$ 浓度值依次为 $12\mu g/m^3$、$10.7\mu g/m^3$、$10.7\mu g/m^3$ 和 $9.1\mu g/m^3$。其他各县 $PM_{2.5}$ 浓度值非常低，基本在 $6\mu g/m^3$ 以下。改则县不仅 $PM_{2.5}$ 浓度较大，变化速度也快于其他县，增加率达 $0.27\mu g/m^3$。普兰县的 $PM_{2.5}$ 浓度增加速度仅次于改则县，增加率分别为 $0.22\mu g/m^3$ 和 $0.21\mu g/m^3$。

3. $PM_{2.5}$ 变化的相关性分析

当 $PM_{2.5}$ 浓度小于 $6\mu g/m^3$ 时，其与人口整体呈显著正相关关系，相关性为 0.645，与 GDP 也呈现显著的正相关关系，相关系数为 0.716[图 3.16（a）]；当 $PM_{2.5}$ 浓度大于 $6\mu g/m^3$ 时，其与人口也呈现正相关关系，但相关性较弱，而与 GDP 同样呈现显著的正相关关系，相关系数为 0.424[图 3.16（b）]。

---

① 西藏自治区环境保护厅. 2019. 2000~2018 历年西藏自治区生态环境状况公报汇编.

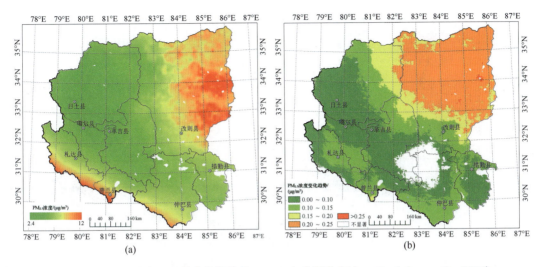

图 3.14　PM$_{2.5}$ 浓度和显著变化趋势（$P \leqslant 0.05$）空间分布（van Donkelaar et al.，2018）

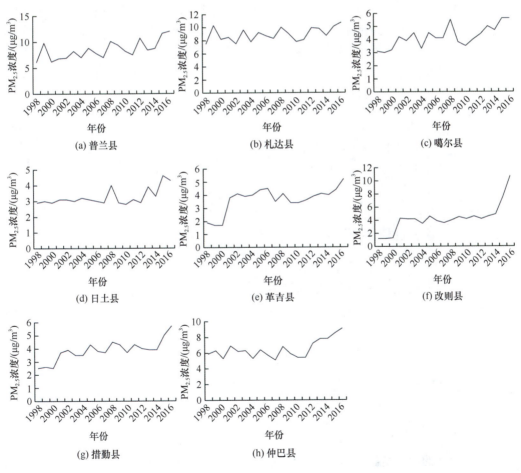

图 3.15　PM$_{2.5}$ 浓度年际变化趋势图

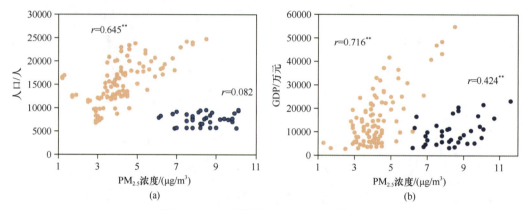

图 3.16 PM$_{2.5}$ 浓度与人口和 GDP 的关系

橙色散点的 PM$_{2.5}$ 浓度小于 6μg/m³；深蓝色散点的 PM$_{2.5}$ 浓度大于 6μg/m³；**$P<0.01$

分析 2016 年各县人口、GDP、牲畜存栏数和建筑业总产值差异（图 3.17），发现改则县的 GDP 和牲畜存栏数远远高于其他各县。PM$_{2.5}$ 主要来自于 GDP 快速增长过程中所产生的大气污染物。另外，阿里及邻近地区对生活垃圾等的处理大多数采用焚烧等方式，其对大气污染也会产生一定的影响。虽然阿里及邻近地区室外的大气空气质量很好，但是农牧民日常依赖于干牛粪 – 火塘燃烧组合，薪柴、秸秆、畜粪等生物质燃料以及煤炭的燃烧，其释放气体的污染程度通常高于国家标准，室内颗粒物污染状况较为严重（顾庆平等，2009）。

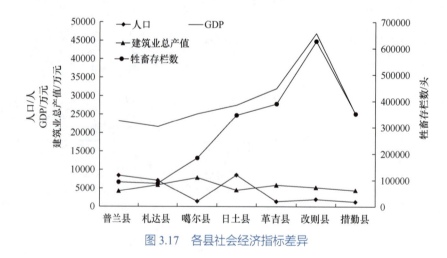

图 3.17 各县社会经济指标差异

3.6.2 水环境

1. 生活用水质量监测

生活用水的水质是当地居民生存环境的重要方面。2000 年以来，狮泉河镇集中式饮用水水源地的连续监测表明，水源地水质保持良好，总体达到《地下水质量标准》

（GB/T 14848—2017）Ⅱ 或 Ⅲ 类标准或《地表水环境质量标准》（GB 3838—2002）Ⅲ 类标准[①]。

2015 年，对狮泉河镇东郊水厂、南区水厂和老井水厂的出厂水和深井水源水进行了抽样检测，结果显示，氟化物（F^-）、氯化物（Cl^-）、硝酸盐（NO_3^-）和硫酸盐（SO_4^{2-}）4 种阴离子的浓度范围分别在 0.19 ～ 0.26mg/L、14 ～ 17mg/L、0 ～ 0.55mg/L、35 ～ 37mg/L（表 3.6），均在国家生活饮用水卫生标准范围［《生活饮用水标准检验方法　无机非金属指标》（GB/T 5750.5—2006）］以内，符合国家生活饮用水卫生标准（洛桑卓嘎等，2015）。

表 3.6　狮泉河镇水厂及水源水的 4 种阴离子检测结果　（单位：mg/L）

地点	F^-	Cl^-	NO_3^-	SO_4^{2-}
东郊水厂出厂水	0.212	15.3	0.284	35.6
南区水厂出厂水	0.234	14.5	0.542	36.8
老井水厂出厂水	0.190	16.3	<0.012	35.6
东郊水厂水源水 1# 深井	0.225	15.2	0.242	35.6
东郊水厂水源水 2# 深井	0.204	15.4	0.212	35.6
东郊水厂水源水 3# 深井	0.215	15.1	0.205	35.5
东郊水厂水源水 4# 深井	0.211	15.2	0.258	35.6
南区水厂水源水 1# 深井	0.221	14.5	<0.012	36.2
南区水厂水源水 2# 深井	0.234	14.5	0.542	36.8
南区水厂水源水 3# 深井	0.226	14.3	0.462	36.6
南区水厂水源水 4# 深井	0.259	14.2	<0.012	36.6
国家生活饮用水卫生标准 GB/T 5750.5—2006	<1.0	<250	<10	<250

数据来源：洛桑卓嘎等，2015。

2. 地表水质量监测

狮泉河是重要的国际河流，该流域也是居民生活用水的重要水源地和水功能保护区，流经了狮泉河国家湿地公园，该地区的地表水质量对于下游居民生活和社会经济生产用水起到了至关重要的作用，按照《地表水环境质量标准》（GB 3838—2002），源头水需要达到 Ⅰ 类标准。

1）流经狮泉河镇的河流断面的水质变化

根据西藏自治区水文水资源勘测局阿里水文分局水环境分中心的连续监测数据，选择溶解氧、重金属等 11 个影响因子作为评价指标，并参考我国《地表水环境质量标准》（GB 3838—2002）基本项目标准限值，对流经狮泉河城区的狮泉河断面水环境质量进行了评估（次仁尼玛，2018）。评估结果显示（表 3.7），2012 ～ 2016 年，流经狮泉河镇的河流地表水质为 Ⅱ 类或 Ⅲ 类，其中仅 2014 年为 Ⅲ 类（次仁尼玛，2018）。

---

① 西藏自治区环境保护厅. 2019. 2000～2018历年西藏自治区生态环境状况公报汇编.

表 3.7 2012～2016 年狮泉河断面水环境指标浓度值变化 （单位：mg/L）

指标	2012 年	2013 年	2014 年	2015 年	2016 年
铅	0.0041	0.0006	0.0049	0.0048	0.0059
锌	0.0039	0.0018	0.0074	0.0047	0.0016
镉	0.0019	0.0012	0.0025	0.0001	0.0037
总磷	0.0140	0.0170	0.0050	0.0130	0.0220
氨氮	0.0310	0.0100	0.0400	0.0250	0.0500
溶解氧	7.4500	7.4000	3.4600	10.7000	8.2300
氟化物	0.3500	0.2000	0.2100	0.7600	0.2300
六价铬	0.0088	0.0060	0.0050	0.0200	0.0040
高锰酸盐指数	1.0050	0.6500	0.9600	0.7600	1.6500
水质类型	II	II	III	II	II

注：参考我国《地表水环境质量标准》（GB 3838—2002）基本项目标准限值，基本项目标准限值中共有 24 个分类指标，由于未收集到完整的数据，本书仅用了其中 9 个分类指标。

数据来源：次仁尼玛，2018。

在具体监测的 9 项水环境指标中（表 3.7），2016 年，溶解氧的指标浓度值达到了 8.2300mg/L，高于《地表水环境质量标准》（GB 3838—2002）中 I 类水质最低要求的 7.5mg/L。其他指标，如铅、锌等含量均低于国家限值，符合自然保护区功能区用水。但镉的含量为 0.0037mg/L，高于国家 I 类水质限值。总磷的含量为 0.0220mg/L，也略微高于国家 I 类水质的限值。

从 2012～2016 年狮泉河断面水环境指标浓度变化值中发现，狮泉河流域中镉的浓度除 2015 年之外，其他年份均高于 I 类水质限值。溶解氧的浓度也是从 2015 年开始才符合 I 类水质最低限值，且在 2014 年仅符合III类《地表水环境质量标准》（GB 3838—2002）。从 2016 年开始，总磷的含量也开始超标。总体上，镉超标是影响狮泉河流域水质的最重要因素。水中镉污染源通常来自工业废水以及塑料制品等垃圾的焚烧。因此，在今后的工作中，应多检查狮泉河工业废水排放达标情况，以及加大力度改进垃圾的处理方式，减少垃圾焚烧后的镉等重金属进入水中，避免造成水体污染。

另外，由于收集水质监测数据存在很多困难，本节选用水环境指标的数据仅限于狮泉河城区段的狮泉河断面，该范围内的水质受人类生产和生活影响比较大，水质会存在相对偏差，该数据结果可能会低于狮泉河源头区的水质状况。

2）班公错水质变化状况

据西藏自治区环境保护厅监测显示，2013 年以来，班公错水质有下降趋势。据《地表水环境质量标准》（GB 3838—2002），班公错水质由 2013～2016 年的 I 级转变为 2017 年和 2018 年的 II 级[1]。

---

[1] 西藏自治区环境保护厅. 2019. 2000～2018历年西藏自治区生态环境状况公报汇编.

3.6.3　固体废弃物

医院固体废弃物与城镇生活垃圾为影响阿里及邻近地区环境的两个主要因素。20 世纪 60 年代，在狮泉河镇，阿里及邻近地区各级医院建立后，采用集中堆放、统一清除的方法，在各单位院内避风处处理废弃垃圾，1965 年在狮泉河镇机关院内修建厕所，1984 年修建公共厕所，1987 年设置 4 个公厕，1991 年出现混凝土结构的公共厕所。1998 年阿里及邻近地区购置垃圾车、垃圾箱等，指定垃圾堆放点（西藏自治区地方志编纂委员会，2013）。在改则县，医疗废物由县卫生局集中处理，并投资 135 万元，在物玛乡及周边及时修建 15 个公共厕所（改则年鉴编委会，2016）。在普兰县，20 世纪 70 年代，随着县城人口及店铺的逐年增多，生活垃圾、废水曾一度影响县城环境卫生，1976 年，随着爱国卫生运动开始恢复，爱国卫生运动委员会成立，对排污点进行清扫，2000 年后，按照《国务院关于环境保护若干问题的决定》，以及西藏"一控双达标"的要求，对县城内排污点进行清理，县城环境得到明显的改善。《西藏自治区生态环境状况公报》显示，2015 年以来，西藏 7 地（市）所在地城镇垃圾处理率在 89.3% 以上[①]。

3.6.4　电源供给与环境保护

阿里地区缺油少煤，供能不足。过去阿里地区的居民为了解决能源问题，不得不利用周围的自然资源，这样就需要从新疆、青海等地运输液化气和焦炭，但由于运输困难，价格昂贵，在农牧民中普及难度非常大（邓坤枚，2002）。因此，受供能不足的影响，当地农牧民需要砍伐、挖取灌木、草皮等作为薪柴取暖，导致植被被大面积破坏，土地沙化、退化严重。

新能源普及之后，这种现象有所缓解。阿里地区虽然化石能源贫乏，但拥有较为丰富的太阳能、水能以及地热能等可再生能源。截至 2015 年，区内水力资源理论蕴藏量为 480MW。最大水电站为狮泉河水电站，装机容量 6.4MW，县级或乡村小水电站共 21 座，装机容量为 3.7MW。年太阳总辐射量为 7000 ～ 8400MJ/m^2，在无水电站的革吉县、改则县和措勤县建有光伏电站，总装机容量为 180kW，并有地热泉（群）28 处（李建兵等，2016），建有地热电站 1 座，装机容量约为 4000kW。

总体上，阿里地区新能源的装机总容量约为 13006.5kW，人均装机电量约为 0.14kW，人均供电量不超过 1684kW·h，远低于中国平均水平 442073.62kW·h，也低于西藏的平均水平 2048.07kW·h。因此，目前新能源还不足以支撑阿里地区的用电量。但从该地区水能理论蕴藏量的测算结果来看（表 3.8），大量水能未完全开放利用，各县开发利用的水能不到水能理论蕴藏量的 5%，未来可稍微加大水电站的开发。另外，如噶尔县、日土县、札达县和普兰县离水电站较远的居民，可以考虑建设光伏电站对其

---

① 西藏自治区环境保护厅. 2019. 2000～2018历年西藏自治区生态环境状况公报汇编.

供电。阿里地区地热分布较多，但已开发的地热电站仅有狮泉河镇的朗久地热电力试验站，且该电站由于技术问题，目前已处于停机状态。地热电站的供电能力远大于光伏电站，与水电站接近。进一步完善地热电站开发存在的技术问题，充分利用阿里地区储存的地热能，可加快解决阿里地区居民的用电问题。

表 3.8　阿里地区各县水电站、光伏电站和地热电站分布情况

县名	水能理论蕴藏量 / 万 kW	水电站（台数，kW）	光伏电站（座，kW）	地热电站（座，kW）
噶尔县	14.8	1，6000	—	1，4000
日土县	3.27	7，692	—	—
札达县	39.22	7，1265	—	—
普兰县	5.36	11，869.5	—	—
革吉县	1.20	—	1，60	—
改则县	3.40	—	1，80	—
措勤县	8.68	—	1，40	—

数据来源：李建兵等，2016。

可再生能源满足阿里地区人民基本用电所需，同时解决传统化石燃料和木材燃料带来的环境污染问题。合理利用各类能源，对资源进行优化配置，有利于实现能源互补，从而解决阿里地区在城镇化进程中供能需求以及环境问题之间的矛盾。

（本章执笔人：张镱锂、谢芳获、张炳华、刘琼欢、陈屹松、姚予龙）

参考文献

白玛多吉, 王飞, 崔飞. 2015. 普兰县域经济发展调研报告. 西藏发展论坛, (5)：78-80.

白玛玉珍. 2012. 新农村建设视野下西藏农牧民安居工程研究. 北京：中央民族大学.

畅慧勤. 2012. 西藏阿里草原生态承载力研究. 咸阳：西北农林科技大学.

畅慧勤, 徐文勇, 袁杰, 等. 2012. 西藏阿里草地资源现状及载畜量. 草业科学, 29(11)：1660-1664.

陈军, 成金华. 2015. 中国矿产资源开发利用的环境影响. 中国人口·资源与环境, 25(3)：111-119.

程琳琳, 胡振琪, 宋蕾. 2007. 我国矿产资源开发的生态补偿机制与政策. 中国矿业, 16(4)：11-13.

次仁尼玛. 2018. 西藏狮泉河断面水环境评价. 人民珠江, (2)：65-68.

达瓦次仁, 次仁, 白玛卓嘎, 等. 2013. 搬迁对移民生产、生活的影响研究——基于日喀则地区五个移民村案例分析. 西藏研究, (3)：48-57.

邓坤枚. 2002. 西藏阿里地区的林业资源及其发展方向探讨. 自然资源学报, (2)：240-245.

多吉, 温春齐, 刘建林, 等. 2003. 西藏普兰县马攸木砂金矿床的发现及其意义. 地质通报, 22(11)：896-899.

樊杰, 王海. 2005. 西藏人口发展的空间解析与可持续城镇化探讨. 地理科学, (4)：3-10.

傅群. 2001. 试论西部大开发战略中矿产资源的合理利用与保护. 当代经济管理, 23(3)：37-43.

傅小锋. 2000. 青藏高原城镇化及其动力机制分析. 自然资源学报, (4): 369-374.

改则年鉴编委会. 2016. 改则年鉴2016. 长春: 吉林文史出版社.

高伟, 马俊峰, 刘海聪. 2017. 西藏阿里草场降雨量影响牧业产值和人均收入的模型分析. 家畜生态学报, (11): 58-61.

古格·其美多吉, 旦增卓嘎, 央珍. 2012. 古格土林旅游区的旅游资源保护与开发设想. 西藏大学学报, (5): 12-18.

顾庆平, 高翔, 丁鹍, 等. 2009. 西藏农村不同燃料利用类型对室内空气污染的影响. 环境科学与技术, (4): 6-8.

国家统计局. 2018a. 中国统计年鉴2018. 北京: 中国统计出版社.

国家统计局. 2018b. 中国县域统计年鉴乡镇卷. 北京: 中国统计出版社.

国家统计局人口和就业统计司. 2017. 2016中国人口和就业统计年鉴. 北京: 中国统计出版社.

何林林, 罗彦, 周晗. 2008. 科学发展观指引下的西藏阿里地区城镇化发展规划研究//生态文明视角下的城乡规划——2008中国城市规划年会论文集. 大连: 中国城市规划学会: 144-152.

胡烨. 2012. 西藏矿产资源开发生态补偿机制研究. 拉萨: 西藏大学.

姜天海. 2014. 阿里: 藏区矿产"新星". 科学新闻, (20): 62-63.

蒋光辉. 2013. 培育旅游产业促进阿里地区区域经济协调发展战略研究. 旅游纵览(下半月), (1): 92-96.

康志华, 谭大璐, 陈泰川. 2004. 少数民族地区城镇体系建设规划中跨越式发展探讨——西藏阿里地区城镇体系建设规划研究分析. 西南民族大学学报(人文社科版), (4): 170-173.

李国斌. 2012. 关于阿里地区旅游业发展的几点思考. 西藏发展论坛, (1): 54-56.

李建兵, 罗洋涛, 冯宇. 2016. 西藏阿里地区水光互补能源利用模式探讨. 河海大学学报(自然科学版), 44(5): 465-470.

李秋秋, 王传胜. 2014. 西藏城镇化及其环境效应研究. 中国软科学, (12): 70-78.

梁静, 杨自安, 张建国, 等. 2014. 西藏日土地区矿产资源遥感地质调查与找矿预测研究. 矿产勘查, 5(2): 322-329.

梁书民, 厉为民, 白石. 2006. 青藏铁路对西藏城市(镇)发展的影响. 城市发展研究, (4): 15-18.

廖忠礼, 贾宝江, 邹定邦, 等. 2005. 西藏阿里地区矿产资源特点及可持续发展对策. 中国矿业, 14(12): 38-40.

刘增, 邹建业. 2006. 西藏矿产资源开发状况及对环境的影响分析. 科技资讯, (29): 224.

刘振宁. 2017. 阿里地区农业发展改革意见及发展思路. 河南农业, (32): 57-58.

吕刚. 2012. 那曲地区实施安居工程效果评价. 雅安: 四川农业大学.

罗彦, 何林林, 朱荣远. 2010. 差异化援助与大生态建设——西藏阿里地区狮泉河镇规划探索. 城市规划, (5): 77-81.

洛桑卓嘎, 扎永, 桑吉卓玛, 等. 2015. 离子色谱法监测阿里地区出厂水、水源水中的四种阴离子. 西藏医药, 36(4): 52-54.

马俊峰, 高伟, 归静, 等. 2016. 西藏阿里草地气候生产力对气候变化的响应. 家畜生态学报, 37(10): 55-60.

蒙睿, 明庆忠, 刘嘉纬, 等. 2002. 西藏阿里地区旅游资源评价与开发. 热带地理, (1): 57-61.

强巴次仁, 林多, 何发, 等. 2014. 普兰县蔬菜生产现状及发展对策. 西藏农业科技, 36(4): 45-48.

孙红. 1986. 阿里地区经济发展战略初探. 西藏研究, (2): 23-28.

索端智. 2009. 三江源生态移民的城镇化安置及其适应性研究. 青海民族学院学报, (2): 75-80.

唐超, 陈建平, 张瑞丝, 等. 2013. 基于Aster遥感数据的班怒成矿带矿化蚀变信息提取. 遥感技术与应用, 28(1): 125-131.

唐伟, 钟祥浩, 周伟. 2011. 西藏高原城镇化动力机制的演变与优化——以"一江两河"地区为例. 山地学报, (3): 378-384.

唐也. 2004. 西藏城镇化道路问题初探. 西藏发展论坛, (2): 26-29.

田家华, 牛建英. 2004. 矿产资源开发环境影响评价的指标体系及方法. 科技进步与对策, 21(10): 67-70.

王丽颖. 2007. 西藏矿产开发与环境保护调查研究. 西藏科技, (8): 57-59.

魏刚, 李霞. 2013. 西藏安居工程建设的理论研究综述与改革思考. 西南民族大学学报(人文社科版), (10): 130-132.

西藏自治区阿里地区志编纂委员会. 2009. 阿里地区志. 北京: 中国藏学出版社.

西藏自治区地方志编纂委员会. 2013. 噶尔县志. 成都: 巴蜀书社.

西藏自治区第六次全国人口普查领导小组办公室. 2012. 西藏自治区2010年人口普查资料. 北京: 中国统计出版社.

西藏自治区人口普查办公室. 1983. 西藏自治区第三次人口普查资料汇编. 北京: 中国统计出版社.

西藏自治区人口普查办公室. 1990. 西藏自治区第四次人口普查手工汇总资料. 北京: 中国统计出版社.

西藏自治区人口普查办公室. 2002. 西藏自治区2000年人口普查资料. 北京: 中国统计出版社.

西藏自治区统计局. 1992. 西藏社会经济统计年鉴1992. 北京: 中国统计出版社.

西藏自治区统计局. 2000. 西藏统计年鉴2000. 北京: 中国统计出版社.

西藏自治区统计局, 国家统计局西藏调查总队. 2010. 西藏统计年鉴2010. 北京: 中国统计出版社.

西藏自治区统计局, 国家统计局西藏调查总队. 2015. 西藏统计年鉴2015. 北京: 中国统计出版社.

夏保林, 乔建平, 吕连琴. 2002. 西藏自治区城镇发展战略初探. 地域研究与开发, (2): 32-35.

夏青, 梁钰. 2006. 面向循环经济的矿产资源开发利用模式. 自然资源学报, 21(2): 288-292.

熊晓锐, 次仁加玛, 徐文华, 等. 2009. 阿里地区农业可持续发展研究. 西藏科技, (9): 4-10.

徐宁. 2015. 基于政府视角下中尼边境旅游发展对策研究. 拉萨: 西藏大学.

薛晓毅. 2001. 抓住机遇突出重点实现噶尔县域经济和社会各项事业的可持续发展. 西藏发展论坛, (2): 42-44.

杨汝荣. 2002. 西藏阿里地区草地退化现状与防治措施. 中国草地学报, 24(1): 61-67.

杨洋. 2013. 西藏阿里地区自驾车旅游开发研究. 金华: 浙江师范大学.

张春来, 邹学勇, 刘玉璋, 等. 2006. 狮泉河盆地风沙灾害成因及其防治. 自然灾害学报, (2): 1-9.

张钦礼, 朱永刚. 2006. 循环经济模式下的矿产资源开发. 现代矿业, 25(5): 2-6.

张云. 2016. 象雄王国都城琼隆银城今地考——兼论象雄文明兴衰的根本原因. 中国藏学, (2): 5-11, 47.

赵战宏, 巴桑仓决. 2006. 阿里地区发展旅游业初探. 西藏大学学报(汉文版), (1): 97-99.

钟祥浩, 李祥妹, 王小丹, 等. 2007. 西藏小城镇体系发展思路及其空间布局和功能分类. 山地学报, (2): 129-135.

周乐. 2011. 湖南矿产资源开发的生态补偿机制研究. 北京: 中国地质大学.

周伟, 曾云英, 钟祥浩. 2006. 西藏农牧区农户土地决策与土地覆被变化研究. 地域研究与开发, 25 (3):
　　85-89.

周毅, 宗刚, 赵子壮. 2011. 西藏普兰县生态环境保护与经济可持续发展. 安徽农业科学, 39 (3): 1713-1714.

van Donkelaar A, Martin R V, Brauer M, et al. 2018. Global Annual $PM_{2.5}$ Grids from MODIS, MISR and
　　SeaWiFS Aerosol Optical Depth (AOD) with GWR, 1998—2016. Palisades: NASA Socioeconomic
　　Data and Applications Center.

第 4 章

基础设施变化

位于青藏高原西北部的阿里及邻近地区是我国基础设施建设最为落后的地区之一，自西藏和平解放后，该地区的基础设施从无到有，投入资金持续增多，硬件条件得到极大改善。交通基础设施建设方面已经初步形成国道、省道、县道和乡道一体化的陆面交通体系，尤其是阿里昆莎机场的建成通航，极大地改变了阿里及邻近地区的交通环境。同时，该地区能源基础设施建设变化十分显著，水电站、地热电站和太阳能电站的建设已初具规模，有效地改善了该地区长期以来能源短缺的问题。通信条件的改善使偏远不再成为制约该地区发展的瓶颈，学校、医院、体育、文化等基础设施建设和布局逐渐趋于合理和规范。基础设施建设的快速发展不仅推动了该地区的经济发展，同时极大地提高了当地居民的生活水平。

4.1 基础设施建设概述

阿里及邻近地区在西藏和平解放前十分落后，和平解放后该地区发生了翻天覆地的变化，公路、机场从无到有，通信手段从落后到现代化，能源工业从零起步到煤、火电再到水电、太阳能、地热电等清洁能源，极大地改善了基础设施为社会生产和居民生活提供公共服务的能力，提高了当地社会发展的质量。

4.1.1 西藏的基础设施建设

西藏和平解放以前，全区没有一条正规公路，交通极为不便，货物运输、邮件传递全靠人背畜驮，基础设施相当落后。至 1951 年西藏和平解放时，西藏没有一所近代意义上的学校，青壮年文盲率高达 95%；没有现代医疗，人均寿命只有 35.5 岁；仅有一座 125kW 的小电站，仅供少数特权者使用（国务院新闻办公室，2015）。

1979 年以来，基础设施建设得到快速发展，投资持续增加（图 4.1）。据统计，西藏和平解放以来，中央财政不断加大对西藏的财政转移支付力度。1952～2013 年中央政府对西藏的各项财政补助达 5446 亿元，占西藏地方公共财政支出的 95%（国务院新闻办公室，2015），年均增长 22.4%，对西藏的直接投资超过 1600 多亿元，在不同时期相继安排了"43 项""62 项""117 项""188 项"等一大批重大工程项目（国务院新闻办公室，2011），相继建成了公路、铁路、机场、通信、能源等重点基础设施。1994 年中央实施对口支援西藏的政策，1994～2013 年安排 60 个中央国家机关、18 个省市和 17 家中央企业对口支援西藏，对口援藏省（市）、中央国家机关及中央企业分 7 批共支援西藏经济社会建设基础设施项目 7615 个，总投资 260 亿元，主要用于改善民生和基础设施建设及西藏经济社会发展（国务院新闻办公室，2015）。2010 年中央第五次西藏工作座谈会后，进一步强调西藏必须更加注重基础设施建设，中央政府按照省（市）财政收入的 1/1000 核定了 17 个援藏省（市）的援助资金量，并建立了稳定增长机制，在中央政府及各兄弟省（市）对西藏的大力扶持下，中央和地方政府将继续投入大量资金建设西藏基础设施，投资增长速度快、投资数额持续增加、投资范围甚广，有效地促

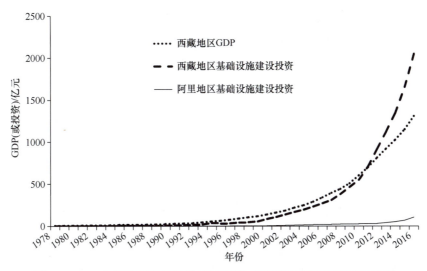

图 4.1　1979 年以来西藏经济增长与西藏、阿里地区基础设施建设投资

进了当地经济快速发展（韩亮和张亚洲，2015）。

西藏的基础设施建设不仅缩小了其与全国平均水平的差距，而且还在不断持续发展中。目前，西藏的教育事业已涉及全区所有地区，并且所有学生从小学到高中的费用全部由政府承担，适龄儿童入学率几乎达到100%。西藏全区基本实现县疾控中心全覆盖、乡有卫生院、村有卫生室的目标，城镇居民基本医疗保险、新型农村合作医疗保险在雪域高原基本普及，分级诊疗制度正在全区稳步推进。医疗事业的长足发展，让西藏人口从解放初的 114 万人增加到目前的 337 万人（西藏自治区统计局和国家统计局西藏调查总队，2018）。

1952 ～ 2010 年西藏地区通过一大批重大工程建设项目的实施，相继建成了公路、铁路、机场、通信、能源等重点基础设施。经过近 50 年的建设，西藏全区公路通车里程已达到 90000km，逐步形成了以拉萨为中心、以"三纵、两横、六通道"为骨架的公路交通网络，东连我国四川、云南，北接我国新疆，东北通我国青海，南通印度、尼泊尔，县乡相连接，乡乡通公路。此外，青藏铁路、拉日铁路的建设及 58 条国际国内航线的开通，拉近了西藏与内地和世界的距离（国务院新闻办公室，2015）。

由于海拔高、地形复杂、地理位置偏远，西藏经济建设和基础设施建设与全国其他地区相比仍相对滞后。1952 年西藏地区基础设施建设投资仅为 0.04 亿元，1975 年前后投资总额才超过 1 亿元，2003 年以后固定资产投资总额持续增加，超过 100 亿元，2014 年达到 1000 亿元以上，至 2017 年固定资产投资总额达到 2051.04 亿元（西藏自治区统计局和国家统计局西藏调查总队，2018）。

4.1.2　阿里及邻近地区基础设施建设

阿里及邻近地区地理位置偏远，环境恶劣，是西藏人口密度最小的区域。由于极为不便的交通条件，物资输送困难，因此该区域内的各类基础设施推进缓慢。随着近几十年的道路建设，阿里地区与外界的联系越来越紧密，固定资产投资也有了长足进展。阿里地区固定资产投资从 2000 年的 3.05 亿元以每年约 4.91 亿元的增速上升，2017 年固定资产投资达到的 86.52 亿元[①]。该区域的基础设施建设投资有了大幅度增长，各类基础设施建设工程在不断完善。

在"十二五"的农林牧水项目方面，阿里地区 2015 年完成农村安全饮水工程投资 9425 万元、游牧民定居工程 5107 万元、小型农田水利设施建设 2.1 亿元、农业综合开发 8546 万元、农村无电地区电力建设 3.05 亿元、西藏扶贫开发项目 4.55 亿元、农业农技推广服务体系工程 900 万元、重点灌区与节水增效工程 2.44 亿元、救灾物资储备设施项目 1260 万元（温凯，2015）。以上项目的实施极大地改善了阿里地区农牧区的发展面貌和基础配套设施建设，为推动阿里及邻近地区经济社会快速发展打下了坚实基础。

至 2015 年底，阿里及邻近地区先后在偏远乡镇设立撬装加油站 7 座、埋地式储油设施 16 座，改则汽车检测站项目基本建成，各县城区给排水工程列入全区 28 个高寒高海拔县给排水工程建设计划中，建成巴嘎、霍尔、多玛、盐湖四乡商贸中心，28 家农家店，开工建设乡村公路、牧业转场公路 44 条，转场桥梁 3 座。乡村环境卫生整治活动成效显著，建成昆莎等 4 个乡垃圾填埋场，新建通信基站 167 个，消除农牧区偏远地区通信盲点 17 个。社会保障水平不断提高，地区老人护理院和革吉、日土两县五保集中供养中心全面完工，地区儿童福利院主体完工，札达、改则、措勤 3 县孤寡老人集中供养社会福利院加快推进，集中供养率达到 71%（温凯，2015）。

2017 年，阿里地区实现固定资产投资总额 86.5 亿元，实施重点项目 209 个，实施交通项目 224 个，其中含 22 个农村公路续建项目和 181 个农村公路新建项目，全年新增公路里程 1245km，黑色路面达到 3655km，重点实施能源项目 9 个，实施水利项目 53 个，市政工程、生态保护工程等项目持续落地建设，基础设施显著改善。公路通车总里程达到 1.43×10^4 km，是 1978 年的 13.6 倍，乡镇、行政村、寺庙公路通达率实现 100%，同时实施各类援建工程项目 731 个，完成投资 24.26 亿元，从而提升了该地区发展的潜力和经济的活跃程度[①]。

4.2　阿里及邻近地区交通运输设施建设

公路交通是阿里及邻近地区的命脉，是重要的交通运输方式，由于该地区位于西藏西部，气候恶劣，地质环境复杂，因此交通运输设施建设存在诸多不便。阿里及邻近地区是西藏交通运输设施建设最困难的区域，主要原因如下：一是区位偏僻；二是海拔高，平均海拔 4500m 以上；三是人烟稀少，人口密度 0.38 人 /km²，无人区面积约占全区的 1/2；四是经济总体发展水平较低。1978 年以来，该区域交通运输建设有了较大发展，目前现代交通运输设施主要有阿里昆莎机场（支线机场）、新藏公路（国道）、两条省道、两条县道、两条边防公路和 25 条乡村道路，已基本构成该区域交通网络系

---

① 阿里地区行政公署. 2018. 阿里地区行政公署2017年工作总结暨2018年工作要点.

统的基本骨架（西藏自治区阿里地区志编纂委员会，2009）。1957 年拥有第一辆中国共产党西藏工作委员会调拨给阿里的吉普车，1958 年该地区共有大小汽车 8 辆，1966 年该地区共有车辆 30 辆，1978 年后该地区机动车数量迅速增加，1981 年该地区拥有机动车 540 辆，至 2000 年该地区拥有各种机动车 3000 余辆（西藏自治区阿里地区志编纂委员会，2009）。1957～2000 年阿里及邻近地区的汽车总数以每年 2.5% 的速度上升。2017 年，阿里昆莎机场年旅客吞吐量达 75100 人次，运输架次达 933 架次，货邮吞吐量达 17.4t，比上年增长 13.3%，虽然公路运输仍是阿里及邻近地区主要的运输方式，但民航运输成为增速最快的运输方式。

4.2.1 公路的分布及整体演变

20 世纪 50 年代以前，西藏还没有正规公路，主要为驿道、马道等简易公路，1951 年西藏和平解放后，才真正拉开公路建设的序幕。解放军分别沿着西南地区的川藏线、东北部的青藏线及西北部的新藏线进入西藏，边深入边修路，其主要任务除了发展生产以外，就是修路、架桥，1954 年 12 月 25 日康藏（川藏）、青藏公路建成通车，结束了西藏没有正规公路的历史。由于西藏地区地理条件和区域位置的限制，很长一段时间以来，区域经济发展和公路建设主要集中在拉萨周边和一些主要地区的干线公路建设，各区域公路建设差异明显，尤其是西藏西部的阿里地区，由于区位偏僻，只建成了唯一穿越该地区南北的新藏公路。

1978 年以来，西藏公路里程数呈逐年上升趋势（图 4.2）。西藏全区公路里程数从最初的 1.5 万 km，以每年约 4000km 的增长趋势逐年上升，全区已形成 5 条国道为主干、14 条省道为支架、20 条县道和 57 条乡道交织其间的公路网络。公路交通是阿里及邻近地区社会经济发展的命脉，和平解放前该地区的交通运输主要依赖人背畜驮，1959 年阿里地区的公路里程数仅为 700km，60 多年来，相继修建了新藏公路、安狮公路和国狮公路 3 条干线公路，2016 年公路里程数已达到 2209km，阿里昆莎机场也相继建成，

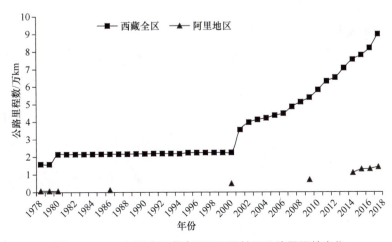

图 4.2 1978 年以来西藏全区和阿里地区公路里程数变化

极大地改善了该地区交通运输环境，至 2017 年底，全区公路里程数达到 1.43×10^4 km（图 4.3）。

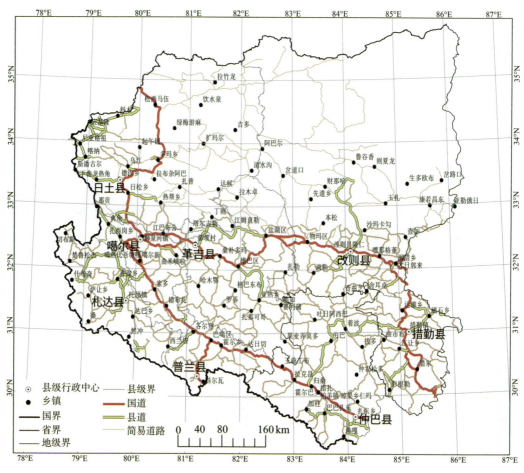

图 4.3　阿里及邻近地区主要道路分布图

目前，阿里及邻近地区公路里程数呈现出南多北少、南密北疏的特点。首先，国道 G219 线由东南仲巴至西北日土，是该区域唯一的主干国道；其次，噶尔至改则的省道 301 线由西向东贯穿全境，是东西向最重要的通道，除此之外，县道、乡道有了相当程度的提高，但道路质量、建设规模、覆盖面积仍有待进一步提高，该区域南部县道、乡道路面黑化，通达度远高于北部的藏北高原，藏北高原大多仍以车马道为主，无人区面积大，道路设施落后、稀疏，这主要由该地区北高南低的地势和南稠北稀的人口分布状况决定。

1959 年阿里地区的各级公路仅有约 700km。2000 年该区域 36 个乡镇拥有各级公路 4149km。2005 年底，该区域 91.67% 的乡镇实现道路贯通，至 2009 年底 36 个乡镇拥有各级公路 6866km（其中国道 893km、省道 1104km、县道 2363km、乡道 2506km），村道 231km，实现乡镇公路通达率 100.00%。2015 年底该地区所有行政村公路通达率达到 100.00%（表 4.1），乡镇和部分行政村道路硬化工程全面铺开，部分寺庙打通了公路，启动边防公路建设项目 5 个，改建四级砂石路面 463km。2017 年阿里地区新增公路里程 1245km，全地区公路通车里程达到 $1.43×10^4$km，黑色路面达到 3655km，实现 7 县通柏油路目标。

表 4.1　2000 ～ 2017 年阿里地区公路通达程度变化

年份	国道 /km	省道 /km	县乡道路 /km	乡镇公路通达率 /%	行政村公路通达率 /%
2000	893	956	2300	87.22	57.00
2005	893	1104	—	91.67	64.33
2009	893	1104	4869	100.00	80.14
2015	893	1104	—	100.00	100.00
2017	893	1104	4869	100.00	100.00

注：数据根据不完整零星文献记载和统计数据整理而成。

4.2.2　国道及其分布特征

阿里及邻近地区国道主要为 G219 线，自仲巴县途经帕羊镇、巴嘎乡、门士乡、昆莎乡、狮泉河镇、日土镇、多玛乡等，翻越界山达坂后进入新疆境内，境内里程总长 1034km，占该国道总长度的 1/2，该国道基本与我国西南边境线平行，与边境最近距离仅有 3km，最大距离约 15km，其中部分路段经过阿克赛钦地区，其境外分别是尼泊尔、印度和克什米尔地区，其既是我国西部边境阿里及邻近地区经济发展的交通大动脉，又是保卫我国西南边境线安全的重要战略国防公路，在区域内的经济和战略意义十分重大。G219 线在该区域翻越冈底斯山和中昆仑山，跨越 70 余条大小河流，沿途经过玛旁雍错、拉昂错、班公错、泽错等重要湖泊，沿线海拔最高为 5503m、最低为 4310m（图 4.4），但是沿线生态环境脆弱，道路建设主要引起土地利用和陆表环境景观变化（李广英和张同作，2002；张镱锂等，2002；陈辉等，2003）、冻土环境变化（吴青柏和米海珍，2000；何庆明，2011）、沙漠化趋势扩大、土壤侵蚀和冻融侵蚀

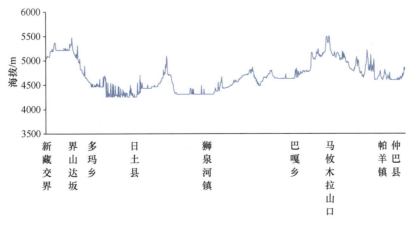

图 4.4　阿里及邻近地区 G219 线沿线海拔示意图

（李广英和张同作，2002；盛煜等，2003）、植被退化（盛煜等，2003；昌敦虎等，2005）等生态环境问题。

4.2.3 省道及其分布特征

阿里及邻近地区省道主要有 S206、S207、S301 三条，以国道为主线，分别构成联系区域内主要县域和村镇的公路骨架。省道 S301 与 S206 在洞措相互衔接，与国道 G219 共同形成区域内南部人口密集区闭合的交通环线。1980 年省道里程数为 462km，至 2016 年省道里程数增加至 1104km（表 4.2），与西藏其他地区相比，存在省道建设数量少、覆盖面不全、建设速度慢等特点。

表 4.2　阿里及邻近地区诸县 1980 年、2000 年、2016 年省道里程数变化

县名	1980 年		2000 年		2016 年	
	数量 / 条	里程数 /km	数量 / 条	里程数 /km	数量 / 条	里程数 /km
噶尔县	1	30	1	30	1	30
普兰县	0	0	0	0	1	148
札达县	0	0	0	0	0	0
日土县	1	20	1	20	1	20
革吉县	1	330	1	330	1	330
改则县	1	82	2	368	2	368
措勤县	0	0	1	208	1	208
仲巴县	—	—	—	—	—	—

注：数据根据不完整零星文献记载和统计数据整理而成。

1. S301（狮泉河镇—洞措乡）

S301 是西藏北部高原贯穿东西的重要通道，向东延伸至那曲市北部的安多县，与青藏公路连接，道路线程长，人烟稀少，海拔高，至今仍为我国境内车辆和过往旅客最少的道路，但其战略意义和发展潜力巨大。S301 在阿里及邻近地区内长约 568km，将该地区从中间分为南北两部分，北部和南部人口、经济具有巨大差异，北部地区大多数为无人区，道路全程海拔在 4300m 以上，最高处在革吉县向东的勒尔嘎尔附近的分水岭，海拔 5010m，最低处在狮泉河镇处，海拔 4322m（图 4.5），道路沿山系之间较平坦的河谷、湖盆、高原丘陵行走，整体呈东西走向。1955～1956 年省道 S301 探测和踏勘完成，1958 年 4 月开工修建安多县至班公错的公路，11 月修至班戈湖，1980 年和 1981 年共在道路沿线修建 10 座桥梁，道路状况有了较大改善，道路以砂石路面为主，2009 年狮泉河镇至革吉县完成路面硬化，2015 年革吉县至洞措乡路面完成硬化，2016 年洞措乡东段路面完成硬化，至 2017 年黑色路面达到 3655km。

2. S206（洞措乡—国杰）

S206 又称洞国公路，是西藏骨架路网中 S301 线和 G219 线之间的重要连接通道，

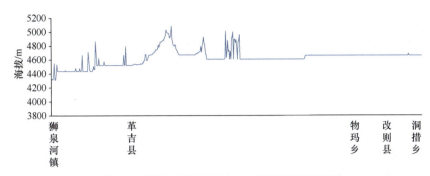

图 4.5　阿里及邻近地区 S301 沿线海拔示意图

也是阿里及邻近地区公路网规划中"二横、三纵、六通道"的东纵线，以及该地区对外的重要通道。由洞措乡至国杰，公路里程全长 412km。该道路 2013 年实现国杰至措勤县达雄段通车，2016 年特荣海至洞措乡道路贯通，实现全面通车。S206 沿线主要经过措勤县，道路整体呈南北走向，沿山麓、河流方向分布于河流两岸，或沿湖岸分布，翻越山脉时多从山口通过，为三级路面公路。

3. S207（巴嘎—普兰）

S207 又称巴普公路，是西藏乃至我国重要的国防公路，公路里程全长 148km，道路穿越玛旁雍错和拉昂错，道路兼具旅游、贸易和战略等多重意义。该道路于 2004 年修建完工，整体呈南北走向，沿河流方向分布于河流两岸，沿拉昂错和玛旁雍错岸呈现出湖岸曲线分布，途中经过的主要城镇为仁贡，其是我国通向普兰口岸的重要通道。但该道路部分路段因山体巨大，道路险峻，制约了货物等物流运输，道路北段路面硬化，南段仍为砂石路段。

4.2.4　县、乡道及其他道路建设

阿里及邻近地区的低等级公路大规模修建从 20 世纪 60 年代中期开始，此前该地区货物和旅客运输主要依赖畜力，60 年代中期由于矿产资源开发，先后修建了部分通向矿区的简易道路和运输道路，此后又陆续打通了通往该地区重要乡镇和行政村的简易道路。80 年代初，随着改革开放和西藏旅游业的长足发展，狮泉河镇周边旅游道路的建设加速，至 2016 年已建成骨干县道 20 余条，乡道在 S301 线以南，密度和通达度大大加强，通达率在 2015 年达到 100%。2017 年，阿里地区的 37 个乡（镇）和 141 个建制村（居委会）中，已通硬化路的乡（镇）达 33 个、建制村（居委会）达 89 个，通硬化路率分别达到 89% 和 63%，尚未通硬化路的乡 4 个、建制村 52 个[①]。目前，S301 线以北、G217 线以东的广大地区人烟稀少、乡镇和村落稀少，目前规划建设的道路极少，牧民自发放牧、朝觐或者自由旅游者的进出，形成了一些极为简易的骡马车道等，其仍处于原始自然状态。

---

① 阿里地区交通局. 2018. 2017年阿里地区交通运输工作报告.

4.3 阿里及邻近地区边疆基础设施建设

4.3.1 边境地区的居民点建设

西藏的边境线长约 4000km，共涉及 21 个边境县、88 个乡镇和 628 个边境村，至 2017 年底，有 67 个村不通电、25 个村不通公路（邓建胜等，2018）。本研究区内，我国阿里地区与印度、尼泊尔及克什米尔地区毗邻，边境线长达 1116km，有 4 个边境县、20 个边境乡镇、53 个边境村（居）、57 个通外山口（王莉，2018），边境村有居民 5795 户 21353 人（温凯，2018），日喀则地区的仲巴县有 2 个乡、6 个边境村（表 4.3）。2011 年在陕西省对口支援的帮助下，阿里地区边境小康村建设从典角村肇始，先后投资 2200 万元，示范村于 2012 年 10 月陆续投入使用，2015 年阿里地区正式启动边境示范村、小康村建设。至 2016 年，阿里地区投资 21.4 亿元，先后开展涉及噶尔、普兰、日土、札达 4 个县 37 个边境小康村建设项目，其中边境一线村 32 个、边境二线村 5 个，总覆盖 5795 户、21353 名边境人口（温凯，2017a）。至 2017 年，大多数边境村，柏油公路、电网、宽带等通村进户，学校、医院、文化广场、生态产业纷纷落地。

表 4.3 阿里及邻近地区边境县及其行政村数量

边境县	行政村数量 / 个
普兰县	19
札达县	15
日土县	12
噶尔县	7
仲巴县	6

4.3.2 边贸市场建设

21 世纪前，西藏边境地区有对外通道 313 条，其中常年性通道 44 条、季节性通道 269 条，这些通道分布在中尼边境 184 条、中印边境 93 条、中不（丹）边境 19 条、中缅边境 5 条，并和克什米尔地区有边境通道 12 条。西藏有通商口岸 5 个、边民互市贸易市场 28 个、贸易点 200 多个（何微，2005）。国务院批准开放的口岸有樟木（聂拉木）口岸、普兰口岸、日屋口岸、吉隆口岸、亚东口岸 5 个口岸。这几个重要口岸的辐射功能在不断扩大，成为中国面向南亚的窗口。

阿里地区在 1116km 的边境线上，自古以来喜马拉雅山各山口形成了山脉南北两侧边民交往的主要贸易通道，阿里地区有对外贸易通道 57 条之多，其中仅普兰县就有 21 条之多，主要的贸易通道有塔普勒山口、拉青山口、那木札山口、扎那拉山口、丁卡利普山口、柏林山口、拉则拉山口、孔雀河岸通道等，已经在阿里地区形成了具有一定规模的 7 个贸易市场（根据 2018 年实地调查数据整理）（表 4.4）。

表 4.4 阿里地区主要贸易市场

地区	县域	市场名称	国外村落	通道形式	涉及道路
阿里地区	日土县	热角市场	印度楚舒勒	山口	热琼拉、热钦拉、比龙拉
		加岗市场	印度龙空	谷地	纳嘎栋、翁姆隆拉
		乌江市场	印度赫拉	谷地	纳嘎栋、翁姆隆拉
	普兰县	桥头市场	尼泊尔汤科特	山口	丁喀拉
		唐坎市场	尼泊尔守普和印度嘎尔羊	山口	丁喀拉、强拉
		布尔热巴市场	尼泊尔千多	山口	拉则拉、柏林拉、纳热拉、孔雀河通道
	噶尔县	扎西岗市场	印度宁达列	山口	茫冬拉、曲米嘎尔马拉、伊米斯拉、索郎拉

注：根据 2018 年 8 月实地调查数据整理。

阿里及邻近地区边贸市场的设置不仅考虑到自身的区位环境，还考虑到邻国的政治、经济和社会等地理环境，因此，阿里及邻近地区的边贸市场均设在人口较为密集、经济稍微发达的地区。而边境通道一般除了分布在河谷地区外，还分布在山系的鞍部，或地势较为低缓的地区。

4.4 航空运输设施建设

由于特殊的自然地理环境和海拔，半个世纪前西藏被世界民航界称为"空中禁区"。1965 年"北京—成都—拉萨"航线正式开辟，"世界屋脊"的"空中禁区"被打破。此后，西藏民航运输生产稳步增长，机场布局逐步完善，保障能力不断增强。2001 年以前，西藏民航只有拉萨贡嘎和昌都邦达两个机场，基础设施规模和保障能力有限，航线航班较少。为解决西藏民航基础设施相对薄弱的问题，"十五"和"十一五"期间，国家相继实施了拉萨贡嘎机场二期改扩建工程，昌都邦达机场、日喀则和平机场等改扩建工程，以及林芝米林机场、阿里昆莎机场的新建工程，安排到位资金逾 30 亿元，逐步完善机场布局。目前，西藏所有地市均已布设机场，"空中禁区"变通途，制约经济社会发展的交通瓶颈得到进一步解决。

长期以来，由于交通不便和路途艰险，从拉萨市到阿里地区需要 4 天的车程，落后的交通条件严重制约了阿里及邻近地区社会经济的发展。为解决阿里及邻近地区落后的交通现状，西藏自治区人民政府和中国民用航空局规划了"十一五"重点工程建设项目——阿里昆莎机场。阿里昆莎机场是该地区唯一的机场，总投资约 17 亿元，是通往拉萨市、成都市及新疆等地的干线机场，拉萨至阿里地区由原来 4 天的行程缩短为现在的90 分钟。

阿里昆莎机场地处喜马拉雅山与冈底斯山围成的山谷地带，属于高原机场，机场跑道长 4500m、宽 60m，航站楼面积为 3969m^2，航站区按满足 2020 年旅客吞吐量 12 万人次设计。该机场于 2006 年规划，2007 年 5 月动工建设，机场建设环境恶劣，年有效施工期不到 5 个月，建设机械设备降效严重，建筑材料运输路途遥远。该机场东南部位于噶尔藏布上游，基本为戈壁土，工程地质条件相对比较好，西北部位于噶尔湿地的东南边缘，在雨季噶尔藏布某些地段的洪水位高出地面。从工程地质条件和水文地质条件来说，跑道东南端工程地质条件较好，西北端相对复杂。

在此艰难条件下，机场建设者施工 16 个月提前完成了机场的建设任务。2010 年 5 月 27 日试飞成功，2010 年 7 月 1 日正式通航。飞行区等级为 4D，按满足"空客 319"等具有高原运行性能的飞机起降标准设计。

阿里及邻近地区天气复杂多变，每年 8 级以上大风时间累计长达 120 天，增大了阿里昆莎机场的飞行难度。机场海拔高达 4274m，加之该地区日照时数长，机场白天升温迅速，高温及高海拔的双重不利因素导致飞机的飞行性能衰减，飞机载量受限，且只能在上午起降，机场全年累计适航时间不足平原机场的一半，加之飞机起降在山谷中绕行，航路上有高山障碍物，从而成为世界上最难飞的高原机场之一。

阿里昆莎机场自通航以来，飞机起降架次和旅客运输数量逐年攀升（表 4.5），开通的航线也由原来的 1 条航线升至 4 条航线，国航已开通了每周二、周五从成都经停拉萨至阿里的往返定期航班，民航也在积极加入阿里及邻近地区的空运事业中。目前，阿里昆莎机场虽然已经在旅客运输、货邮吞吐量方面发挥了极其特殊的作用，机场航班密度虽然也在不断增加，但与其设计能力还有较大差距，今后随着该地区经济的发展，尤其是旅游事业的发展，机场的潜在发展能力还有巨大的提升空间。

表 4.5　阿里昆莎机场吞吐量变化

年份	运输旅客 / 人	货邮吞吐量 /t	飞机起降 / 架次
2010	6434	1.7	110
2011	9350	11.7	214
2012	18166	52	362
2013	27852	71	558
2014	41345	41.2	744
2015	60981	42.9	864
2016	62341	52.2	956
2017	28418	35.1	928

注：根据民航资源网数据统计整理。

现阶段阿里昆莎机场开通的航线有 4 条。

第 1 条：成都—拉萨—阿里航线，2010 年 7 月 1 日开通。航线自成都至阿里空中距离 2300km，拉萨至阿里空中距离 1120km。成都至阿里全程飞行 4.5h，拉萨至阿里单程飞行仅需 1.5h。

第 2 条：西安—喀什—阿里航线，2012 年 4 月 29 日开通。航线自西安至喀什再至阿里全长 4478km，其中喀什再至阿里 1178km，飞行时间约 1.5h。

第 3 条：乌鲁木齐—喀什—阿里航线，2015 年 7 月 24 日开通。航线自乌鲁木齐至阿里空中距离 1865km，飞行时间约 2.5h。

第 4 条：西安—拉萨—阿里航线，2017 年 10 月 29 日开通。航线自西安至拉萨至阿里昆莎机场 2765km，飞行时间约 6h。

4.5　邮电通信业设施建设

阿里及邻近地区海拔高、人烟稀少、经济发展缓慢，在封建时代，邮驿和驿站路线设置较晚。中华人民共和国成立后，在国家的大力扶持下，邮电通信业务发展迅速，极大地改变了该地区基础设施落后的面貌，但与内地相比，该地区的通信水平仍然存在不小的差距。从元朝至今，阿里及邻近地区的邮电通信业务经历了一个从无到有、从小到大、从落后到先进的过程。目前，该地区的邮电通信主要有邮政通信和电信通信等。

4.5.1　古代邮驿道路

阿里及邻近地区也曾是古人类活动的主要区域之一，最早可追溯到 2 万年前的旧石器时代。古代先民主要以语言、声响、火光或以物示意等方式进行信息交流，以敲羊皮鼓、吹牛角号的方式聚众议事或围猎野兽等。该地区古人类曾在大道旁、山巅水洼处垒砌石堆，以指引行人路径、寻找水源、识别方向等。古象雄时期，阿里及邻近地区在山冈上修筑的"堡寨"，既是军事要塞，也是重要的通信设施。

13 世纪初，元朝政府在阿里及邻近地区的吉隆县设立了第一个驿站，至元二十四年（1287 年）复置 4 个驿站，并同时设立了提供军事物资供应的"马甲姆"，即军站，由元朝中央驻军抽派人员留驻军站负责驿站事务，由当地人民负责提供驻站军人所需的物资和费用。1904 年 9 月，英国侵略军强行在噶大克等地设立邮局，设立了该地区迄今已知最早的邮局。1908 年清朝政府和英国正式签订《中英修订藏印通商章程》，允许英国在西藏境内合法开办邮路，其中一条邮路从印度至我国噶大克，并在噶大克设有电报局。此时该地区的邮驿系统基本建成，主要有以下 4 条邮驿路线。

（1）拉萨—阿里，沿途分别设立拉萨—聂当—曲水—巴次—白底—朗卡子—热龙—白朗—日喀则—温龙—巫林—拉孜—安日—桑桑—杰多—梭奎—萨嘎—扭古—札顿—朱徐待萨—桑伦—脱钦—巴嘎—门孜—额许—堆噶尔 26 个驿站。

（2）拉萨—克什米尔，途经西藏阿里及邻近地区，沿途分别设立拉萨—朗克动—色布—相克珠克—达朗仁克—罗孔克麻—扎兰—襄楚—拉楚—受哥珠锡克—朗克嘛襄—布尔珠—给拉克—得渐—查克准—雍孔哥—给萨尔—珠已哥—先家城—度扎穆—得那克—嘉零湖—嘉拉马噶—罗马噶尔莫—那尔—索克珠拉克巴—索克马尔西拉—哥淋里布—达伦噶尔—重玛尔—江度休珠—法朗牙克达—萨克赤—雅克尔—纳林湖—曼哥—田噶尔—什玛哥—希锡克察喀—珍索—江朗—哥布朗约克玛—巴克噶尔莫—达克麻干珠干—达克赤—阿唱巴克—若渡而孔巴—拉嘉穆—洞克巴—噶特马尔—扎库达—达克动—嘉尔度—劳哥列—莫巴仁—珠克拉尔察—散克尔—鄂穆索—那瓦赤度莫—噶刺动冈—直布喀拉—拉克—朗那克度—伯达拉克珠喀—潘布喀布—比兰—察喀—哥度尔藏布—珠必克—杂察克—杂察布哥—眠达穆察喀—冈克尼珠必克—察布克仁噶—布哀—喇嘛度独穆—给查喀—寻噶—克什米尔 79 个驿站。

（3）日土—拉萨，沿途分别设立日土—若松—加康—甲亩—噶尔昆萨—阿里—拉萨 7 个驿站。

（4）噶尔昆萨—拉达克，沿途分别设立囊如—玛尔亥—辛卡贡—辛卡沃—切吾—朗玛尔—扎什岗—沃洛—色尔雄—登巧—拉达克 11 个驿站。该邮驿直通边境地区，驿路交通便利，四季畅通无阻，以扎什岗为主的登巧等地是极为重要的边防要地。

4.5.2　邮政通信

西藏和平解放后，1953 年 10 月阿里地区组建设立人民邮电局，由新疆邮电管理局代管，1954 年 12 月在噶尔昆萨另建邮电局，由西藏邮电管理局管理，阿里及邻近地区的邮电通信设施增加为 2 个。1960 年 3 月该地区各县相继设立邮电所，到 1963 年 3 月该地区已拥有阿里专区邮电局，普兰、札达、革吉、日土、改则、仲巴、雅萨 7 个邮电所。此后反复由军、民交叉管理，邮电事业发展停滞不前，直至 1997 年 1 月，阿里通信发展总公司成立，阿里地区邮政通信中心局建成投产，阿里及邻近地区的邮电通信事业才有了较大发展。1998 年 8 月阿里地区邮电局分设为阿里地区邮政局和阿里地区电信局，邮政局邮运分局、西藏国信寻呼有限责任公司阿里分公司也相继成立，各县邮电局分设为邮政局和电信局，邮电部门增加至近 30 个，但是西藏自治区统计局城乡调查大队 1993 年对阿里地区邻近那曲的邮政通信成本进行测算，当时一封平信的收入为 0.80 元，投递一封平信的成本是 21.57 元，在茫茫的牧区农村，从收订到投递一份《西藏日报》，邮政的支出为 44.9 元，2000 年增加至 128.6 元。2000 年 5 月正式成立了西藏移动通信有限责任公司阿里分公司，阿里及邻近地区的邮政通信事业有了重大突破，突破了以往该地区邮电通信业发展的瓶颈。

1. 邮政通信

阿里及邻近地区的收寄、运输和投递信函、报刊、包裹、汇款和发行邮票等邮政通信业务在西藏和平解放后有了较大发展，其中函件、包裹、邮政快件、汇兑、报刊发行、邮政储蓄、集邮等邮政业务全面开展。

（1）函件：1958 年 8 月 1 日阿里及邻近地区开通了噶大克至新疆喀什长达 1347km 的汽车邮路，该地区的平信邮寄业务正式开始办理，后逐步扩展到信函和明信片、新闻稿件、新闻纸、印刷品、贸易契、商务传单、瞽者文件、货样 8 类，至 1961 年，该地区的邮政以函件业务占主导地位，直至 2000 年 9 月，该地区邮政开始开办"绿卡"业务，2002 年 12 月又开办了电子汇兑业务，同年相继开办了邮政特快业务、个性化邮品业务，2003 年 10 月集邮业务摆脱了传统的手工操作系统，实现了利用邮政综合网全网、全程的电子化，2005 年 9 月开办了电子化支局，进而阿里邮政实现了从手工到电子化邮政的转变。同年，开通特快专递业务（温凯，2006）。

（2）包裹：阿里及邻近地区的包裹业务于 1959 年 1 月正式开通，当时只接受普通包裹一种业务，1960 年增开"快递小包"业务，其是重量仅限定在 2kg 以内的轻小物品的普通包裹，1963 年开办保价包裹和保价快递小包，并增加了代收货款业务，1978 年后，包裹重量限度不断放宽，从普通包裹限重 15kg 放宽到大件商品包裹准寄 25 ～ 28kg，并开始区别民用包裹与商品包裹，增开了"纸制品包裹"业务，按运递方式将包裹业务分为陆路包裹和航空包裹，包裹业务逐步规范和科学。1990 年以后，快递小包、代收包裹及商品包裹、纸品包裹、航空包裹等部分包裹业务的费用出于业务发展的需要，相继取消。

（3）邮政快件：阿里及邻近地区的邮政快件于 20 世纪 80 年代末最初在狮泉河镇得以开办，1993 年 7 月又先后在日土、札达、普兰、噶尔 4 县邮电局开办邮政快件业务，1998 年 7 月按照邮电部通知，与全国同步停办邮政快件业务。

（4）汇兑：阿里及邻近地区的汇兑业务于 1958 年 8 月在噶大克邮电局开始办理，分普通汇票与电汇汇票两种，1963 年 7 月转为普汇和电汇，80 年代出现采用邮政快件时限、频次寄递汇票的"邮政快件汇款"和"高额汇票"。

（5）报刊发行：阿里及邻近地区的报刊发行开始于 20 世纪 80 年代中期，报刊订销、零售和报刊业务分别实行单独经营管理。

（6）邮政储蓄：阿里及邻近地区的邮政储蓄业务于 1989 年 7 月开办，1991 ～ 1993 年达到最大增长幅度，每年增幅可达 52%，1998 ～ 1999 年达到最大增长额，为 440 万元。

2. 邮件分发

20 世纪 50 ～ 70 年代，阿里及邻近地区的邮件分发作业基本保持手工作业方式，主要由阿里和新疆叶城（后通喀什）分别分发至全国各地，1980 年 7 月全国实施邮政编码制度，邮件由阿里邮电局分发经由新疆喀什和西藏拉萨发送至全国，1989 年阿里及邻近地区的邮件分发按照邮电部颁布的各类邮件处理规格标准和作业时限标准执行，使各类邮件处理规格和处理时限得以提高，邮电通信生产逐步走向正规化、规范化。

3. 邮路

西藏和平解放后，阿里及西藏北部大部分地区主要依赖噶大克至新疆叶城（后改为喀什）唯一一条邮路，邮件主要经新疆喀什、叶城，由驻该地区中国人民解放军部队的骆驼运输队和汽车代运。1958 年 8 月噶大克邮电局开通新疆叶城（后改为喀什）至噶大克 1347km 的专用汽车邮路，邮班为每月 10 ～ 15 日一班，1974 年 11 月改由地区公交汽车运输队代运，邮电局派人押运。1980 年该地区开通拉萨至狮泉河镇的第二条邮路，邮班也为每月一班，但邮件、信函仍主要通过新疆至阿里邮路传递。1984 年 7 月该地区至拉萨的邮运从每月一班改为两班，阿里地区邮政局将邮件运至措勤县，日喀则地区邮政局再将邮件转运到日喀则，然后再分发到全国各地，1985 年 6 月该邮路邮运频次由每月 2 次增至 3 次，1987 年 6 月新疆喀什至狮泉河镇邮路停开。1993 年 3 月日喀则至阿里邮路改为每周两班，至 1995 年该地区已增加噶尔至措勤汽车邮路 869km

（噶尔至札达375km，噶尔至普兰440km，噶尔至扎西岗130km，噶尔至日土140km），农牧区乡镇邮路3条（总长620km），总长度达到2364km，邮运频次各线路每周1～2班。但是乡村无严格意义上的邮路，乡镇以下邮件均采用捎带或乡政府自行取件的方式投送。

4. 农牧区邮件投递

1964年8月阿里及邻近地区在全地区试行"亦工亦农（牧）乡邮"试点，乡邮投递员由各所在地区乡党委、政府推荐，双方签订合同后从事乡邮投递工作。当时的乡邮投递员定路线、定投递点、定班次、定时限、定报酬、定奖惩，并兼代开展报刊投递业务，20世纪90年代，开设农村乡邮投递线路3条，总长620km，县到乡（镇）、自然村乡邮投递频次为每月两班，有乡邮投递员37人，1995～1996年年平均邮件量为3.05万件，乡镇通邮率达51%。2005年该地区正式启动了乡邮建设工程，经过半年建设，县以下邮路单程约1.23×10⁴km，乡邮投递达6141.6km，乡邮全班期达577车次，通邮乡达80%。全地区139个行政村中邮路覆盖80多个行政村，覆盖面将近60%，2015年底全地区乡镇通邮率达到100%，开通航空邮路1条（小格桑平措和张建斌，2016）。截至2017年，邮政营业网点发展到40个，其中狮泉河镇营业网点3个、县级营业网点7个、乡级营业网点30个。快递物流企业发展到4家，1～10月业务量达10.4万件，同比增长19.5%。

4.5.3 电信通信

电信通信设施主要包括明线、电缆、光缆等，主要业务有电话、电报、传真、数据通信等。

1. 电信传输网络

阿里及邻近地区第一条电信传输线路是由英国侵略军强行于1904年9月在噶大克（噶尔昆萨）等地架设的电报线，1908年《中英修订藏印通商章程》签订后，英国在阿里地区正式开办多条无线电报业务，1947年印度继承其所有特权。西藏和平解放后的1952年，阿里地区开通了与西藏等地方政府的区域性非经营无线电通信业务，并于1953年10月，使用15W电台与外界进行联络，1955年阿里地区按邮电部统一标准，正式开通了噶大克至拉萨的无线电报电路，1959年建成阿里地区至拉萨等地的报话通信网，1978年安装完成纵横制电话交换机，1980～1985年阿里地区拥有无线报路10路，拥有电信传输的短波发信机60余部，1982年以后由于通信传输的卫星通信等其他业务相继开通，短波发信机数量呈逐年下降趋势（图4.6）。

1964年2月西藏邮电管理局在噶尔昆萨建立小型电台。4月1日噶尔昆萨开通藏文电报业务。同年，噶尔昆萨中型无线电台建成，负责地区至各县的无线电报通信任务。1995年5月在阿里地区普兰县城及塔钦各设置一台无线短波电台，1997年阿里地区狮泉河镇至拉萨（2条）、普兰、札达、日土、革吉、改则、措勤有人工电报电路8条，

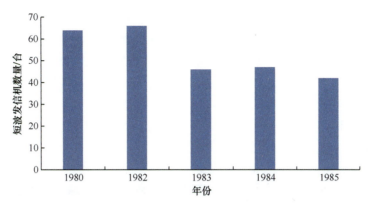

图 4.6　1980 ～ 1985 年阿里及邻近地区短波发信机数量（西藏自治区阿里地区志编纂委员会，2009）

1998 年狮泉河镇至拉萨电报通信实现自动转报，2000 年普兰、札达、日土、革吉、改则、措勤 6 个县的 8 条电路采用卫星传输方式。

　　1984 年 12 月阿里及邻近地区规划建设卫星通信地球站，1985 年 5 月工程动工，11 月竣工，当月开通通信电话 4 条，并开始传播电视信号，1988 年 6 月增开通狮泉河镇至拉萨电话电路 3 条，1990 年 6 月该地区卫星通信地球站更改频率，年底开通了该地区至乌鲁木齐的小型电话 / 数据地球站卫星通信系统（SCPC）省际长途电话线路。1993 年是该地区通信传输翻开新的历史的一年，在开通了总容量为 1000 门的 S1240 数字程控交换机的同时，采用中等数据速率（IDR）传输技术对卫星通信地球站进行扩容改造，增加该地区至拉萨之间的电话电路 120 条，并建成话音甚小口径终端（VSAT）站及与之配套的程控交换机 7 座，该地区全面进入全国长途电话自动交换网，此后的 1994 年、1996 年、1997 年、1999 年又相继对卫星通信地球站、话音 VSAT 站进行扩容改造，使该地区的卫星通信传输容量大大增加，技术层次得到全面提高。

　　2. 光缆传输干线

　　阿里及邻近地区的第一条光缆传输干线于 2000 年 11 月正式开通运营，1999 ～ 2000 年的 1 年 3 个月建设期内，先后开工建设了该地区狮泉河镇至新疆疏勒县的国家重点建设工程项目，横跨噶尔、革吉、改则、措勤 4 县的狮泉河镇至措勤县全长约 800km 的通信光缆工程以及狮泉河镇至昂仁县的光缆通信工程等。该线路以日喀则为起点，途经日喀则拉孜县、昂仁县、萨嘎县和阿里及邻近地区的措勤县、改则县、革吉县，最终到达狮泉河镇，再从狮泉河镇向北至新疆的疏勒县。狮泉河镇至日喀则的南线光缆全长 974km，在 22 道班与日喀则地区光缆汇接后直通拉萨，狮泉河镇至新疆疏勒的北线光缆工程全长 1160km，狮泉河镇成为南北两线的中继单元。2003 年 7 月，为解决仲巴县通信不畅的问题（此前主要依赖卫星电话），西藏投资 1000 余万元，开工建设日喀则至仲巴县的通信光缆工程，2004 年 6 月全线贯通[①]，光缆线路全长 630km。

---

① 西藏日报. 日喀则地区十八县市全部开通光缆通信. 2004-7-7.

截至 2017 年，阿里地区共有通信基站 942 个，全地区实现通信全覆盖。其中，移动公司共建设基站 583 个，光纤长度 3203.696km，行政村光缆覆盖率约 72%；电信公司共建设基站 268 个，行政村光缆覆盖率约 1.03%；联通公司共建设基站 91 个，光纤覆盖主要县城及干道。2016 年计划 87 个行政村通光纤，实际完成 89 个，完成率 102.3%。117 家单位实施电子政务①。

3. 电话

（1）长途电话：1981 年以前阿里及邻近地区没有长途电话，主要依赖无线报路和邮件传递及联系，1981 年狮泉河镇至拉萨电话电路的正式开通，结束了该地区不通长途电话的局面（李荣华，2001）。1982 年，狮泉河镇至拉萨市无线单边电话开通。1987 年 9 月狮泉河镇至拉萨的无线长途电话开通。1990 年该地区根据邮电部的规定，开始使用长途电话区号，并开通该地区至乌鲁木齐市的电话电路，1993 年 6 月随着 200 门程控电话和 VSAT 甚小口径话音卫星通信地球站开通，该地区的措勤、改则、革吉、日土、札达、普兰 6 个县长话、市话合一，长途电话网络全面升级。1996 年再次对该地区的长途电话网络进行扩容改造，增加长途中继线 360 路端，至 1997 年，开通该地区至拉萨的长途电话电路 57 路，狮泉河镇至普兰县 6 路、至札达县 4 路、至日土县 4 路、至革吉县 6 路、至改则县 8 路、至措勤县 4 路，均为西藏的二级电路（图 4.7）。2000 年 9 月该地区开通固定电话拨叫移动 IP 电话业务，并在当年出租给移动长途电路 7 路，至年底该地区至拉萨市的长途电话业务线路增至 206 路，全部采用卫星传输方式的数字电路，狮泉河镇至普兰县有 14 路、至札达县有 14 路、至日土县有 8 路、至革吉县有 8 路、至改则县有 14 路、至措勤县有 14 路，它们均为卫星传输方式，但为模拟电路。

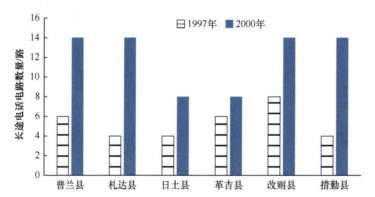

图 4.7　1997 年、2000 年狮泉河镇至阿里及邻近地区各县长途电话电路数量
（西藏自治区阿里地区志编纂委员会，2009）

（2）市内电话：20 世纪 60 年代，西藏和平解放不久，阿里及邻近地区的市内电话通信系统十分落后，市内通话系统仅设市话交换点 1 处，且为磁石电话交换机，至

---

① 中国电信股份有限公司阿里分公司. 2017. 中国电信股份有限公司阿里分公司2016年工作情况总结报告.

1980 年增加到 2 处磁石电话交换机。1987 年 6 月，随着该地区狮泉河镇自动电话配线、架设工程的完成和 400 门纵横制市内自动电话的开通，市内电话用户增加至 219 户，1992～1993 年该地区邮电局和各县邮电局相继开通程控电话，该地区开通程控电话 1000 门，措勤、改则、革吉、日土、札达、普兰 6 个县均开通程控电话 200 门，日土等 6 个县的市话线路建设工程基本实现，1996 年 9 月该地区狮泉河镇的程控电话交换机再扩容 1000 门，至 2000 年，该地区市内电话放号 1114 户，市内电话用户累计达 4066 户，拥有市内电话交换点 7 处。

（3）农村电话：1976 年 10 月阿里及邻近地区在普兰县农区正式开通容量为 50 门的磁石电话，并在普兰县农户中发展电话单机 23 部，1990 年该地区农村电话基本实行免费通话，每年由西藏财政补贴 50 万～90 万元，1991 年提升至 150 万元，1994 年 10 月农村电话开始适当收取资费，同一行政区内通话不收取通话资费，出县电话一律按长途电话的收费标准进行收费，1997 年 6 月噶尔县、普兰县开始尝试建设微波"一点多址"农村电话系统，安装农村电话 26 部，2003 年该地区全面进行"乡乡通电话"建设工程，在农牧区、边防站建立的卫星站点多达 49 个，至 2006 年底，该地区共建有卫星站点 83 个（扎巴贡觉，2007）。

4. 移动通信

（1）无线寻呼：阿里及邻近地区最早的无线寻呼开通于 1995 年 7 月，拥有无线寻呼用户 110 户，2000 年 10 月该地区在狮泉河镇加入全国高速无线寻呼骨干网 198 人工台和 199 自动台，实现高速无线寻呼的全国漫游。

（2）移动电话：阿里及邻近地区的移动电话网络从 1994 年 10 月起开始建设，1995 年 6 月竣工，移动电话网络执行无线本地环路（WILL）移动通信系统，实现全区移动电话漫游，1997 年 7 月在该地区的狮泉河镇开通 900M 蜂窝模拟移动电话系统，当年放号 48 户，模拟移动交换机容量合计达到 1.2 万户，1998 年 4 月该地区移动通信系统实现与全国自动漫游联网、模拟移动通信信道联通并扩容，进一步提高了该地区与全国各地的联系和沟通，1999 年该地区数字移动电话通信系统正式建设，并首先开通了狮泉河镇数字移动通信电话业务，模拟移动通信网正式退网。

4.6　能源基础设施建设

阿里及邻近地区地处我国西藏西北部，区内高寒缺氧，自然条件恶劣，风能、太阳能资源丰富，但缺煤少油，不通铁路，森林、天然气资源匮乏，建筑材料缺乏。广大居民所需的用于生活、取暖和照明等能源长期依靠调入油料来满足，但油料运输成本高、距离远，且时常因大雪封山、运输受阻而造成供应中断，严重制约了经济和社会发展。阿里及邻近地区水能资源虽然较丰富，但开发条件较差，交通不便，分布不均衡，地广人稀，农牧民居住分散，依靠电网延伸供电解决农牧区用电问题极不现实。目前，区内对各种能源发电的开发模式均较单一，没有发挥出区内多能种和新能源的优势，区内全面的用电方案也未形成。区内尚未建成统一电网，各县用电主要靠小水电、柴油发电机和光伏发电就近、分散解决。目前，阿里及邻近地区仍然缺电严重，经常会拉闸限电（孟涛，2012）。

4.6.1 能源基础设施现状

1. 能源基础设施概述

1）水力发电

阿里及邻近地区水电开发主要集中在西部的日土、札达和普兰3县，小水电站较多。至2003年，建成乡村小水电站27座，总装机容量587kW；地区级水电站1座，即噶尔狮泉河水电站，总装机容量6000kW；县级水电站有日土县德汝水电站、札达县托林水电站、普兰县普兰水电站3座，总装机1740kW。其中，噶尔县境内仅有装机容量6000kW的狮泉河水电站；日土县有水电站5座，总装机容量为3362kW；札达县有水电站14座，总装机容量1960kW；普兰县有水电站16座，总装机容量2335kW；革吉县有1座光伏电站和5座水电站，总装机容量2585kW；改则县新建水电站2座，总装机容量2600kW；措勤县有1座光伏电站和4座水电站，总装机容量2800kW。这些水电站的建成，改善了该地区的能源结构，光伏电站、水电站、火电站、热电站的并网发电，形成水电、火电、光电互补的格局，优化了该地区的能源结构，改善了能源状况，并为该地区的生产建设和经济发展注入了动力，有力促进了当地群众增产增收，改善了人民的生活条件。至2015年，该地区的水力发电基础设施建设已有了巨大的变化。

2）地热能资源分布及地热发电

阿里及邻近地区地热分布较多，除朗久地热电力试验电站以外，大部分电站距离人口相对集中的用电点较远，在近期还不具备现实可开发条件。朗久地热电力试验电站位于狮泉河镇东南32km，是西藏阿里及邻近地区建成的第一座地热电站，也是西藏第二大地热电站。一期工程于1987年10月完成，装机容量4000kW，至1988年10月停机，累计发电186天、386h，共发电162万kW·h。1990～1991年进行了二期工程，新钻了两口井。1994实施了恢复发电工程，进行了32个技术改造项目，于1994年9月恢复发电，至1997年初再度停机，累计发电354天，累计发电量324.9万kW·h。朗久地热电力试验电站自建成后经历了多次技术改造及补充勘测工作，但没能从根本上解决有关技术问题，目前已处于完全停机状态。

3）燃油发电

燃油发电曾是阿里及邻近地区的主要供电电源，只是最近几年普兰水电站、东部三县的县级光伏电站及各乡光伏电站建成之后，部分地区的燃油发电才被取代。阿里及邻近地区燃油发电机组共107台，总装机4709kW，实际发电能力2737kW，除少量生产负荷以外，大部分负荷为每天3～4h的照明用电。在东部三县，燃油发电目前主要作为光伏电站的补充电源。

4）太阳能分布与开发

阿里及邻近地区太阳能现已得到广泛利用。其中，县级光伏电站有 3 座，即革吉县光伏电站（装机 60kW）、改则县光伏电站（装机 80kW）和措勤县光伏电站（装机 40kW）。在没有水电开发条件的乡，大多建成了装机 36kW 的乡级光伏电站，可供乡政府、小学及附近农牧民每天的基本照明及电视用电。给分散的农牧民家庭配送的家用光伏电源也大部分到位，农牧民的生活条件有了较大改善。除修建光伏电站利用光能以外，阿里及邻近地区太阳能的利用方式还有光伏水井、太阳能暖房、太阳能蔬菜大棚等。

5）风能分布与开发利用

由于风密度小，风向、风速不稳定，阿里及邻近地区目前还没有大规模的风力开发电站（万久春，2003）。

2. 各县水电基础设施建设

1）噶尔县

噶尔县城与狮泉河镇紧邻。历史上，噶尔县城用电均由狮泉河镇提供，但均是利用地热和燃油发电。噶尔县境内的狮泉河镇是阿里地区行政公署所在地，噶尔县水电资源虽然丰富，但目前开发较弱，利用率低，境内有地区级水电站——狮泉河水电站。该电站建成后解决了狮泉河镇及噶尔县城及附近乡村的用电问题。至 2015 年，噶尔县共有水电站 9 座。

2）日土县

日土县现有水电站 4 座，即德汝水电站、扎普水电站、乌江水电站、下曲龙水电站。其中，德汝水电站装机 200kW×3=600kW，改建后装机 960kW。其余 3 座电站总装机 92kW，都已经停机。至 2009 年增建一座水电站，共 5 座，总装机容量为 3362kW。至 2015 年，日土县共有水电站 6 座。

3）札达县

2003 年之前，札达县有水电站 7 座，共装机 935.5kW，其中，县级水电站——托林水电站正在建设过程中。其余 6 座水电站均为乡村小水电站，其中大部分运行正常，只有底雅乡什布奇村的小水电站已因故停机。至 2009 年增建 7 座，共有水电站 14 座，共装机 1960kW。至 2015 年，札达县共有水电站 20 座。

4）普兰县

普兰县 2003 年水电站有 11 座，其中普兰县水电站装机 2 台，其余 10 座乡村级水电站共装机 369.5kW，大部分运行正常，只有多油水电站停机，另有多玛水电站和嘎汝水电站"带病"运行。2009 年增加到 16 座，总装机容量 2335kW。至 2015 年，普兰县共有水电站 18 座。

5）革吉县

2003 年之前，革吉县属于有水无电县之一，用电主要靠柴油发电及光伏电站发电，没有建成的水电站，同年，革吉县狮泉河欧果水电站立项，进行前期勘测设计工作。至 2009 年，革吉县已建成 5 座水电站。至 2015 年，革吉县共有水电站 3 座。

6）改则县

2003 年之前，改则县属于无水电能源县。由于境内水能蕴藏量有限及输电线路较远等，改则县没有进行水能开发。现新建 2 座水电站，总装机容量 2600kW。至 2015 年，改则县共有水电站 4 座。

7）措勤县

2003 年前措勤县属于有水无电县之一，虽有水能资源，但目前主要靠柴油发电及光伏电站供电，没有水电站。2009 年前增建了 4 座水电站，总装机容量 2800kW。至 2015 年，措勤县共有水电站 4 座。

8）仲巴县

2005 年前仲巴县仅有一座水电站，至 2015 年仲巴县增建一座水电站，目前仲巴县共有 2 座水电站。

3. 主要电厂电站

1）狮泉河火电厂（柴油发电机组）

狮泉河火电厂坐落于狮泉河镇，1978 年建成发电，装机容量 588kW，共 6 台机组。1990 年更新机组，装机两台单机容量为 500kW 的机组（1998 年报废），主要供地区党政机关照明及居民生活用电。1997 年为缓解狮泉河镇的电力供需矛盾，电力工业部援助两台单机容量为 500kW 的柴油发电机组。1998 年国家发展计划委员会提出先建燃油电站作为过渡应急措施，以及为今后狮泉河水电站建设提供施工电源。2000 年狮泉河镇过渡电站开工建设，在电力工业部援助 2 台 500kW 柴油发电机组的基础上，增装 4 台单机容量为 544kW 的进口柴油发电机组。

2）朗久地热电力试验电站

朗久地热电力试验电站位于狮泉河镇东南 32km。1983 年 5 月，西藏自治区人民政府研究决定建设阿里地区朗久地热电力试验电站，设计总装机容量 4×1000kW。1984 年朗久地热电力试验电站开工建设。1985 年 7 月 21 日，中共中央总书记胡耀邦在新疆叶城听取阿里军分区袁国祥政委汇报时，就朗久地热电力试验电站建设指出"很好，阿里就要搞电，不搞电就没有前途"（西藏自治区阿里地区志编纂委员会，2009）。11 月电站建设协调小组和自治区水电厅决定朗久地热电力试验电站装机容量为 4×1000kW，工程总投资控制在 4000 万元以内。1986 年 5 月，朗久地热电力试验电站由阿里地区行政公署接管，决定安装两台 1000kW 机组。1987 年 11 月，朗久地热电力试验电站一期工程基本完成，投入试运行，正式向狮泉河镇供电。1988 年 11 月，朗久地热电力试验电站因气源不足等停止发电。1990 年 3 月，西藏自治区人民政府安排 340 万元补助地质工作及解决电厂遗留问题，并进行二期工程。1994 年 6 月，西藏地热开发公司对阿里地区朗久地热电力试验电站进行技术改造，总投资 660 万元，同年 9 月改造结束，年底开始再次向狮泉河镇供电。

3）革吉光伏电站

1988 年革吉 10kW 光伏电站建成发电，其是阿里及邻近地区第一个县级光伏电站。

1992 年 6 月改则县光伏电站开工建设，1993 年 10 月建成发电，装机容量 20kW，总投资 300 多万元。1994 年措勤县光伏电站开工建设，同年 12 月 3 日建成发电，装机容量 20kW，总投资 294 万元。1998 年 4 月～1999 年 9 月国家再次投入资金，对改则、革吉、措勤三县光伏电站进行扩容，光伏电站装机分别扩容 60kW、40kW、40kW。

4）狮泉河水电站

1966 年 5 月，为解决干部职工的工作生活及小型工业用电，阿里及邻近地区提出建设狮泉河水电站，并向西藏自治区经计委报送狮泉河水电站建设的初步方案；11 月，西藏委托新疆维吾尔自治区水利厅为狮泉河水电站进行勘测设计。初步设计电站装机容量 3×500kW，水库总容量 5640 万 m³，有效调节库容 1600 万 m³，坝高 22m，设计水头 18m，流量（a）10.5m³/s，设计洪水频率 2%（a=360m³/s），校核洪水频率 0.2%（a=470m³/s），工程等级水库部分为Ⅲ级，电站部分属Ⅳ级，工程总投资 721.6 万元，单位造价 4810 元/kW，电能成本 4.6 分/(kW·h)。在勘测中还在下游靠近专区新址规划三级引水电站（红山电站），装机容量 500kW。但由于种种原因，狮泉河水电站均没有开工建设。直至 2004 年 7 月 28 日，狮泉河水电站正式开工建设，坝址距离阿里及邻近地区狮泉河上游 7km 处，海拔 4300m，该水电站为堤坝式开发方式，正常蓄水位 4315m，相应库容 1.36 亿 m³，具有年调节能力，总装机容量 6400kW，多年平均发电量为 1341.9 万 kW·h，投资 4.25 亿元，2005 年 4 月河床截流，2006 年 9 月实现第一台机组发电，2007 年 6 月 30 日竣工投入运营，该项目成为该地区最大的电力建设项目，该水电站以发电为主，兼有灌溉、防洪、治沙等综合利用效益。

4.6.2　能源基础设施建设变化

在西藏和平解放 70 余年来，阿里及邻近地区能源基础设施建设取得了巨大成就，由燃油单机发电至水电、太阳能电站的综合能源供应网络的形成，能源构成变化显著。该地区的电力等能源设施的建设可分为 3 个发展阶段。

1. 电力蛮荒阶段（1960～1970 年）

西藏和平解放以后至 1967 年，阿里及邻近地区的电力资源极度缺乏，这个阶段该地区的电力设施仅为 1 台柴油发电机。1965 年在该地区噶尔昆萨开始用 1 台 40kW 柴油发电机组发电，主要用于照明。1966 年该地区开始探索水力发电，未取得成功。同年，阿里专署机关从噶尔昆萨迁至狮泉河镇后，使用 1 台 50kW 的发电机发电，由专署机关直接管理。1967 年西藏批复阿里地区狮泉河水电站的初步设计，并请新疆给予支援建设，由新疆维吾尔自治区新疆生产建设兵团工三师二团承担，但同年 9 月，因"文化大革命"和承担国防特殊任务，施工方仅做了备料工作，电站并未开工，当时各单位主要由自行购置的供电发电机解决自己的用电问题，阿里地区交通运输局建筑队下设机电组，提供部分区域的公共用电服务，农牧民供电问题尚未解决，这种状况一直持续到 20 世纪 70 年代末。1969 年中央人民政府主席毛泽东在指示中指出"一定要解决阿里的用电"（西藏自治区阿里地区志编纂委员会，2009），阿里地区的能源建设工程才正式提上日程。

2. 快速发展阶段 (1970 ~ 2000 年)

1970 年以后，阿里及邻近地区的电力基础设施建设才步入正轨。20 世纪 70 年代初，该地区中石油阿里分公司成立，开始经营各类燃油，1971 年由阿里地区改则县人民政府组织在改则县川巴煤矿试采煤炭，解决地区能源缺乏的问题，各部门主要依靠自备电源解决照明，同年，该地区革命委员会在国民经济计划中提出修建水电站的设想。同年，狮泉河水电站再次列入基建计划，并提出继续由新疆帮助建设，设计并建设装机容量 2400kW、投资 1200 万元的狮泉河水电站。同年 8 月施工方新疆水利电力局第二水电工程处派 223 人赴狮泉河水电站施工现场，9 月该地区和新疆水利电力局第二水电工程处成立狮泉河水电站建设指挥部，但因机械设备无法到位，施工难度大，狮泉河水电站建设未能开展。1972 年 10 月，在普兰县建成该地区第一座水电站——普兰多油水电站，装机容量为 2×75kW，基本解决普兰老县城及多油乡部分群众的生活照明问题，该水电站是该地区第一座乡级水电站。随后札达县香孜水电站、日土县乌江水电站等一批乡村水电站相继建成发电。1975 年国家水电可持续发展研究中心派人到该地区对狮泉河水电站的 5 个站址、3 个方案进行比较，决定采用装机容量为 2×750kW、水电站总库容 240 万 m^3、坝高 18m、引水渠 1.8km 的建设方案，并提出"1 年准备、2 年施工、3 年竣工投产"的工程建设要求，但后来由于种种原因未能开建。1977 年新疆维吾尔自治区革命委员会水利水电局计划委员会决定狮泉河水电站暂不施工，继续进行勘测设计和方案比较。1978 年狮泉河镇火电厂建成投产，其装机容量为 1200kW，但电力缺乏的问题仍没有得到根本解决，随后，各县相继开发太阳能光电。同年，新疆研究决定建设狮泉河水电站，该地区成立水电局，开始着手修建水电站，以解决农牧民和各单位的用电问题。1980 年地区水电局并入农牧局。1981 年，在西藏自治区第三届人民代表大会第三次会议上，阿里地区代表强烈建议修建狮泉河水电站，以解决西藏阿里及邻近地区长期缺电的问题。1982 年初朗久地热电力试验电站开始建设。1983 年总装机容量为 2000kW 的朗久地热电力试验电站建成，同年，阿里地区委托新疆喀什地区水电局勘测设计队勘测设计狮泉河水电站，因形势需要，再一次恢复成立水电局，下设发电室，经共同踏勘研究，确定水电站应坐落在离狮泉河镇 7 ~ 14km 的不冻河段上，装机容量为 3×320kW，设计水头 12m，单机流量 3.37m^3/s，但后因建设朗久地热电力试验电站，狮泉河水电站停建。1986 年阿里地区经济委员会成立，下设电力科后才统管全地区的电力事业。1987 年阿里地区成立电力公司，同年朗久地热电力试验电站建成发电，两个单位合并。80 年代末该地区开始在部分县城建立太阳能光伏电站，1988 年革吉县光伏电站建成。80 年代后乡村水电站开发进入高峰期，先后在日土县建成扎普水电站、下曲龙水电站，在札达县建成达巴水电站、香孜水电站、底雅水电站、马阳水电站，在普兰县建成科加水电站、多玛水电站、洛巴水电站、斜尔瓦水电站、嘎东水电站、多瓦水电站、嘎汝水电站、塔钦水电站、霍尔水电站等（图 4.8）。

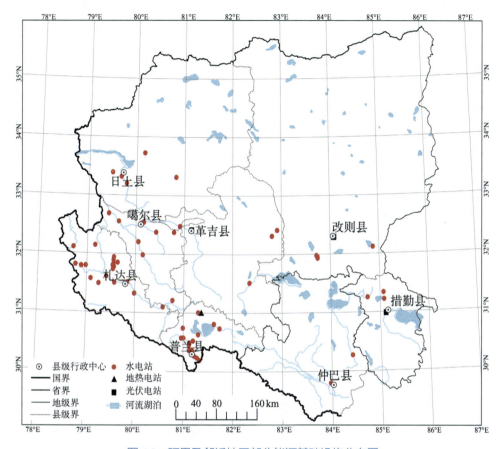

图 4.8　阿里及邻近地区部分能源基础设施分布图

　　20 世纪 80 年代初，为了保护雪域高原这片地球最后的净土，西藏大力发展太阳能、水能、风能、地热等清洁能源，阿里及邻近地区太阳能资源丰富，多年平均太阳辐照度为 8366MJ/m^2，不仅辐照度非常高，日照时数也长达 10h，因此该地区以光热为主的太阳能研究、开发、利用开始起步。当时该地区电网的电源构成为：①狮泉河水电站装机容量 4×1.6MW，由于水库库容及流量限制，常年仅有一台或两台水轮发电机组发电；②狮泉河柴油发电站分为装机容量 4×2.5MW 和 4×1.8MW 两个电站，受设备磨损、高原气候等因素制约，柴油发电机组实际运行的上限仅分别为 4×1MW 和 4×0.8MW。狮泉河水电站和柴油发电站年发电量约为 2400 万 kW·h，而电网年需电量约为 3800 万 kW·h，电量缺口高达 1400 万 kW·h。因此，大力发展光伏发电，解决地区用电紧张问题被正式提上日程，但当时只停留在科研和论证阶段，技术层面和开发利用的资金仍然存在巨大困难，开发的重点仍然以水电为主。

　　1990 年工业电力科（对外称局）划归地区计划委员会管理，负责全地区电力规划、狮泉河镇供电及朗久地热电力试验电站建设工作，阿里及邻近地区水电建设工作全面启动，各县级水电站开始建设，先后建成小水电站 6 座，有效解决了该地区缺电、缺能源的问题，但是由于气候原因，小水电站季节限制性大，该地区冬季漫长，发电不能持续，生产用电和部分偏远乡镇地区的照明仍受到较大制约。1991 年，阿里地区能源论证会在拉萨召开，其寻求方法解决狮泉河镇的电力供应问题，同年，日土县德汝水电站开工建设，1992 年竣工投产，装机 3×200kW，基本解决日土县城所在地生产及照明用电。1992 年，时任西藏自治区党委书记的胡锦涛在向国务院汇报西藏工作时，再次要求解决阿里的用电问题（西藏自治区阿里地区志编纂委员会，2009），同年 5 月，能源部、水利部水利水电规划设计总院指令成都勘测设计研究院对西藏阿里地区进行水电站规划选点。1996 年普兰水电站开工建设，装机 500kW，2000 年 10 月试运行发电。同年，拆除普兰多油水电站。

1993 年以前西藏阿里及邻近地区电力供应实行无偿用电制度，将狮泉河镇分 3 个片区，采取轮流供电方式。白天重点保证办公室用电，夜晚保证重点用户，兼顾一般用户的照明用电 3 ~ 4h，并对各用户规定用电指标，严格禁止使用各类家用取暖设备。1993 年地区物价部门制定狮泉河电价，规定机关单位及居民用电每度 2.5 元，经营用电每度 4 元。电力供应部门所需的物资和各项费用由财政核拨。1995 年该地区电力公司成立后，开始实行企业化管理，并成立供电所，设立运行班和外线班。运行采用轮班倒办法，外线班设立值班室，实行 24h 值班制，进行线路故障排除。同年，开始采用国家制定的"抄表、核算、收费"三步法收取电费，对不同类别用户按不同电价收取电费。对于临时用电户，安装计量电度表进行计量收费，临时用户停止用电时要到供电部门注销临时用电户口。供电部门每月定期对用户进行抄表工作（磁卡表除外），抄表完毕后，向用户发送缴费通知单，用户在收到通知单之日起 10 天内到供电部门缴纳电费，逾期不交者按交费总额收取一定的滞纳金，对超过 3 天未缴纳电费的用户给予停止供电的处罚等，这样便缓解了阿里及邻近地区极度紧张的供电问题。1993 年西藏自治区人民政府委托成都勘测设计研究院完成了《西藏自治区阿里地区水电规划选点报告》（西藏自治区阿里地区志编纂委员会，2009），同年 4 月由西藏自治区发展和改革委员会、西藏自治区电力工业厅会同电力工业部、水利水电规划设计总院，在成都召开"造点报告"审查会议，审查同意开展下一步的前期工作，并开始进行狮泉河水电站可行性研究阶段的勘测设计工作。1995 年完成《狮泉河水电站工程可行性研究报告》（西藏自治区阿里地区志编纂委员会，2009），10 月在北京召开可行性研究报告审查会议。会后根据国家有关部门和西藏自治区人民政府的要求，对水力发电与其他能源发电方式进行技术经济比较。1996 年 2 月电力工业部西南电力设计院和成都勘测设计研究院（简称两院）分别完成《狮泉河水电站工程与其他能源发电替代方案技术经济报告》和《狮泉河水电站工程及能源替代比较分析》（西藏自治区阿里地区志编纂委员会，2009）。根据两院的报告，1996 年 4 月电力工业部、水利水电规划设计总院在北京邀请国家发展和改革委员会、中国国际工程咨询有限公司、国家开发银行、电力规划设计总院、中国能源研究会、动力经济研究所（现为动力研究中心）等单位知名度较高的专家召开咨询会议。1996 年 6 月电力工业部根据专家建议，批准可行性研究报告的审查意见。1996 年 7 月根据电力工程基本建设程序，西藏自治区发展和改革委员会及西藏自治区电力工业厅分别向国家发展和改革委员会和电力工业部报送《西藏阿里地区狮泉河水电站项目建议书》（西藏自治区阿里地区志编纂委员会，2009）。1996 年 12 月电力工业部上报《西藏阿里地区狮泉河水电站项目建议书》（西藏自治区阿里地区志编纂委员会，2009），并批准狮泉河水电站可行性研究报告审查意见。1996 年西藏阿里及邻近地区机构改革，成立西藏阿里及邻近地区电力工业局，设立 3 个科室，编制 11 人（西藏自治区阿里地区志编纂委员会，2009）。1999 年阿里地区行政公署针对国家近期不能安排建设狮泉河水电站的情况，报请西藏自治区、国家有关部门选建燃油电站。至 2000 年，狮泉河水电站仍在规划之中。

3. 多能互补阶段（2000 年至今）

该阶段为水电、光伏电站等多能互补阶段，凭借该地区丰富的水能、光能资源，以及日益精进的科学技术，阿里及邻近地区陆续建成大小水电站 31 个，革吉、措勤、改则光伏电站 3 个，朗久地热电力试验电站已投入运行，进入电力设施建设的繁荣发展阶段，有效解决了长期以来存在的问题，弥补了阿里及邻近地区电力供应的不足，彻底解决了该地区电力缺乏的问题。

2000 年西藏地区在"十五"重点建设项目中安排了狮泉河水电站项目，并于 2003 年 11 月经由国务院正式批准立项建设，电站装机容量为 6000kW，投资 42581 万元，计划 2006 年第一台机组发电，2007 年竣工投产。该电站是继西藏直孔、金河等水电站之后，该地区最大的电力建设项目，其标志着该地区没有常规能源的历史即将结束。

2000 年底阿里及邻近地区已建或在建县级水电站 2 座，装机 100kW。全地区先后开工建设的乡村水电站 22 座，其中扎普水电站、下曲龙水电站、乌江水电站、达巴水电站、马阳水电站、什布奇水电站等因设计、选址等原因相继停机或报废，尚在运行的乡村水电站共计 11 座，总装机 244.5kW（西藏自治区阿里地区志编纂委员会，2009）。全地区先后建成狮泉河火电厂、改则等 3 个县级光伏电站和朗久地热电力试验电站。狮泉河水电站尚在规划之中。2000 年全地区总装机容量为 9476kW，其中水电站 3040kW、火电站 4066kW、地热电站 2000kW，光能电站 370kW（表 4.6）。至 2000 年底全地区发电量达到 1163 万 kW·h。至 2015 年全地区有不同等级的水电站共 66 座。

近年来，区内正大力推广使用光电电源、风力提水机、蓄热材料太阳房及小（微）型水电站等能源开发项目，这在一定程度上促进了农牧区农村能源系统的建立。阿里及邻近地区有较丰富的水能资源，但其时空分布不均衡。冬季大部分河流结冰，给小（微）水电站的运行带来一定困难，常造成冬季电能严重短缺的局面，显然该地区单一开发水能难以全面解决区内用电问题。阿里及邻近地区有丰富的太阳能资源和风能资源，其在时空分布上与水能有互补的特点。

表 4.6 阿里及邻近地区电力设施建设一览表（不完全统计） （单位：kW）

年份	火电站	地热电站	水电站	光能电站	合计
1965	40	—	—	—	40
1980	1200	—	—	—	1200
1985	3200	—	—	—	3200
1990	3200	—	600	—	3800
1995	3200	—	600	20	3820
2000	4066	2000	3040	370	9476
2005	4066	2000	13302	370	19738
2010	4066	2000	19329	809	26204
2015	4066	2000	29079	1000	36145
2017	4066	2000			6066

注：根据零星记录数据整理。

截至 2016 年，阿里及邻近地区电网电源装机容量为 44.6MW，该地区电网最大用电需求约为 10.1MW，平均电量需求约为 4.7GW·h，由于负荷快速增长，阿里电网电力供需矛盾将十分突出。2017 年，该地区已建电源主要包括狮泉河水电站、阿里光伏电站和柴油机组等，其中狮泉河水电站装机容量为 6.4MW，年均发电量约 13.4GW·h，阿里光伏电站装机容量为 10MW，多年平均年发电量为 18.37GW·h，柴油机组包括阿里过渡电源、阿里应急电源和阿里过冬电源，合计装机容量为 28.2MW，该地区电网最高电压等级已经达到 110kV，但仅覆盖该地区阿里地区行政公署所在地噶尔县狮泉河镇及周边部分地区，今后 5 年电网覆盖范围将扩大到全部 7 个县（何志强等，2017）。

阿里及邻近地区地处西藏西部，区内电能缺乏，制约了当地地方经济的发展。同时，因该地区山高岭峻，其电能生产及消费几乎与外界无联系，无法得到周围的新疆叶城、日喀则等地区的电能支持，在较长时期内，其电力系统只能是自成体系的独立系统。因地区对外交通不便及地方经济不发达等，社会经济发展水平一直较低，相应的电能，尤其是水电能源的开发利用历史较短，加之其独特的高寒气候条件，致使区内已建成的大部分水电站难以正常运行，即使是运行的电站，也未形成电网。

4.7 科教文卫体基础设施建设

自 1951 年以来，内地科技人员、干部、知识分子相继进入阿里及邻近地区，推动该地区在科技、教育、医疗卫生等方面取得重大成果，1960 年后教育、科技、医疗卫生、文化体育方面的基础设施投入和服务水平得到极大提高。教育方面，学校数量增多和规模不断增大，学生人数成倍增长，师资队伍整体文化程度明显提高，教学质量不断提高；科技方面，与当地自然历史条件相结合，大力开发太阳能资源，研究畜牧业优良品种选育，针对性地研制出治疗心脑血管疾病、风湿性关节炎等高原疾病的药物；医疗卫生方面，基础设施建设不断完善，医疗设备不断更新，医疗技术水平得到极大发展，医疗保险覆盖率持续增加；文化体育方面，先后在各学校及各单位建立篮球场等活动场地，修建博物馆等文化活动中心。本土文化与现代文化相互发展，形成了多样化的发展趋势，在文化艺术等方面取得很多成果。

4.7.1　教育

1. 师资队伍情况

截至 2015 年，阿里及邻近地区有正式在编教师 1432 人，其中小学教师 865 人、初中教师 340 人、高中教师 89 人、职业学校教师 26 人、幼儿教师 112 人。职称方面，有副高 47 人、中级 265 人、初级 691 人、未聘职称 429 人。学历方面，小学教师中，本科 163 人，占小学教师总数的 18.84%；大专 693 人，占小学教师总数的 80.12%；中专 9 人，占小学教师总数的 1.04%。初中教师中，本科 333 人，占初中教师总数的 97.94%；大专 7 人，占初中教师总数的 2.06%。高中和职校教师均为本科学历[①]。

2. 学校基本情况

1960 年以前，阿里及邻近地区的教育主要依赖寺院和极少数私塾，1960～1970 年该地区的教育以普及小学教育为主，到 1971 年兴办小学 48 所，在校学生 1316 人。1972～1984 年阿里及邻近地区建立第一所中学——阿里中学，仅有教师 2 名，学生 45 名。1985～2000 年教育全面发展时期，1985 年开设高中班，至 2000 年全地区中学有 6 个年级、9 个班级，在校生 315 人，各类教师 36 人；小学 43 所，在校学生 6787 名，适龄儿童入学率达到 69%；幼儿园发展到 5 个班、100 多名幼儿。2000～2015 年阿里及邻近地区教育事业突飞猛进，2015 年全区有幼儿园 22 所，在校人数 2562 人；小学 32 所，教学班 297 个，小学在校生 9966 人；初中 7 所，教学班 92 个，初中在校生 4644 人；高中 1 所，教学班 27 个，高中在校生 1359 人；中等职业技术学校 1 所，中等职业技术学校在校生 245 人。2016 年小学共计 32 所，在校学生 10366 人，有专任教师 884 人；中学 8 所，专任教师 487 人（表 4.7）。2017 年，全地区共有各级各类学校 96 所，中等职业学校 1 所，学生 654 人、教职工 98 人；高中 3 所（包括两所完全中学），高中生 2257 人、教职工 179 人；初中 6 所，初中生 4192 人、教职工 468 人；小学 32 所，教学点 5 个，小学生 10658 人、教职工 943 人；幼儿园 54 所（不含附设幼儿班 4 个），在园幼儿 3375 人、教职工 218 人。各级各类在校学生 21136 人，在职专任教师 1906 人。小学净入学率 99.88%，初中毛入学率 99.5%，高中阶段毛入学率 80.11%，学前三年毛入园率 71.58%。

---

① 阿里地区教育局. 2016. 阿里地区2016年教育现状报告.

表 4.7　2000 ～ 2017 年西藏阿里及邻近地区教育事业发展变化情况汇总表

年份	小学			中学		
	学校 / 所	学生 / 人	教师 / 人	学校 / 所	学生 / 人	教师 / 人
2000	43	6787		1	315	36
2002	44	7852	356	5	785	78
2007	39	10102	460	5	2763	128
2008	39	11155	530	7	3937	184
2009	39	11199	604	7	4474	219
2010	39	10954	683	7	4445	281
2011	36	10737	749	7	4653	328
2012	36	10621	723	7	4524	326
2013	35	10707	747	7	4476	331
2014	32	9981	864	8	5497	390
2015	32	9966	865	8	6003	429
2016	32	10366	884	8	8714	487
2017	32	10658	943	9	6449	647

注：根据《阿里地区志》《西藏统计年鉴》以及社会经济发展报告等整理。

　　1976 年共投入教育资金 407192 元，1986 ～ 2000 年教育经费累计支出 25191 万元，截至 2015 年阿里及邻近地区落实教育惠民资金 6238.61 万元。其中，落实学生"三包"经费及助学金 5457.9 万元，覆盖全地区 18304 名学生；安排农村义务教育学生营养改善计划补助资金 780.71 万元，覆盖全地区 14152 人。2017 年全地区教育经费支出 70380 万元，同比增加 11010 万元，增长 20.5%。

　　西藏阿里及邻近地区学校教育机构的分布，从整体来说，主要分布在区域东部和西部地区，即北纬 30° 附近稍偏北的河谷及交通便利地带。具体来看，学校在空间分布上呈现出集中分布的特征，主要分布在地势相对较低、交通便利、社会经济发展相对比较好、人口集中程度较高、人类土地利用活动强度大且频率高的县城及乡镇（图 4.9）。

4.7.2　科技

　　1951 年以来阿里及邻近地区拥有了自己的农牧科技工作者和其他科技工作者；至 1988 年拥有主治医师 11 名，会计师 3 名，兽医师 2 名，工程师 11 名，科技人员 25 名；到 2000 年各类专业技术人员增加至 1037 名，其中高级职称 10 人、中级职称 263 人、初级职称 404 人、普通科技人员 360 人。在各类科技技术人员中，农牧业科技人员 116 人，教育 140 人，医疗卫生 645 人，电力工业科技人员 39 人，建筑设计 15 人，邮电 2 人，气象专业技术人员 80 人。截至 2017 年底，阿里及邻近地区投资 2000 多万

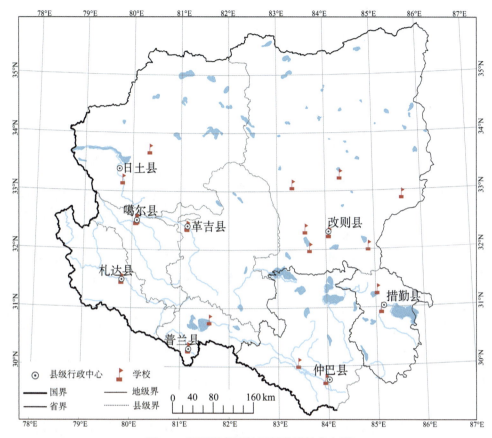

图 4.9 阿里及邻近地区部分学校分布图

元专项资金引进人才，高校毕业生 462 人，教育、政法、医疗人才分别为 86 名、121 名、67 名，另有 82 名西部人才志愿者。

1981～2000 年阿里及邻近地区在太阳能开发利用、畜牧业研究、农业优良品种选育、藏药研究与高原病防治等方面取得了初步科技成果。太阳能开发利用方面，1981 年建成第一座太阳能温室，1984 年建成 8 栋太阳能实验建筑，至 2000 年共建成太阳能温室 100 万 m²。畜牧业研究方面，通过绵羊、山羊品种改良，提高了绵羊的抗病力、适应性，从而使绵羊生产量大增，从 1964 年的 200 多只推广到 2000 年的 8000 多只，藏山羊品种选育方面的研究达到国际水平，山羊生产的综合经济效益得到极大提高。山羊总数由 1990 年的 27.14 万只提高到 2000 年的 115.14 万只。农业优良品种选育方面，通过选育优良青稞品种，其产量得到了极大的提高。此外，在藏药研究与高原病防治方面，研制了"珠母丸"，共治愈心脑血管患者 232 人，风湿性关节炎患者 382 人。

"十二五"以来，该地区组织实施饲草、蔬菜、绒山羊、藏药、金太阳、生态等科技重大专项，紧密围绕全区经济社会发展中的重大科技需求，攻克了一批产业共性关键技术，取得了一批重要成果。

1. 金太阳工程

西藏是中国太阳能资源最丰富的省份，大部分地区年日照时间在 2000h 以上，年辐射量可达 6000 ~ 8000MJ/m²。20 世纪 90 年代，中国政府先后在阿里及邻近地区实施了"科技之光计划""光明工程""西藏阿里光电计划""送电到乡"等太阳能光伏工程[①]，建立了多个光伏电站和风光互补电源。由于西藏特殊的地理自然条件，偏远、高寒、地处边境等广大农牧区的生产生活用电问题一直未能得到有效解决。为解决西藏偏远地区的用电问题，"十一五"期间，西藏大力实施"金太阳工程"，在该地区也开展了全面的推广，研发了新型折叠式太阳灶，示范推广太阳能供暖、太阳能沼气、风光互补发电和光伏并网等新能源技术，"金太阳工程"的开展有效地解决了该地区人民的用电问题。桥隧科技攻关有力保证了拉日铁路、拉林高等级公路等重大工程的建设。"十二五"以来，该工程计划继续实施，截至 2016 年，西藏新能源电力建设项目运营管理有限公司在阿里地区村村通电工程项目中实施的光伏能源容量达到2.056MW，并已投入使用[②]。

2. 藏药产业专项

"藏医诊疗技术与藏药研发"将围绕藏医药标准化、现代化，重点开展藏成药标准研制、藏药方剂配制、藏药新药研发、藏医特色诊疗研究等的联合攻关、协同创新。提升藏医药科技创新水平，推动藏医药产业做大做强，主要分为藏药研发和藏医诊疗。藏药研发方面，收集整理藏药秘方、验方、古方、名方，建立数据库。研发治疗慢性病、高原病、疑难杂症的藏药新药，开展传统藏成药标准化技术研究和藏药衍生产品研发，开发 3 ~ 5 个新药，研制 30 ~ 50 个藏药产品质量标准。藏医诊疗方面，重点开展藏医特色诊疗关键技术研究与应用，研发疑难杂症藏医诊疗技术与方法，挖掘和整理藏医古籍，制定藏医诊疗标准化操作规范。西藏自治区科学技术厅实施"西藏红景天野生抚育及地上部分开发利用技术研究"项目，该项目旨在建立红景天野生抚育基地，繁育红景天种苗 30 万株，建立抚育基地 600 亩，建成生产红景天叶子茶生产线一条，建立红景天苷的提取分离新方法和工艺（春拉，2017）。

3. 草产业专项

在气候寒冷、土壤贫瘠的"世界屋脊"，草种经过引种、选育后，也能长出优质牧草。在阿里及邻近地区，对人工饲草种植方面进行了有力的探索，并且取得了显著的成绩。南木林县饲草产业发展的成功经验主要得益于地方政府的高度重视和各部门的合力推动，现已形成成熟的饲草产业发展模式。该模式已在该地区的噶尔、日土、革吉、改则等草业发展相对较好的地方开始实施，成效初显。

---

① 中国新闻网. 2011. 西藏将成为中国太阳能发电量最大省区.
② 太阳能光伏网. 2016. 西藏分布式光伏项目及进展情况汇总.

4. 绒山羊产业专项

西藏是中国五大牧区之一，阿里及邻近地区又是西藏的重要牧区，地区草场面积达 3.9 亿亩以上。该地区干冷的气候特征使牧草具备了粗蛋白含量高、粗脂肪含量高、无氮浸出物含量高和粗纤维含量低的"三高一低"特点。高寒的气候和优质的牧草，造就了该地区具有极强御寒能力的藏西北绒山羊。绒山羊的科研及推广工作从 20 世纪 90 年代起步，1990 年该地区部分县的绒山羊原种场参与了西藏绒山羊综合开发研究项目，并获得圆满成功，顺利完成了西藏 6 项有关科研推广及阶段性课题研究项目。1992 年绒山羊荣获中国首届国际农业博览会"金质奖"，此后，又荣获西藏自治区科技进步奖一等奖等奖项。近年来，围绕绒山羊资源，打造其特色产业，加快绒山羊产业带建设进程，着力打造阿里绒山羊品牌，努力推进绒山羊养殖和山羊绒加工产业化。目前，该地区扶持发展绒山羊养殖示范村 24 个、示范户 3531 户，扶持农牧民 14124 人参与优质绒山羊养殖增收，绒山羊存栏量达到了 141.45 万只，占全地区牲畜存栏总数的 50.4%，在畜群结构中位居第一。其中，优质绒山羊养殖量达到了 35 万只，年产山羊绒 304.4t，山羊绒年销售收入为 8218.80 万元，阿里的羊绒产品广销国内外。2012 年 8 月，该地区被中国特产之乡推荐暨宣传活动组织委员会授予"中国绒山羊之乡"称号。阿里及邻近地区也将以此次获评为契机，坚定不移地大力发展绒山羊特色产业。计划到"十二五"时期末，全地区绒山羊养殖量达到 150 万只，饲养比例达到 60%，优质绒山羊数量达到 50 万只以上，山羊绒年产量达到 330t，效益显著（温凯，2012）。

"十三五"期间，阿里及邻近地区启动新的科技计划，为经济、生态和社会发展提供保障。2017 年 3 月我国在该地区启动了"阿里计划"，这是全球海拔最高的原初引力波观测站建设项目。该地区的阿里原初引力波观测站建成并运行，中国将第一次实现原初引力波探测实验，这也是世界上首次实现北半球地面原初引力波观测，其将推动我国原初引力波研究进入国际前沿，同时促进我国低温超导亚毫米波探测技术的发展[1]。

综上所述，科技创新在建设生态安全屏障、保障粮食安全、促进经济发展、保障和发展民生等方面发挥着关键作用，有效支撑高原特色农牧业、藏医药、新能源、天然饮用水、民族手工业、文化旅游等特色优势产业发展，在青稞种质资源创制、生物技术育种、粮草双高栽培、肉羊繁育、濒危藏药材人工种植、藏药新药开发、藏医药传统文献挖掘整理等方面取得了新成果，此外，在抗震救灾、地方病防治、饮用水安全、应对气候变化等方面也做出了贡献[2]。

4.7.3　医疗卫生

1955 年阿里及邻近地区各地相继建立卫生所。1956 年普兰、日土设卫生工作点。

---

[1] 中国西藏新闻网. 2018."阿里计划"项目进展顺利预计下半年设备进场安装调试.
[2] 西藏自治区科技厅. 2016."西藏十二五"时期科技工作取得显著成效.

1960 年普兰、改则、日土相继成立卫生院，仲巴、革吉等县建立卫生工作点，同年该地区成立第一所专区人民医院。1978 年地区卫生防疫站成立，西藏阿里及邻近地区共有 7 个县卫生院、29 个区卫生所、1 个煤矿医院、101 个公社卫生室，三级医疗网逐步建立。1984 年成立藏医院。1985 年有公社保健站 202 个，医务工作者 124 人，赤脚医生 712 人。1990 年成立阿里地区妇幼保健院。1993 年投资 50 万元建成藏医院藏药加工厂。至 2017 年底，全地区有医疗卫生机构 53 个、医务人员 978 人（不含乡村医生）、卫生技术人员 908 人、床位 627 张（表 4.8）。2015 年为各行政村（居）配备各类常用设备 26 种，总价值 135 万元。截至 2016 年，全地区共有 135 个行政村（居）建有村级卫生室，覆盖率为 96%，配有村医 270 名（每村 2 名）。医疗卫生与计划生育支出 30513 万元，同比增加 7731 万元，增长 33.9%。至 2017 年阿里地区城镇职工基本医疗保险住院报销 104 人次，统筹基金支付 93 万元，公务员补助资金支付 11 万元；城镇居民基本医疗保险住院报销 143 人次，统筹基金报销 76 万元；城镇职工生育保险生育医疗费用报销 41 人次，生育费用报销 38 万元。参保单位达到 601 家，参保人数 14345 人，参保率达到 98%，累计征收基本医疗保险统筹基金 7202 万元，报销门诊特殊病种医疗费用和住院医疗费用 2399 人次，支出医保资金 3298 万元。全地区共有卫生专业技术人员 579 人，其中 2016 年新进人员 82 人；2016 年通过援藏及项目等渠道培训医务人员 410 人次；不断提高基层医务人员待遇，将村医人均月补助提高 600 元，乡镇医务人员生活补助按地区类别分别提高 100 元、200 元、300 元。

表 4.8　2007～2017 年阿里及邻近地区卫生机构、床位、医疗情况表

年份	机构数 / 个	床位数 / 张	人员数 / 人				
			总数	卫生技术人员	其他技术人员	管理人员	工勤人员
2007	76	455	487	427	14	27	19
2008	75	672	558	490	26	26	16
2009	76	523	619	581	1	18	19
2010	74	580	642	601	5	19	17
2011	74	631	642	592	7	22	21
2012	74	638	613	558	11	18	26
2013	75	725	625	563	7	21	34
2014	75	756	650	606	7	22	15
2017	53	627	978	908	20	30	20

阿里及邻近地区大型医疗卫生机构集中分布于自然地理环境较好、地势相对平坦、交通便利、人口集中的县城地区，此外，在各乡镇分布有卫生院（图 4.10），在国家政策的扶持下，医疗卫生机构不断完善。

4.7.4　体育

1967 年在狮泉河党政机构院内修建第一个标准篮球场。20 世纪 70 年代后相继在

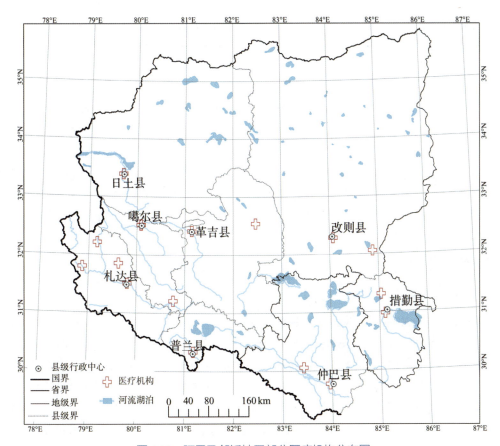

图 4.10　阿里及邻近地区部分医疗机构分布图

各单位院内、狮泉河中学、地区小学和各县小学修建篮球场和足球场。1972 年 8 月成立阿里地区体育委员会。1987 年体育委员会并入文化教育局，内设体育办公室，称为教育体育局。1990 年投资 74 万元，建设占地面积 12 万 m² 的体育活动场所，设有篮球场、田径场及主席台、观看台。至 2000 年底共有篮球场近 20 个、足球场 9 个。2016 年文化体育与宣传支出 14208 万元，同比增加 3366 万元，增长 31.05%。通过援藏等多种途径，于 2015 年底，建成 1600 余个文化广场，设施齐全，覆盖地（市）、县、乡、村（社区）四级公共文化服务的网络已经形成。在城市，图书馆、博物馆、群艺馆等成为居民的文化活动场所；在乡村，文化站、球场、室外健身中心等文体场所成为农牧民的休闲娱乐舞台（西藏自治区阿里地区志编纂委员会，2009）。

体育项目有传统体育、学校体育、竞技体育及全民健身。

1. 传统体育

阿里及邻近地区传统体育项目有赛马、摔跤、登山、抱石、抛石、举重、赛跑、踢毽子、掷骰子等，并且能在日土、改则、革吉等地区的多处壁画、岩画上看到人们进行射箭、马术等体育项目，说明在 2000 年前，该地区一些传统体育项目已经普遍存在。除此之外，还有噶尔"恰钦"赛马会等传统体育盛会。噶本政府时期，为纪念成功收复阿里，每年藏历八月，在噶本驻地雅萨举行盛大的赛马及物资交流会，称"恰钦"。

2. 学校体育

20 世纪 50 年代，军训和劳动是学生进行体育锻炼的主要方式。60 年代初，小学开始设置体育课，主要是做广播体操和跑步。1972 年地区中学设置体育课。1979 年阿里及邻近地区各学校坚持自力更生、勤俭办体育，发动教职工和学生整治操场，修建跑步道路，因陋就简，自制体育器材，解决体育场地和体育器材不足的问题。90 年代，随着各学校办学条件的改善，主要修建有田径场、篮球场、足球场等。1998 年，举办首届西藏阿里地区中小学田径运动会，此后每两年举办一次。2000 年底各县完全小学均有较规范的篮球场和足球场，地区中学有足球场和篮球场各 1 个（西藏自治区阿里地区志编纂委员会，2009）。

3. 竞技体育

1978 年 8 月组建体育代表队参加新疆维吾尔自治区第二届运动会。1980 年 8 月阿里及邻近地区首次组队参加西藏自治区体育委员会举办的全区田径单项比赛，有 10 名男女运动员参加。1981 年 8 月阿里地区组队参加自治区体育委员会举办的全区第一届中小学田径运动会，共派出 11 名男女队员、1 名教练员。1982 年 8 月阿里地区组队参加西藏自治区第四届全区运动会，运动员 5 名、教练员 1 名。1983 年 8 月举办阿里地区首届赛马运动会，项目有 8km 大跑、7km 小跑、马术表演。1986 年阿里地区组队参加西藏自治区第五届全区运动会，参赛运动员 24 名、教练员 2 名。1987 年阿里地区组队参加西藏自治区第一届少年田径运动会，参赛的 12 名队员由地区中学和各县完全小学学生组成，运动员年龄为 12 ～ 15 周岁。1988 年 8 月阿里地区组队参加西藏自治区第二届青少年运动会。1990 年 8 月阿里地区组队参加西藏自治区第四届少年田径运动会，有 17 名运动员参赛。1991 年 8 月阿里地区组队参加西藏自治区第六届全区运动会，20 名男女运动员参加了四大项目比赛（西藏自治区阿里地区志编纂委员会，2009）。

4. 全民健身

20 世纪 60 ～ 70 年代，政府机关人员、驻地部队、学校师生以打篮球、拔河作为日常主要体育活动。冬季河面封冻，他们自发去滑冰；为职工开办舞会。1983 年 8 月举办阿里地区地直机关男女第一届篮球赛，有 10 个队参赛，后形成惯例，每年举办。1989 年为活跃地区物交会气氛，举办各县及地直机关男女篮球赛，有 17 个队、170 名男女运动员参加比赛。1997 年阿里地区在狮泉河镇举办首届"邮电杯"男子篮球赛，地直部门组成 12 个队参赛。1999 年先后有"迎民运"男女长跑赛，该地区 3 所学校、幼儿园组织广播操比赛，地直机关干部职工举办"体育法"知识竞赛、中国象棋赛等，有 400 余名机关干部职工、学生参赛（西藏自治区阿里地区志编纂委员会，2009）。

4.7.5 文化

阿里及邻近地区的文明史极其悠久，距今一万年到两万年期间，就有人类在阿里境内活动。这里曾经存在着旧石器时代、新石器时代的文化，曾隶属于象雄、吐蕃和古格王国。17 世纪末，阿里及邻近地区受西藏噶厦政府统治，1951 年中国人民解放军解放阿里，1960 年建立阿里地区。悠久的历史使这里具有深厚的文化积淀，是古象雄文化影响的区域。当地民族传统文化遗存丰富，民俗风情浓郁，藏戏源远流长，雅俗共赏，在民间广为流传，藏族人民能歌善舞，不论是节假庆典，还是迎朋伴友，几曲小调、几段歌舞，喷香的酥油茶、甜美的青稞酒都展现着阿里及邻近地区的特色文化（索朗旺堆，1993）。

1. 古文化概述

截至 2006 年底，阿里及邻近地区各类文物遗迹共约 131 处，其中古遗址 70 处、古墓葬 12 处、古建筑 9 处、石窟寺及石刻 39 处、近现代重要史迹 1 处。其分布状况大体上沿狮泉河、象泉河、噶尔藏布等主要河流沿线分布，南部地区比较集中，北部发现的文物点可至日土班公错一带，而 34°N 以北多为人畜罕至的无人区。在日土的夏达错、扎布及革吉等地区发现了旧石器时代晚期和新石器时代早期的打制石器等文化遗存。从当前已经发现的 24 处新石器时代遗存来看，其主要分布于南部地势相对较低的河谷地带（图 4.11）。在自然生态环境极其脆弱的高原地区已发现 24 处新石器时代遗存，这足以说明，人类在该地区于千年前就开始进行生产活动，可能以狩猎经济与农业共存方式生存。

丁东遗址是西藏西部首次经过科学发掘的"前佛教时期"的聚落遗址，年代较明确，对探讨西藏西部早期文明及象雄历史十分关键，属于西藏考古学中所谓的"早期金属时代"，大体相当于中原地区的战国至秦汉时期。其中，从丁东遗址清理出炭化青稞近 100 粒，这是西藏西部地区首次通过考古发掘发现的年代最早的古代青稞，说明在距今 2000 年前，已经开始在海拔高达 4000m 的青藏高原西部种植青稞，农业文明在 2000 年前就已经开始了。青稞的发现对研究青藏高原西部早期农业的起源，麦作农业的扩散和人地关系，以及人类土地利用活动具有重要意义。该遗址有着丰富的文化内涵，当时居民已经完全适应了青藏高原高海拔地区严峻的生态环境，也充分说明早在佛教兴起之前，这一地区的物质文明已经达到一定高度（吕红亮，2007）。

阿里及邻近地区是"象雄文明"、"古格文明"和"苯教文化"等深厚的古代文明和宗教文化的发源地。悠久的历史孕育了这里深厚的历史文化，丰富了其人文景观。纯朴的藏族风情历史悠久，其中最有特点的包括具有多年历史的札达"古格旋舞"、普兰地区绚丽多彩的妇女服饰、"圣湖"玛旁雍错的水洗头风俗、托林寺的姆朗钦姆（大法会）宗教仪式、阿里的苯教信仰等。阿里及邻近地区隆重且独特的民族节庆活动——

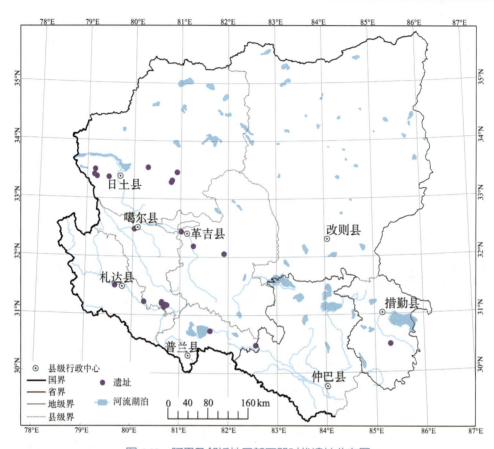

图 4.11　阿里及邻近地区新石器时代遗址分布图

噶尔恰青，由 16 世纪末（公元 1683 年）相传至今，每次噶尔恰青都会吸引大量的印度商人前来，促进了阿里及邻近地区边防贸易的发展（杨洋，2013）。7 世纪佛教传入阿里及邻近地区以后，出现了佛教传说故事和歌谣。该地区民间艺术形式有歌谣、音乐舞蹈、曲乐喜剧和工艺美术。普兰、札达一带为民族歌舞"果谐"的发源地。

2. 岩画

岩画是整个西藏高原古代艺术的一个重要门类。迄今为止，全境已发现岩画遗迹共 47 处，包括 60 多个地点和 300 多组画面，阿里及邻近地区就有金属时代岩画 15 处，吐蕃王朝时期岩画 5 处，约占西藏岩画的 1/3，主要分布于西部地区，其海拔达 4300 ~ 4800m（图 4.12），多位于现今的高原荒漠地带，岩画点所在的地形地貌多为山谷侧崖、披麓、沟口洪积扇和湖滨山前地带等，地势开阔，靠近水源，而且在一些岩画点的附近发现有人工打制的石器，一些岩画点还与石丘墓葬共存，表明这里曾经是人类进行狩猎生活的地方（索朗旺堆，1993）。西藏岩画按制作方式可以划分为凿刻法和绘制法两大类。阿里及邻近地区岩画较为丰富，主要制作方法属于凿刻法，其主要分布于阿里地区日土县境内。其中，日姆栋、鲁日朗卡、恰克桑三处地点的岩画刻制

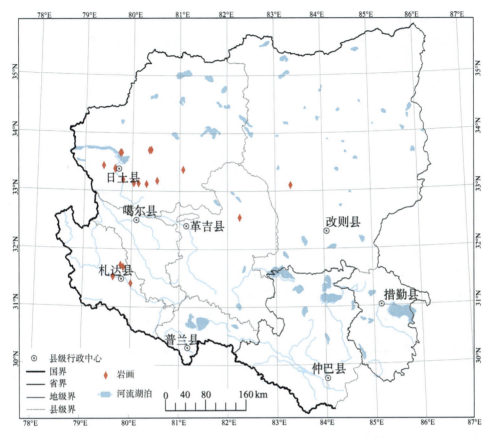

图 4.12 阿里及邻近地区岩画分布图

在垂直平整的岩面上，岩画的面积随岩面的大小而异，每幅画面有数十个单个图像，内容情节有狩猎、放牧、骑乘、祭祀，以及对日月、星辰、山石树木的原始崇拜等。塔康巴岩画在高约 5m、长达 20m 的岩面上，刻画了数以百计的人物与动物形象。采用敲琢法、磨刻法两种技法勾勒岩画轮廓，造型生动而富于变化，是迄今为止西藏高原发现的规模最大的一处岩画点，也是藏西岩画点中最具有代表性的一处。阿里及邻近地区岩画不仅内容丰富，而且具有一定的史料价值。岩画中有的画面场景生动地表现了原始宗教活动情景，日土县日姆栋地点中有一组画面，反映鸟首人身的舞人及日、月、苯教的"雍仲"符号，画面的下部横列 9 排，共 125 个羊头，还有鼓腹球形陶罐，其很有可能反映的是藏族先民原始宗教"苯教"中杀牲祭祀的场景。岩画中还有大量画面真实生动地表现了游牧生活的细节，这对于研究该区域早期金属时代人类活动历史及人类活动与自然环境的相互影响具有重要的史学价值和生态价值（国家文物局，2010）。

3.佛教寺院

寺院文化是该地区的特色文化，历史上曾建立过不同时期、不同教派近百座大小不等的佛教寺院，其壁画、泥塑、雕刻及建筑艺术既有着中亚、南亚和西亚古代艺术的神韵，又汲取了我国内地和卫藏地区不同的艺术风格，形成了藏西独特的风格（索朗旺堆，1993）。目前，在阿里及邻近地区有规模不同的寺院达 70 余座（丹曲和扎西顿珠，2014），其总体上分布在该地区偏南地区（图 4.13）。著名的有札达县托林寺，普兰县科迦寺、直热普寺、曲古寺、基乌寺、江扎寺，噶尔县扎西岗寺、芝达布日寺，革吉县扎西曲林寺、扎加寺、芝热寺，改则县扎江寺，日土县伦珠曲顶寺，措勤县门东寺，以及仲巴县达热寺等，这些寺院都具有各自的风格特点。托林寺位于阿里地区札达县托林镇，距离狮泉河镇 250km 左右，其形成于公元 10 世纪末，是著名的佛教古寺，"托林"意译为飞翔，其有着近千年的历史，为国家第一批重点文物保护单位，寺院由朗巴朗则拉康、拉康嘎波、杜康、巴尔祖拉康、玛尼拉康、吐几拉康、乃举拉康、强巴拉康、贡康、却巴康 10 座大小殿堂、大小佛塔、塔墙、堪布私邸以及僧舍等组成。这些殿堂今大多已损毁，仅拉康嘎波（白殿）、杜康（聚会殿）及一院僧舍尚属完好（陈耀东，1995）。科迦寺是普兰县大寺，是著名的千年佛寺，和托林寺同为大宗师仁青桑布主持修建，其作为公元 996 年的古建筑，历史悠久，在当地享有盛名，每年都有信徒前来朝拜，被国务院列为全国重点文物保护单位。

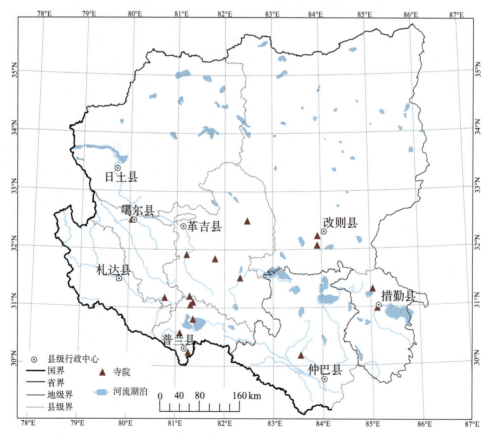

图 4.13　阿里及邻近地区典型寺院分布图

4. 现代文化

1951 年后，随着部队和援藏干部的大批进入，一些诗歌、散文、小说等现代文学和戏剧、电影、歌舞、小品等现代文化艺术进入阿里及邻近地区，有军旅诗歌作品《生日的夜晚》《马褡子》等，还有《天殇》《雪域之魂》等纪实散文和报告文学。改革开放后，该地区文化市场也随之开放，陆续出现游戏室、歌舞厅等娱乐场所，至 2000 年底，就有各类娱乐场所 90 家。阿里及邻近地区文化呈现出多元发展趋势。

"十二五"期间，阿里及邻近地区累计投入资金 4000 万元，完成了 36 座乡镇综合文化站，地、县、乡、村四级文化信息资源共享工程，七县民间艺术团和七县一口岸新华书店等项目的建设工作；完成了 142 个农（牧）家书屋和 58 个寺庙书屋的书籍配送工作。2013 年全区各级公共文化设施开展免费开放活动 1.2 万余次，受益群众达到 200 余万人次，形成了"全民阅读推广"、"民间艺术团轮训"以及"物质文化遗产系列展览"等品牌文化活动，公共文化设施的作用得到进一步发挥。2014 年以来，阿里及邻近地区共投入 340 万元，用于图书馆、群艺馆、县综合文化活动中心、乡镇综合文化站等公共文化服务，组织文艺活动 359 场次，举办展览 50 次，参与各类文化活动群众达 98258 人次。截至 2017 年，全区文化服务水平不断提高，建成地区群艺馆 1 座、地区图书馆 1 座、县级综合文化活动中心 7 座、乡镇文化站 36 座以及农家书屋 141 个、寺庙书屋 59 个，建成广播电视"村村通"基站 170 座，广播电视综合覆盖率达到 97%，现有 1 个地区级专业文艺团、7 个县级民间艺术团，创作了《梦回古格》等一批文化精品，成功举办七届象雄文化旅游节，古格宣舞、卡尔玛宣舞、普兰服饰、果尔孜舞被列入国家级非物质文化遗产代表作名录，2 名传承人被认定为国家级非物质文化遗产项目代表性传承人。

（本章执笔人：刘峰贵、马伟东、陈强强、刘飞、吴雪、才项措毛）

参考文献

昌敦虎, 宁淼, 古丽鲜·安尼瓦尔, 等. 2005. 多年冻土地区工程建设生态环境影响研究评述. 地理科学进展, 4(4): 65-74.

陈辉, 李双成, 郑度. 2003. 青藏公路铁路沿线生态系统特征及道路修建对其影响. 山地学报, 21(5): 559-567.

陈耀东. 1995. 西藏阿里托林寺. 文物, (10): 4-16, 97, 2, 1.

春拉. 2017-02-01. 我区将实施 8 个科技重大专项. 西藏日报, 第 1 版.

丹曲, 扎西顿珠. 2014. 西藏藏传佛教寺院. 兰州: 甘肃民族出版社.

邓建胜, 袁泉, 琼达卓嘎. 2018-10-13. 西藏加快边境小康村建设 (在习近平新时代中国特色社会主义思想指引下——新时代新作为新篇章). 人民日报, 第 7 版.

国家文物局. 2010. 中国文物地图集·西藏分册. 北京: 文物出版社.

国务院新闻办公室. 2011. 西藏和平解放60年. 北京: 中华人民共和国国务院新闻办公室.

国务院新闻办公室. 2015. 西藏发展道路的历史选择. 北京: 中华人民共和国国务院新闻办公室.

韩亮, 张亚洲. 2015. 西藏基础设施投资与经济增长关系的实证分析. 西藏大学学报(社会科学版), 30(1): 46-52.

何庆明. 2011. 国道219线(狮泉河至日土段)改建工程中冻土病害的防治. 科学技术与工程, 11(26): 6490-6493.

何微. 2005. 边贸,民族地区对外日放的重要途径——以西藏边贾乃实例. 世界经济研究, (7): 78-83, 77.

何志强, 郑勇, 张立锋, 等. 2017. 边远地区局域电网供电问题研究. 四川电力技术, 40(5): 18-21.

李广英, 张同作. 2002. 浅谈公路建设对生态环境的影响及其对策. 青海环境, 12(4): 169-172.

李荣华. 2001-05-25. 拼出一个新纪元. 中国邮政报, 第1版.

刘玉, 温凯. 2015-10-28. 阿里强基惠民活动亮点纷呈. 西藏日报, 第2版.

吕红亮. 2007. 西藏阿里地区丁东居住遗址发掘简报. 考古, (11): 36-46.

孟涛. 2012. 多能互补独立电力系统控制策略及动态仿真分析. 北京: 华北电力大学.

盛煜, 刘永智, 张建明, 等. 2003. 青藏公路下伏多年冻土的融化分析. 冰川冻土, 25(1): 43-48.

索朗旺堆. 1993. 阿里地区文物志. 拉萨: 西藏人民出版社.

万久春. 2003. 阿里地区能源利用方案及多能互补系统研究. 成都: 四川大学.

王莉. 2018-10-22. 阿里全面实施"12345"战略, 推进"藏西边境党建长廊"建设. 西藏日报, 第7版.

王梦敏. 2004-07-07. 日喀则地区十八县市全部开通光缆通信. 西藏日报, 第1版.

温凯. 2006-12-21. 阿里邮政局: 开创服务新天地 拓展业务新领域. [2006-12-31]. http://www.xzzw.com/xw/xzyw/201501/t20150130_223602.html.

温凯. 2012-11-14. 西藏阿里——中国绒山羊之乡. 西藏日报, 第10版.

温凯. 2015-11-02. 阿里农牧区基础配套设施建设进展迅猛. 西藏日报, 第7版.

温凯. 2016-12-21. 开创服务新天地, 拓展业务新领域. 西藏日报, 第2版.

温凯. 2017a. 阿里易地扶贫搬迁点及边境小康村见闻(下). 中国西藏新闻网. http://www.xzzw.com/xw/xzyw/201709/t20170922_1976821.html. [2017-09-22].

温凯. 2017b-10-30. 西安至阿里航线正式开通. 西藏日报, 第1版.

温凯. 2018-09-04. 阿里地区脱贫攻坚工作综述. 西藏日报, 第7版.

吴青柏, 米海珍. 2000. 青藏公路多年冻土路段冻土过程的变化和控制建议. 水文地质工程地质, (2): 14-17.

西藏自治区阿里地区志编纂委员会. 2009. 阿里地区志. 北京: 中国藏学出版社.

西藏自治区统计局, 国家统计局西藏调查总队. 2018. 西藏统计年鉴 2018. 北京: 中国统计出版社.

小格桑平措, 张建斌. 2016-10-17. 阿里邮政多举措实现稳步发展. 西藏日报, 第2版.

杨洋. 2013. 西藏阿里地区自驾车旅游开发研究. 金华: 浙江师范大学.

扎巴贡觉. 2007-03-30. 铃声传递幸福音. 西藏日报, 第6版.

张镱锂, 刘林山, 摆万奇, 等. 2002. 青藏公路对区域土地利用和景观格局的影响——以格尔木至唐古拉山段为例. 地理学报, 57(3): 253-266.

第 5 章

土地利用现状

青藏高原作为地球表层上独特的地域单元之一，对外界因素的干扰具有高度的敏感性和脆弱性（谢高地等，2003）。近年来，青藏高原的土地利用与土地覆被总体上相对稳定，但在人类活动和气候变化的共同作用下，局部地区存在较大的变化，这些变化对青藏高原内部环境和人类社会经济活动产生了一定的影响（张镱锂，2012；张镱锂等，2019）。阿里及邻近地区具有典型的高寒土地利用特征：牧草地和未利用土地构成比例高，而耕地、城镇建设用地、林地构成比例低。该特征决定了阿里及邻近地区各县土地利用以牧业为主，其中东部各县为纯牧业县，西部四县为半农半牧业县。

5.1 土地利用总体构成及分布

5.1.1 土地利用现状组成

2015 年阿里及邻近地区土地利用由耕地、林地、草地、水域、居民建设用地和未利用土地六大类构成（图 5.1）。其中，以草地和未利用土地为主，面积分别占全区总面积的 79.296% 和 16.755%；水域面积共 14785.38km²，占全区总面积的 3.889%；耕地、林地、居民建设用地面积极少，三者总面积仅占全区面积的 0.060%。其中，林地面积为 205.61km²，占全区总面积的 0.054%；耕地面积为 15.38km²，占全区总面积的 0.004%；居民建设用地面积最少，仅有 6.11km²，占全区总面积的 0.002%（表 5.1）。

阿里及邻近地区土地利用总体结构及其相应构成的土地类型占比突出反映了高寒缺氧自然环境下的土地利用方式，主要表现为：草地与未利用土地构成比例极高，占土地总面积的 96.05%，而耕地、林地、城镇村等建设用地构成比例极低，三种地类合计面积占土地总面积的 0.06%，水域及水利设施用地占土地总面积的 3.89%（图 5.2）。阿里及邻近地区总体土地质量低，限制因素多，土地资源受山高坡陡、气温偏低、降水不足等因素影响。在灾害性天气频繁、土壤侵蚀、水土流失、土层浅薄、砂性重砾石多、土壤养分不足等因素的制约下，土地生产力水平低。

土地利用二级类型中，林地由有林地和灌木林地两种二级类型构成，其中以灌木林地为主，面积为 204.35km²，占林地总面积的 99.39%，有林地仅有 1.26km²，占林地总面积的 0.61%。草地由高覆盖度草地、中覆盖度草地和低覆盖度草地 3 个二级类型构成。其中，中覆盖度草地面积最大，约为 119174.34km²，占草地总面积的 39.53%；其次是低覆盖度草地，面积为 113512.50km²，占草地总面积的 37.66%；高覆盖度草地仅有 68764.80km²，占草地总面积的 22.81%。水域主要由河渠、湖泊、水库坑塘、永久性冰川雪地和滩地构成。其中，湖泊面积最大，约 8561.26km² 的湖泊占水域总面积的 57.90%；对气候变化敏感的永久性冰川雪地面积约 5673.57km²，占水域总面积的 38.37%；河渠、滩地和水库坑塘等面积较少。居民建设用地中，以城镇用地为主，总面积约 5.95km²，占居民建设用地总面积的 97.38%。未利用土地中，面积占比最高的是裸岩石质地，占未利用土地总面积的 63.86%，面积达到 40676.27km²；其次是其他

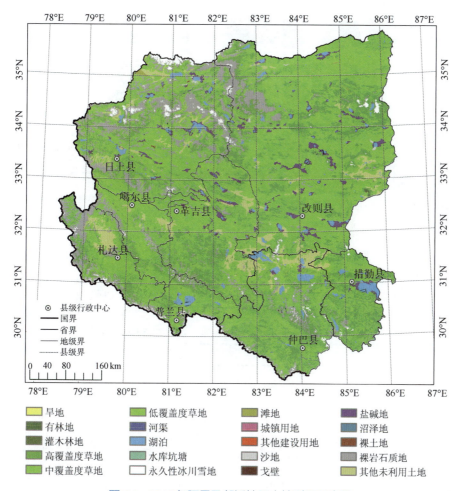

图 5.1　2015 年阿里及邻近地区土地利用示意图

数据来源：中国科学院地理科学与资源研究所资源环境科学与数据中心（http://www.resdc.cn）

未利用土地面积约 15572.81km²，占未利用土地总面积的 24.45%；再者是盐碱地，共有 6959.84km²，占未利用土地总面积的 10.93%；余下的沙地、戈壁、沼泽地、裸土地等二级类型，面积相对较少（表 5.2）。

表 5.1　阿里及邻近地区土地利用一级类型面积及比重

土地利用类型	面积 /km²	比重 /%
耕地	15.38	0.004
林地	205.61	0.054
草地	301451.64	79.296
水域	14785.38	3.889
居民建设用地	6.11	0.002
未利用土地	63693.90	16.755
合计	380158.02	100.000

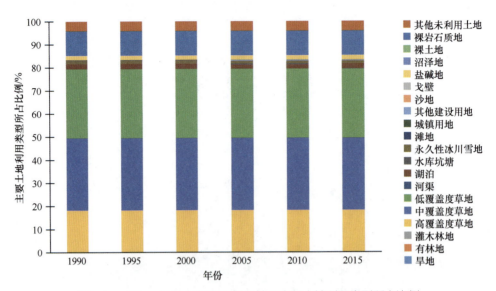

图 5.2 1990 ～ 2015 年阿里及邻近地区主要土地利用类型所占比例

表 5.2 阿里及邻近地区土地利用二级类型面积及构成

一级类型	二级类型	面积 /km²	占一级类型比重 /%
耕地	旱地	15.38	100.00
林地	有林地	1.26	0.61
	灌木林地	204.35	99.39
草地	高覆盖度草地	68764.80	22.81
	中覆盖度草地	119174.34	39.53
	低覆盖度草地	113512.50	37.66
水域	河渠	101.40	0.69
	湖泊	8561.26	57.90
	水库坑塘	8.79	0.06
	永久性冰川雪地	5673.57	38.37
	滩地	440.37	2.98
居民建设用地	城镇用地	5.95	97.38
	其他建设用地	0.16	2.62
未利用土地	沙地	332.17	0.52
	戈壁	4.95	0.01
	盐碱地	6959.84	10.93
	沼泽地	69.73	0.11
	裸土地	78.14	0.12
	裸岩石质地	40676.27	63.86
	其他未利用土地	15572.81	24.45

5.1.2　主要土地利用与覆被类型分布特点

　　草地是阿里及邻近地区主要土地利用与覆被类型，按照覆盖度高低划分了以下 3 类：高覆盖度草地、中覆盖度草地和低覆盖度草地（图 5.3）。其中，高覆盖度草地指覆盖度大于 50% 的天然草地、改良草地和割草地等，该类草地通常水分条件较好，草被生长茂盛，在阿里及邻近地区西南部分布较多，主要分布在札达县、普兰县、措勤县、革吉县和仲巴县南部部分地区，此外在改则县北部及广袤的羌塘无人区腹地分布也较广。中覆盖度草地覆盖度通常在 20% ～ 50%，该类草地一般水分不足，植被较稀疏，也是阿里及邻近地区分布最广阔的草地类型。低覆盖度草地指覆盖度小于 20% 的天然草地，该类草地水分缺乏，草被稀疏，牧业利用条件差。低覆盖度草地主要分布在阿里及邻近地区的改则县、日土县和革吉县的中部等高海拔牧业区，自西南向东北草地覆盖度呈不断增加的趋势。

　　从县域尺度的草地分布来看（图 5.4），措勤县高覆盖度草地面积占比最高，占全县草地总面积的 36.74%，牧业基础条件较好，其次依次为仲巴县、普兰县、札达县、

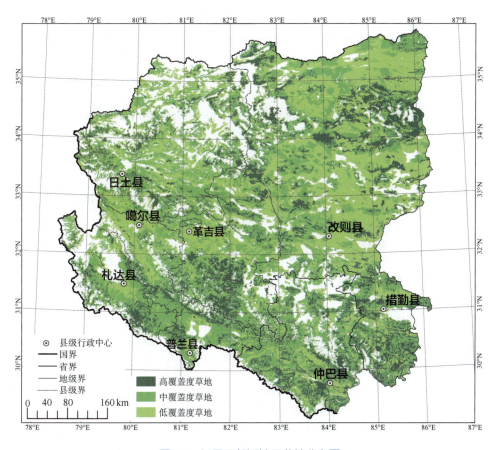

图 5.3　阿里及邻近地区草地分布图

117

革吉县、日土县、改则县和噶尔县。其中，噶尔县高覆盖度草地面积仅占全县草地面积的 16.24%，牧业利用条件较差。中覆盖度草地在各县草地中均占据重要地位，其中普兰县中覆盖度草地面积占 55.16%，是全县草地的主要组成部分，随后依次为札达县、仲巴县、革吉县、噶尔县、措勤县、日土县和改则县。改则县、日土县和噶尔县低覆盖度草地面积占比较大，分别达到 49.63%、39.10% 和 39.95%。普兰县和札达县低覆盖度草地面积占比较小，分别为 17.22% 和 19.24%。

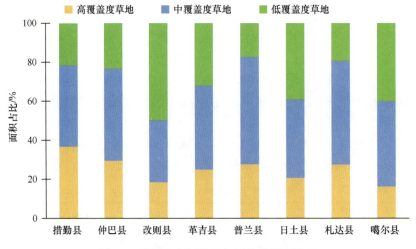

图 5.4 阿里及邻近地区各县草地类型构成

阿里及邻近地区是西藏重要的牧业区，同时也是国家级自然保护区所在地，草地生态系统健康状况直接影响着载畜能力和区域生态功能的发挥。整体而言，受水热条件和地形条件等影响，草地质量由南向北逐渐变差：南部四县（普兰县、札达县、仲巴县、措勤县）草地质量较好，主要是中、高覆盖度草地，低覆盖度草地较少；中部革吉县、噶尔县高覆盖度草地占比有所下降，但中覆盖度草地面积仍较广阔；最北部的日土、改则两县以低覆盖度草地为主，牧业生产条件较差。

未利用土地是阿里及邻近地区主要土地利用与覆被类型（图 5.5），大部分的裸土地分布在冰川前缘以及高寒荒漠区等环境恶劣的区域。阿里及邻近地区最主要的未利用土地类型是裸岩石质地（岩石或石砾，且覆盖面积 >5%），主要分布在日土县、改则县北部、札达县西北部等地。盐碱地地表盐碱聚集，植被稀少，通常只能生长强耐盐碱植物，主要分布在日土县、改则县和革吉县北部。其他未利用土地主要包括高寒荒漠和苔原，主要分布在札达县北部、仲巴县北部和改则县东部部分地区。沼泽地指地势平坦低洼、排水不畅、长期潮湿、季节性积水或常年积水、表层生长湿生植物的土地，沙地和戈壁指分别以地表沙和碎砾石覆盖为主，植被盖度低于 5% 的土地。少量的沙地、戈壁和沼泽地集中分布在改则县东部和日土县东部。

从县域尺度的未利用土地分布来看（图 5.6），措勤县未利用土地中以裸岩石质地、其他未利用土地和盐碱地为主，分别占全县未利用土地总面积的 36.40%、35.26% 和

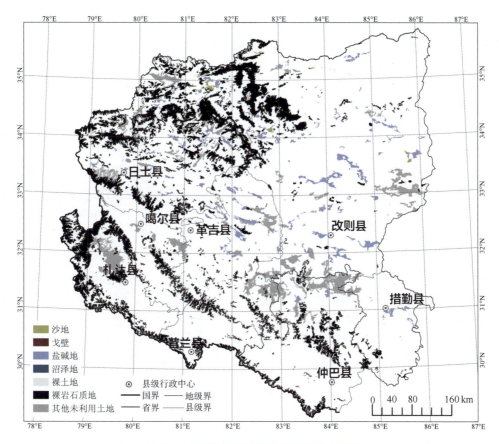

图 5.5　阿里及邻近地区未利用土地分布图

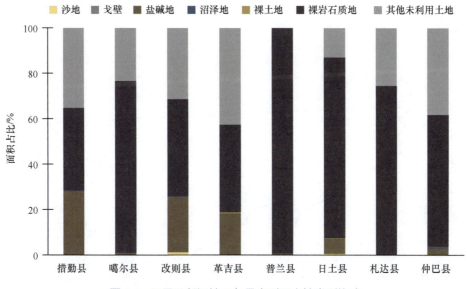

图 5.6　阿里及邻近地区各县未利用土地类型构成

119

28.05%，此外还包括少量的沼泽地、戈壁、沙地等；改则县、革吉县未利用土地构成结构极为相似，盐碱地、裸岩石质地、其他未利用土地三者的比例约为3：7：4，此外还有极少量的沼泽地和裸土地分布。仲巴县未利用土地主要类型包括裸岩石质地和其他未利用土地，两者比例约为1.5：1，另有少量的盐碱地和沼泽地。日土县、噶尔县、札达县未利用土地中以裸岩石质地为主，其他类型占比较少，普兰县未利用土地大部分为裸岩石质地。整体而言，由东北到西南，各县未利用土地构成结构呈现复杂到简单的变化趋势，东北部未利用土地类型较多，而西南部各县未利用土地类型则相对单一。

水域是阿里及邻近地区另一种重要的土地利用类型，包括河渠、湖泊、水库坑塘、永久性冰川雪地、滩地等（图5.7）。阿里及邻近地区是西藏主要河流的发源地（鲁春霞等，2004），对下游地区的生态环境和经济发展起着重要作用，该地区的河流主要分布在噶尔、措勤、仲巴三县。高原湖泊是气候变化敏感的指示器（杜娟等，2019），同时很容易受人类活动的影响，主要分布在普兰县、仲巴县和措勤县北部（图5.7）。此外，北部羌塘无人区内也有星罗棋布的湖泊，水源多来源于冰川融水等。永久性冰川雪地主要分布在日土县、札达县和噶尔县等（图5.7），山地冰川变化对全球气候变化具有指示性作用（Nie et al.，2010），尤其是在对气候变化敏感的喜马拉雅山区。滩地包括河、湖水域平水期水位与洪水期水位之间的土地，主要分布在日土、普兰两县。水库坑塘是人工修建的蓄水区，主要分布在噶尔县和日土县（图5.8）。

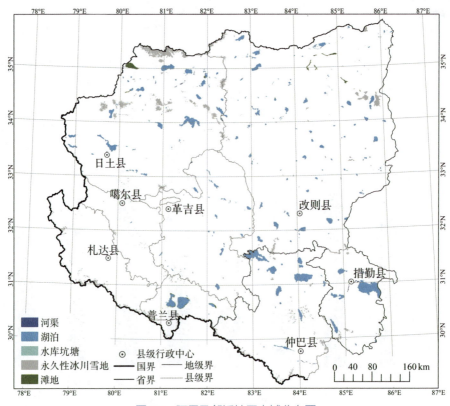

图 5.7　阿里及邻近地区水域分布图

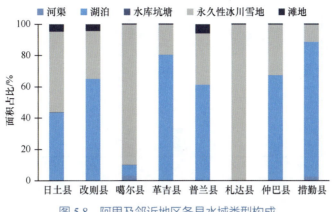

图 5.8 阿里及邻近地区各县水域类型构成

5.1.3 土地利用类型的地形分异特征

1. 主要土地利用与覆被类型的坡向特征

按照坡向进行空间统计，结果表明，阿里及邻近地区平地部分面积较小，仅占全区域面积的 2.25%，坡地面积占全区域面积的 97.75%。其中，水域面积在平地和坡地分布比较平均，面积占比分别为 44.07% 和 55.93%。其余各土地利用类型分布在坡地部分的面积显著高于平地部分。一级类型中，平地部分的主要土地利用类型为水域、草地和未利用土地，这 3 种土地利用类型占平地总面积的比例分别为 76.31%、15.80% 和 7.89%（图 5.9）。

从主要土地利用类型在不同坡向的分布特征发现，林地主要分布在北坡和东北坡方向；耕地集中分布在西南、南坡方向，南坡光照较为充足，水热条件更适宜耕作；草地总体的坡向分布较均匀，偏好分布在南坡和北坡方向，其中高覆盖度草地的分布在南坡的比重最高，中覆盖度草地在南、北坡的分布没有显著差异，而低覆盖度草地分布在北坡的比重要高于南坡，这是因为低覆盖度草地主要分布在阿里及邻近地区北部高寒荒漠地区，这部分区域气候寒冷，降水量较少，而北坡的光照条件也较差，因而生长的高寒草地覆盖度较低，而高覆盖度草地和中覆盖度草地主要分布在海拔较低的河谷地区，阳坡水热条件好，草地覆盖度也较高；居民建设用地在研究区内面积比重较小，分布较零散，主要分布在西北、北坡方向；水域主要分布在北、东北坡方向（阴坡），以永久性冰川积雪为主，湖泊主要分布在南坡，尤其是冰湖，大多是由冰川融水形成的；未利用土地主要分布在北、东北、东南和南坡方向，坡向分布特征不明显（图 5.10）。

2. 土地覆被的坡度分布特征

森林主要分布在 34° 以下坡度范围，坡度越低分布越少，其中灌木林地集中分布在 34° ~ 38°（图 5.11）。这是因为该区域内数量极少的林地主要生长在河谷的两侧。草地主要分布在 2° ~ 14° 和 22° ~ 34°，其中高覆盖度草地主要分布在小于 6° 的范围内，

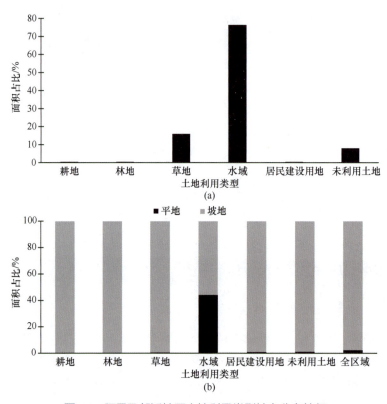

图 5.9　阿里及邻近地区土地利用类型坡向分布特征

(a) 阿里及邻近地区土地利用类型在平地的分布；(b) 阿里及邻近地区土地利用类型在平地和坡地的分布

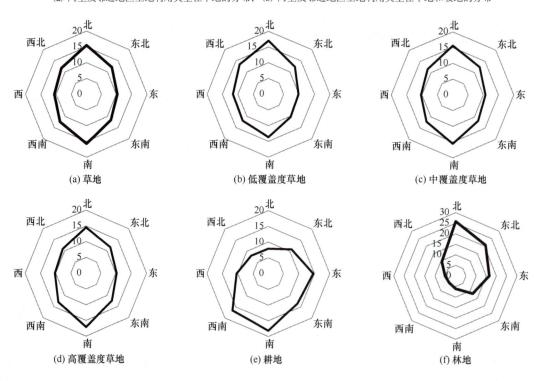

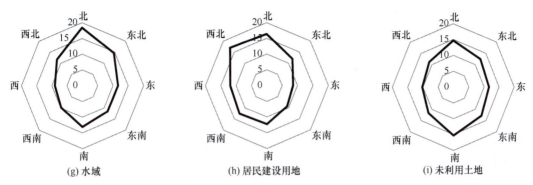

图 5.10　阿里及邻近地区土地利用类型的坡向分布（坡地部分）

坡度越高分布越少，中覆盖度草地和低覆盖度草地随坡度增大呈先减少后增加的趋势，在大于 10° 的范围内分布较多。耕地的分布范围在阿里及邻近地区比较特殊，集中分布在 34° ~ 38°，坡度较大，这是因为该地区平原极少，大多数是坡地上开垦的梯田，种植的作物类型有青稞等。永久性冰川雪地集中分布在 10° ~ 22°。湿地、河流和湖泊都多分布在 0° ~ 14°，较缓的坡度有利于水的汇集。未利用土地在小于 6° 范围内分布最少，随着坡度增大，未利用土地的分布也逐渐增加。

从阿里及邻近地区相同坡度范围内的不同土地利用类型分布比例来看（图 5.11），各土地利用类型的分配比例随着坡度的变化总体来看有 4 种变化趋势：一是随着坡度增加逐渐增加；二是随着坡度增加先增加后减少；三是随着坡度增加先减少后增加；四是波动型。裸岩石质地、灌木林地属于第一种，在大于 38° 达到最大比例，此时土地利用类型基本只包括灌木林地和裸岩石质地。水域属于第二种，随坡度增加先逐渐增加，在 6° ~ 10° 和 14° ~ 18° 达到最大比例，之后随坡度增加又急速减少。草地属于第三种，

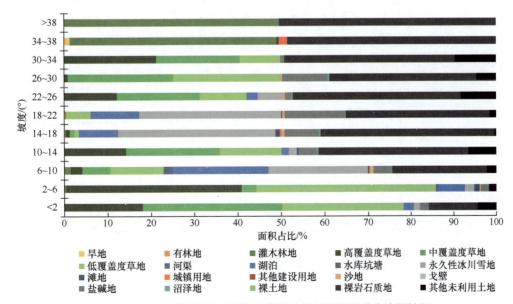

图 5.11　阿里及邻近地区相同坡度各类土地利用类型分布比例特征

在 $10° \sim 22°$，其分布随坡度增加呈减少趋势，之后在 $22° \sim 34°$，随坡度增加，草地分布又有所增加。居民建设用地属于第四种，其分布随坡度变化没有明显的规律。

5.2 土地利用程度及区域差异

土地利用程度是指人类对土地的利用强度，包含人类对土地的改造程度和自然界在土地这一范围内受人为影响的变化程度（楚玉山和刘纪远，1992），土地利用程度受到自然和社会两方面因素的影响（马利邦等，2019）。

5.2.1 土地利用率及其区域差异

土地利用率指已利用的土地面积与土地总面积之比，是反映土地利用程度的数量指标。土地利用率的高低取决于多种因素（李如忠和钱家忠，2002），主要有土地的自然条件，包括地势的高低、土壤的肥瘠、降水的多少、气温的高低，以及动物、植物、矿产的分布情况等。土地利用率受经济因素的影响很大，这又和技术水平有密切关系（金雄兵等，2003）。土地的利用程度可因技术条件而改变，技术进步可以使土地利用率提高。有许多土地人类尚不能利用，如高山、沙漠、峭壁、陡坡、未经风化的岩石、积雪深厚的冰川等。阿里及邻近地区土地利用率为 0.818（表 5.3），其中土地利用率较高的县有措勤县、革吉县、普兰县、改则县，以林地、草地等牧业用地为主，普兰县有少量农业用地，土地利用率在 0.85 以上；噶尔县土地利用率为 0.825，除大量农牧业用地外还有少量的建成区等。日土县、札达县土地利用率较低，地势过高和水热条件不足导致的未利用土地或难以利用土地面积增加，土地利用率分别为 0.680 和 0.657。

表 5.3 阿里及邻近地区土地利用率

区域	土地利用率
措勤县	0.939
噶尔县	0.825
改则县	0.881
革吉县	0.858
普兰县	0.853
仲巴县	0.824
日土县	0.680
札达县	0.657
阿里及邻近地区	0.818

5.2.2 土地利用程度分级及定量表达

土地利用程度是土地利用现状的综合反映，是指导未来土地可持续利用的重要参考。土地利用评价研究为我们全面了解当前土地资源的利用状况提供了重要的手段，对指导区域土地资源的可持续利用以及区域经济的发展具有重要意义。在《西藏土地利用》中，庄大方和刘纪远（1997）提出了一套量化土地利用程度的分析方法，即将土地利用程度按照土地自然综合体在社会因素影响下的自然平衡保持状态分为 4 级，并分级赋予指数，从而给出土地利用程度的定量表达。

第一级是土地未利用级，在这一级别上土地利用程度为零，基本没有社会经济活动，保持原有的自然平衡。阿里及邻近地区的各种未利用土地和永久性冰川雪地属于这一级别，是人类对土地资源开发利用的起点。随着对土地利用程度的加深，部分土地上的自然系统和社会系统间开始发生初级的物质能量交流，主要由自然系统流向社会系统。这一级别为土地自然再生利用级，土地利用程度较低，阿里及邻近地区有林地、灌木林地、高中低覆盖度草地以及各类河渠、湖泊、滩地等属于这一级别。随着地上自然系统和社会系统交流的继续发展，其流向会发展为双向的，土地使用者不再单纯依靠土地的自然再生能力，而开始有意识地进行物质、能力的投入，使自然系统的平衡点发生了有利于社会系统的变化。阿里及邻近地区属于这一级别的土地利用类型主要有旱地和水库坑塘两类。土地利用程度的最高级别是土地非再生利用级，这是土地利用的上限，人类一般无法对其进行进一步的利用与开发，原有的自然平衡已经在社会系统的影响下发生了彻底的变化。阿里及邻近地区城镇用地和其他建设用地属于这一级别，地表已经完全被人工非再生性覆盖物所覆盖，土地资源的利用达到顶点（西藏自治区土地管理局，1992）。

这 4 种土地利用程度级别只是 4 种理想型，在实际状态下往往是混合存在于同一地区，土地利用程度的综合量化指标在此基础上进行数学综合，形成一个 0 ～ 1 连续分布的综合指数，指数值大小反映某一地区的土地利用程度（姚晓军等，2007）。

$$La = 100 \times \sum_{i=1}^{n} A_i \times C_i$$

式中，La 为土地利用程度综合指数；A_i 为第 i 级的土地利用程度分级指数；C_i 为第 i 级土地利用程度分级面积百分比。La 值越大，表明区域的土地利用程度综合指数越大，人类对区域土地的开发程度越高。基于上述土地利用程度分级赋值标准（表 5.4），测算了阿里及邻近地区各县及全区土地利用程度（表 5.5）。

表 5.4　土地利用程度分级赋值

分级指数	土地利用类型
0	永久性冰川雪地、沙地、戈壁、盐碱地、沼泽地、裸土地、裸岩石质地、其他未利用土地
0.25	有林地、灌木林地、高覆盖度草地、中覆盖度草地、低覆盖度草地、河渠、湖泊、滩地
0.5	旱地、水库坑塘
1	城镇用地、其他建设用地

表 5.5　阿里及邻近地区土地利用程度

区域	土地利用程度
措勤县	0.235
噶尔县	0.207

区域	土地利用程度
改则县	0.220
革吉县	0.214
普兰县	0.213
仲巴县	0.206
日土县	0.170
札达县	0.164
阿里及邻近地区	0.181

5.2.3 土地利用程度的区域分异特点

阿里及邻近地区整体土地利用程度偏低，以土地未利用级和土地自然再生利用级为主，土地人为再生利用级和土地非再生利用级较少，集中在噶尔县和普兰县（图 5.12）。

县域单元的土地利用程度由东南向西北呈由高到低的变化趋势，其中措勤县土地利用程度最高，主要是由于其畜牧业历史悠久，天然草场面积广阔，且未利用土地面

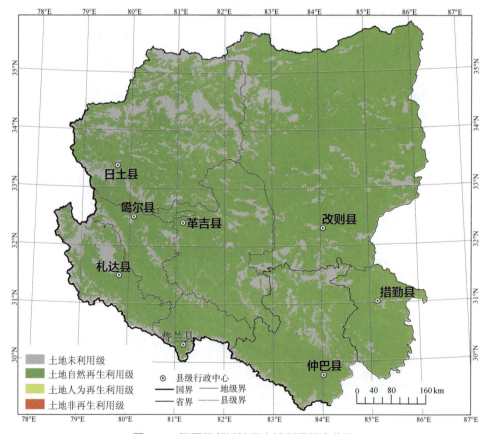

图 5.12 阿里及邻近地区土地利用程度分区

积远小于其他地区。按照土地利用程度高低依次为中部地区的普兰县、革吉县、噶尔县以及南部的仲巴县、北部的改则县，这些地区水热条件较好，天然草地所占比重大，噶尔县为阿里地区行政公署所在地，是阿里地区的政治、经济、文化中心，非再生利用土地面积较大，同时噶尔县和普兰县部分土地地形平坦、水源充足，适宜耕作，故而其土地利用程度较从事纯牧业的仲巴县、改则县等更高一些。土地利用程度最低的日土县及札达县，由于水热条件差，地势高亢，存在大片当前未利用和难以利用的土地（刘琼欢等，2017）。

5.3　土地利用景观格局

土地利用景观格局主要是指不同类型的大小和形状不一的土地利用斑块在空间上的排列，是景观异质性的具体表现。景观格局是由自然或人为形成的一系列大小、形状各异，排列不同的景观要素共同作用的结果（李秀珍等，2002）。而景观格局指数能够集中概括景观格局信息，可以用数据的形式建立景观结构与景观生态过程的联系，从而可以更好地理解生态景观的功能和过程（张帅等，2007）。

5.3.1　类型尺度上的土地利用景观格局现状

类型尺度上的土地利用景观格局指标包括面积 – 边缘指标、形状指标、核心区指标、对比指标和聚散性指标 5 项。本节共选择面积 – 边缘指标、形状指标、聚散性指标的 13 个指数进行计算，具体包括①面积 – 边缘指标：选取总面积（total landscape area，TA）、景观百分比（percentage of landscape，PLAND）、最大斑块指数（largest patch index，LPI）、平均斑块面积（mean patch area，MPS）4 个指数进行计算。其中，类型面积 / 总面积是景观的基本度量要素，景观百分比用以衡量景观中每种类型所占的比例；最大斑块指数表征最大斑块占景观总面积的百分比；平均斑块面积可以表征景观的破碎程度，一般认为具有较小平均斑块面积值的景观比具有较大平均斑块面积值的景观更破碎（张金茜等，2018）。②形状指标：选择周长 – 面积分形维数（perimeter area fractal dimension，PAFRAC）进行计算，用以表征空间上斑块形状的复杂程度。③聚散性指标：选择连接度指数（connectance index，CONNECT）、斑块数量（number of patches，NP）、斑块密度（patch density，PD）、聚集指数（aggregation index，AI）、景观形状指数（landscape shape index，LSI）、斑块聚集度指数（patch cohesion index，COHESION）、景观分割度指数（landscape division index，DIVISION）和散布与并列指标（interspersion juxtaposition index，IJI）8 个指数进行计算，其中连接度指数表征同一土地利用类型中各斑块间的连接程度。斑块数量和斑块密度都是衡量聚散性的基本指标，表征研究区内各土地利用类型的斑块总数及单位面积内各土地利用类型的斑块数量。聚集指数主要通过相同土地利用类型中各斑块像元间的公共边界长度来表征各类型的聚集程度，公共边界长度越大，聚集程度越高。景观形状指数用以衡量各土地利用类型整

体上的周长 - 面积比例，表征景观破碎程度，其值越大，斑块类型就越分散（徐晓龙等，2018）。斑块聚集度指数用以表征各土地利用类型的生境连接性。散布与并列指标是描述景观空间格局最重要的指标之一，对那些受到某种自然条件严重制约的生态系统的分布特征反映显著。景观分割度指数和斑块聚集度指数也反映了景观的聚散性。

从面积 - 边缘指标来看，草地面积最大，占全区总面积的 49.7046%；未利用土地的面积次之，占整体景观的 11.6906%；水域面积排在第 3 位，占全区景观的 2.5681%。这使得草地景观成为阿里及邻近地区土地景观的主导景观类型。在最大斑块指数方面，草地的值最大，约为 48.9768；第二位为未利用土地，其值仅为 0.9609（表 5.6）。这表明草地在阿里及邻近地区土地景观中优势地位显著。

表 5.6　2015 年阿里及邻近地区各土地利用类型景观格局特征

土地利用类型	TA/hm^2	PLAND/%	NP/ 个	PD/（个 /100hm^2）	LPI	LSI	MPS/hm^2
未利用土地	6254928.50	11.6906	1611	0.003	0.9609	90.2583	3882.6372
水域	1374020.00	2.5681	1188	0.0022	0.2021	43.8181	1156.5825
草地	26593859.25	49.7046	257	0.0005	48.9768	40.5656	103478.05
居民建设用地	613.00	0.0011	12	0	0.0005	5.86	51.0833
林地	20472.25	0.0383	12	0	0.0125	5.8726	1706.0208

土地利用类型	PAFRAC	IJI	CONNECT	COHESION	DIVISION	AI
未利用土地	1.3462	31.3774	0.0399	99.7768	0.9997	98.2152
水域	1.2287	43.8556	0.0715	99.3429	1	98.1727
草地	1.2101	20.6148	0.4286	99.9981	0.7601	99.6163
居民建设用地	1.6433	26.2832	6.0606	94.9615	1	89.8834
林地	1.2371	18.8384	0	99.0202	1	98.2893

从形状指标来看，周长 - 面积分形维数的取值范围在 1 ～ 2。越接近于 1，表明斑块的形状越简单，越有规律；越接近于 2，表明斑块的形状越复杂。值大于 1.5 的仅有居民建设用地，表明其斑块形状不规则，这与不同土地利用类型分布的地形特征有关。水域、草地和林地的值接近于 1，表明其斑块形状有规律。

从聚散性指标来看，连接度指数最低的是林地，这与阿里及邻近地区的自然环境直接相关：林地面积极少且零星分布在南部地势较低的河谷地带，受地形因素的限制，互相之间的连通性几乎没有。同时，居民建设用地的连接度指数最高，表明该区域的人类活动高度集中。全区内斑块数量最多的为未利用土地，同时，斑块密度也较小，这表明其在全区景观中虽然占有重要地位，但连接度较低，以大斑块的形式分布在整个流域中。

5.3.2　景观尺度上的土地利用景观格局现状

整体景观尺度的景观格局分析采用面积 - 边缘指标中的总面积（TA），聚散性指标中的斑块数量（NP）、斑块密度（PD）、斑块聚集度指数（COHESION）4 个指数和多样性指标中的斑块多度（patch richness，PR）、香农多样性指数（Shannon's diversity index，SHDI）、辛普森均匀度指数（Simpson's evenness index，SHEI）3 个指数，总计 7 个指数参与分析过程。

斑块多度用以衡量景观的丰富度，SHDI 用以表征景观异质性，其值越大，表明任意两个斑块成为不同土地利用类型的可能性越大（王琦等，2018）。SHEI 为观察到的多样性水平与最大可能多样性之比，用以表征景观多样性的均匀程度。

阿里及邻近地区土地利用景观的平均斑块面积为 17371.36hm^2，斑块密度约为 0.0058 个/100hm^2，斑块聚集度指数达到 99.9854，表征土地利用景观从整体上看连接度较好（表 5.7）。而从 SHDI 和 SHEI 来看，这两个指数值越接近于 1，斑块多度越大且斑块类型的分布越合理、越均匀。由此看来，阿里及邻近地区土地利用的景观分布存在一定程度上的不均衡，景观异质性较高。

表 5.7 2015 年阿里及邻近地区土地利用景观总体格局

地区	TA/hm^2	NP/个	PD/（个/100hm^2）	COHESION	PR	SHDI	SHEI
阿里及邻近地区	53503798.25	3080	0.0058	99.9854	6	0.6406	0.398

（本章执笔人：刘林山、谢芳荻、谷昌军、次仁、马和平、张镱锂）

参考文献

楚玉山, 刘纪远. 1992. 西藏自治区土地利用. 北京: 科学出版社.

杜娟, 文莉娟, 苏东生. 2019. 三套再分析资料在青藏高原湖泊模拟研究中的适用性分析. 高原气象, 38(1): 101-113.

金雄兵, 濮励杰, 罗昀, 等. 2003. 县市级尺度土地利用与土地覆盖变化初步研究——以江苏昆山市为例. 土壤, 35(3): 204-210.

李如忠, 钱家忠. 2002. 土地利用结构综合数值表征——以中国西部地区为例. 地理科学进展, 21(1): 17-24.

李秀珍, 布仁仓, 常禹, 等. 2002. 景观格局指标对不同景观格局的反应. 生态学报, 24(1): 123-134.

刘纪远, 匡文慧, 张增祥, 等. 2014. 20世纪80年代末以来中国土地利用变化的基本特征与空间格局. 地理学报, 69(1): 3-14.

刘琼欢, 张镱锂, 刘林山, 等. 2017. 七套土地覆被数据在羌塘高原的精度评价. 地理研究, 36(11): 37-50.

鲁春霞, 谢高地, 成升魁, 等. 2004. 青藏高原的水塔功能. 山地学报, 22(4): 428-432.

马利邦, 李晓阳, 成文娟, 等. 2019. 基于灌区面板数据的流域土地利用强度及其影响因素时空差异识别. 生态学杂志, 38(3): 908-918.

王琦, 王晓娜, 牟惟勇, 等. 2018. 黄石市土地利用景观格局变化研究. 中国农学通报, 35(9): 81-85.

西藏自治区土地管理局. 1992. 西藏自治区土地利用. 北京: 科学出版社.

谢高地, 鲁春霞, 冷允法, 等. 2003. 青藏高原生态资产的价值评估. 自然资源学报, 18(2): 189-196.

徐晓龙, 王新军, 朱新萍, 等. 2018. 1996—2015年巴音布鲁克天鹅湖高寒湿地景观格局演变分析. 自然资源学报, 33(11): 39-53.

姚晓军, 张明军, 孙美平. 2007. 甘肃省土地利用程度地域分异规律研究. 干旱区研究, 24(3): 312-315.

张金茜, 柳冬青, 巩杰, 等. 2018. 流域景观破碎化对土壤保持服务的影响研究——以甘肃白龙江流域为例. 资源科学, 40(9): 1866-1877.

张帅, 邵全琴, 刘纪远, 等. 2007. 黄河源区玛多县土地利用/覆被及景观格局变化的遥感分析. 地球信息科学学报, 9(4): 109-115.

张镱锂. 2012. 青藏高原土地利用与覆被变化及其区域适应研究. 北京: 气象出版社.

张镱锂, 刘林山, 王兆锋, 等. 2019. 青藏高原土地利用与覆被变化的时空特征. 科学通报, 64(27): 2865-2875.

庄大方, 刘纪远. 1997. 中国土地利用程度的区域分异模型研究. 自然资源学报, (2): 105-111.

Nie Y, Zhang Y L, Liu L S, et al. 2010. Glacial change in the vicinity of Mt. Qomolangma (Everest), central high Himalayas since 1976. Journal of Geographical Sciences, 20(5): 667-686.

第 6 章

土地利用及土地覆被变化

土地利用与土地覆被变化（land use and land cover change，LUCC）作为全球环境变化的主要驱动因素之一，是全球变化研究的重要内容（Foley et al.，2005）。人类活动（城市扩张、农田扩张等）显著地改变了地表覆被状态，被认为是土地覆被变化的重要驱动力（Huang et al.，2017）。地表覆被状况的改变可能对区域乃至全球生态系统产生影响，监测并量化土地利用及土地覆被变化对于理解地表过程、分析其对生态系统结构和功能的影响具有重要意义（Dronova et al.，2015；Foster et al.，2003）。阿里及邻近地区环境条件恶劣，生态环境脆弱，土地覆被类型的变化可能对该区域生态环境和生态系统服务带来不利的影响。基于 20 世纪 60 年代以来的有效航空与航天遥感数据、第二次全国土地调查数据以及 2017 年野外调查数据，分析并明确了阿里及邻近地区建设用地组成、格局及其变化。研究表明，20 世纪 60 ~ 70 年代至今，阿里及邻近地区人类活动强度明显增加：建设用地面积迅速扩张，其中各县城所在地建成区面积扩张均超过 10 倍；草地是该地区最主要的土地覆被类型，受增温及人类活动影响，2000 年后呈现整体变绿、局部退化的趋势；而作为诸多跨境河的源头，阿里及邻近地区湿地健康具有重要的意义，并表现出整体增加的趋势。本章在分析阿里及邻近地区土地覆被类型分布特征及变化的同时，指出其中可能存在的问题，并尝试性地提出了相应的解决措施。

6.1 建设用地变化

在城市扩张过程中，剧烈的土地利用方式引起了土地覆被状况的剧烈改变，其产生的结果被认为是影响区域乃至全球生态稳定的重要因素（Wang et al.，2012；Zhao，2013；童陆亿和胡守庚，2016）。阿里及邻近地区生态环境十分脆弱，然而在过去的几十年间，该地区的建设用地呈现了前所未有的扩张速度，建成区面积也在持续增加。本节基于 20 世纪 60 年代以来的有效航空与航天遥感数据、第二次全国土地调查数据以及 2017 年野外调查数据，分析并明确了阿里及邻近地区建设用地组成、格局及其变化。

6.1.1 建设用地构成及分布

阿里及邻近地区建设用地主要由建制镇、村庄、采矿用地以及风景名胜及特殊用地构成。阿里地区处于西藏最西部，幅员辽阔，人烟稀少，城镇村及工矿用地仅占阿里地区总面积的 0.53%（图 6.1），具体到各个县占比情况分别为：噶尔县（26.55%）、改则县（19.96%）、革吉县（17.93%）、普兰县（18.42%）、札达县（7.04%）、日土县（5.69%）、措勤县（4.41%）。其中，城镇村及工矿用地中，65.86% 为国家所有，34.14% 为集体所有。

阿里地区拥有丰富的矿产资源，在所有城镇村及工矿用地类型中，面积最大的为采矿用地，超过 30km²，占 43.31%，主要分布在改则县（30.39%）、革吉县（30.55%）、普

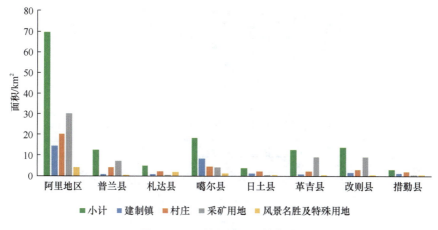

图 6.1　阿里地区建设用地构成

兰县（24.22%）及噶尔县（14.39%）。其次是村庄，占建设用地总面积的 29.18%。村庄总面积排名前三的县分别为噶尔县（21.92%）、普兰县（20.31%）及改则县（14.36%）。建制镇占比为 21.16%，主要分布在噶尔县，面积占 56.81%。阿里地区作为边疆的重要地区，同时具有诸多的旅游资源。札达县、噶尔县、普兰县和日土县 4 县靠近边境，同时又具有相对较多的旅游资源，因而风景名胜及特殊用地相对较多，札达县近 2km^2，噶尔县超过 1.3km^2。

从各个县的建设用地类型构成上来看（图 6.2），噶尔县建制镇土地利用类型占比最大；普兰县、改则县及革吉县具有较大比例的采矿用地；措勤县、日土县村庄占地面积较大；而札达县与其他几个县相比，其风景名胜及特殊用地占比较大，超过 1/3。

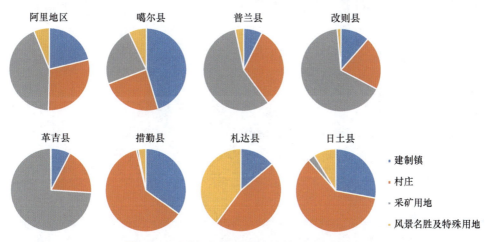

图 6.2　阿里地区建设用地各土地利用类型比例

从所有制占比上看（图 6.3），阿里地区国家所有占比约为 60%，其中噶尔县、革吉县、改则县 3 县国家所有占比均高于地区总体水平，而普兰县、札达县、日土县、措勤县集体所有占比相对较高。

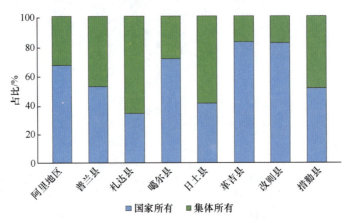

图 6.3　阿里地区建设用地所有制比例

6.1.2　建设用地时空变化

通过对 1984 ～ 1991 年西藏进行的首次土地资源调查（西藏自治区土地管理局，1992）成果与第二次全国土地调查成果（2016 年）对比发现，城镇村及工矿用地面积总量增加了 60.41km², 扩张了约 6.6 倍；建制镇变为首次土地资源调查的 24.53 倍，由不足 0.6km² 增至 14.72km²；村庄面积变为前者的 5.66 倍；采矿用地为前者的 5.93 倍；风景名胜及特殊用地变化较小，由 1.23km² 变为 4.41km²，为前者的 3.59 倍（图 6.4）。

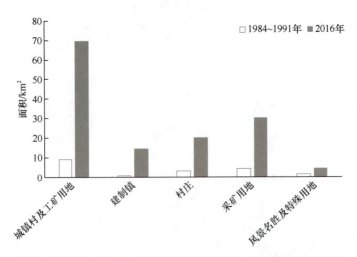

图 6.4　阿里地区在西藏首次土地资源调查与第二次全国土地调查中的数据对比

利用遥感影像对近 5 年（2010 ～ 2015 年）阿里及邻近地区土地资源变化进行进一步分析发现（图 6.5 和表 6.1）：在过去 5 年间，阿里及邻近地区的建设用地有明显的扩张，面积增加的主要为城镇建设用地。2010 ～ 2015 年城镇建设用地面积由 3.81km² 增长到 5.95km²，增长率达 56.17%；其他建设用地面积则相对稳定。

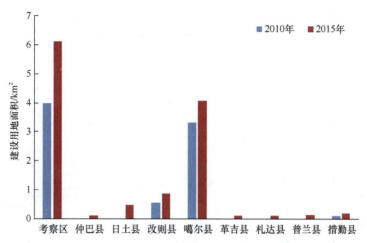

图 6.5　阿里及邻近地区各县建设用地面积变化（2010 ～ 2015 年）

表 6.1　2010 ～ 2015 年阿里及邻近地区建设用地面积变化

土地利用类型	面积 /km²		2010 ～ 2015 年变化	
	2010 年	2015 年	变化面积 /km²	变化率 /%
城镇建设用地	3.81	5.95	2.14	56.17
其他建设用地	0.16	0.16	0.00	0.00

注：阿里及邻近地区包括阿里地区各县（日土县、改则县、普兰县、札达县、噶尔县、革吉县、措勤县）和日喀则市仲巴县。其他建设用地指厂矿、大型工业区、油田、盐场、采石场等用地，以及交通道路、机场和特殊用地。

　　2010 ～ 2015 年普兰县新增城镇建设用地面积约 0.15km²，新增部分主要位于普兰县城西南，相距县城中心 2 ～ 5km 处，扩张的城镇建设用地多由低覆盖度草地转化而来。2010 ～ 2015 年札达县新增城镇建设用地面积约 0.12km²，由中、低覆盖度草地转入，主要位于札达县城西南方向，相距县城中心 2km 范围内。2010 ～ 2015 年日土县新增城镇建设用地面积约 0.47km²，新增城镇建设用地主要分布在日土县城东南部，主要由盐碱地和少量高、中覆盖度草地转入。2010 ～ 2015 年仲巴县新增城镇建设用地面积 0.12km²，位于老仲巴县城西北方向，主要由中覆盖度草地转入。2010 ～ 2015 年改则县城镇建设用地面积从原有的 0.55km² 增加到 0.86km²，扩张方向是以原有城镇建设用地为中心，向东、西两个方向辐射扩张，新增城镇建设用地面积约 0.31km²，增长率约 56.36%，新增部分主要由低覆盖度草地和盐碱地转入。噶尔县城镇建设用地面积远高于其他各县，城镇建设用地面积由 3.10km² 增加到 4.09km²，扩张了 0.99km²，增长率达 31.94%，其他城镇建设用地面积未发生明显变化，新增的城镇建设用地主要由低覆盖度草地转入。措勤县新增建设用地面积主要为城镇建设用地，2010 ～ 2015 年城镇建设用地面积从 0.11km² 扩张到 0.20km²，增长率达 81.82%，扩张的城镇建设用地主要由低覆盖度草地转入。

　　为进一步了解各个县城镇建设用地的变化情况，基于 CORONA、Landsat、Google Earth、哨兵数据等遥感数据（空间分辨率为 0.5m×0.5m ～ 30m×30m），采用目视解译和人机交互的方式，以大约每十年为时间间隔，绘制了阿里及邻近地区自 20 世纪 60

年代以来建设用地数据集（图 6.6）。考虑到数据的分辨率及可用年份，并未对各县建成区进一步细分。基于该套数据集，本节分析了阿里及邻近地区各个县近 50 年来空间上的扩张特征。

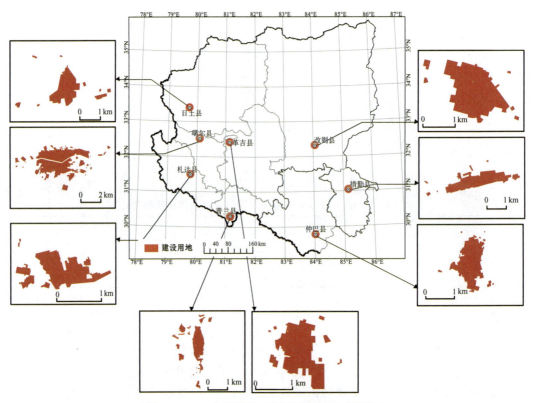

图 6.6　2017 年阿里及邻近地区县城建成区分布

1. 狮泉河镇建成区变化

狮泉河镇位于印度河上游狮泉河旁，海拔约 4285m，位于 32°29″N、80°06′E。狮泉河镇是噶尔县人民政府所在地，同时也是阿里地区行政公署所在地，以及阿里军区分驻地，是阿里地区经济、管理、文化、交通和信息中心，是我国西南边防重镇之一。狮泉河镇距离拉萨市 1752km，为新藏公路与省道 S301 的交界处，为新藏公路上的重要驿站。狮泉河镇建成区面积监测年为 1968 年、1968～1980 年、1980～1992 年、1992～1999 年、1999～2004 年和 2004～2017 年，共分析 6 个时间段。

狮泉河镇所在地属于高原亚寒带干旱气候，寒冷干燥，太阳辐射强。受严苛的气候条件影响，狮泉河镇建成区面积较小，但在过去近 50 年内，狮泉河镇由起初的不足 1km²，发展至 2017 年的近 10km²，扩张了 9 倍；扩张速率由 20 世纪 70 年代的 0.02km²/a 扩张到 2010 年后的 0.42km²/a，扩张速率也呈现阶梯式增长。

早期狮泉河镇所在地除游牧民族外，无居民居住。1965 年，经国务院批准，阿里地区驻地由噶尔昆萨迁至狮泉河镇，开始大规模的基本设施建设。国家投资 695.28 万元，完成阿里地直机关 1700m^2 的办公、住房的修建,修建成的全部为平房(西藏自治区阿里地区志编纂委员会,2009)。遥感监测的最初十余年内,该地区的建成区面积增幅较小。通过 1968 年的遥感影像发现,此时狮泉河镇面积为 0.22km^2,建成区主要分布在狮泉河北岸,与道路交会的地方(图 6.7)。1980 年,面积为 0.46km^2(表 6.2),12 年间仅扩张 0.24km^2。1969 ~ 1979 年国家再次对狮泉河镇进行投资扩建,增建行政公署机构用房,兴建部分工、商、文、卫等事业用房(西藏自治区阿里地区志编纂委员会,2009)。1980 ~ 1992 年建成区面积增加 1.15km^2。据县志记载,1988 年噶尔县县城由昆莎乡迁入狮泉河南岸,遥感影像观测到的建筑用地从狮泉河北岸扩张至南岸(图 6.7),与此记录相吻合。20 世纪 90 年代建成区在狮泉河南北岸,沿河流向东部迅速扩张:至 1999 年建成区面积增至 2.84km^2,7 年间增加 1.23km^2(表 6.2)。1999 年开始进行格桑路等 14 条市镇道路的建设,总投资 6288.46 万元(西藏自治区阿里地区志编纂委员会,2009)。2000 年后,尤其是 2004 ~ 2016 年,建成区沿河流及城区内主干道路不断扩张,特别在东南部地区面积增加显著(图 6.7 和表 6.2)。这与 2000 年后的国家援助有关,其中政府大院的建设成为狮泉河镇发展的主要动力。截至 2017 年,狮泉河镇建成区面积达 9.87km^2。由于该地区的政治特殊性,其建成区主要用地为政府机关和军区、武警驻地,地区级机关办公用地主要集中在狮泉河北侧,而噶尔县与狮泉河镇机关办公用地主要集中在狮泉河南侧,北部建设质量高于南侧,公共服务设施及居住用地达 60%,工业用地与绿地较少(罗彦等,2010)。

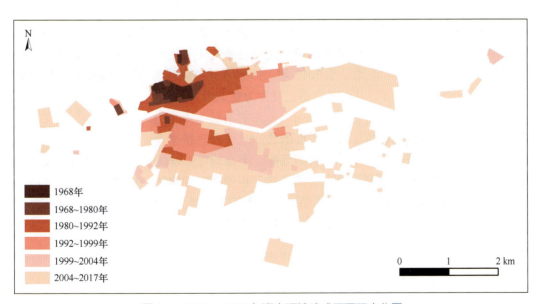

N

	1968 年
	1968~1980 年
	1980~1992 年
	1992~1999 年
	1999~2004 年
	2004~2017 年

0　　　　1　　　　2 km

图 6.7　1968 ~ 2017 年狮泉河镇建成区面积变化图

表 6.2　1968 ~ 2017 年狮泉河镇建成区面积　　　　　　　　(单位:km^2)

项目	1968 年	1980 年	1992 年	1999 年	2004 年	2017 年
面积	0.22	0.46	1.61	2.84	4.39	9.87

1982 ~ 2016 年狮泉河镇总人口由 7186 人增长至 18744 人。在人口不断增加与城镇化的共同促进下，阿里地区农林牧渔业总产值由 1985 年的 412.07 万元增长到 2016 年的 6393 万元，增加了 14.5 倍，特别是在 20 世纪初期，随着建成区面积的迅速扩张，GDP 总值同样迅速增长（图 6.8）。

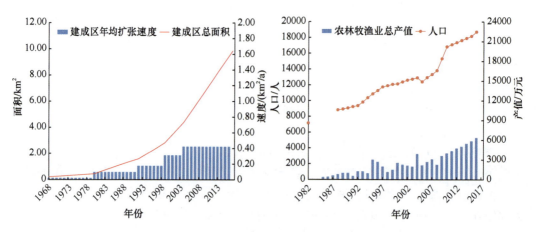

图 6.8　狮泉河镇年均扩张面积及噶尔县人口、农林牧渔业总产值变化

建成区面积及人口的迅速增加会对周围的环境产生巨大的影响。从 1968 年的影像（图 6.9）可以看出，狮泉河镇所处区域除狮泉河沿岸的湿地之外，其他区域为戈壁荒滩，以秀丽水柏枝、锦鸡儿为建群种的灌丛广布，狮泉河镇的扩张主要占用的是狮泉河沿岸湿地以及周围裸地。建成区最初由狮泉河与道路的交界处，向南岸及东部区域不断扩张，从而占用了大量的湿地。至 2017 年，1968 年遥感卫星影像上的湿地，除仅存的西部地区小面积湿地之外，其余湿地都已开发为建成区。

除此之外，伴随着人口的迅速增长，能源的消耗与需求也随之增长。由于供暖材料不足，大量灌木被砍伐用于取暖，松散的沙质地表直接暴露于风力作用下，生态环境受到了毁灭性的破坏。在干旱多风的气候、丰富的地表沙源及稀疏的地表植被的共同作用下，该地区长期遭受风沙灾害的困扰，积沙掩埋建筑物、道路，阻碍交通，大气污染严重，影响当地居民的正常生活（张春来等，2006）。1989 年国家斥资 200 万元对狮泉河盆地实施治沙工程，在狮泉河镇以西修建一条高 1.9m、长 450m 的挡沙墙，但在随后的 6 个月内就被流沙所吞噬。

2. 普兰镇建成区变化

普兰镇位于孔雀河旁，30°18′N、81°11′E，海拔约为 3869m。县城距离拉萨市 1206km，距离狮泉河镇 395km。普兰县为全国 12 个三国交界县之一：地处中尼、中印边境，为西藏西北部地区对外贸易往来的重要通商口岸，边境贸易历史悠久。普兰镇建成区面积变化监测年为 1961 年、1961 ~ 1971 年、1971 ~ 1990 年、1990 ~ 2001 年、2001 ~ 2005 年和 2005 ~ 2017 年，共分析 6 个时间段。

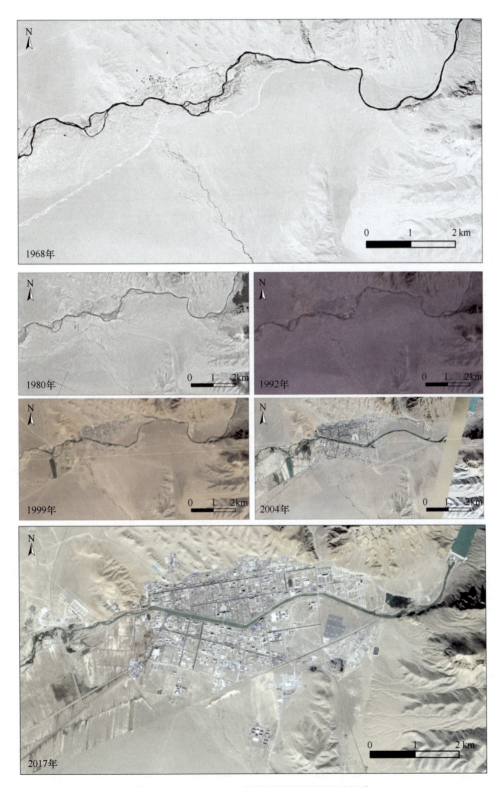

图 6.9　1968 ～ 2017 年狮泉河镇各期遥感影像

普兰镇 2000 年前面积增长速度较为缓慢，2000 年后面积扩张速度增大。建设用地开始从村落向外扩张，最终互相连接。1960 年前，普兰镇住所主要是帐篷与窑洞。1960 年，建立阿里地区普兰县人民政府，县政府驻地为普兰镇吉让村，随后开始陆续建设政府办公用地。由 1961 年和 1971 年遥感影像显示，该时期建筑主要在普兰镇北部吉让村附近（图 6.10）。该地区为河流交汇的三角地带，总面积不足 0.1km²，其余则分散地分布在附近各个村落中。1989 年后，县城中心移至章界沟以东贡噶堆，并开始在此修建县政府机关职工住房（西藏自治区阿里地区志编纂委员会，2009）。20 世纪 90 年代初，普兰镇建成一条长 1000m、宽 7m 的街道。1993 年县委、县政府制定普兰镇总体规划，群众及机关单位沿街道两侧新修商铺和住宅办公用房，形成普兰镇主街（今贡嘎路）（西藏自治区阿里地区志编纂委员会，2009）。1999 年全县撤区并乡后，阿里地区普兰县人民政府投资对普兰镇的住房及办公用房等进行修缮、扩建。2000 年后，普兰镇建筑用地沿贡嘎路向东西两侧扩张，从 2001 年的 0.57km² 扩张到 2005 年的 0.73km²，4 年时间增加 28.07%（表 6.3）。随后继续向主路两侧及西南方向扩张，至 2017 年达到 1.20km²。建筑用地的扩张在改变自身所在地区的土地利用类型的同时，也对周围的土地利用类型产生了较大的影响。从遥感影像上可以看出（图 6.11），孔雀河东岸的土地利用类型在建筑用地的扩张中产生了明显的转换，由优质草地转换为农田，随后不断被侵占，转换为建设用地。

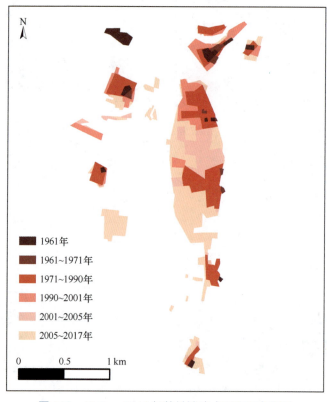

N

	1961年
	1961~1971年
	1971~1990年
	1990~2001年
	2001~2005年
	2005~2017年

0　　0.5　　1 km

图 6.10　1961～2017 年普兰镇建成区面积变化图

表 6.3　1961 ～ 2017 年普兰镇建成区面积　　　　　（单位：km^2）

项目	1961 年	1971 年	1990 年	2001 年	2005 年	2017 年
面积	0.05	0.10	0.41	0.57	0.73	1.20

伴随建筑用地的不断扩张，人口与农林牧渔业总产值同样逐步增长。1982 年人口普查时，普兰县人口总数为 6531 人，到 2016 年为 9743 人；农林牧渔业总产值由 1986 年的 422.08 万元至 2016 年的 5848 万元，增加约 12.86 倍（图 6.12）。

3. 托林镇建成区变化

托林镇位于札达县中部地区、象泉河南岸，具体为 79°48′E、31°29′N，平均海拔约 3800m，南部邻达巴乡，与印度接壤。全镇为典型雅丹地貌，属于高原亚寒带干旱气候。托林镇是札达县的政治、经济及文化中心，托林镇建成区面积变化监测分为 1962 年、1962 ～ 1968 年、1968 ～ 1980 年、1980 ～ 1992 年、1992 ～ 2002 年、2002 ～ 2011 年、2011 ～ 2017 年 7 个时间段。

1962 ～ 2017 年托林镇面积扩张明显（图 6.13），55 年间面积增加超过 10 倍，建成区扩张速度呈现缓和—加速的模式。由遥感卫星影像可以发现，20 世纪 60 年代，托林镇建筑用地集中分布于象泉河南岸、托林寺（始建于 1028 年）东侧，即如今托林镇西北角地区，总面积仅为 0.05km^2（图 6.14）。1960 年 5 月在托林镇成立阿里地区札达县人民政府，下辖 4 区 10 乡。1962 ～ 1980 年，建成区扩张速度较慢，小于 0.002km^2/a。1980 年面积为 0.08km^2。1980 ～ 2002 年面积增速较快，从空间分布上来看，主要沿今托林寺路向水资源较为丰富的西部、南部地区扩张，至 20 世纪初期增至 0.36km^2。1986 年于札达县城南部建立托林水库，为县城提供日常用水资源，并灌溉了周围农田面积约 500 亩。2002 年后以 0.02km^2/a 扩张，随后沿巴札公路向东部扩张，至 2017 年面积增至 0.85km^2（表 6.4）。城市扩张过程主要发生在象泉河及南部土林之间的小片湿地及湿地周围的裸地地区。

札达县的人口在 1982 ～ 2016 年由 4439 人增至 7530 人，人口增加 69.63%。农林牧渔业总产值从 20 世纪 80 年代中期至 2016 年，增加超过 12 倍（图 6.15）。

4. 改则镇建成区变化

改则县城驻地鲁玛仁波位于改则县南部地区，具体为 84°3′E、32°18′N，海拔约 4428m，东临洞措乡、西接物玛乡、南临麻米乡、北接察布乡。该镇拥有广阔的牧场，以牧业经济为主。改则县为羌塘国家级自然保护区的重要组成部分，是阿里地区面积最大的纯牧业县（改则年鉴编委会，2016）。改则镇建成区面积变化监测分为 1962 年、1962 ～ 1972 年、1972 ～ 1980 年、1980 ～ 1990 年、1990 ～ 2000 年、2000 ～ 2010 年、2010 ～ 2017 年 7 个时间段。

该镇的建成区面积在 1962 ～ 2017 年变化巨大，建成区扩张速度不断加快，基本可分为 3 个阶段（图 6.16）。第一阶段为低速发展期，主要时间段为 20 世纪 60 年代初

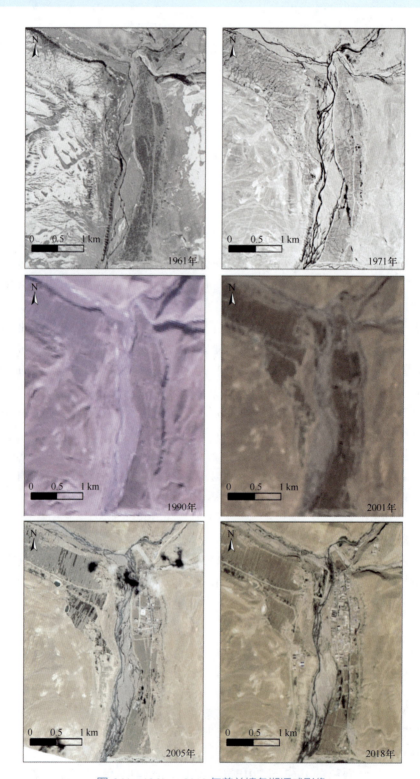

图 6.11　1961～2018 年普兰镇各期遥感影像

本图中选用 2018 年遥感影像是因为 2017 年没有可用的高分影像，所以选择相近年份（2018 年）作为补充

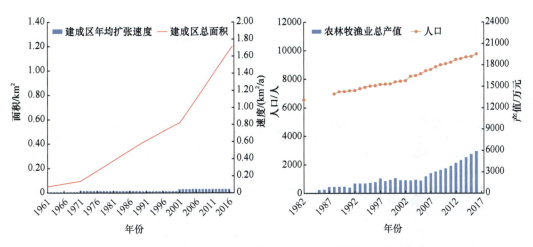

图 6.12 普兰镇年均扩张面积及普兰县人口、农林牧渔业总产值变化

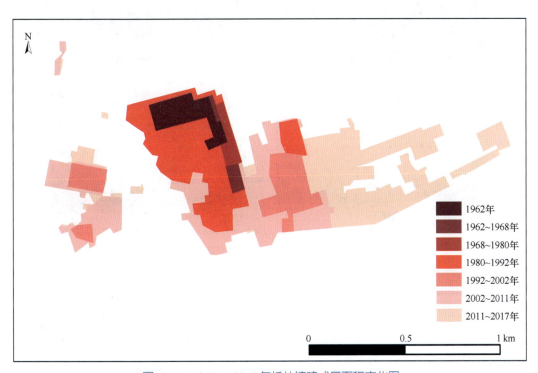

图 6.13 1962～2017 年托林镇建成区面积变化图

至 70 年代末，根据卫星影像显示（图 6.17），1962 年，现城区所在地几乎全未被开发，仅有一个院落，面积为 0.01km²。1960 年中共改则县委员会在门董（今措勤县驻地）成立，10 月在门董成立改则县人民政府。1961 年县驻地由门董迁至鲁玛仁波。1972 年院落面积增至 0.05km²。至 1980 年，该地区建筑物面积扩张为 0.15km²。第二阶段为中速发展时期，1980～2010 年扩张速度显著提升，由 20 世纪 60～70 年代的不足 0.03km²/a 提升至接近 0.05km²/a，2010 年时，建成区面积为 1.31km²（表 6.5）。2010～2017 年的

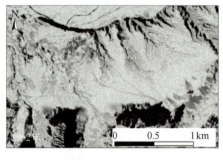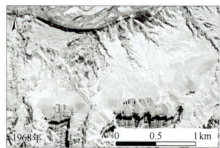
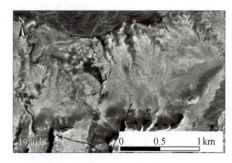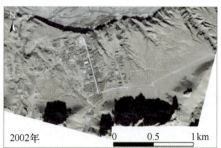
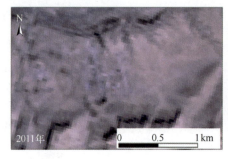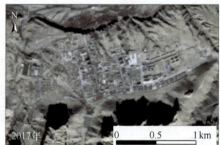

图 6.14　1962 ～ 2017 年托林镇各期遥感影像

表 6.4　1962 ～ 2017 年托林镇建成区面积　　　　（单位：km²）

项目	1962 年	1968 年	1980 年	1992 年	2002 年	2011 年	2017 年
面积	0.05	0.06	0.08	0.27	0.36	0.58	0.85

不到 10 年时间，为第三阶段飞速发展期，建筑扩张面积达 0.13km²/a，为 2000 ～ 2010 年的 2.8 倍，至 2017 年面积为 2.25km²。从空间变化来看，由于县城东北部地区沿河，因此建成区初期沿河流向西部及东部地区扩张，2000 年后逐渐向南部及东南部地区扩张。扩张过程中主要占用的是沿河分布的裸地及草地。

改则县的人口也在城市扩张中处于不断增长的状态，从 1982 年的 11012 人增长至 2016 年的 24645 人（图 6.18）。改则县的农林牧渔业总产值在阿里 7 县中较高，尤其在 2005 年后呈现高速增加的状态，对应该时间段，该地区的县城也处于中速至高速扩张阶段。

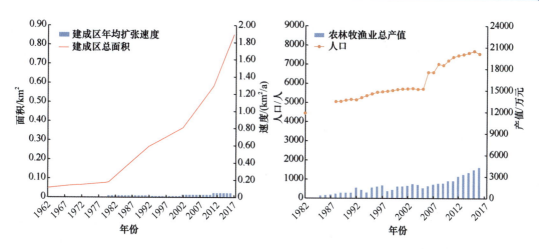

图 6.15　托林镇年均扩张面积及札达县人口、农林牧渔业总产值变化

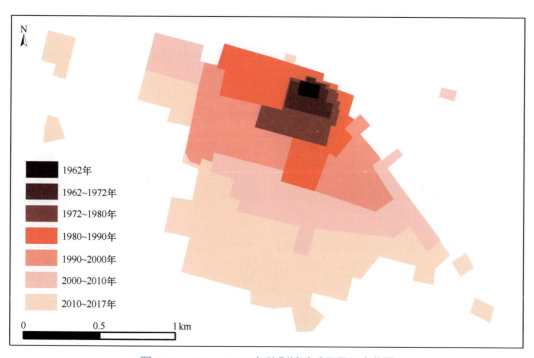

图 6.16　1962 ～ 2017 年改则镇建成区面积变化图

5. 日土镇建成区变化

日土镇驻地为德汝昆孜，位于日土县西部，具体为 79°43′E、33°23′N，海拔约 4260m。日土镇是一个半农半牧乡镇，为县委、县政府所在地，是全县政治、经济、文化、交通中心。其北侧距离不足 8km 处为班公错。新藏公路从镇中穿过，是新疆至西藏的重要站点。日土镇建成区面积变化监测分为 1968 年、1968 ～ 1980 年、1980 ～ 1990 年、1990 ～ 2001 年、2001 ～ 2010 年、2010 ～ 2017 年 6 个时间段。

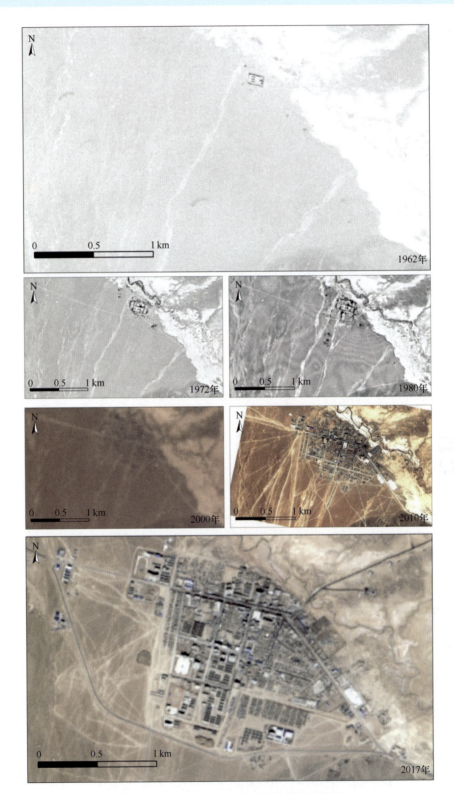

图 6.17 1962 ～ 2017 年改则镇各期遥感影像

表 6.5　1962 ～ 2017 年改则镇建成区面积　　　　（单位：km²）

项目	1962 年	1972 年	1980 年	1990 年	2000 年	2010 年	2017 年
面积	0.01	0.05	0.15	0.43	0.83	1.31	2.25

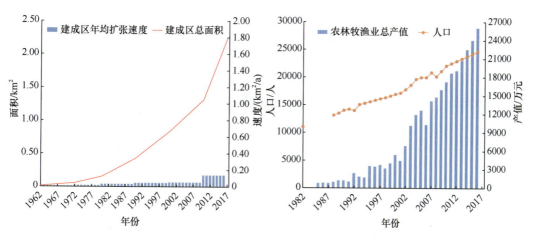

图 6.18　改则镇年均扩张面积及改则县人口、农林牧渔业总产值变化

　　1968 ～ 2017 年日土镇的建成区经历了从无到有的过程，同时扩张速度不断加快（图 6.19、图 6.20）。1960 年 10 月成立日土区公所，所驻地位于日土宗山东侧地区，处于今县城所在地以西约 13km 处，该地区的日土宗遗址为日土宗所在地。通过 1968 年及 2017 年的影像可以发现（图 6.21），这段时间该处基本为裸地及草地，几乎没有任何建筑物，仅在今县城西南部、新藏公路（1957 年通车，贯穿日土县 500 余千米）附近有少量建筑，面积不足 0.03km²。据《日土县志》记载，1960 年至 20 世纪 70 年代中期，整个日土县的基本建设项目较少，城镇等基础设施建设主要依靠机关干部、职工义务劳动或者群众投劳，并由国家给予他们一定的补助。70 年代末开始，国家投入力度不断加大。1983 年日土县迁至德汝昆孜。80 年代中期，日土县开始实施游牧定居工程。1990 年该地区建成区面积为 0.21km²，集中于主干道两侧。90 年代基本建设纳入国家宏观调控管理范畴，以农牧业基础设施为主，兼顾社会事业发展、交通等基础设施项目。日土县的基础设施建设主要依靠国家投入支持。2001 年日土县城区面积达到 0.38km²，1990 ～ 2001 年建成区面积向北部及南部扩张。随后进入相对前 30 多年增速加快的时期，速度由不足 0.02km²/a 增至超过 0.04km²/a，到 2010 年后增速超过 0.10km²/a。从空间上看，2010 年以前日土镇的建成区面积主要从北部沿主干道路向南部、西南部扩张，2010 年及以后，同时向东南部地区扩张。到 2017 年，日土镇的面积达 1.61km²（表 6.6）。城镇在扩张中主要占用了周围的草地及裸地（图 6.22）。历史上日土县没有工业，加之地广人稀，生活废弃物少，因此基本没有污染。但是由于该地区燃料缺乏，而又处于温差较大的高寒环境中，群众需要用灌木取暖做饭，这在一定程度上加剧了水土流失，破坏了生态环境与植被覆盖。

　　从 1982 年第三次全国人口普查到 2016 年，日土县人口数由 4704 人增至 10158 人，

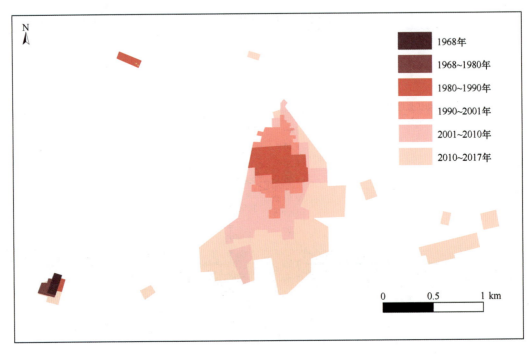

图 6.19　1968～2017 年日土镇建成区面积变化图

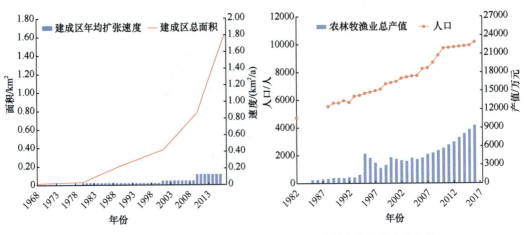

图 6.20　日土镇年均扩张面积及日土县人口、农林牧渔业总产值变化

增长超过一倍（图 6.20）。农林牧渔业总产值也迅速增长，由 491.68 万元（1985 年）增至 9350 万元（2016 年）。

6. 革吉镇建成区变化

革吉镇位于革吉县西北角，西接噶尔县左左乡，南邻普兰县巴嘎乡，北靠日土县热帮乡和东汝乡，是革吉县政治、经济、文化中心。该镇海拔 4515m，自然环境严酷，属高原亚寒带干旱气候，日照充足，无霜期短，风大寒冷，雨雪量小，昼夜温差大

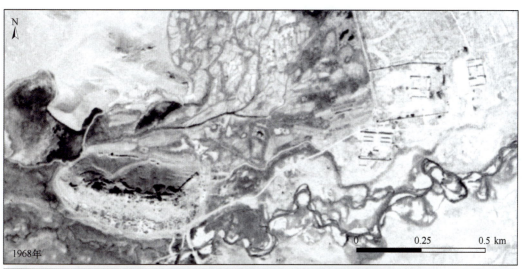

图 6.21　1968 年、2017 年日土镇对比图

表 6.6　1968～2017 年日土镇建成区面积　　　（单位：km²）

项目	1968 年	1980 年	1990 年	2001 年	2010 年	2017 年
面积	0.02	0.03	0.21	0.38	0.78	1.61

（西藏自治区阿里地区志编纂委员会，2009）。革吉镇建成区面积变化监测分为 1969～1980 年、1980～1992 年、1992～1999 年、1999～2010 年、2010～2017 年 5 个时间段。

　　革吉镇建成区在过去近 50 年间增长迅速（图 6.23、图 6.24）。1962 年春，县址正式确定在那坡（西藏自治区阿里地区志编纂委员会，2009）。革吉县县委、县政府成立之初那坡没有任何建筑物，只搭建了 4 顶帐篷，作为县委、县政府机关驻地。从遥感

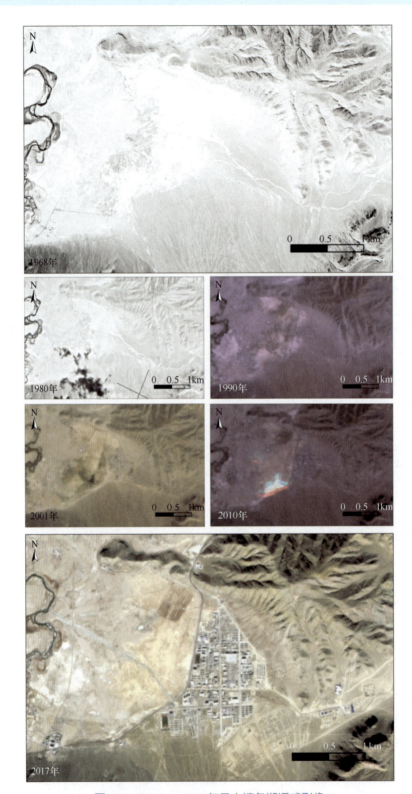

图 6.22　1968 ～ 2017 年日土镇各期遥感影像

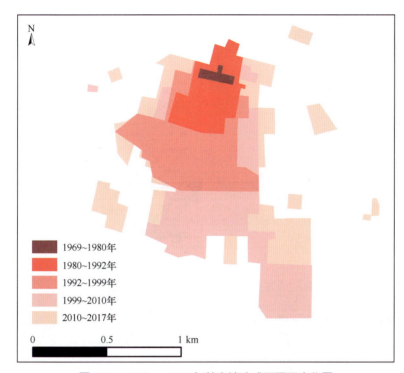

图 6.23　1969 ～ 2017 年革吉镇建成区面积变化图

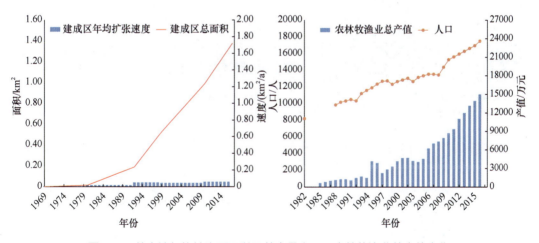

图 6.24　革吉镇年均扩张面积以及革吉县人口、农林牧渔业总产值变化

影像上看（图 6.25），1969 年该地区没有任何建筑物痕迹。据《革吉县志》记载，1975 年投资 130 万元，县城北端修建 900m² 的 40 多间房子作为政府机关。这段记录可以在 1980 年的影像中得到证实（图 6.25）：在北部地区存在少量房屋，面积约为 0.02km²。1980 ～ 1992 年建筑扩张增速相对变快，12 年间增长 0.17km²。1992 年县政府对县城进行了初步规划，要求各单位建房必须以县政府办公楼所对应的南北方向为中轴线，分东西建设，逐步形成南北走向的县城街道雏形。随着县城向南扩张的同时，沿县城

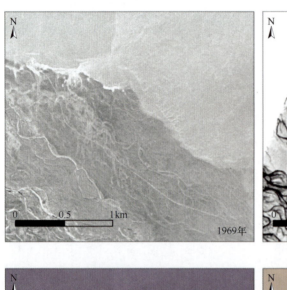
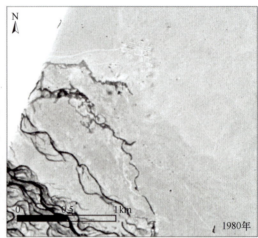
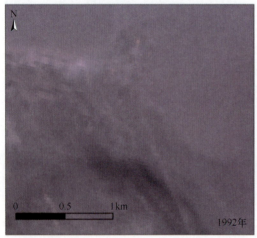
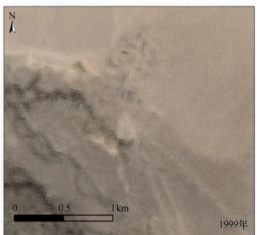
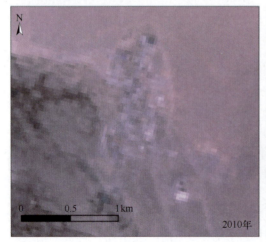

图 6.25   1969 ～ 2017 年革吉镇各期遥感影像

主路向东西两侧也在不断扩张，至 1999 年面积为 0.53km²。革吉镇建筑物扩张速度从 20 世纪 90 年代起增速较为平稳，维持在 0.04 ～ 0.06km²/a。2010 年面积达 0.99km²；2017 年底面积为 1.38km²（表 6.7）。从空间上看，扩张初期（90 年代前）建筑物主要占据森格藏布河岸北侧的裸地、草地。90 年代后向森格藏布进一步扩张，并逐步占用了一部分覆盖度相对较高的草地资源。

表 6.7　1969 ～ 2017 年革吉镇建成区面积　　　　　　（单位：km²）

项目	1969 年	1980 年	1992 年	1999 年	2010 年	2017 年
面积	0.00	0.02	0.19	0.53	0.99	1.38

革吉县的人口由 1982 年的 8213 人增至 2016 年的 17500 人，34 年间增长了 1.13 倍。农林牧渔业总产值从 635.17 万元（1985 年）增至 14978 万元（2016 年）（图 6.24）。

7. 措勤镇建成区变化

措勤镇位于措勤县西北部地区，东临扎日南木错，这也是其名字的由来："措勤"藏语意为"大湖"。阿里地区措勤县人民政府驻地门东村，具体为 85°09′E、31°01′N，海拔 4667m。国道 G216 通过县城，县城位于措勤藏布北岸。措勤镇建成区面积变化监测分为 1969 年、1969 ～ 1978 年、1978 ～ 1990 年、1990 ～ 2000 年、2000 ～ 2011 年、2011 ～ 2017 年 6 个时间段（图 6.26）。

图 6.26　1969 ～ 2017 年措勤镇建成区面积变化图

1969 年该地区仅有少量房屋散布在措勤藏布北岸，面积约为 0.01km²。门东村原为阿里地区改则县人民政府所在地（1960 年），1970 年 12 月 12 日，划出改则县路南 4 个区 21 个乡成立措勤县，驻地于此（西藏自治区阿里地区志编纂委员会，2009）。1978 年建成区面积增至 0.06km²。1987 年措勤县机关搬迁至此地（西藏自治区阿里地区志编纂委员会，2009），至 1990 年面积增长为 0.34km²。20 世纪 80 年代增速约为

0.02km²/a，1990～2011 年增速约为 0.03km²/a，2011 年后加快（0.14km²/a），至 2017 年面积达 1.92km²（表 6.8）。从空间变化上看，建筑最初集中于现址东部地区，随后沿措勤藏布不断向西部地区扩张，扩张过程中主要占用的是河岸周边的草地及裸地（图 6.27）。

表 6.8　1969～2017 年措勤县建成区面积　　　　　　（单位：km²）

项目	1969 年	1978 年	1990 年	2000 年	2011 年	2017 年
面积	0.01	0.06	0.34	0.63	0.96	1.92

图 6.27　1969～2017 年措勤镇各期遥感影像

建成区扩张过程中，人口数量及经济增长也较快，措勤县人口至 2016 年增至 15694 人，比 1982 年（7965 人）增加 97%。农林牧渔业总产值到 2016 年为 10638 万元，是 1985 年的 25.77 倍（图 6.28）。

8. 仲巴县建成区变化

仲巴，藏语意为"野牛之地"。仲巴县政府驻地位于县境东南部地区、柴曲的西南侧，具体为 29°46′N、84°02′E，海拔 4591m，向南约 5.3km 为国道 219。1960 年设仲巴县，由阿里专署管辖；1962 年 9 月仲巴县划归日喀则专署管辖。建县时机关驻岗久，1964 年 3 月迁扎东。由于当地沙害严重，1986 年经国务院批准，决定将县址由扎东搬迁到扎东偏西 20km 的马泉河与柴曲汇合处的刮那古塘。1990 年 8 月 27 日，经国务院批

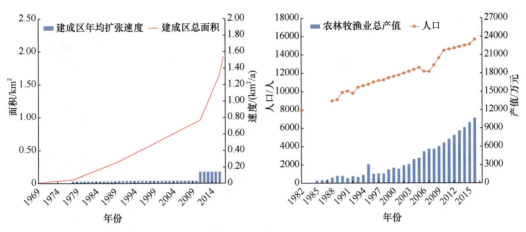

图 6.28　措勤镇年均扩张面积及措勤县人口、农林牧渔业总产值变化

准，县址迁至托吉，目前驻地拉让乡。仲巴建成区面积变化监测分为 1967 年、1967 ～ 1978 年、1978 ～ 1991 年、1991 ～ 2000 年、2000 ～ 2010 年、2010 ～ 2017 年 6 个时间段（图 6.29）。

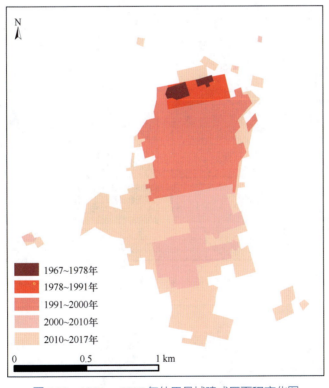

图 6.29　1967 ～ 2017 年仲巴县城建成区面积变化图

仲巴县城在 1990 年前基本没有建筑。1967 年的遥感影像显示（图 6.30），该地区此时没有任何建筑物痕迹。1978 年仅在如今县城的西北角有少量房屋，面积约

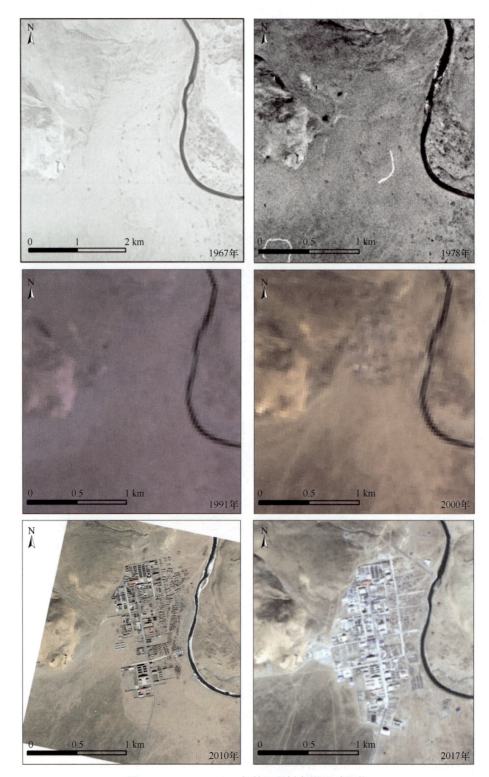

图 6.30　1967～2017 年仲巴县城各期遥感影像

为 0.02km²，此时房屋依然集中于今县城北部区域。1991 ～ 2000 年建筑面积迅速以 0.04km²/a 的速度向南部扩张，至 2000 年面积增至 0.47km²。2000 ～ 2010 年，继续向南部地区扩张，增速有所变缓（0.03km²/a），2010 年面积为 0.73km²。2010 年后向南部及西南部地区扩张，截至 2017 年，面积为 1.26km²（表 6.9）。在城市扩张过程中占用的主要土地类型为草地、灌木及裸地。

表 6.9　1967 ～ 2017 年仲巴县城建成区面积　　　　　（单位：km²）

项目	1967 年	1978 年	1991 年	2000 年	2010 年	2017 年
面积	0.00	0.02	0.07	0.47	0.73	1.26

仲巴县人口 1982 年为 10922 人，34 年增长 126.09%，变为 24694 人；农林牧渔业总产值增长 17.23 倍（图 6.31）。

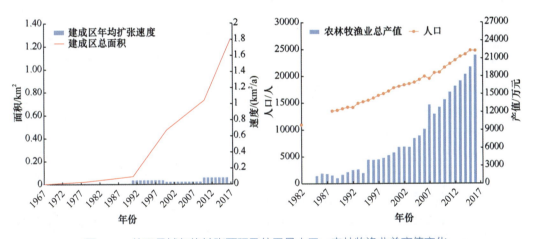

图 6.31　仲巴县城年均扩张面积及仲巴县人口、农林牧渔业总产值变化

9. 阿里及邻近地区各县建设用地扩张比较

进一步比较阿里及邻近地区各县建成区扩张速度发现，1980 年之前，各县建成区面积基本处于扩展速度较低的阶段。1980 年后扩张速度慢慢加快，尤其在 2010 年后，建成区扩张速度提升明显（图 6.32）。

狮泉河镇是阿里地区的行政公署，以及阿里军区分驻地，其扩张对维持边境地区稳定具有重要作用。1968 ～ 2017 年狮泉河镇面积增速及扩张面积远超其他各镇：面积由 0.22km² 增至 9.87km²，56 年间增长 9.65km²，2017 年面积基本等同于其他各县面积总和（10.47km²）。

除噶尔县之外，阿里地区 2015 年 GDP 排行由大到小依次为改则县、革吉县、措勤县、日土县、普兰县、札达县，2010 年人口普查排行由大到小依次为改则县、革吉县、措勤县、日土县、普兰县、札达县，而建成区面积由大到小依次为改则县、措勤县、日土县、革吉县、普兰县、札达县，由此可见 GDP 较高、人口较多的县同时也是建成区扩张速度较快的县。此外，对比几个县份交通的通达情况，改则县、革吉县、措勤县相对来说里

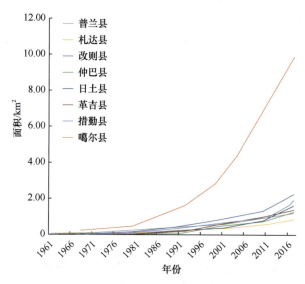

图 6.32　1961～2017 年阿里及邻近地区各县建成区年均扩张面积

程数一直较高。作为新疆进入西藏要道的日土县在 2010 年后建成区面积增速更为明显。

　　普兰县作为重要的边境贸易口岸，其建成区面积在 20 世纪 70～90 年代初一直保持相对较高的增速，但是由于普兰县是一个较为重要的农业县城，建成区周边有较多农田，90 年代后建成区增长不及其他县。2017 年，普兰县建成区面积仅高于仲巴县及札达县，与噶尔县、日土县的建成区面积相当。札达县同属于边境县城，但是交通不便，人口稀少，使其城市建成区的扩张速度相对较慢（图 6.32）。

　　阿里及邻近地区位于西藏西北部，地形复杂多变，气候严酷，使得该地区的交通运输始终成为制约经济社会发展的瓶颈。2000 年后基础交通的建设对阿里及邻近地区的城镇发展具有重要作用。对比西藏首次土地资源调查成果，2016 年交通运输用地总计 1664.64km^2（图 6.33），为前者的 54.28 倍；公路用地新增 746.51km^2；农村道路用地

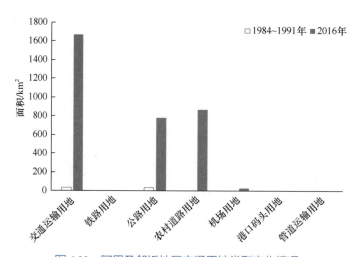

图 6.33　阿里及邻近地区交通用地类型变化情况

为 862.50km²；机场用地从无变为 24.96km²；2010 年 7 月 1 日，总投资 17 亿元的阿里昆莎机场正式通航。各项交通用地的增加为阿里及邻近地区带来人流、物流、信息流，对阿里及邻近地区的发展具有重要意义。

6.2　耕地利用与发展

6.2.1　耕地面积与分布

1. 耕地面积

阿里及邻近地区共有耕地 3522.8hm²，占全区土地总面积的 0.01%，是一级土地利用类型中面积占比最小的，包括水浇地和旱地两个二级类型。水浇地指有水源保证和灌溉设施，在一般年景能正常灌溉，能种植旱生农作物的耕地，包括种植蔬菜等非工厂化的大棚用地。旱地则是指无灌溉设施，主要靠天然降水种植旱生农作物的耕地，包括没有灌溉设施，仅靠引洪淤灌的耕地。全区水浇地面积共 3142.59hm²，占耕地总面积的 89.21%；另有 380.21hm² 旱地，占耕地总面积的 10.79%。

2. 耕地分布

（1）耕地的行政区分布。阿里及邻近地区地处西藏西北部，平均海拔 4500m 左右，气候条件独特。全区以牧业生产为主，农业处于从属地位。东部四县盛产藏系绵羊，兼产藏系牦牛和山羊，从事纯牧业生产（康志鸿，1988），少有耕地分布。农业主要分布在西部的普兰县、札达县、噶尔县、日土县 4 个半农半牧县（徐文华等，2011）。

各县级行政单元中，札达县耕地面积最大，全县耕地总面积约 1119.16hm²，占全区耕地总面积的 31.77%。其余依次是普兰县、噶尔县和日土县，各县耕地面积分别占耕地总面积的 26.05%、23.42% 和 18.76%（图 6.34、图 6.35）。

水浇地面积以札达县最多，占全区水浇地总面积的 29.65%；其次是普兰县，占全区水浇地的 28.80%；噶尔县和日土县水浇地面积较少，分别占全区的 23.43% 和 18.12%。旱地在札达县分布最广，占全区旱地的 49.26%；其次是日土县和噶尔县，旱地面积分别占旱地总面积的 24.00% 和 23.36%；旱地面积最小的是普兰县，全县仅有 12.86hm² 旱地，占全区旱地的 3.38%。各县均没有水田分布。

（2）从耕地的空间分布来看，差异明显。通过分析耕地所处的地貌部位，可知冲积、洪积、湖积平原及其复合类型和相对平缓的山地是耕地所在的主要地貌部位。这种分布是种植业所要求的生物气候条件和地理环境相适应的结果，也同历史上人类垦殖活动有密切关系（西藏自治区土地管理局，1992）。西藏各地的现有考古发现，原始农业是在人类逐步积累经验和不断认识自然规律的基础上产生和发展的，最初形成只能是在条件优越的河谷地带。之后随着人类的进步、生产技术的发展，农业活动范围逐渐扩大（西藏自治区土地管理局，1992）。

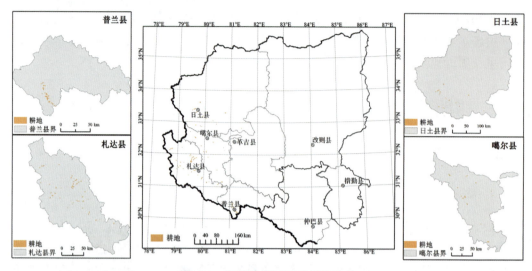

图 6.34 阿里及邻近地区耕地分布

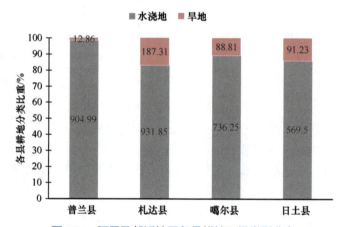

图 6.35 阿里及邻近地区各县耕地二级类型分布

阿里及邻近地区的耕地主要分布在孔雀河、象泉河、狮泉河及班公错等流域的高山河谷阶地、河谷缓坡地、洪（冲）积扇中下部、河漫滩、沟谷冲积扇与湖盆台地、湖滨平原、入湖河口三角洲等部位，属于高山河谷–湖滨平原灌溉型农业（徐文华等，2011）。河谷地带相对位置低，热量条件较好，靠近水源，便于引水灌溉，耕地的这种分布格局既是人类活动选择的结果，也是由环境条件所决定的（罗静等，2015）。

耕地沿海拔分布的状况亦是空间分布的重要特征。阿里及邻近地区各县耕地的垂直分布范围差异显著。各县耕地分布上限较为接近，噶尔县耕地分布上限最高，约在海拔 4638m 处，其次为日土县和札达县，分布上限分别为 4511m 和 4503m，耕地分布上限最低的是普兰县，在海拔 4229m 处（表 6.10）。但耕地分布下限差异比较悬殊，因此导致耕地垂直分布范围明显不同。噶尔县、日土县耕地多分布在山谷等地势相对平缓的区域，分布下限在 4200m 左右；普兰县和札达县部分耕地分布在河谷、湖滨等区域，耕地分布下限显著低于其他地区，普兰县耕地分布下限为 3686m，札达县耕地分布下限为 2965m，较低的海拔为耕地提供了更为有利的水热条件。

表 6.10　耕地垂直分布高度

县名	最高海拔 /m	最低海拔 /m	区间范围 /m	平均海拔 /m
普兰县	4229	3686	543	3920.6
札达县	4503	2965	1538	3992.5
噶尔县	4638	4215	423	4306.9
日土县	4511	4245	266	4328.4

6.2.2　耕地自然条件

适宜的自然环境提供了一个可供农作物生长的场所，耕地主要的自然条件包括地貌、土壤、气候 3 个方面（张贞等，2010）。有利于耕地发展的自然条件应该是：相对平坦的地形，相当深厚的耕种土壤，足够作物生长和成熟所需的光照、温度和降水，此外也不能出现严重的自然灾害等限制农作物的生长和成熟（赵松乔，1984）。

1. 气候资源特点

光能条件。阿里及邻近地区地势高，空气稀薄，云量少，空气中的尘埃和水汽含量少，透明度大，四季阳光充足，辐射强度大，是青藏高原也是我国太阳辐射最高值区。丰富的光能资源为农作物充分进行光合作用、制造有机物质、增进作物生长发育速度提供了有利的条件，可以促进植物叶片加厚，防止倒伏，其在提高种植密度的同时增强了作物的抗寒性（秦向阳和陈阜，2001），同时，也弥补了阿里及邻近地区作物生长季节气温较低、生长期短的缺陷，是提高阿里及邻近地区农作物产量的重要气候条件（西藏自治区阿里地区志编纂委员会，2009）。

除光能条件以外，农作物生长还需要足够长时间的适宜温度来维持一系列生长季过程，并且还需要足够的水分，当温度条件足够适宜时，耕地作物的分布很大程度上是由降水决定的（魏希文和崔雪锋，2016）。阿里及邻近地区气温年较差小，较同纬度的东部平原地区低，但较西藏其他地区略高，而年平均气温日较差大，有利于光合作用产物积累。全区热量资源由南至北逐渐减少，总体热量水平较低，种植业发展受到限制，但在南部普兰、札达两县部分低海拔地区平均气温较高，年均气温在 3.1℃左右，最暖月（7 月）平均气温在 12℃以上，可以种植喜温凉耐寒作物（秦向阳等，2002）。在全球气候变暖的背景下，阿里及邻近地区的气温也有上升的趋势，并且增温幅度远远高于全国和全球气温增长率，阿里及邻近地区气温呈现出强势变暖的状态（丁真贡嘎和赛珍，2017）。气温升高带来的积温增加、无霜期延长等对作物的生长十分有利，作物的生长期也会增加，这样可能会对单产提高产生促进作用。但变暖加剧了气温的年际变化，造成灾害发生的概率也可能会大大增加。

阿里及邻近地区各县降水量稀少，年降水量通常在 200mm 以下，且时间和空间分配极不均匀，位于西南部的普兰、札达两县除雨季有较明显的降水外，干季也有较丰富的降水，其余地区的降水量则主要集中在雨季，给农田灌溉带来了一定影响。但阿里及邻近地区河流众多，主要包括马甲藏布、朗钦藏布、森格藏布及班公错等，这些河流水质优良，阴阳离子含量低，矿化度小，pH 为 7 ~ 8，呈微碱性，属于淡水，多数可用于灌溉。暖季河流多由冰雪融水补给，径流量季节和月变化较大，水热同季可满足耕地灌溉的需要（西藏自治区阿里地区志编纂委员会，2009）。

2. 耕地土壤条件

土壤条件是作物生长的重要决定因素，有机质可以间接地提高土壤质量，进而提高土地生产力，土壤的酸碱度会影响土壤特征，包括空气和水分的运动、土壤污染物的降解、植物营养和微生物活动，有机质含量低、过酸性或过碱性的土壤都不适宜农作物生长（鲍文，2011）。

阿里及邻近地区按照地貌类型可以分为三大区域：北部高原湖盆区、中部高山宽谷区和南部高山峡谷区（张斌和常青，1993）。不同的地貌部位分别分布着重力堆积物、残积物、坡积物、洪积物、冲积物、湖积物和风积物等不同的成土母质类型，在不同的成土环境作用下形成不同的土壤类型（刘玉梅等，2015）。全区土壤共划分为 91 个土种，主要包括高山荒漠土、高山草甸土、高山草原土、亚高山草原土、亚高山荒漠土、寒原盐土、草甸土和沼泽土等。其中，耕种草原土耕作层厚度多为 10 ~ 15cm，为团块或弱团块结构（表 6.11）。土壤质地受洪积作用影响，沙性较强，可分为壤质、砂壤质和砂质耕种草原土。中等地土壤氮素含量为 0.363%，磷素含量为 8ppm[①]；下等地氮素含量为 0.275%，磷素含量为 5ppm；但中等地和下等地钾含量丰富，均在 0.6% ~ 0.75%。因此，土壤耕层中有效氮素含量低，中下等地普遍缺磷，产量不高，亩产 150 ~ 350 斤[②]（1.125 ~ 2.625t/hm²）。整体而言，这一区域土壤条件较差，存在

表 6.11 藏西农牧区耕地土壤特征

种类	质地	分布	结构	肥力	成因
耕种草原土	壤质	阶地，距村庄近	团块结构	土壤肥力高	受洪积作用影响小，受耕作、施肥影响大
	砂壤质	广泛分布在洪积扇，受洪积作用明显的台地	耕层结构较差、弱团块状、含少量粗砂砾	保水肥能力差	受洪积作用影响明显
	砂质	局地分布，面积小			
耕种草甸土	砂壤质	面积小	土层湿润、地表有盐渍现象	低肥型，潜在肥力和有效肥力均较低，有机质含量 3‰ ~ 15‰	

注：根据 2017 年野外调查数据编制。

① 1ppm=10⁻⁶。
② 1 斤 =0.5kg。

盐碱化、板结、土壤空隙度大、有机质和速效氮及速效磷含量低的情况，土壤较贫瘠，是发展种植业的一个主要限制因素（秦向阳和陈阜，2001）。

3. 自然灾害

该地区自然灾害频繁，对耕地造成影响的主要有风灾、雪灾、雹灾和霜冻等。其中，风灾主要发生在每年的 6～9 月，对作物造成的影响是作物倒伏，进而减产。雪灾主要发生在 1～3 月，部分高海拔地区到 4～5 月积雪仍不能完全融化，主要对春播造成影响。雹灾主要发生在雨季 6～9 月，会砸坏或砸倒农作物，造成作物减产，严重的甚至导致作物颗粒无收。霜冻主要发生在 11 月至次年 5 月，影响农作物的生长和成熟（西藏自治区阿里地区志编纂委员会，2009）。

6.2.3　耕地利用发展

西藏民主改革前，受自然环境影响，阿里及邻近地区耕地少而分散，适合个体家庭经营，从而形成了具有区域性特点的农奴制经济制度。仅在普兰、札达等县的个别地区有农业生产活动，整个区域基本还是落后的游牧经济。到 1959 年，阿里及邻近地区仅有耕地 8411 亩（表 6.12），主要分布在普兰县，占全区耕地总面积的 60.14%，粮食产量共 337.02 万斤，有 71.92% 是普兰县贡献的，全区粮食单产约 400.69 斤 / 亩。耕地分布主要集中在普兰县，种植业区域发展极不平衡，粮食产量极低。

表 6.12　各县部分年份耕地面积和粮食总产量

县名	耕地面积 / 亩			粮食总产量 / 万斤		
	1959 年	1969 年	1975 年	1959 年	1969 年	1975 年
普兰县	5058	7286	8582	242.40	350.34	467.00
札达县	1643	6629	7638	34.71	151.06	241.38
噶尔县	528	4406	8778	10.91	81.48	181.29
日土县	1182	4678	7129	49.00	89.35	181.03
合计	8411	22999	32127	337.02	672.23	1070.70

1959 年 7 月起，阿里及邻近地区开始实行民主改革，使得广大无地或少地农奴分得土地（西藏自治区阿里地区志编纂委员会，2009），广大农奴翻身做了主人，走农业合作化的道路，大力发展农业。到 1969 年，阿里及邻近地区共有耕地 22999 亩，是 1959 年耕地面积的近 3 倍。各县耕地面积均有所增加，普兰县耕地面积增加了 44.05%，占全区耕地总面积的 31.68%；噶尔县、札达县、日土县耕地面积大幅增加，其中噶尔县 10 年间耕地面积扩张了 7 倍多。耕地面积的增加也促进了粮食总产量的增加，1969 年阿里及邻近地区粮食总产量达到了 672.23 万斤，增长了近 1 倍，大大改善了农民的生活。但是，由于生产水平落后，抵御自然灾害的能力较差，粮食单产低。到 1969 年，阿里及邻近地区粮食单产仅为 292.29 斤 / 亩，大部分地区粮食仍不能实现

自给自足，而这也大大影响了畜牧业的发展[①]。

1970 年阿里及邻近地区实现了人民公社化，制定了"以牧为主，农牧结合"，发展农牧业生产的方针。全国范围的"农业学大寨"运动也在这一地区开展起来，使得农业水、土、肥等生产条件得到了显著改善，粮食生产迅速发展[②]。这一阶段不仅耕地面积有所增加，粮食单产也迅速提高。到 1975 年，阿里及邻近地区共有耕地 32127 亩，约是 1969 年的 1.4 倍，约是 1959 年民主改革初期的 3.8 倍。各县耕地分布格局也发生了变化，到 1975 年噶尔县成为阿里及邻近地区耕地面积最大的县，共有耕地 8778 亩，占全区总耕地面积的 27.32%，其下依次为普兰县、札达县和日土县，分别占全区耕地总面积的 26.71%、23.77% 和 22.19%。到 1975 年粮食总产量已达到 1070.70 万斤，是 1969 年的 1.6 倍，相较于 1959 年，更是增加了两倍多，粮食单产也大幅增加，1975 年阿里及邻近地区粮食单产约 333.27 斤 / 亩，比 1969 年增加了 14.02%。

20 世纪 80 年代起，阿里及邻近地区和全国各地一样开始实行家庭联产承包责任制，税收减免，政策放宽，发展经济，将生产的好坏和劳动者本身的物质利益联系起来。这一时期农牧区政策不断完善，农牧民文化水平也不断提高，对农业生产有了科学的认识和科学的管理方法，随着农业投入的不断加大，生产条件的不断改善和提高，农业生产发展有了较高的水平和长足的发展（康志鸿，1991）。单位面积内产量得到较为充分的提高，粮食作物播种面积、粮食总产量也呈较为平稳的发展趋势。但这一时期出现的新问题是农牧业内部结构产生了尖锐的矛盾，新开垦增加的耕地大多是多年耕种过的草原土土地，土壤严重缺乏肥力，同时无序开垦的耕地也对生态环境造成了一定程度的破坏。到 1987 年底，全区共有耕地 36180 亩，相比于 1975 年增加了 12.62%，全区粮食总产量 806.7 万斤，其中普兰县粮食总产量 471.35 万斤，占全区粮食总产量的 58.43%，札达县粮食总产量 168.4 万斤，占全区粮食总产量的 20.88%，噶尔县粮食总产量 78.62 万斤，占全区粮食总产量的 9.75%，日土县粮食总产量 88.33 万斤，占全区粮食总产量的 10.95%。该地区粮食依旧不能实现自足，要依赖区内外粮食的支援，这也牵制了其他产业的发展。

为了改变农业发展中遇到的困境，阿里及邻近地区各县从农区实际出发，根据农业经济结构的特点，以及各县自然条件和生产条件，因地制宜地安排作物布局，在保证粮食供给的前提下，适当发展经济作物和饲料作物，如经济作物中的油菜，耐寒性较强，经济价值较高，且有养地作用，比较适宜该区域的气候，既可作为蔬菜，也可作为粮食。合理的种植结构可以充分利用自然资源，协调好作物与环境的关系，以通过作物种植最大限度地促进作物全面增产，达到持续利用土地的目的。阿里及邻近地区种植制度的调整主要是以春青稞为中心的轮作制度和复种制度：一方面，适当的轮作可以调节土壤养分供应并减少杂草危害；另一方面，合理的间作或混作可以提高单位面积的产出率和土壤养分供应。在低海拔、热量充足的地区，适当开展复种可以提

---

① 中国科学院青藏高原综合科学考察队阿里分队. 1997. 阿里地区农业生产地域考察及分区.
② 中国科学院青藏高原综合科学考察队阿里分队. 1997. 一九七六年青藏高原综合科学考察报告——阿里地区农业考察报告.

高土地的利用率（秦向阳和陈阜，2001）。

近 20 年来，阿里及邻近地区农业生产条件稳步改善，粮食生产能力大幅度提升。除青稞、豌豆、油菜等主要作物增产稳产外，部分地区经济作物果蔬有所发展，人工种草也得到较快发展，农业由单一粮食种植向粮经饲多元化发展。各县农业产值呈波动增加的趋势，增长最快的是噶尔县，农业产值由 1995 年的 63.59 万元增长到 2016 年的 1159 万元（图 6.36），年均净增长率达到 14.82%；其次是日土县，1995 年农业产值仅为 77.51 万元，到 2016 年达到 816 万元，年均净增长率约 11.86%；增速相对较慢的是普兰县和札达县，农业产值别从 358.47 万元、90.66 万元增加到 1585 万元和 401 万元，年均净增长率都约为 7.34%。

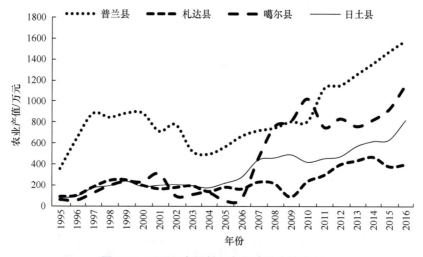

图 6.36　阿里及邻近地区各县农业产值变化

1988 ~ 2008 年耕地总面积在社会经济发展和人口数量不断增长的推动下呈缓慢增长趋势，之后在 2009 ~ 2011 年处于减少期，近些年处于稳定期，没有显著变化。人均耕地面积出现了负增长，1988 年人均耕地面积约 0.51 亩，到 2016 年仅有 0.32 亩（图 6.37），年均减少 1.65%。造成这一现象的原因主要是人口增长速度过快，并且这一趋势越来越明显。粮食总产量整体呈增加趋势，2016 年比 1988 年增加了 14.8%，平均每年增长 0.49%（图 6.38），在耕地面积相对稳定的情况下，播种面积的增加和亩产的提高对粮食总产量提高起着重要作用。人均粮食产量也同人均耕地面积一样呈现出减少的趋势，再次说明人口的增长速度已经显著超出耕地面积扩大和粮食产量增加的速度。

6.2.4　主要问题与解决思考

1. 耕地利用存在的主要问题

农业产业化水平低，基础设施相对落后。阿里及邻近地区气候恶劣，自然灾害频繁，生态环境脆弱，农业长期处于比较粗放的原始生产状态，靠天吃饭的现状没有根本改变。

图 6.37　历年耕地总面积及人均耕地面积变化曲线

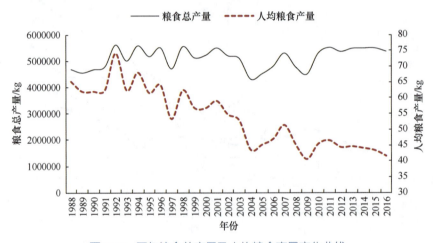

图 6.38　历年粮食总产量及人均粮食产量变化曲线

农业产业化水平比较低，没有形成良好的循环模式，导致农业生产效益非常低下。同时基础设施建设等水平与提高综合生产能力要求不相适应，对农田水利、草原生态保护、良种及种子工程等基础设施的投入不足。比较突出的问题是对于这些基础设施重建轻管，如对于已兴修的水利设施的维护不力，由此导致有效灌溉面积和旱涝保收面积占比增大缓慢。从目前来看，全区现有耕地有 50% 得不到有效灌溉，严重影响了农业生产的发展。

农业科技落后，农业劳动力素质低下。受自然条件的制约，西藏地区目前在教育方面发展水平相对较低，阿里及邻近地区现有农村劳动力人口素质普遍不高，不利于其接受先进的农业科学技术，而农业人才的短缺也严重制约了当地农业的快速发展。

边境村农业劳动力短缺，人口老龄化严重。边境村因为距离县城、城市相对较远，人口稀少，医疗、教育、基础设施、农牧民收入水平均比较落后（李兴绪和刘曼莉，2011）。随着改革的不断深入和社会主义市场经济的发展，农业生产效率低、收入差使得越来越多的农业劳动者有了"农不如工，工不如商"的观念。在这样的大背景下，边境村壮年劳动力为了获得更高的经济收入，选择离开农村，转而从事第二、第三产业的生产；适龄学生为了寻求更好的教育资源，也会选择随父母迁往距离家乡较远的县城或大城市。加之边境地区交通基础设施薄弱，这些离家务工或求学的年轻人回到家乡的次数也很少。边境村常住人口老龄化问题日益突出，缺乏劳动力使得边境地区部分农村耕地被撂荒浪费或粗放经营。

2. 合理利用耕地的思考

加大对农村基础设施建设的投入，以增强农村经济发展后劲。各级政府都非常重视对农村基础设施的建设，而且正在不断增加财政方面的投入。一方面应该继续关注农村基础设施的建设，另一方面应该在资金投入之后加强后期管理（麻仕海，2017）。提升农业基础设施的利用效率，使农业生产条件变得更好。建立完善的市场机制，调整产业结构，要想使农村地区实现产业化发展，市场所起到的作用是非常关键的。对于阿里及邻近地区来说，应充分结合当地的实际情况，以乡镇为中心，建立比较正规的商品市场，这样就可以使农牧民的劳动成果在最短的时间内转化成实际的收入，同时也可以购买更多所需要的生产资料及生活资料，长此以往就可以在最短时间内解决"买难卖难"的问题，从而从根本上提升农牧民的生活水平。在此基础上，应逐步建立起系统、完善的，以生产要素为主体的市场（麻仕海，2017）。

振兴农业科技，健全农业科技创新体系。没有农业科技创新的推动，就没有阿里及邻近地区农业的现代化。伴随地区经济的持续快速发展，城乡居民收入显著增加，社会对农产品的需求处于持续快速增长阶段，这对农业发展提出了更高的要求。但是，阿里及邻近地区农业发展的资源约束进一步强化，继续靠增加自然资源投入来增加农产品产出的余地已经越来越小，因此必须把农业发展转到主要依靠科技进步和提高劳动者素质上来，加快农业科技创新，加大科技成果的转化和推广力度，提升产业技术，发展现代农业，提高农业综合生产能力。必须依靠农业科技创新，支撑和引领高产、优质、高效、生态和安全的现代农业发展。必须依靠农业科技进步，不断提高农业资源的产出率、资源利用率，以促进地区农业健康发展（刘振宁，2017）。

加强边境村庄基础设施建设，不断改善边境地区居民的生活环境，促进公共教育、卫生、医疗事业的进步；同时进一步完善社会保障政策，健全社会保障体系，加强对儿童、老人的管理，保障边境人民最基本的生活水平；就业方面，鼓励边境人民在本村就业，尽量通过生态岗位等为边境人民提供更多的就业机会（韩文武，2010）；可以提高边境地区事业单位等的工资待遇，降低事业单位的准入门槛，鼓励和吸引外来人口在偏远边区就业。

6.3　草地质量状况与变化

6.3.1　草地分布与特征

阿里及邻近地区草地资源丰富，分布广泛，草地总面积约占该地区土地面积的 77.65%（图 6.39）。8 个县所含有的草地资源面积从大到小依次为：改则县 > 日土县 > 革吉县 > 仲巴县 > 措勤县 > 札达县 > 噶尔县 > 普兰县（图 6.40），同时改则县也是拥有优质牧草最大的县（西藏自治区阿里地区志编纂委员会，2009）。从占所在县总面积的比例来看，阿里地区 7 县中措勤县草地资源所占比例最大，约占该县总面积的 87.58%；噶尔县草地资源约占该县总面积的 82.43%；革吉县草地资源约占该县总面积的 84.90%；改则县草地资源约占该县总面积的 86.58%；普兰县草地资源约占该县总面

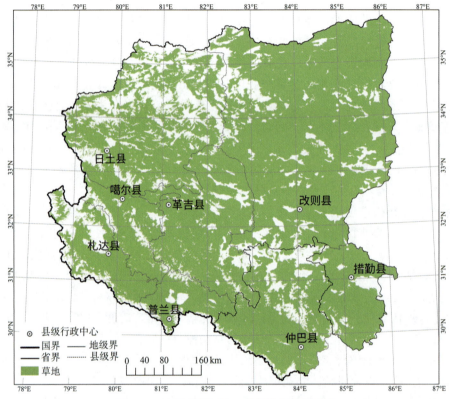

图 6.39　阿里及邻近地区草地资源空间分布

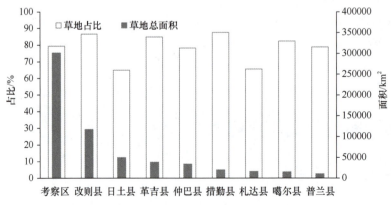

图 6.40　阿里及邻近地区与区内各县草地面积及所占比例

积的 78.75%；札达县、日土县占比相对较低，草地资源分别约占该县总面积的 65.66%
与 64.94%；仲巴县草地资源约占该县总面积的 78.25%。

　　根据草地类型，可以将阿里及邻近地区的草地分为以下九大类：温性草原、温性
荒漠草原、高寒草原、温性荒漠、高寒荒漠、高寒草甸、低平地草甸、沼泽和附属草
地（西藏自治区阿里地区志编纂委员会，2009）。高寒草原面积最大（图 6.41），在寒
冷而干旱的气候条件下，其由寒旱生的丛生禾草构成，主要分布在措勤县北部、改则县、
革吉县及日土县东部；高寒草甸次之（9.1%），其生存条件为高寒气候下土壤水分适宜
的环境，在各县均有分布，其中在措勤县面积最大；温性荒漠是在极端干旱条件下形
成的草地类型，覆盖度很低，由强旱生或超强旱生植被构成，主要分布于朗钦藏布河谷、
森格藏布河谷及班公错流域；温性荒漠草原是在干旱而微温的气候条件下由旱生或强
旱生丛生禾草构成的草地类型，草原群落中旱化程度最高，集中分布在孔雀河谷地和
象泉河谷地中；温性草原是在半干旱、干旱条件下形成的草地类型；高寒荒漠气候干旱、
寒冷，是阿里及邻近地区自然条件最为严酷的地区，主要分布在阿里地区北部昆仑山
内部及喀喇昆仑山与昆仑山之间的广阔高原湖盆之中；低平地草甸主要分布在气候较
为温暖的象泉河谷地、狮泉河流域及班公错湖盆边缘；沼泽的土壤长期处于水分饱和
状态，水分来源以地表径流为主（西藏自治区阿里地区志编纂委员会，2009；畅慧勤等，
2012）。

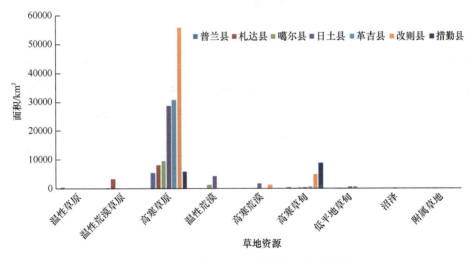

图 6.41　阿里及邻近地区草地资源面积分布图

数据来源：《阿里地区志》

　　阿里及邻近地区植被类型及分布主要取决于热量梯度及湿度梯度（张新时，
1991），该地区降水由东南向西北递减，南部地区高于北部地区，因此植被类型也在空
间分布上呈现一定差异：由东向西，由高寒草原过渡为温性荒漠，由南向北，以喜马
拉雅山—冈底斯山—喀喇昆仑山—昆仑山为分界线，从灌丛草原、草原化灌丛，逐步
演替为高寒草原、高寒荒漠（西藏自治区阿里地区志编纂委员会，2009）。

从植被类型来看，禾本科、莎草科、菊科、藜科和豆科植物为阿里及邻近地区各种草地的主要植被类型，此外还有麻黄科、报春花科、蓼科等。禾本科中紫花针茅、羽柱针茅是高寒草原的主要建群种，后者较前者更耐旱；沙生针茅分布广泛，为温性荒漠草原的建群种或共建种；固沙草在沙生针茅草原中呈斑块状分布，是山地荒漠草原的亚建群种；白草具有一定的抗旱性，生长于干旱土地上；禾本科的三角草、赖草、芦苇、早熟禾是河滩低地和湖滨草甸的主要建群植物。莎草科中的嵩草属、薹草属、扁穗草属为高寒草甸、低平地草甸、沼泽的主要植被种类；莎草属，如藏北嵩草、高山嵩草为草甸植被的主要建群植物；青藏薹草是高寒草原的建群种或共建种；扁穗草广泛分布在阿里地区沼泽化草甸中。菊科植物中的蒿属在阿里及邻近地区较为常见，如荒漠草原中的藏沙蒿、冻原白蒿，以及藏白蒿、垫型蒿等；灌木亚菊常与驼绒藜形成荒漠群落，在以沙生针茅为主的荒漠草原出现。垫状驼绒藜为高寒荒漠常见的植被类型，分布在高原湖盆的砂砾地中。豆科的变色锦鸡儿耐寒抗旱，构成本地区最大的落叶灌丛草原；棘豆属是高寒草原及荒漠草原的主要种类，此外还有黄耆、黄花苜蓿等豆科植物的分布。阿里及邻近地区的常见植被还有秀丽水柏枝、札达沙棘、燥原荠、二裂委陵菜、小叶金露梅、变色锦鸡儿等（西藏自治区阿里地区志编纂委员会，2009）。

6.3.2 草地面积、绿度及生物量变化

2010～2015 年阿里及邻近地区草地减少率仅为 0.08%，面积共减少 242.46km^2（表 6.13）。草地主要转化为盐碱地、沼泽地及水域，由覆盖度较高的草地转化为覆盖度较低的草地。草地资源减少主要发生在改则、仲巴、日土、革吉 4 个草地资源较多的县。

表 6.13　2010～2015 年阿里及邻近地区与各县草地面积变化

地区	面积 /km^2		2010～2015 年变化	
	2010 年	2015 年	变化值 /km^2	变化率 /%
阿里及邻近地区	301671.63	301429.17	−242.46	−0.08
仲巴县	34092.44	34044.85	−47.58	−0.14
日土县	50081.63	50049.90	−31.73	−0.06
改则县	117517.71	117397.78	−119.93	−0.10
噶尔县	14897.77	14889.00	−8.77	−0.06
革吉县	38821.29	38803.77	−17.52	−0.05
札达县	15879.68	15877.36	−2.32	−0.01
普兰县	10322.74	10318.35	−4.39	−0.04
措勤县	20058.37	20048.15	−10.22	−0.05

基于 MOD13Q1V6 产品（时间分辨率：16 天，2000～2017 年），对阿里及邻近地区归一化植被指数（NDVI）变化进行分析，结果表明，阿里及邻近地区草地绿度整体偏低，空间上 NDVI 整体呈现东南高、西北低的趋势。5 月阿里及邻近地区除普兰县

小部分区域外，大部分地区 NDVI 在 0.1 左右，之后沿东南部向西北方向返青，8 月初至 8 月中旬，阿里及邻近地区 NDVI 基本达到峰值，仲巴县沿阿里及邻近地区的草地 NDVI 可达 0.4 以上，研究区北部区域，包括日土县大部分地区、革吉县北部、改则县北部和中部区域 NDVI 较低，在 0.2 以下。8 月下旬植被 NDVI 值开始下降。从生长季平均值来看，大部分区域 NDVI 生长季均值小于 0.2，在仲巴县偏南部地区，普兰县东南部及措勤县的河流、湖泊沿岸 NDVI 可达 0.3 以上（图 6.42）。

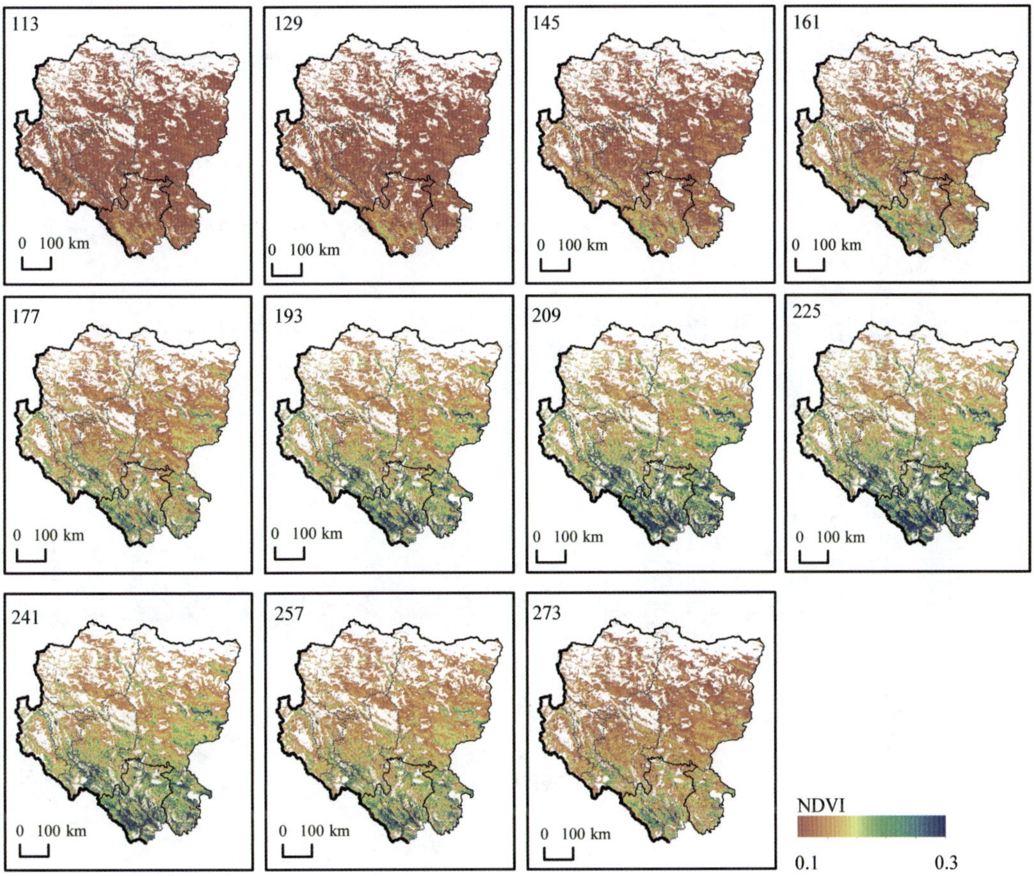

图 6.42　阿里及邻近地区 NDVI 生长季（5 ～ 9 月）多年平均值

图中左上角数字表示一年中的第几天；时间分辨率：16 天，2000 ～ 2017 年

从 NDVI 变化趋势上来看，阿里及邻近地区整体绿度以 $0.0006a^{-1}$ 的速度增加（图 6.43）。进一步计算了该地区站点年平均温度及年总降水量，可以看到该地区整体呈现暖湿化的气候趋势（图 6.43）。

从空间分布上来看（图 6.44），NDVI 显著增加的区域主要分布在水热条件相对较好的西部四县（日土县、札达县、普兰县、噶尔县）以及改则县北部、仲巴县西部地区等。从统计数据来看，西部四县及北部的改则县 NDVI 显著增加的草地面积占比

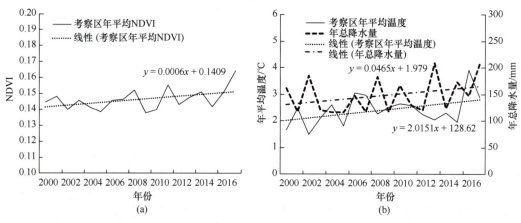

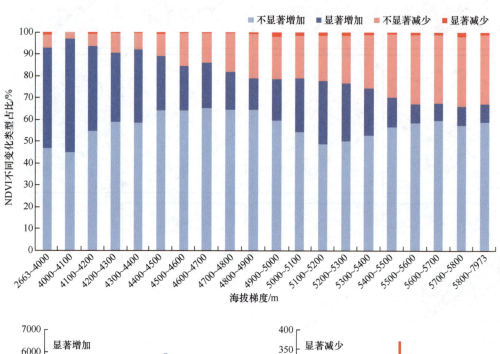

图 6.43　阿里及邻近地区年平均 NDVI 及年平均温度、年总降水量变化图

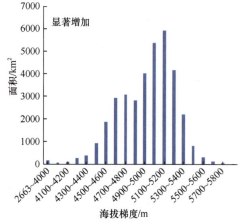

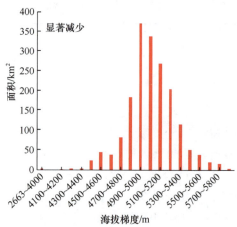

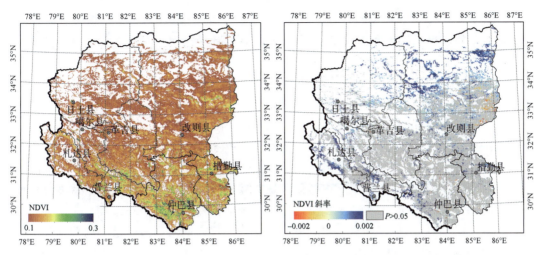

图 6.44　阿里及邻近地区草地 2000 ~ 2017 年 NDVI 均值及趋势变化空间分布图

多年 NDVI 平均值小于 0.1 不纳入计算,下同

较其余各县更大,比例均超过 20%(除噶尔县外),而革吉、措勤、仲巴三县均不足 10%。日土县 NDVI 显著增加的草地面积为 4440.00km^2,NDVI 显著增加的草地面积占面积总和的 35.06%,札达县 NDVI 显著增加的草地面积为 2784.00km^2,占 31.32%(表 6.14)。

表 6.14　阿里及邻近地区与各县 NDVI 变化类型的草地面积及占比

地区	显著变化		不显著变化		显著增加		显著减少	
	面积 /km^2	比例 /%	面积 /km^2	比例 /%	面积 /km^2	比例 /%	面积 /km^2	比例 /%
阿里及邻近地区	37681.00	22.00	133613.00	78.00	35855.00	20.93	1826.00	1.07
日土县	4463.00	35.24	8200.00	64.76	4440.00	35.06	23.00	0.18
札达县	2787.00	31.35	6102.00	68.65	2784.00	31.32	3.00	0.03
噶尔县	1539.00	19.80	6232.00	80.20	1534.00	19.74	5.00	0.06
普兰县	1486.00	25.40	4365.00	74.60	1477.00	25.24	9.00	0.15
改则县	21831.00	34.63	41205.00	65.37	20461.00	32.46	1370.00	2.17
革吉县	2111.00	8.18	23681.00	91.82	2068.00	8.02	43.00	0.17
措勤县	1254.00	6.90	16933.00	93.10	1114.00	6.13	140.00	0.77
仲巴县	2210.00	7.59	26895.00	92.41	1977.00	6.79	233.00	0.80

草地 NDVI 显著减少的区域集中分布于阿里地区东部三县(改则县南部、革吉县、措勤县)和仲巴县,占总显著减少区域总面积的 97.81%,阿里地区西部四县 NDVI 呈现减少趋势的草地面积仅为 NDVI 呈现减少趋势草地总面积的 2% 左右(图 6.44)。其中,NDVI 呈现减少趋势的草地面积最大的为改则县,为 1370.00km^2,占全县面积的 2.17%,主要分布于改则中部偏南部地区;其次为仲巴县,面积为 233.00km^2,占全县面积的 0.80%。

随海拔梯度上升，NDVI 呈现增加趋势的草地面积减少，显著增加的占比由 46.09% 降至 8.49%；NDVI 减少的比例上升，显著减少比例也有所上升，显著减少比例在海拔 5000m 以上在 0.84% ～ 1.81%，说明 2000 年后从整体来看海拔低处草地较海拔高处草地生长情况更好。NDVI 显著增加的草地主要分布在海拔 4500 ～ 5400m；显著减少的草地主要分布在海拔 4900 ～ 5400m。

阿里及邻近地区草地质量中等偏下，产草量较低。按照草地生物量划分等级，将草地划分为八级，该地区草原主要以七级草地（75 ～ 150g/m²）和八级草地（小于 75g/m²）为主（西藏阿里地区农牧局，1991）。王建林等（2008）研究发现，阿里及邻近地区的草地植被碳密度在西藏 7 个地区中最低，地上碳密度、地下碳密度及总碳密度分别仅相当于西藏平均水平的 35.66%、27.41%、28.33%。沼泽类鲜草产量最高，主要分布在日土县；其次是低平地草甸类，主要分布在革吉、日土两县；最后是高寒草甸类，主要分布在措勤与改则两县。

6.3.3 草地利用及畜牧业发展

1. 20 世纪 70 年代阿里及邻近地区草地畜牧业情况

阿里及邻近地区天然草场面积较大，草地类型较多。草地可分为山地灌丛草原、河滩灌丛草原、山地荒漠草原、山地荒漠及沼泽草甸等（表 6.15）。草地营养成分较高、适口性较强，产草量与载畜能力很低，载畜能力仅为 125 亩 / 羊单位，为西藏平均载畜能力的 1/4（中国科学院青藏高原综合科学考察队，1992）。季节牧场极不平衡，暖季牧场面积为冷季牧场的 2 ～ 3 倍，缺乏冬春季牧场。季节牧场制度以冬春–夏秋二季为主，也有冬–春–夏秋三季牧场（表 6.16 和表 6.17）。为了尽量减轻冬春牧场的压力，一般采用推迟进场、提前出场的措施。冬春–夏秋二季放牧将部分山坡草场作为春、秋转场时短暂过渡放牧之用。三季放牧一般在秋后把部分产奶母羊赶回农业点，在茬地上放牧一个月左右，再到附近山坡上放牧，这样一方面可以在茬地上踏粪积肥，农民也可以吃到鲜奶；另一方面可以使部分牲畜推迟进入冬季牧场。一般放牧羊群 200 ～ 300 只、牦牛群 100 ～ 120 头。人均占有牲畜 35.8 头，高出西藏平均数的 1 倍多。在牲畜自然头数中，绵羊占 48.4%、山羊占 42.8%、大牲畜仅占 8.8%，是全西藏 8 个农区中大牲畜比重最小、山羊比重最大的地区。第一次青藏科考提出合理利用与保护

表 6.15　阿里及邻近地区草地类型及特征（中国科学院青藏高原综合科学考察队，1984）

草地类型	分布	主要牧草	牧草高度 /cm	盖度 /%	鲜草产量 /（斤 / 亩）
山地灌丛草原	西南部山地	禾草、针茅	10 ～ 15	35 ～ 45	100
河滩灌丛草原	河滩	矮嵩草	20 ～ 40	50 ～ 60	150
山地荒漠草原	中东部山地	垫状驼绒藜、紫花针茅	25	15 ～ 30	60
山地荒漠	西北部	驼绒藜、灌木亚菊	15 ～ 25	10 ～ 15	80
沼泽草甸	河谷、湖盆	西藏嵩草、矮嵩草	20 ～ 50	50 ～ 80	400 ～ 600

表 6.16 冬春 – 夏秋二季牧场利用时间表（中国科学院青藏高原综合科学考察队，1992）

地区	冬春牧场				夏秋牧场			
	放牧时间	天数 / 天	占比 /%	草地类型	放牧时间	天数 / 天	占比 /%	草地类型
阿里地区种羊场、札达热布加林区、日土热邦区	11 月初至次年 5 月底	212 ~ 225	58.1 ~ 61.6	河谷草甸、河谷灌丛草原、山地荒漠草原	6 月初至 10 月底	140 ~ 153	38.4 ~ 41.9	高山草原、高山灌丛草原

表 6.17 冬 – 春 – 夏秋三季牧场利用时间表（中国科学院青藏高原综合科学考察队，1992）

地区	冬季牧场				春季牧场				夏秋牧场			
	放牧时间	天数 / 天	占比 /%	草地类型	放牧时间	天数 / 天	占比 /%	草地类型	放牧时间	天数 / 天	占比 /%	草地类型
噶尔县门士乡	11 月初至次年 2 月初	92	25.2	山地荒漠草原、河谷灌丛	2 月初至 6 月中旬	135	37	河湖草甸、河谷灌丛	6 月下旬至 10 月底	138	37.8	高山草原、高山灌丛草原、山地荒漠草原

天然草场、发展人工草料生产、种植优良豆科牧草、推动农牧结合的建议（中国科学院青藏高原综合科学考察队，1992）。这些建议有些已经变为现实，有些至今仍有一定的指导意义。

阿里及邻近地区地势高，重山围绕，印度洋暖湿气流影响很小，是西藏寒旱之极。年均气温低于 0℃，日均温 0℃ 以下天数多于 200 天，枯草期长。最暖月平均气温为 6 ~ 12℃，树木和作物不能生长，适宜发展草地畜牧业。光照充足，年日照 2900 ~ 3200h，日照比例为 65% ~ 73%。年降水量小，由东向西降低，东部 300mm，西部 50mm，90% 集中在 6 ~ 9 月。年均相对湿度东部 40% ~ 47%、西部 30% ~ 35%。河流短小，经常断流，多数湖水矿化度高。该地区风灾严重，以改则县为例，改则县 1 ~ 5 月每月有 20 ~ 25 个大风日，6 ~ 8 月每月有 12 ~ 18 个大风日。大风常刮倒帐篷、刮去草根和表土。雪灾也是该地区常见的灾害，冬春季牧草常被积雪覆盖达 40 ~ 50 天。因而，该地区的畜牧业生产活动受风灾、雪灾的危害较大。

阿里及邻近地区天然草场面积大，但冷暖季草场不平衡，载畜能力低（35 ~ 70 亩 / 羊单位）。西北部实行冬春 – 夏秋二季放牧，北部实行冬 – 春 – 夏秋三季放牧。冬春牧场面积与夏秋牧场面积之比约为 1：2，其放牧时间之比约为 2：1；冬春牧场在枯草期利用，夏秋牧场在牧草富含营养的生长期利用，加剧了季节牧场不平衡的矛盾。黑河 – 阿里公路（简称黑阿公路）以南为宽谷草原，牧草以紫花针茅等旱生禾草或蒿属小半灌木为建群种，草高 15 ~ 20cm，盖度为 35% ~ 50%，鲜草产量为 40 ~ 70 斤 / 亩（表 6.18），利用较充分。黑阿公路以北的羌塘高原海拔在 4800m 以上，是野牦牛、藏野驴、藏羚羊等野生动物的栖息地。约有 1 亿亩的高山荒漠草原、高山荒漠基本未利用。以驼绒藜、灌木亚菊或垫状驼绒藜及禾草为主，牧草低矮、稀疏，载畜能力低，放牧上限达到 5500m。生长期约 100 天，年降水量在 200mm 以下，且 90% 集中于 6 ~ 9 月。1975 年申扎县 6 个公社、5 万多头牲畜迁移到羌塘无人区南部，畜牧业向北部高地推进。

表 6.18　藏西北牧区草地类型及特征（中国科学院青藏高原综合科学考察队，1984）

草地类型	分布	主要牧草	牧草高度 /cm	盖度 /%	鲜草产量 /(斤 / 亩)
紫花针茅高寒草原	黑阿公路以南高原宽谷	禾草或蒿属小半灌木	15 ～ 20	35 ～ 50	40 ～ 70
沙生针茅荒漠草原	黑阿公路以北羌塘高原	驼绒藜、灌木亚菊或垫状驼绒藜及禾本科牧草	10 ～ 20	20 ～ 40	20 ～ 40

　　1976 年第一次青藏科考对藏西北牧区的水、草资源做了调查，提出了若干建议：开发利用藏西北"无人区"草原，确定草场使用权，划分季节牧场，实行分区轮牧；冬春牧场应留有余地；试种披碱草、羊茅、燕麦、雀麦等优良牧草，发展人工饲草料生产；发展高原藏绵羊，搭配山羊，在湖盆草甸区发展牦牛；对野牦牛、藏野驴、藏羚羊、盘羊等野生动物资源进行保护与合理利用等。

2. 2017 年阿里及邻近地区草地畜牧业调查

　　2017 年 8 ～ 9 月，在第二次青藏科考阿里及邻近地区土地资源考察中，在普兰、札达、噶尔、日土、革吉、改则等县布设样点，对草地土壤质量、植物地上初级生产力（ANPP）做了样方调查（每个样点都有 3 次重复取样）。

　　阿里及邻近地区主要草地类型有变色锦鸡儿灌丛、藏西嵩草沼泽化高寒草甸与赖草盐生草甸、沙生针茅荒漠草原与紫花针茅高寒草原。土壤 pH 为 8 ～ 9，有机质为14‰ ～ 42‰，全氮为 0.1% ～ 0.22%，有效磷约 11mg/kg（表 6.19），土壤呈碱性、贫瘠。藏西嵩草沼泽化高寒草甸与赖草盐生草甸的草本层高、盖度及 ANPP 最大，沙生针茅荒漠草原与紫花针茅高寒草原的 ANPP 较小。

表 6.19　2017 年藏西北牧区草地土壤质量及 ANPP

植被名称	pH	有机质 /‰	全氮 /%	全磷 /%	全钾 /%	水解氮 /(mg/kg)	有效磷 /(mg/kg)	速效钾 /(mg/kg)	ANPP/(gDM/m²)	草本层高 /cm	盖度 /%
变色锦鸡儿灌丛	8.1	14.5	0.102	0.076	2.26	73.1	11.9	219.0	196.3	17.0	22.5
藏西嵩草沼泽化高寒草甸与赖草盐生草甸	8.8	41.9	0.218	0.066	1.50	172.5	11.1	587.2	301.9	30.5	70.0
沙生针茅荒漠草原与紫花针茅高寒草原	8.9	21.6	0.116	0.056	2.01	100.7	11.5	411.4	159.0	23.2	31.7

　　注：草地采样点位于普兰县、札达县、噶尔县、日土县、革吉县、改则县等地的牧区。

　　按灌丛、草甸、草原三大植被类型，比较 1975 年、2017 年草本层高、盖度与ANPP 发现，草本层高、盖度变化幅度不大，草甸 ANPP 略微下降，灌丛、草原 ANPP有所增加（表 6.20），这或许与近 10 年的减畜及草原生态保护有关。

表 6.20　藏西北牧区草本层高、盖度及 ANPP

植被大类	2017 年			1975 年		
	草本层高 /cm	盖度 /%	ANPP/(gDM/m²)	草本层高 /cm	盖度 /%	ANPP/(gDM/m²)
灌丛	17.0	22.5	196.3	10 ～ 40	35 ～ 60	140.6
草甸	30.5	70.0	301.9	20 ～ 50	50 ～ 80	337.5
草原	23.2	31.7	159.0	10 ～ 25	15 ～ 50	54.0

　　注：1975 年数据来自中国科学院青藏高原综合科学考察队（1992），2017 年为采样数据。

6.3.4　主要问题与解决思考

1. 局部超载过牧与草场退化问题及解决途径

阿里及邻近地区由于生态环境恶劣，草地一经破坏很难恢复。随着人口的快速增长及农牧业的发展，农牧业需求迅速增加。1982～2016 年的 34 年间，阿里及邻近地区人口增长了 1.11 倍。1959 年末，阿里及邻近地区的牲畜总头数为 123.34 万头，2010 年为 282.68 万头，近 50 年间增长 1.29 倍。然而，该地区草地承载力有限，公地悲剧下存在部分区域超载放牧的现象，导致草地退化及沙漠化。1999 年仅阿里及邻近地区草地"三化"面积为 $8.23 \times 10^{6} hm^{2}$，占西藏的 29% 之多，位于那曲之后，为西藏第二。其中，中度和重度退化面积为全地区草地面积的 27.5%，以改则县和日土县最大（邓坤枚等，2003；Liu et al.，2021a）。例如，2017 年科考队员在调查过程中发现，玛旁雍错周围草地退化严重，禾本科植物较少，植物有比较严重的被采食情况。1992～2004年，阿里及邻近地区 8 县沙漠化面积增加，且退化速度不断加快，其中改则县、噶尔县、措勤县、革吉县、日土县、仲巴县最为显著（王兮之等，2009）。草原退化会导致草地生态系统调节、水源涵养、土壤保持、物质生产等功能减弱，给当地居民的生产生活造成重大损失（邓艾，2005）。

针对阿里及邻近地区草场质量和产量较低、过度放牧的情况，应建立健全生态环境的管理和监督机构，做好规划的实施工作（邓坤枚等，2003）。监管部门应加强草地资源管理，贯彻落实好天然草场有偿承包责任制，固定草场的使用权，明确牧民的责任、义务及权利（徐志茹，2015），全面推行以草定畜、分区轮牧。加强畜种改良，提高饲草转化率，提高个体生产能力。在充分考虑气候环境的条件下，因地制宜地加强人工草场建设，提高牧草产量（杨汝荣，2002）。

此外，应通过多种方式降低对传统畜牧业的依赖性，如发展生态牧业，发展高档牛羊肉加工产业，增加产品附加价值，延长阿里及邻近地区牧业产业链，拉动传统农业转型；基于阿里及邻近地区生态环境特色与文化旅游资源，发展阿里及邻近地区特色旅游产业，引导居民开办家庭旅馆及提供餐饮、运输服务，调整旅游区周边产业结构，从而在一定程度降低其对农牧业的依赖性（周毅等，2011）。

2. 如何提高冬季牧草储备不足与抗灾能力弱的应对能力

阿里及邻近地区草地生长季短，且多数草场产量较低，因此其储存粮草能力较差。西藏割草、放牧兼用的草场主要集中分布在昌都地区，其他地区零星分布，草地畜牧业没有养成存储越冬饲草的习惯（西藏自治区土地管理局，1992）。而该地区每年 11 月至次年 3 月降雪集中，且雪后无风，积雪覆盖时间长，易形成雪灾（西藏自治区阿里地区志编纂委员会，2009），许多牲畜饥寒交迫，冻死冻伤，或啃食毒杂草中毒身亡。

因此，必须有一定的储备牧草的能力，以安稳过冬，保护好牧民的财产安全。一方面，可以通过兴建部分人工草场、改良草场，提高抗灾能力；另一方面，在冬季枯草期来临之前，减少牲畜数量，保证剩余牲畜安全过冬（徐志茹，2015）。

3. 毒杂草危害与防治措施

阿里及邻近地区的毒杂草类型有披针叶黄华、线叶红景天、冰川棘豆、黄花水毛茛等，这些毒杂草对牧民饲养的牲畜有一定的危害。据统计，2003～2005 年阿里及邻近地区，因食用棘豆属和黄耆属毒杂草中毒的成年牲畜有 32.6 万只，死亡的幼畜有 20.8 万只，直接经济损失达 1.2 亿元（米玛和巴桑拉姆，2008）。例如，分布在高寒草原的豆科棘豆属的冰川棘豆，俗称醉马草，含有苦马毒素，主要危害马匹及羔羊，轻则导致牲畜目光呆滞、食欲下降，长期食用导致牲畜拉稀、脱水、后躯麻痹，最后死亡（米玛和巴桑拉姆，2008）。这种植被在阿里及邻近地区分布面积达 209.24 万 hm^2，在革吉县、改则县、措勤县危害更严重（赵宝玉等，2009）。

为有效控制毒杂草危害，一方面，应从牲畜入手，通过接种疫苗预防中毒。另一方面，从毒杂草的生长环境入手，毒杂草对于恶劣环境（如极端干旱、过度放牧等）具有较好的适应力，因此易在阿里及邻近地区退化、过度放牧的草原上生长蔓延，应按照草场等级核定草场载畜量，严禁超载过牧；利用水利设施，合理有效利用当地丰富的水资源；开展适度的草地补播，采用围栏封育等。开发使用毒杂草的有效成分，做好毒草利用，如对冰川棘豆进行药物开发等（赵宝玉等，2009）。

4. 从源头上遏制基础设施建设破坏周边草场等现象，保护生态环境

许多道路都是沿着河流、湖泊修建，而这些地方同时也是优质草地聚集的地方。考察过程中发现，为了修建公路，许多优质草地资源被占用、破坏（图 6.45）。在公路铺建过程中，车辆需要从原有道路绕行，长此以往，被众多车辆压过的地方植被发生退化，沿路地带水分流失、旱化加强，形成以黄耆、棘豆、火绒草等植物为优势种的旱生植物，并向草地内部入侵（赖星竹等，2012）。还有的公路在修建过程中，大型机械在公路两旁翻挖土地，以整平土地，形成了以公路为中心，两侧各约 5m 的裸土地带。此外，为

图 6.45　道路、基础设施修建对草地的破坏

修建路基，采挖道路周围的土壤，形成了许多人为破坏的大坑。因为阿里及邻近地区生态条件脆弱，这种破坏可能需要数十年才能得以缓解，而今后对青藏高原资源的开发利用，势必会修建更多的水泥公路。因此，在道路修整过程中，如何最低限度地减少对周围草地的破坏，改变边建设边破坏的不良行为，是现在及将来必定会面临的重要问题。

6.4　湿地的类型与分布格局及变化特征

湿地有着"地球之肾"的称号，是世界上最富生物多样性的生态景观，也是单位面积价值服务最高的生态系统，对区域乃至全球生态环境有着重要的意义。青藏高原为重要的湿地分布区，同时也是全球气候变化的敏感区，青藏高原湿地变化研究具有十分重要的科学意义。基于卫星遥感数据，本节对阿里及邻近地区的湿地进行了分析，结果表明，阿里及邻近地区湿地面积在西藏地级市区中排名第二，约为 8709.23km²，以湖泊湿地类型为主，约占 94%，主要分布在日土县。1990 ～ 2015 年湿地总体呈现增加趋势，平均增加速率为 0.08%/a。其中，沼泽湿地类型增加速率最快，为 8.38%/a，增加的沼泽湿地主要位于仲巴县，但 2005 ～ 2015 年，沼泽湿地增加的速率有所减缓。近 10 年湖泊湿地也以加速的方式增加，增加速率为 0.87%/a。但湖泊和沼泽湿地的破碎化程度均在不断增强。人工湿地比例整体较低，约占 1.33%，主要分布在日土县，但近 10 年增加速率比较明显，约为 0.34%/a。温度升高、冰川和积雪融水增加是促使自然湿地增加的主要原因，而人工湿地增加主要是灌溉工程建设所致。

6.4.1　湿地分布格局

1. 湿地分布概况

湿地数据来自中国科学院地理科学与资源研究所资源环境科学与数据中心的中国土地利用遥感监测数据，根据该土地利用数据分类系统及类型的定义，结合国际湿地公约（Ramsar）的湿地分类系统标准，将湿地分为自然湿地（内陆湿地）和人工湿地。其中，自然湿地包括湖泊、河流、沼泽和滩地 4 种类型，人工湿地主要为水库坑塘，各湿地类型的定义见表 6.21。

表 6.21　湿地分类系统

一级类型	二级类型	定义	原土地利用类型，分类代码
自然湿地	湖泊	指天然形成的永久性及季节性的积水区常年水位以下的土地	湖泊，42
	河流	指永久性的或季节性的河流及主干常年水位以下的土地	河渠*，41
	沼泽	指地势平坦低洼、排水不畅、长期潮湿、季节性积水或常年积水、表层生长湿生植物的土地，包括莎草、嵩草草甸、灌丛等类型	沼泽地，64
	滩地	指河、湖水域平水期水位与洪水期水位之间的土地	滩地，46
人工湿地	水库坑塘	指人工修建的蓄水区常年水位以下的土地	水库坑塘，43

＊根据原土地利用类型对河渠的定义，河渠应包括人工渠，故该数据可能会使得人工湿地的面积比例偏小。

　　湿地总面积为 8709.23km²，其中湖泊面积最多（8169.30km²），占湿地总面积的 94%（图 6.46），在研究区分布比较广。高原面低处多宽谷、湖盆，易积水、易发育冰碛物和洪积物；高原面因海拔高、温度低而形成冻土层，影响地表水下渗，同时因融冻作用而形成的胀丘也易于地表积水而形成湖泊（赵魁义等，1981；赵魁义，1999）。河流面积为 462.32km²，比例非常小，为 0.05%，以内流水系湿地为主。沼泽面积为 71.34km²，比例更小，仅为 0.01%，其发育局限于海拔相对较低、地势低洼的地下水溢出带、湖滨河边渍水区、宽谷洼地等常年渍水地。阿里地区限于措勤县、日土县、改则县的湖滨渍水区、河谷低凹处扇缘溢出带分布沼泽湿地。滩地面积与河流面积接近，为 0.04%。人工湿地面积最少，为 8.65km²，其所占比例虽然较小，但其在农业生产中的作用不可忽视。

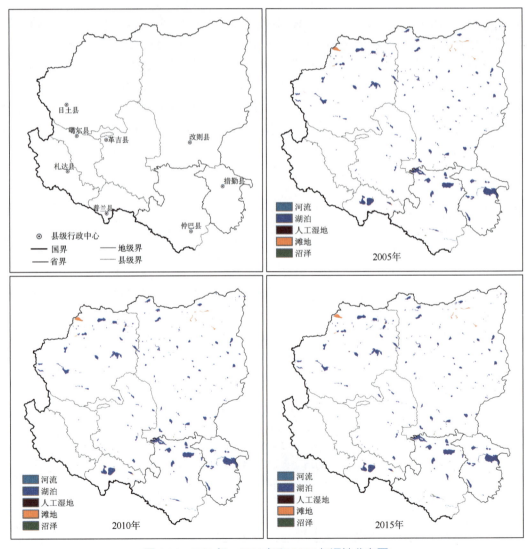

图 6.46　2005 年、2010 年和 2015 年湿地分布图

另外，河流和沼泽除了本身形成和发育的条件比较复杂、分布整体较少之外，还可能由于高原上的沼泽湿地景观过于破碎，河流宽度非常细小，故可能会低估这两种湿地类型的面积（Liu et al.，2021b）。

2. 各县湿地类型与面积

2015 年各县湿地总面积由大到小为日土县（2227.01km²）＞仲巴县（1886.2km²）＞改则县（1754.91km²）＞措勤县（1605.42km²）＞普兰县（810.54km²）＞革吉县（403.18km²）＞噶尔县（17.86km²）＞札达县（4.11km²）（图 6.47）。

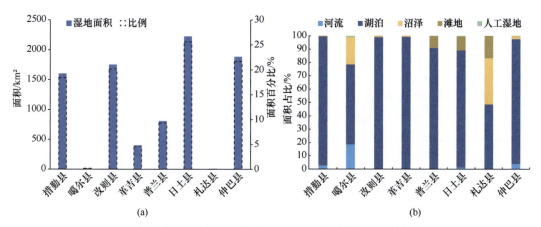

图 6.47　2015 年各县湿地面积及不同湿地类型面积比例

各县都以湖泊为主，且除札达县、噶尔县和日土县之外，其他各县湖泊比例均在 90% 以上，其中改则县湖泊比例最高，基本占据了改则县湿地面积的 99.01%。湿地总面积最多的日土县，湖泊面积也最多（1959.11km²，87.97%）。湿地总面积最少的札达县和噶尔县海拔相对较低，沼泽比例较高，分别达到了 34.79% 和 20.44%。另外，仲巴县沼泽比例也较高，为 2.34%，也是区内沼泽总面积最多的县，为 44.19km²。其他各县沼泽比例均非常低，在 1% 以下。仲巴县河流面积最多，但噶尔县河流比例最高。

人工湿地主要分布在日土县（8.48km²，0.38%）和噶尔县（0.17km²，0.95%）。其他各县暂未发现明显的人工湿地，也有可能是人工湿地面积过小，分布不集中，未被遥感影像检测到。

3. 主要河流和湖泊类型湿地分布特征

阿里及邻近地区的河流除了影像上监测到的 462.32km² 外，还包括马甲藏布（孔雀河）、朗钦藏布（象泉河）的河源部分和达确藏布（马泉河）的河源部分（具体见第 2 章）。

阿里及邻近地区共有湖泊约 98 个，其中 17 个湖泊被列为重点湿地（表 6.22）。扎日南木错是阿里及邻近地区面积最大的湖泊，2013 年面积为 1003.08km²，其次为班公错，总面积为 674.60km²。1976 ～ 2013 年，17 个湖泊面积总体呈增加趋势，增加速率为 0.34%。但扎日南木错、昂拉仁错、玛旁雍错、拉昂错和杰萨错面积在减少，减少速率为 4.5%，其余 12 个湖泊的面积均在增加，增加速率为 5.6%。

表 6.22　重要的湖泊湿地

序号	湖泊	2013 年面积 /km²	1976 年面积 /km²	面积变化 /km²
1	扎日南木错	1003.08	1022.67	−19.59
2	班公错	674.60	619.93	54.67
3	昂拉仁错	495.09	552.9	−57.81
4	塔若错	488.53	486.43	2.10
5	玛旁雍错	414.19	418.46	−4.27
6	拉昂错	257.269	276.99	−19.72
7	仁青休布错	186.65	185.82	0.83
8	夏嘎错	150.5	149.47	1.03
9	帕龙错	145.16	144.52	0.64
10	杰萨错	143.17	152.32	−9.15
11	泽错	121.4	114.45	6.95
12	达瓦错	119.52	114.9	4.62
13	结则茶卡	114.856	106.44	8.42
14	洞错	106.21	93.23	12.98
15	仓木错	103.71	86.69	17.02
16	拉果错	96.62	92.34	4.28
17	果普错	62.19	49.15	13.04

数据来源：青藏高原科学数据中心及 Zhang 等（2017）。

6.4.2　湿地变化特征[①]

1. 不同类型湿地面积变化特征

阿里及邻近地区 2015 年湿地面积总体呈现增加趋势，增速为 0.08%/a。1990 年阿里及邻近地区无人工湿地，直至 2015 年，人工湿地面积增加到 8.65km²，增速为 0.34%/a（图 6.48）。自然湿地类型中，沼泽、河流、湖泊面积在不断增加；沼泽面积增加速率最快，为 8.38%/a，其次为河流，每年增加比例为 0.68%，湖泊面积增加的速率为 0.04%/a。

2005 ～ 2015 年湿地面积也表现为增加趋势，增加幅度为 0.20%/a。其中，增加最明显的为河流，3.19%/a；其次为沼泽，1.69%/a。湖泊、滩地和人工湿地增加速率也都大于整个年份平均水平，速率分别为 0.91%/a、0.86%/a 和 0.85%/a。

比较 1990 ～ 2015 年和 2005 ～ 2015 年湿地变化情况，阿里及邻近地区近 10 年湿地面积增加的速率明显大于 2005 年之前湿地面积增加的速率（图 6.48），且不同湿地

① 湿地数据来源于中国科学院地理科学与资源研究所资源环境科学与数据中心的中国土地利用遥感监测数据，包括 1990 年、2005 年和 2015 年三期数据。

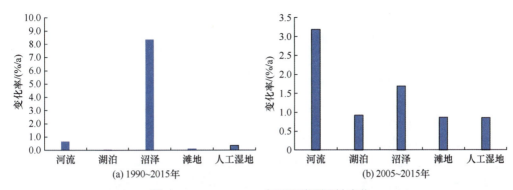

图 6.48　1990 ～ 2015 年不同类型湿地变化

类型增加的速率也发生了明显的变化。早期湿地面积增加以沼泽增加为主,而 2005 ～ 2015 年湿地面积增加转为以河流增加为主。2005 年人工湿地面积为 0.17km^2,1990 ～ 2005 年人工湿地面积增加速率为 0.01%/a;2005 ～ 2015 年,人工湿地面积增加速率已达到 0.85%/a。近 10 年来,人工湿地面积增加的速率加快了约 75 倍。

2. 各县湿地类型面积变化特征

1990 ～ 2015 年阿里及邻近地区各县的湿地主要呈现增加趋势(图 6.49),只有革吉县湿地面积有轻微减少趋势,减少速率为 0.07%/a。其他各县湿地增加速率有很大差异,其中噶尔县湿地面积增加速率最快,为 4.73%/a;其次为札达县,增加速率为 4.21%/a。其他各县湿地面积增加速率明显慢于这两县湿地面积的增加速率,从大到小依次为日土县(0.13%/a)>改则县(0.12%/a)>仲巴县(0.08%/a)>措勤县(0.01%/a)=普兰县(0.01%/a)。

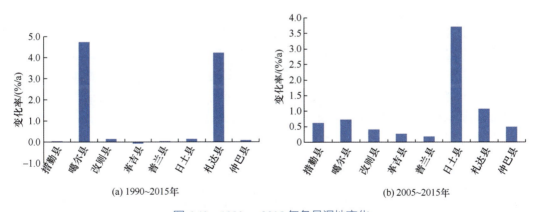

图 6.49　1990 ～ 2015 年各县湿地变化

2005 ～ 2015 年各县湿地面积均表现为增加趋势,其中日土县湿地面积增加速率最快,为 3.71%/a。其次为札达县,增加速率为 1.07%/a。其他各县湿地面积增加速率也比较快,噶尔县和措勤县湿地面积增加速率为 0.73%/a、0.62%/a;仲巴县和改则县湿地面积增加速率为 0.59%/a 和 0.41%/a;革吉县和普兰县湿地面积增加速率分别为

0.27%/a、0.18%/a。

比较 1990～2015 年和 2005～2015 年各县湿地的变化情况，噶尔县和札达县湿地面积在 2005 年之后增加速度有所减缓，2005 年噶尔县和札达县湿地面积分别为 8.35km^2 和 0.21km^2，2005～2015 年，噶尔县和札达县湿地面积增速大幅减缓，分别为总体增速的 1/6 和 1/4。其他各县近 10 年湿地面积增加速度有不同程度的提高，其中日土县湿地面积增加速度加快趋势最明显。2005 年日土县湿地面积为 2154.93km^2，1990～2015 年日土县湿地面积增加速度由 0.13%/a 转为 3.71%/a，加速约 27 倍。

1990～2015 年 8 个县中，除日土县和札达县之外，其他各县均与区内湿地类型整体趋势一致，以沼泽面积增加最明显。其中，仲巴县沼泽面积增加速率最快，为 12.31%/a。其他各县沼泽面积增速均小于区内沼泽面积增速的平均值（8.38%/a）。札达县以湖泊面积增加为主，增速为 1.94%/a，远高于区内湖泊面积增加的平均水平（0.04%/a）。另外，噶尔县的湖泊面积增加速率也较快，为 0.43%/a。其他县的湖泊面积增加不明显，且革吉县湖泊面积还出现了轻微的减少趋势（–0.09%/a）。日土县湿地面积整体变化速率较小（0.13%/a），对应的各类型湿地变化也都非常小，但日土县的人工湿地面积增加速率较快。

从 2005～2015 年各县的湿地变化情况可以看出（图 6.50），措勤、普兰和革吉 3 个县的沼泽面积近 10 年呈现加速增加的趋势，值得注意的是，湿地面积最多的仲巴县，其沼泽面积增加速度开始减缓。措勤县、仲巴县、普兰县和日土县湖泊面积增加速度无明显差异，但噶尔县、札达县和改则县的湖泊面积增速减缓。只有革吉县的湖泊面积呈现加速的增加趋势。另外，日土县和噶尔县的河流面积在近 10 年中也呈现了明显的加速增加趋势。

3. 景观格局变化特征分析

湿地景观格局是指大小和形状不一的湿地景观斑块在空间上的排列，是各种生态过程在不同程度上综合作用的结果，其对景观的功能和过程有重要影响。湿地景观格局的变化，尤其是湿地转换为非湿地或者干化导致的其他景观变化对湿地生态系统的能量流动、物质循环及物种迁移等都会产生很大影响。研究湿地景观格局的长时间变化特征，对湿地景观规划管理和湿地可持续发展具有重要意义。

景观格局指数能够高度浓缩景观空间格局信息，反映其结构组成和空间配置等方面的特征。在类型水平上主要选择平均斑块面积（mean patch area，MPS）、最大斑块指数（largest patch index，LPI）、面积加权平均斑块分维数（area-weighted mean patch fractal dimension，AWMPFD）和斑块聚集度指数（patch cohesion index，COHESION），在景观水平上选择斑块数量（number of patches，NP）、景观形状指数（landscape shape index，LSI）、香农多样性指数（Shannon's diversity index，SHDI）和蔓延度指数（contagion index，CONTAG），以上指数的概念、计算方法及生态学意义参见文献（邬建国，2000）。

1）类型水平上的景观格局变化特征

MPS 在一定程度上揭示了景观的破碎化程度，其值越小，破碎化程度越严重。阿

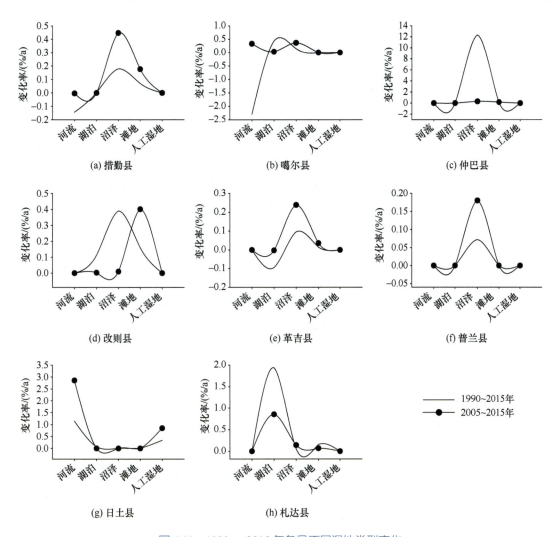

图 6.50　1990 ～ 2015 年各县不同湿地类型变化

里及邻近地区湖泊的破碎化程度整体较低，但破碎化程度在逐年增大（图 6.51）。湖泊的 MPS 在 1995 年最大，最大值为 4206.15hm²，之后开始持续减小，破碎化程度增加，到 2015 年，湖泊 MPS 减少到 3059.55hm²。沼泽破碎化严重，且破碎化程度在不断增大，与湖泊的变化趋势基本一致，MPS 值在 1995 年达到最大值 1450.00hm²，2015 年达到最小值为 352.63hm²。滩地的变化趋势与湖泊和沼泽地不同，MPS 值在 1995 年值最小，为 800hm²，随后开始逐渐增大，其破碎化程度在逐年递减。

　　LPI 反映了各景观类型最大面积斑块占景观总面积的比例，是优势度的一种度量方式。1990 ～ 2015 年湖泊的 LPI 一直是最大的，其次是滩地（图 6.51）。湖泊最大 LPI 为 12.31%，平均 LPI 为 12.16%。滩地的 LPI 除 1995 年出现较小值之外，其他年份较为稳定，平均比例在 2% 左右。其他湿地类型占比都非常小，说明湖泊一直是阿里及邻近地区湿地类型中稳定的优势景观类型。

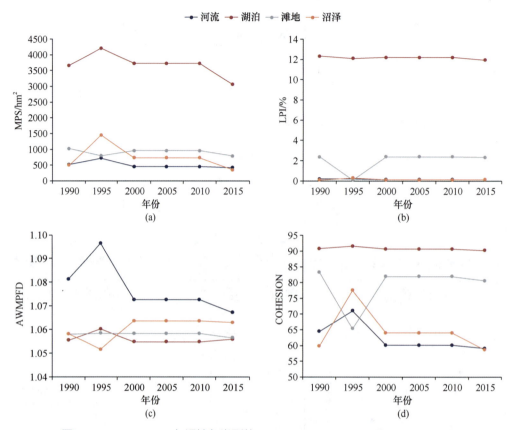

图 6.51　1990～2015 年湿地各类型的 MPS、LPI、AWMPFD 和 COHESION

　　AWMPFD 反映了斑块的形状复杂性，其取值范围在 1.0～2.0，值越大，表示该景观类型越复杂。AWMPFD=1.0，表示景观斑块的形状为正方形，AWMPFD=2.0，表示景观斑块的形状最复杂。AWMPFD 在一定程度上能够反映人类对湿地影响的大小，受人类活动影响越大，相应的 AWMPFD 越小。河流的 AWMPFD 值明显高于其他湿地类型，平均在 1.08 左右，1995 年达到最大值 1.10，随后开始减小，1995 年河流受人类活动影响最小，但 1995 年之后，不规则度开始降低，人类活动影响逐渐增大（图 6.51）。而湖泊和滩地的形状相对稳定，且不规则度小于河流，受人类活动影响的强度明显要大于河流，其中整个阿里及邻近地区的湖泊受人类活动影响大于其他湿地类型。

　　COHESION 度量景观中不同斑块类型的聚集程度，其大小可以反映同一景观类型斑块的聚集度高低。湖泊的 COHESION 最大，且走势平稳，无明显变化（图 6.51），说明湖泊的空间分布较聚集，破碎化程度低，连通性好。滩地的聚集程度比沼泽和河流的聚集程度要高。沼泽和河流 COHESION 最高值在 1995 年，随后开始下降，破碎化程度不断增强，连通性也越来越差。

　　2）景观水平上的景观格局变化特征

　　1990～2015 年 NP 整体呈增加的趋势，其中 2015 年 NP 达到最大值为 351 个，

1995 年最小，为 203 个，说明 1995～2015 年湿地景观破碎度呈持续增大的趋势，并在 2015 年达到峰值。1990～2015 年 LSI 呈持续增大的趋势，在 2015 年达到最大值 18.56，最小值出现在 1995 年，为 16.32，2015 年相较于 1995 年增大了 13.73%，景观形状变得复杂。1990～2015 年 CONTAG 在 1995 年达到最大值 97.87，其他年份基本无变化，说明 1990～2015 年景观连通性在 1995 年达到最大值，空间格局分布较其他年份均匀，其他年份湿地景观整体连通性无明显变化。SHDI 经历了先减小、后增大的过程，其变化过程正好与 CONTAG 相反，说明 1995 年湿地生物多样性单一，但 1995 年后，SHDI 逐渐升高，景观丰富度增大（图 6.52）。

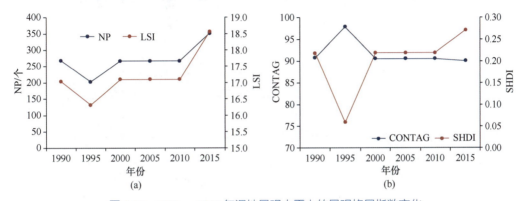

图 6.52　1990～2015 年湿地景观水平上的景观格局指数变化

整体来看，1990～2015 年 NP 和 LSI 均呈增加趋势，SHDI 增大，CONTAG 减小，说明各景观类型破碎化程度在增大，蔓延度变差，优势湿地景观类型对整个景观的控制作用减小，景观异质性增大。

6.4.3　冰雪融水对自然湿地的影响

1990～2016 年气温的平均升高速率为 0.05℃/a，青藏高原气温升高速率为 0.025℃/a（Bibi et al.，2018），阿里及邻近地区气温升高的速率快于青藏高原的平均水平。1990～2016 年冬季平均气温为 -8.62℃（图 6.53），增温速率为 0.054℃/a，略大于 1990～2005 年冬季，增温速率为 0.051℃/a。1990～2016 年夏季平均气温为 12.97℃，增温速率为 0.03℃/a，远大于 1990～2005 年夏季增温速率 0.017℃/a。近年来，冬季和夏季的温度都有大幅度的上升，且冬季增温速率比夏季增温速率更大，但夏季温度升高的速率变化程度要大于冬季温度升高的速率变化程度。在气温不断升高、冰川持续退缩的背景下，可以预见冰湖数量与面积也将不断增大。湖水的收入和支出对比决定冰湖面积变化，就区域冰湖水量变化而言，气温升高（使得冰雪融水增加）、降水量增多及蒸发量减少都有利于冰湖面积的扩大。

广布的冰川和积雪为湿地形成和发育提供了重要条件，而积雪面积和深度的增加，在温度持续升高的背景下，为湿地持续提供补给水源，使得湿地资源不断增加。

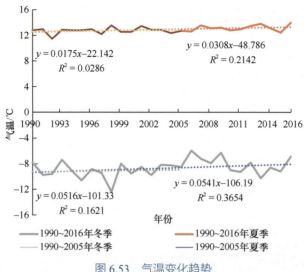

图 6.53　气温变化趋势

数据来源：中国气象数据网

阿里地区共有 7180 条冰川，冰川面积为 9196.29km²（刘时银等，2015）。常年积雪覆盖面积为 42196.79m²，平均积雪深度为 1.32cm（车涛和戴礼云，2011）。冰川和积雪主要覆盖在阿里及邻近地区的北部、西北和南部地区（图 6.54）。这些地区湿地分布较为集中，同时湿地增加的速度也最快，如阿里及邻近地区 25.40% 的湿地分布在日土县，湿地面积为 2227.01km²。积雪面积 2002 ～ 2014 年整体呈现增加趋势，增加速率为 171.69km²/a（图 6.55）。积雪深度 1990 ～ 2014 年整体呈现增加趋势，增加速率为 0.007cm/a。而 1990 ～ 2005 年积雪深度呈现减少趋势，减少速率为 0.008cm/a。但 1990 ～ 2005 年降水量呈现增加趋势，增加速率为 3.8cm/a。相对湿度也呈现增加趋势，增加速率为 0.14%/a。增加的降水量并未使得积雪的深度同样增加，而是在气温升高和

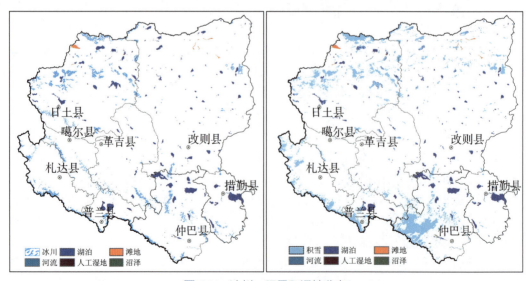

图 6.54　冰川、积雪和湿地分布

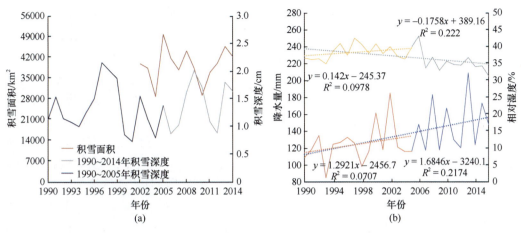

图 6.55　积雪面积、深度、降水量和相对湿度变化

空气湿度增大的情况下，增加了积雪消融量，更多的积雪转变成了冰雪融水，进一步增加了湿地的补给水源。1990～2015 年降水量增加的速率为 5.05cm/a，相对湿度减小的速率为 –0.175%/a，积雪深度增加的速率为 0.007cm/a。相比 1990～2005 年，近 10 年来，降水量和气温保持加速增加的趋势，积雪累积和消融量都持续增加，湿地面积保持扩张趋势，但随着空气湿度开始降低，蒸发量增大，可能会减少湿地接收到的积雪融水量，进而影响湿地的增加速度。

随着气温升高，冰川物质负平衡趋势明显，Brun 等（2017）研究表明，除昆仑山冰川表现正平衡之外，整个高亚洲地区均表现为明显的负平衡，其中，2000～2016 年研究区冰川物质平衡见表 6.23。冰川退缩速率最快的是位于西藏东南部的念青唐古拉山［(–0.62±0.23) m w.e./a 和 (–4.0±1.5) Gt/a］（Brun et al.，2017）。阿里及邻近地区，如羌塘高原、喀喇昆仑山和喜马拉雅山冰川的退缩速率仅次于念青唐古拉山，物质负平衡范围在 (–0.03±0.07) m w.e./a 到 (–0.34±0.09) m w.e./a 之间。昆仑山冰川物质正平衡速率在减少，2003～2008 年冰川物质平衡为 (0.18±0.14) m w.e./a，2000～2016 年冰川物质平衡为 (0.14±0.07) m w.e./a。而羌塘高原冰川物质负平衡速率在增大，2003～2008 年冰川物质平衡为 (–0.06±0.06) m w.e./a，2000～2016 年冰川物质平衡为 (–0.14±0.07) m w.e./a。冰川物质负平衡速率的增大将进一步使得以冰雪融水为主要水分补给来源的湿地面积扩张，尤其是湖泊和河流。

表 6.23　2000～2016 年研究区冰川物质平衡

区域	物质平衡 /(m w.e./a)	物质平衡 /(Gt/a)	冰川面积 /km²
中国青藏高原内陆地区（含羌塘高原）	–0.14±0.07	–1.8±0.9	13100
中国喀喇昆仑山	–0.03±0.07	–0.5±1.2	17700
中国昆仑山	0.14±0.08	1.4±0.8	9910
尼泊尔西部地区	–0.34±0.09	–1.6±0.4	4810

数据来源：Brun et al.，2017。

注：m w.e./a 和 Gt/a 均为物质平衡的单位，前者表示厚度当量，后者表示体积当量。

阿里及邻近地区湿地水分的补给来源主要来自冰雪融水，其次是降水和地下水。鉴于湖泊形成和发育的特点，其受冰雪融水补给变化最明显。高大山体的冰川和雪山直接影响着湖泊，湖泊可以获得更充足的高山冰雪融水补给。根据近25年湿地数据的比较可知，湖泊变化明显，许多湖面有所扩大，只要有冰川、雪山、冻土消融补给的湖泊都有不同程度的扩大。冰川的作用除了会影响湖面范围之外，还会对湖泊的水位有较大影响。例如，夏天随着气温升高，降水、融水汇集，湖泊水位剧增；入冬后，气温骤降，水位又急剧下降。湖泊水位的变化显著地受冰川消融规律所支配。冰雪融水还提供了充足的地下水源，最后常以泉水的形式复归河道，使河湖之间保持常年流水。

冰川和雪山山腰、山前坡地均有较大面积的草本沼泽，且沼泽植被是区域内最好的草场，植被盖度通常比周围植被盖度高（图6.56）。2016年，沼泽植被盖度平均为16.41%，随着距离沼泽变远，植被盖度逐渐降低，到距离沼泽5km时，植被盖度降为13.65%。在距离沼泽1km范围内，植被盖度下降趋势不是很明显。2000～2016年，沼泽植被的平均盖度仅从16.41%下降到16.08%，下降率为0.33%。但在1～2km范围内，植被盖度下降率最大，为1.07%，植被平均盖度从16.08%下降到14.92%。

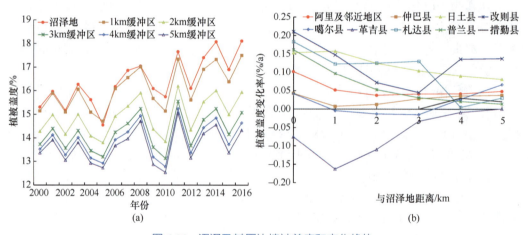

图6.56　沼泽及其周边植被盖度和变化趋势

随着气温升高，冰川和积雪夏季消融量增加，水源补给山坡、山麓，河流和低地的水量也持续增加，沼泽的范围有所扩张。由于高原植被长势主要受到水分条件的约束，随着湿地水源补给量提高，其将向着有利于沼泽植被生长的方向发展。2000～2016年植被盖度整体呈现增加的趋势，并且沼泽植被增加趋势最明显，随着距离沼泽变远，植被增加趋势逐渐减弱，但各个县的变化情况有一定差异。整个阿里及邻近地区沼泽植被盖度以增加趋势为主，变化率为0.102%/a，普兰县、措勤县、改则县、日土县和札达县沼泽植被盖度增加速率要快于整个区域的平均水平，但仲巴县和噶尔县的植被盖度增加速率慢于区域平均水平，仅革吉县湿地植被盖度呈现减少的趋势，减少速率为0.076%/a。随着与沼泽距离的增加，植被盖度整体增加的趋势逐渐越弱，只有普兰县、仲巴县和札达县的情况与整体变化趋势有差异。例如，札达县植被盖度减少趋势最大的区域为距离沼泽 1km 的范围内，之后随着距离沼泽越远，植被盖度减少的趋势逐渐减弱（图 6.56）。可以看出，札达县湿地植被比周边的植被长势差。

6.4.4　灌溉工程建设对人工湿地的影响

为改善草场、农业等灌溉条件，以及解决人畜饮水等现实问题，各县城分别增加了大量工程设施。例如，普兰县为扩大草场灌溉面积，改善草场灌溉条件，推动牧业生产发展，1960 年新修水塘 6 个、整修水塘 73 个。1967 全县共兴建水库和蓄水池 49 个，干渠 70 多条，长达 200km，初步形成了一个水利灌溉网。从 1972 年开始，普兰县陆续修建了 3 条长达 10km 的主干水渠和一座蓄水 9 万 m^3 的水库、10 个蓄水池、40 多条支渠，形成完备的灌溉系统。至 2000 年，普兰县共新建水塘（库）36 座，总库容 35.97 万 m^3（西藏自治区阿里地区普兰县地方志编纂委员会和西藏自治区地方志编纂委员会，2011）。2013 年改则县建设 3 条渠系工程，水渠硬化总长 9.986km。2014 年建设主渠道 12.737km，支渠总长 1.49km。1993 年革吉县修建了全长 10km 的农田引水渠道。至 2000 年革吉县共建立 5 个水渠和两个水库，长度 20km。日土县完成多玛乡乌江村灌区工程和第一批小型农田专项建设，建成灌溉水渠 14.31km。

上述工程建设使得人工湿地面积极大地增加，尤其日土县，从无增加到 8.48km²，增速为 0.34%/a。其他如普兰、改则和革吉等县的工程设施虽然未在遥感影像上被检测出，但从记录的地区志资料中可以发现该地区的人工湿地也在大幅度增加。

6.4.5　湿地利用和保护问题及对策建议

对湿地的破坏主要来自放牧活动。湿地植被是区域内最好的草场植被，例如，阿里及邻近地区沼泽化草甸亩产可食鲜草 203.9kg，是阿里及邻近地区草地平均产草的 4.8 倍（吴建普等，2015）。目前，阿里及邻近地区草地理论载畜量为 299.37 万羊单位，2010 年实际载畜量为 346.66 万羊单位，实际载畜量与理论载畜量相比超载 15.80%（畅慧勤等，2012），可见区域内草场超载严重。这个过程将对湿地产生直接影响，其他草场的载畜量受到限制时，这种压力势必转到湿地中来，造成湿地面积萎缩和湿地植被生物量降低（赖星竹等，2012）。

为了保护湿地资源，针对典型的湿地，阿里及邻近地区已建立了多个国家级、省级、县（市）级的湿地保护区和公园来禁止放牧活动，如羌塘国家级自然保护区、玛旁雍错湿地国家级自然保护区、班公错自治区级湿地自然保护区等。但还有很大一部分湿地未引起重视，如仲巴县近 10 年来的沼泽面积增加速度有明显的减缓趋势，诸如此类的湿地可选择性发展为地区级自然保护区，或者根据植被的生长规律建立可持续的放牧活动。

（本章执笔人：刘林山、张炳华、刘琼欢、谢芳荻、次仁、张镱锂）

参考文献

鲍文. 2011. 气象灾害对我国西南地区农业的影响及适应性对策研究. 农业现代化研究, 32(1): 59-63.

畅慧勤, 徐文勇, 袁杰, 等. 2012. 西藏阿里草地资源现状及载畜量. 草业科学, (11): 1660-1664.

车涛, 戴礼云. 2011. 中国雪深长时间序列数据集(1978—2012). 北京: 国家青藏高原科学数据中心.

邓艾. 2005. 青藏高原草原牧区生态经济研究. 北京: 民族出版社.

邓坤枚, 杨汝荣, 章铭陶. 2003. 西藏阿里地区生态环境建设规划探讨. 自然资源学报, 18(4): 483-491.

丁真贡嘎, 赛珍. 2017. 阿里地区近30年气温与降水变化特征分析. 南方农业, 11(9): 111-112.

改则年鉴编委会. 2016. 改则年鉴(2016). 长春: 吉林文史出版社.

韩文武. 2010. 我国西南边境民族自治地区城市化进程中的耕地保护问题. 昆明: 云南财经大学.

康志鸿. 1988. 阿里地区农业生产情况调查报告. 西藏农业科技, (2): 41-44.

康志鸿. 1991. 西藏阿里地区农业生产回顾与展望. 西藏农业科技, (1): 56-61.

赖星竹, 周正坤, 杨宗莉. 2012. 西藏高寒湿地面临的环境问题. 西藏科技, (5): 38-39.

李兴绪, 刘曼莉. 2011. 边境民族地区农户收入影响因素的实证分析——以云南红河州农户为例. 数理统计与管理, 30(4): 604-613.

刘时银, 姚晓军, 郭万钦, 等. 2015. 基于第二次冰川编目的中国冰川现状. 地理学报, (1): 3-16.

刘玉梅, 张建国, 吉云松, 等. 2015. 阿里表层土壤元素相关分析. 安徽农业科学, (19): 70-73.

刘振宁. 2017. 阿里地区农业发展改革意见及发展思路. 河南农业, (32): 57-58.

罗静, 陈琼, 刘峰贵, 等. 2015. 青藏高原河谷地区历史时期耕地格局重建方法探讨——以河湟谷地为例. 地理科学进展, 34(2): 207-216.

罗彦, 何林林, 朱荣远. 2010. 差异化援助与大生态建设——西藏阿里地区狮泉河镇规划探索. 城市规划, (5): 77-81.

麻仕海. 2017. 西藏阿里地区农牧业发展研究. 河南农业, (32): 6.

米玛, 巴桑拉姆. 2008. 浅谈阿里地区草地疯草的危害及治理措施. 西藏科技, (7): 75-78.

秦向阳, 陈阜. 2001. 阿里地区种植业生产现状与结构调整. 耕作与栽培, (5): 7-9.

秦向阳, 陈阜, 王爱玲. 2002. 阿里地区气候资源与农业生产. 中国农业气象, 23(4): 9-12.

童陆亿, 胡守庚. 2016. 中国主要城市建设用地扩张特征. 资源科学, 38(1): 50-61.

王建林, 常天军, 李鹏, 等. 2008. 西藏草地生态系统植被碳贮量及其影响因子分析. 水土保持学报, (3): 120-125.

王兮之, 李森, 何巧如, 等. 2009. 西藏沙漠化土地退化程度动态分析及其评价. 中国水土保持, (7): 25-28.

魏希文, 崔雪锋. 2016. 基于气候和土壤要素的中国耕地适宜性指数构建. 北京师范大学学报(自然科学版), 52(1): 63-69.

邬建国. 2000. 景观生态学: 格局、过程、尺度与等级. 北京: 高等教育出版社.

吴建普, 罗红, 朱雪林, 等. 2015. 西藏湿地分布特点分析. 湿地科学, (5): 559-562.

西藏阿里地区农牧局. 1991. 西藏阿里土地资源. 北京: 中国农业科技出版社.

西藏自治区阿里地区噶尔县地方志编纂委员会, 西藏自治区地方志编纂委员会. 2013. 噶尔县志. 成都: 巴蜀书社.

西藏自治区阿里地区普兰县地方志编纂委员会, 西藏自治区地方志编纂委员会. 2011. 普兰县志. 成都: 巴蜀书社.

西藏自治区阿里地区志编纂委员会. 2009. 阿里地区志. 北京: 中国藏学出版社.

西藏自治区土地管理局. 1992. 西藏自治区土地利用. 北京: 科学出版社.

徐文华, 加玛次仁, 普布顿珠, 等. 2011. 浅谈阿里地区农田科学施肥. 西藏科技, (5): 6-7.

徐增让, 张镱锂, 成升魁, 等. 2017. 青藏高原区域可持续发展战略思考. 科技导报, 35(6): 108-114.

徐志茹. 2015. 西藏阿里地区的草原经济发展探讨. 时代农机, (5): 127-128.

杨汝荣. 2002. 西藏阿里地区草退化现状与防治措施. 中国草地学报, 24(1): 61-67.

张斌, 常青. 1993. 西藏阿里地区土种的划分. 干旱区研究, (1): 67-73.

张春来, 邹学勇, 刘玉璋, 等. 2006. 狮泉河盆地风沙灾害成因及其防治. 自然灾害学报, (2): 1-9.

张新时. 1991. 西藏阿里植物群落的间接梯度分析、数量分类与环境解释. 植物生态学与地植物学学报, (2): 101-113.

张贞, 魏朝富, 尚慧. 2010. 丘陵山区耕地质量的空间格局分析. 长江流域资源与环境, 19(8): 901-907.

赵宝玉, 王保海, 莫重辉, 等. 2009. 西藏阿里地区牲畜冰川棘豆中毒灾害调查及综合利用//中国畜牧兽医学会2009年学术研讨会论文集. 青岛: 中国畜牧兽医学会家畜内科学分会2009年学术研讨会: 423-429.

赵魁义. 1999. 中国沼泽志. 北京: 科学出版社.

赵魁义, 王德斌, 宋海远. 1981. 西藏高原沼泽的初步研究. 自然资源, (2): 14-21.

赵松乔. 1984. 我国耕地资源的地理分布和合理开发利用. 资源科学, 6(1): 13-20.

中国科学院青藏高原综合科学考察队. 1984. 西藏农业地理. 北京: 科学出版社.

中国科学院青藏高原综合科学考察队. 1992. 西藏草原. 北京: 科学出版社.

周毅, 宗刚, 赵子壮. 2011. 西藏普兰县生态环境保护与经济可持续发展. 安徽农业科学, 39(3): 1713-1714.

Bibi S, Wang L, Li X, et al. 2018. Climatic and associated cryospheric, biospheric, and hydrological changes on the Tibetan Plateau: a review. International Journal of Climatology, 38: e1-e17.

Brun F, Berthier E, Wagnon P, et al. 2017. A spatially resolved estimate of high mountain Asia glacier mass balances from 2000 to 2016. Nature Geoscience, 10(9): 668-673.

Dronova I, Gong P, Wang L, et al. 2015. Mapping dynamic cover types in a large seasonally flooded wetland using extended principal component analysis and object-based classification. Remote Sensing of Environment, 158: 193-206.

Foley J A, Defries R, Asner G P, et al. 2005. Global consequences of land use. Science, 309: 570-574.

Foster D, Frederick S, Aber J, et al. 2003. The importance of land-use legacies to ecology and conservation. BioScience, 53(1): 77-88.

Huang H B, Chen Y L, Clinton N, et al. 2017. Mapping major land cover dynamics in Beijing using all Landsat images in Google Earth Engine. Remote Sensing of Environment, 202: 166-176.

Liu Q H, Liu L S, Zhang Y L, et al. 2021a. Driving forces for differentiated patterns of vegetation change in the headwater source region of Brahmaputra and Indus, Southwestern Tibetan Plateau. Ecological Indicators, 125: 107604.

Liu Q H, Zhang Y L, Liu L S, et al. 2021b. A novel landsat-based automated mapping of marsh wetland in the headwaters of the Brahmaputra, Ganges and Indus Rivers, Southwestern Tibetan Plateau. International Journal of Applied Earth Observations and Geoinformation, 103 (2021): 102481.

Wang H, He Q, Liu X, et al. 2012. Global urbanization research from 1991 to 2009: a systematic research review. Landscape and Urban Planning, 104 (3-4): 299-309.

Xu Z, Wei Z, Jin M. 2020. Causes of domestic livestock-wild herbivore conflicts in the alpine ecosystem of the Chang Tang Plateau. Environmental Development, 34: 100495.

Zhang G, Yao T, Piao S, et al. 2017. Extensive and drastically different alpine lake changes on Asia's high plateaus during the past four decades. Geophysical Research Letters, 44 (1): 252-260.

Zhao P. 2013. Too complex to be managed? New trends in peri-urbanisation and its planning in Beijing. Cities, 30: 68-76.

第 7 章

土地利用与生态保护
冲突与协调

土地的生产、生活、生态等多功能冲突是一个全球性问题。在由自然景观向人为景观转变的过程中，人类和野生动物之间的生存空间和资源竞争加剧，引发土地利用及生态系统要素之间的多种冲突。羌塘高原位于西藏北部，其环境恶劣，土地贫瘠，是藏羚羊、野牦牛、藏原羚、藏野驴、棕熊、雪豹、狼等大型野生动物的重要栖息地。人畜增加、牧场扩张、草场围栏、交通建设等人类活动加剧了人兽冲突。当前，政府及社会已经采取的冲突缓解措施有建立野生动物肇事补偿制度、实施草原承包、修建防护围栏等，其在取得一定效果的同时，又引起新的问题，如围栏激化畜兽矛盾等。因此，要进一步从土地多功能性的角度分析土地利用冲突的原因，提出系统、综合的冲突缓解措施与协调方案。本章首先基于已有土地利用冲突的相关案例，分析了阿里及邻近地区主要的土地利用冲突（人与野生动物冲突），并结合实地调研，具体分析了该区域人与野生动物冲突的原因，最后提出缓解冲突的措施，以期为该区域人与自然和谐发展提供参考。

7.1　土地利用冲突

7.1.1　土地利用多功能冲突

土地具有生产、生活和生态功能。自 20 世纪 80 年代以来，随着现代农牧业的发展，环境问题突显，各国逐渐关注土地的生态功能，追求经济发展和生态环境改善的协同。建立自然保护地（protected areas，PAs）是世界多数国家限制人类活动影响、保护生态的有效措施（Xu et al.，2017）。与全球相比，我国陆域保护地面积约占国土面积的 18%，已提前实现《生物多样性公约》中提出的到 2020 年保护地面积达到 17% 的目标（Pringle，2017）。截至 2012 年，青藏高原自然保护区占全高原面积的 32.4%（张镱锂等，2015）。协调经济发展与生态保护的矛盾是实现自然保护地可持续发展需解决的关键问题（Frank and Schlenker，2016）。受地理禀赋及历史因素的影响，青藏高原多数自然保护地内都有一定数量的生活、生产活动。近 40 年来，青藏高原的农牧业、城乡建设与自然保护冲突显著，主要表现为：①保护区及周边人口经济发展较快，草地、耕地利用，城乡聚落扩展与生态保护的矛盾突出，人兽争空间、畜兽争资源等问题对生物多样性保护及其他生态服务功能有一定的影响。现行《中华人民共和国自然保护区条例》明确规定，禁止在自然保护区内进行砍伐、放牧、狩猎、捕捞、采药、开垦、烧荒、开矿、采石、挖沙等活动。然而，青藏高原有 25 个县城、约 30 万人口位于自然保护区内，仅三江源保护区就有 17 个县城，保护区内的生活生产活动规模和强度较大。②在种群恢复性增长和栖息地受挤压的情况下，野生动物频频到牧场采食，时有伤及人畜事件发生。青藏高原作为重要生态安全屏障和典型生态脆弱区，保护地面积大、级别高，但保护地人地、草畜、畜兽关系紧张，土地利用的生产、生活与生态功能冲突严重。研究自然保护地的土地利用冲突、提出自然保护地多目标协调的方案对促进青藏高原可持续发展至关重要。

7.1.2　人与野生动物冲突

过去 3 个世纪，全球景观从自然景观向人为景观转变（Ellis et al.，2010），不断加强的人类活动也在同野生动物争夺生存空间和资源（Bulte and Rondeau，2005；Woodroffe et al.，2005；Ellis et al.，2010）。人类大量占用野生动物栖息地，导致野生动物食物资源不足，引发野生动物袭击家畜、破坏庄稼、争夺草地等现象，进而产生人与野生动物之间的冲突（Madden，2008；Dar et al.，2009；徐志高等，2010；Gordon et al.，2012）。人兽冲突的本质在于人类和野生动物对有限的土地、森林、草地、水源等自然资源的利用均出现增长趋势（Wells et al.，1992）。当野生动物的需求和行为对人类的目标造成负面影响，或者当人类活动对野生动物的生存产生负面影响时，人兽就会发生冲突（Madden，2004）。这些冲突主要包括野生动物攻击和杀死牲畜或人类、毁坏庄稼、争夺生存资源、传播疾病、报复伤害等（Madden，2008；Gandiwa et al.，2013）。冲突主体涉及各种哺乳动物、鸟类、鱼类、昆虫和爬行动物（Manfredo and Dayer，2004）。土地利用强度加剧、野生动物控制不足及野生动物捕杀禁令导致人类与野生动物的矛盾升级（Prins and Grootenhuis，2000）。

野生食肉动物猎杀家畜是各种冲突中最常见也是最主要的形式，牲畜的死亡给农牧民家庭造成了巨大的经济损失（Bagchi and Mishra，2006）。在世界各地几乎所有大型食肉动物和家畜并存的地方，均会发生野生食肉动物伤害牲畜的现象（Jens and Örjan，2010）。由于野生动物种类不同，不同地区人兽冲突主要肇事者存在一定差异（Suryawanshi et al.，2013）。欧洲主要是棕熊、猞猁、狼等（Meriggi and Lovari，1996；Jens and Örjan，2010），北美洲主要是狼（Treves et al.，2004），南美洲主要是美洲狮（Mazzolli et al.，2002），非洲主要是猎狗、豹和非洲狮（Patterson et al.，2004；Kolowski and Holekamp，2006），亚洲主要是老虎和豹（Karanth and Madhusudan，2002；Bagchi et al.，2003），海拔相对较高的青藏高原喜马拉雅地区及羌塘地区主要是雪豹、狼、熊等（Namgail et al.，2007；Li et al.，2013a，2013b；Suryawanshi et al.，2013；Papworth et al.，2014）。

虽然野生食草动物不会对家畜造成直接伤害，但当人类不断扩大的生产生活范围影响到其食物来源时，野生食草动物便会掠夺庄稼或争夺草场资源。非洲象、斑马、野猪、灵长类动物等损害作物是非洲农民遇到的颇为严重的问题（Eniang et al.，2011；Fentaw and Duba，2017），北美洲鹿类种群数量的爆发对当地庄稼造成了严重损失（Brook，2009）。在印度，亚洲象损害作物的同时还会造成人员伤亡。1980 ~ 2003 年，仅印度东北部就有 1150 多人死于人象冲突（Choudhury，2004）。据统计，在 1996 ~ 2004 年的 8 年间，中国西双版纳地区的亚洲象造成了 94 人伤亡（蔡静和蒋志刚，2006）。中国羌塘高原也是人兽冲突频发的地区（徐增让等，2018）。

7.1.3　青藏高原及羌塘高原相关研究

羌塘高原位于西藏北部，昆仑山、唐古拉山和冈底斯山之间，平均海拔 4500m 以上（Brantingham et al.，2001），是青藏高原环境最恶劣、土地最贫瘠的地区。羌塘高原北部更是方圆百里荒无人烟，被称为无人区。长久以来的无人定居使之成为世界上未被破坏、保存最完好的高原荒漠和草原生态系统（You et al.，2013）。羌塘国家级自然保护区范围为昆仑山、可可西里山以南，冈底斯山、念青唐古拉山以北，涉及那曲市，阿里地区的安多、尼玛、双湖、改则、革吉、日土等县，面积为 29.8 万 km²，1993 年成立并被批准为自治区级自然保护区，2001 年晋升为国家级自然保护区，是中国面积最大的自然保护区，主要保护对象为青藏高原特有的藏羚羊、野牦牛、藏野驴、藏原羚等珍稀野生动物和荒漠生态系统。其中，藏羚羊、野牦牛的种群数量占世界藏羚羊、野牦牛种群总量的一半以上。2012 年羌塘高原又被列入生物多样性保护国家重点生态功能区，是青藏高原生态安全屏障的重要组成部分。

近几十年来，随着畜牧业的增长、自然保护事业的发展，家畜和野生动物都有增加，人兽冲突加剧，成了当地牧区经济发展与野生动物保护的一大障碍（Tsering et al.，2002；达瓦次仁，2013）。人与野生动物之间的冲突最直接的结果是产生巨大经济成本，同时伴随着巨大的生态和社会成本（Fentaw and Duba，2017）。人与野生动物之间的冲突是当今世界野生动物管理中的难题之一，给全球野生动物保护带来了巨大挑战（Woodroffe et al.，2005；Ogra，2008）。由于人兽冲突带来的生态和社会问题尚未得到充分理解（Bagchi and Mishra，2006；Gordon et al.，2012），因而还没有有效的冲突缓解措施。鉴于此，从阿里及邻近地区野生动物资源及栖息地、人类活动加剧、土地利用冲突类型、原因及缓解等方面进行研究，以期更好地理解羌塘地区土地利用冲突（人与野生动物冲突）产生的缘由，并提出相关缓解与协调的建议。

7.2　野生动物栖息地

羌塘高原覆盖了西藏西北部近 70% 的面积。这里气候严酷、草料少，但栖息着多种大型野生食草哺乳动物，如藏羚羊、藏原羚、藏野驴和野牦牛，以及大型食肉野生动物，如雪豹、棕熊和狼等（Fox et al.，2009；Lu et al.，2012），其中一些在 20 世纪已显著减少。羌塘国家级自然保护区自 1993 年成立以来，野生动物的数量有所回升。1993 ～ 2000 年，Schaller（2000）对羌塘自然保护区东南部的野生动物数量调查后发现，藏羚羊增长了 61%，藏原羚增长了 76%，藏野驴增长了 85%，野牦牛增长了 17%。2000 ～ 2002 年，Fox 等（2004）在阿鲁错流域调查发现，夏季该地区大约有 11000 只藏羚羊、250 只藏原羚、150 只藏野驴和 200 头野牦牛。几千年来，藏族游牧民与野生动物和平共处。如今，羌塘高原上人类活动强度加大则在一定程度上对野生动物种群栖息地及其迁徙等行为产生了影响。

7.2.1　藏羚羊

藏羚羊（Tibetan antelope，也称 chiru，拉丁学名 *Pantholops hodgsonii*），属于羊亚

科（Caprinae）藏羚属（*Pantholops*）单种（WCS，2014）。藏羚羊属于我国国家Ⅰ级保护动物，被列为《濒危野生动植物种国际贸易公约》（*Convention on International Trade in Endangered Species of Wild Fauna and Flora*，CITES）附录Ⅰ物种，是一种具有重要科学研究价值的野生物种，也是青藏高原动物群的典型代表（吴晓民和张洪峰，2011；Zhao et al.，2014）。藏羚羊分布范围从青藏高原西部边缘的拉达克地区向东延伸到四川省甘孜藏族自治州、从南部的喜马拉雅山到北部的昆仑山和阿尔金山（Xia et al.，2007）。由于环境破坏和非法狩猎，20 世纪藏羚羊的分布范围和数量曾一度大幅缩减。

　　作为青藏高原唯一具有迁徙习性的大型野生动物，雌性藏羚羊通常每年夏初从南部越冬场地，成群地沿着固定路线迁徙到北部的产仔地，并在那里产下幼仔，随后再返回南部（Schaller et al.，2006；Fox and Dorji，2009；Buho et al.，2011；Buzzard et al.，2012）。按照藏羚羊的主要活动和迁徙路径，可将藏羚羊主要分为四大地理种群，即西藏羌塘群、青海可可西里群、青海三江源群和新疆阿尔金山群（Huang et al.，2011）。不同地理种群的藏羚羊有独特的迁徙路线（图 7.1）。

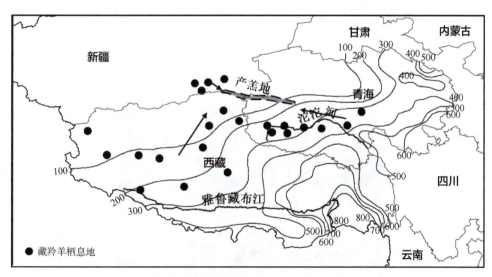

图 7.1　青藏高原藏羚羊栖息地及迁徙方向（武永华，2007）

图中数字为年均降水量（单位：mm）

　　羌塘国家级自然保护区的藏羚羊主要有 3 ～ 4 条迁徙路线（Schaller，1998；Fox and Dorji，2009）（图 7.2）。其中一条已知迁徙路线是以阿鲁错以南为迁徙集结区（图 7.3），雌性藏羚羊沿着山脊绕过黑石北湖，前往新疆阿尔金山国家级自然保护区的乌鲁古鲁和兔子湖附近的夏季产仔地（图 7.4）。此外，新疆境内的藏羚羊也前往兔子湖周围产仔（Fox and Dorji，2009；吴晓民和张洪峰，2011；Buzzard et al.，2012）。该产仔地海拔 4500 ～ 5000m，植被覆盖率小于 5%，主要植被是垫状驼绒藜，集中产仔地面积约为 350km²。5 月下旬至 6 月上旬藏羚羊到达该区域，产仔高峰期是 6 月 18 日～ 7 月 7 日，7 月上旬开始返回。由于产仔地食物并不是很充裕，且与南部区域并无差异，因而食物可能不是藏羚羊迁徙的主要原因，而躲避捕食者、躲避传播寄生虫病的昆虫

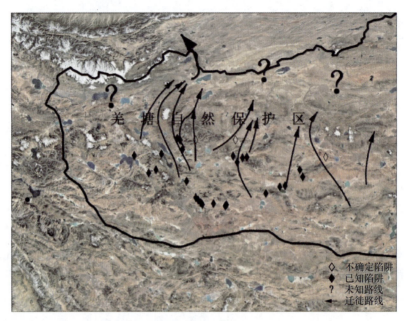

图 7.2 羌塘地区藏羚羊迁徙路线（Fox and Dorji，2009）

藏羚羊迁徙路线由当地牧民和老猎人指出。粗箭头表示已知的迁徙路线和产仔区域，
问号表示可能的迁徙路线和产仔区域

图 7.3 阿鲁盆地藏羚羊迁徙路线（Fox et al.，2009）

图中黄线代表阿鲁盆地藏羚羊迁徙路线；黑线表示围栏

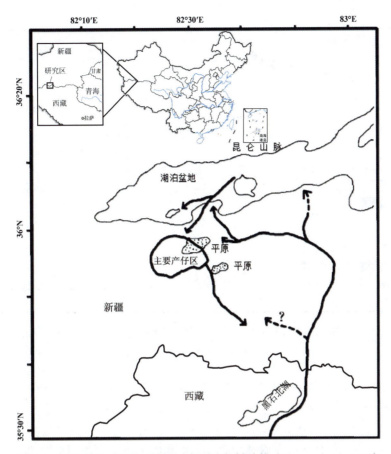

图 7.4　藏羚羊越过黑石北湖到达新疆产仔地路线（George et al.，2006）

干扰，或者避开牧民和家畜，可能是雌性藏羚羊迁徙到这个区域产仔的原因（Schaller et al.，2006）。改则县阿鲁盆地以东的迁徙路线并不明确，虽然一些牧民说曾经看到或听说过藏羚羊迁徙，但无法提供准确的地点和路线（Fox and Dorji，2009）。另外，部分藏羚羊向东北迁徙，在西藏与青海交界的太阳湖、卓乃湖等地产仔（吴晓民和张洪峰，2011）。

可可西里的藏羚羊拥有固定的产仔地，Buho 等（2011）在 2007 年 8 月～2009 年 4 月通过卫星跟踪两只雌性藏羚羊，获得藏羚羊的迁徙、产仔、越冬等行为特征。虽然藏羚羊拥有不同的越冬场地，但卓乃湖周围却是可可西里藏羚羊的主要产仔地。近年来铁路及公路建设加快，对藏羚羊迁徙产生了一定的影响。藏羚羊从治多县、曲麻莱方向的越冬场地到产仔地，其间至少两次穿过青藏铁路和格尔木—拉萨高速公路，而这个过程延缓了其进出产仔地的时间（图 7.5）。

7.2.2　野牦牛

野牦牛（wild yak，拉丁学名 *Bos mutus*）属于牛科（Bovidae）牛亚科（Bovinae）牛

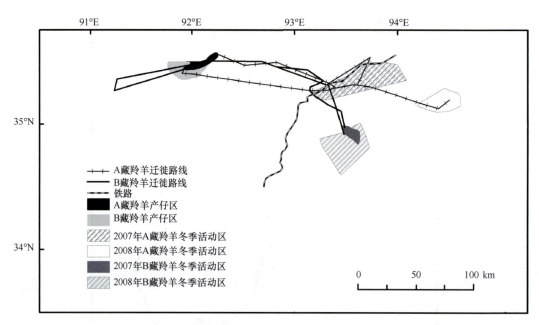

图 7.5 青海藏羚羊迁徙路线及 2007 ～ 2008 年追踪两只藏羚羊个体的产仔和越冬场地
（Buho et al.，2011）

属（*Bos*），是本属最大也是亚洲第三大哺乳动物，排在亚洲象（*Elephas maximus*）和印度犀牛（*Rhinoceros unicornis*）之后。家牦牛（*Bos grunniens*）与野牦牛属于不同种，家牦牛驯化至今已有 4500 多年。野牦牛体型大于家牦牛，但数量要少得多。成年公野牦牛显著大于母野牦牛：成年公野牦牛重达 1200kg，成年母野牦牛重达 350kg。野牦牛适应高海拔、强太阳辐射、寒冷干旱的严酷环境，寿命长达 16 年（WCS，2014）。野牦牛主要栖息于海拔 3000 ～ 6000m 的高山草甸地带、人迹罕至的高山大峰、山间盆地、高寒草原、高寒荒漠草原等各种环境中，青藏高原野牦牛主要分布在海拔 3000 ～ 5500m。野牦牛感觉敏锐，对人畜等活动保持高度警惕。野牦牛属于草食性反刍动物，以禾草、莎草及少部分杂类草为食，常到富含矿质的温泉、河边饮水，也啃食雪。青藏高原的野牦牛与部分有蹄类动物分布空间重叠，不同于藏羚羊和瞪羚喜欢平地，野牦牛更喜好丘陵山地（WCS，2014），这一点与盘羊（*Ovis ammon*）相似。

在《世界自然保护联盟受威胁物种红色名录》（《IUCN 受威胁物种红色名录》，*IUCN Red of List Threatened Species*）中野牦牛被列为易危（VU）物种，成年野牦牛个体数少于 10000 头，预计在未来 30 年个数还将下降 10%。其主要威胁源是盗猎、栖息地受损、与家牦牛杂交引起基因退化等。野牦牛被《濒危野生动植物种国际贸易公约》（CITES）确定为附录 I 物种。自 1962 年起中国政府开始保护野牦牛，并将其列为国家 I 级保护动物。

野牦牛曾广泛分布在拉达克地区，目前主要局限在拉达克东北部的 Changchenmo 谷地，约有 200 头野牦牛。中国野牦牛主要分布于青藏高原西北部，包括新疆东南部、青海西北部、西藏北部，在甘肃西部和西藏西南部有零星分布。阿尔金山、羌塘、可可西里、三江源、盐池湾等国家级自然保护区内都有一定数量的野牦牛（Buzzard and Berger，2016）。过去 100 年野牦牛栖息地缩小了一半，目前野牦牛栖息地已退缩到青藏线一带。据 Schaller 和 Liu（1996）的调查研究，1995 年青藏高原野牦牛估计不超过 15000 头，羌塘国家级自然保护区约有 8000 头。2002 年夏天在青海可可西里国家级自然保护区北部的野牛沟发现了 1697 头野牦牛，冬季发现了 713 头。1995 年在新疆阿尔金山国家级自然保护区发现了 2000～2500 头野牦牛，2008 年冬发现了约 2000 头（图 7.6）（WCS，2014）。

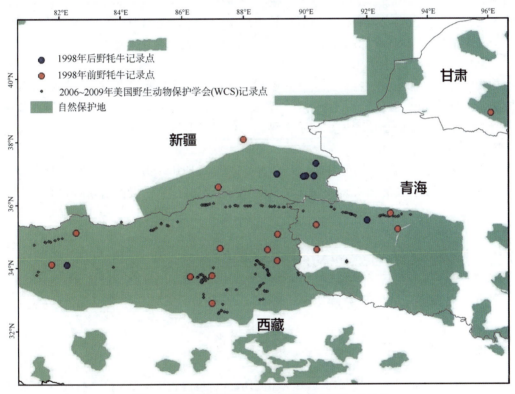

图 7.6　青藏高原野牦牛分布记录点（WCS，2014）

7.2.3　藏野驴

藏野驴（kiang，拉丁学名 *Equus kiang*），马属，国家一级保护动物，在《IUCN 受威胁物种红色目录》中被列为低危（LC）物种。成年藏野驴体长可达 2m 多，体重 300～400kg，寿命 20 岁左右。藏野驴一般生活在海拔 3600～5400m 地区，对寒冷、干旱和风雪具有极强的耐受力，多由 5～6 头组成小群，由一头雄驴率领，大群有数十头，最大群可达上百头。藏野驴有随季节短距离迁移的习性，夏季到海拔 5000m 以上的高山生活，冬季则到海拔较低的地方生活。其听觉、嗅觉、视觉均很灵敏，擅长奔跑，警惕性高，喜欢以茅草、薹草和蒿类为食，主要分布在中国青海的玉树、果洛、海北和海西，甘肃的阿克塞、肃南、肃北和碌曲，新疆的阿尔金山等地，以及西藏北部和四川西部，尼泊尔和印度北部也有分布。

7.2.4　藏原羚

藏原羚（Tibetan gazelle，拉丁学名 *Procapra picticaudata*），原羚属，国家二级保护动物，在《IUCN 受威胁物种红色目录》中被列为濒危（EN）物种。其体长 84 ～ 96cm，体重 11 ～ 16kg，仅雄性有角，脸、颈和体背部呈土褐色或灰褐色，腹面、四肢内侧及尾下部呈白色，臀部常有嵌黄棕色边缘的白斑，是典型的高山寒漠动物，栖息于海拔 3000 ～ 5750m 的高山草甸、亚高山草原草甸及高山荒漠地带。

藏原羚是反刍动物，以各种草类为食，采食共计 16 科 34 属 43 种植物。豆科植物是藏原羚采食的主要类群，豆科、禾本科、菊科、蔷薇科和莎草科 5 科植物占藏原羚采食总量的 90% 左右。不同物候期，藏原羚的食性变化明显，豆科、蔷薇科在草枯期所占的比例显著低于草青期，而禾本科、菊科和莎草科所占比例则显著高于草青期（李忠秋和蒋志刚，2007）。

藏原羚一般分布于中国的甘肃、新疆、西藏、青海、四川，印度的拉达克和锡金地区。藏原羚具有敏锐的视力和听觉及快速呈"之"形奔跑的技巧，人类活动对它们的影响相对较小。

7.3　人类活动与土地利用冲突类型

7.3.1　人类活动的历史演变

1. 传统狩猎时期

传统狩猎在藏北已经存在了近 2 万年（Brantingham et al.，2001），牧民在漫长的狩猎过程中积累了大量经验，并根据不同时间、地点，发明了多种狩猎方法（Huber，2005）。传统狩猎方法单一、工具简单，不会导致野生动物种群数量明显下降。传统狩猎工具主要有藏枪、弓箭、投石器、刀具等低效率工具。运输工具主要有牦牛和马，通常需 3 ～ 4 天才能到达目的地（斯确多吉等，2011）。传统的猎杀野生动物主要出于牧民生存需要，狩猎对象通常是藏羚羊、岩羊、藏原羚、野牦牛、藏野驴等，主要是为了获取肉、毛皮等，传统狩猎与野生动物数量始终维持着一个平衡状态（Fox and Dorji，2009；Næss and Bårdsen，2016），因而传统狩猎时期，人兽冲突并不明显。

随着季节变化，农牧民采取不同的方法捕猎藏羚羊（Huber，2005）。传统狩猎藏羚羊主要发生在冬季，当羊群大量繁殖时，猎人会在藏羚羊越冬（交配）地区的水源地附近建造小型（直径 2～3m）隐蔽洼地，待藏羚羊通过时利用弓箭或猎枪将其猎杀。另外一种方式是通过设置卡子，引导藏羚羊进入捕猎区。这种方式多用于春季雌性藏羚羊集结北迁的时候。基于多年的放牧经验，牧民在藏羚羊迁徙路线上选择一个比较狭窄的山谷，利用石头或沙土堆砌形成低矮石墙，只留下很小的进口和出口以引导藏羚羊通过。石墙一般高 10～20cm，很少超过 30cm。障碍物依地形而建，通常为几百米，最长的可达几公里。猎人在入口处和出口处设置陷阱或者躲在石头后面利用藏枪、弓箭等猎杀藏羚羊。此外，猎人还会将陷阱放置在藏羚羊迁徙路径中或饮水点周围，增加捕猎机会（Fox and Dorji，2009；Lincre and Tobe，2011）。

2. 商业捕猎和牧场扩张

20 世纪 50 年代以来，横跨西藏北部的黑阿公路开始建设，进入羌塘地区的商业性捕猎机会增加。商业性捕猎导致野生动物数量急速减少，尤其是藏羚羊（Lu et al.，2012）。20 世纪 80 年代后，由于欧美市场对藏羚羊羊绒需求急剧增长，商业狩猎达到最高峰（Fox and Dorji，2009；Fox et al.，2008b；斯确多吉等，2011）。据报道，在一些发达国家和地区，由藏羚羊羊绒制作的围巾价格高达 3 万美金（斯确多吉等，2011）。因此，狩猎藏羚羊的目的已经从维持传统生活转变为追逐高额的商业利润（Fox et al.，2008b；Næss and Bårdsen，2016）。以藏羚羊的羊绒为主要贸易对象的中尼、中印边境的非法贸易曾异常活跃。1997 年在中印边境点缉获了 684.5kg 藏羚羊羊毛，相当于 6000 头藏羚羊的羊毛重量（Ming et al.，2000）。在利益驱动下，不法分子对藏羚羊大肆猎杀，藏羚羊数量一度下降了 90% 以上（Lu et al.，2012）。为了防止野生动物数量进一步减少，西藏自治区人民政府于 1993 年建立了羌塘自治区级自然保护区，禁止保护区内的一切狩猎活动（Brantingham et al.，2001）。野生动物种群数量在 20 世纪 90 年代以后得到了稳定发展（Fox and Dorji，2009）。

除商业捕猎以外，少数牧民开始逐步进入以前无人居住的羌塘北部地区放牧。20 世纪中叶以前，羌塘大部分地区很少有人类活动，很难看到成群家畜（Tsering et al.，2002）。直到六七十年代，随着人口增长和牲畜数量增加，当地政府开始鼓励牧民向北迁移，扩大草场，发展畜牧业（Lu et al.，2012）。1951～2010 年，西藏的牲畜总数从955 万头增加到 2349 万头，相当于 5109 万头羊单位，比西藏草原合理牲畜承载能力高出89.4%（Yu et al.，2012）。牧民北迁一方面受到政府鼓励，另一方面也是气候变化的结果（达瓦次仁，2013）。当地牧民对气候变化反应敏感，大多数人觉得气温明显升高，有些以前无法过冬的地方现在可以过冬了。例如，20 年前阿鲁错附近的牧民会在冬季游牧到南部和西部地区，只有夏季到阿鲁错周围放牧（Tsering et al.，2002），但如今阿鲁错周围已经有了大量冬季定居点。随着人口和牲畜的进一步增加，羌塘南部适宜放牧的草地几乎被牧民永久占领，野生动物被迫迁徙到更为干旱的羌塘北部地区（Newell，1989）。人类的入侵使野生动物栖息地范围缩小，人与野生动物之间的冲突日益频繁。由于食物减少，野生食肉动物被迫袭击牲畜，而食草动物也同家畜争夺草场资源（Lu et al.，2012）。

虽然偶有食肉动物会袭击家畜，但人类同食草动物之间的冲突却是羌塘地区人兽冲突最突出的表现形式（Yangzong，2006），主要表现在两个方面：一是野生食草动物同家畜争夺草场资源；二是围栏的修建破坏草场连续性、限制野生动物活动范围，其进一步加剧了这种矛盾（Fox et al.，2008a，2009）。

3. 新时期草场围栏建设

人口压力和牲畜增多导致过度放牧，引发草原退化。中国科学院西北高原生物研究所的数据显示，1989～1997年中国牧场退化了30%。遥感监测显示，羌塘高原退化草地面积占总面积的50.8%，其中重度和中度退化草地约22.9%，轻度退化草地约27.9%（高清竹等，2005）。导致草原退化的原因主要是过度放牧、其他人为行为和自然原因（李云龙等，2013；崔庆虎等，2007）。其他人为行为主要包括人类生产活动加剧、道路修建和采矿；自然原因主要有全球变暖、干旱、泥石流、高原鼠兔和毒草蔓延等（Yangzong，2006）。

为遏制草原进一步退化，促进草地可持续发展，促使传统畜牧业向现代畜牧业转变，2005年羌塘高原开始实施草原家庭承包责任制，将冬春牧场的经营管理权下放给牧民家庭。当地政府根据2004年的人畜情况，将整个草原90%以上的草地分配给牧民。草原总面积的5%～10%被保留为公共草地，用于抵御灾害。承包草场面积分配中家庭人口权重为70%，家畜数量权重为30%。即使牲畜或家庭成员的人口增加或减少，草原面积仍然保持不变。为了方便管理承包到户的草场，草场分界处开始建设围栏。

同时，为缓解天然草原退化、促进草地生态系统恢复，从2004年起，国家在西藏阿里地区、那曲地区（现那曲市）开展以"围栏封育"为核心的禁牧、休牧、轮牧等"退牧还草"工程试点（李云龙等，2013）。2004年中央投资1820万元，饲料粮补助192万元，共计2012万元，在那曲、比如、改则3县实施了"退牧还草"试点工程，在生态脆弱区和严重退化草原区全面推行禁牧制度，对尚在退化的重点放牧场推行季节性休牧制。3县共落实草地禁牧面积42.5万亩、休牧面积58万亩、围栏草场面积100.5万亩（中国供销商情编辑部，2005）。截至2009年，中央累计投入176亿元，在内蒙古、四川、云南、甘肃、西藏、青海、宁夏、新疆等省（自治区）的重要牧场，安排围栏建设任务4503.5万hm^2，其中禁牧围栏2216.5万hm^2、休牧围栏2201.4万hm^2、轮牧围栏85.6万hm^2（农业部草原监理中心，2010）。

2005年农业部《关于进一步加强退牧还草工程实施管理的意见》和2012年西藏自治区《关于进一步落实完善草场承包经营责任制的意见》的印发，全面推动了羌塘地区草原围栏建设（达瓦次仁，2010）。草原上修建的围栏类型主要有行政界线围栏、退牧围栏、禁牧围栏、草场分界围栏等（Tsering et al.，2002）。羌塘国家级自然保护区内围栏长度为3036.5km，占草场面积14.57万hm^2，所圈区域大多水草丰美（赵怀东，2015）。围栏的大量建设虽然对草原保护起到了一定作用，但不可否认，围栏对许多草原野生动物造成了一定的影响。

7.3.2　人与野生动物冲突类型

人与野生动物冲突的根本原因主要集中在利益问题上（Sillero-Zubiri et al.，2007）。当野生动物的需求与人类的需求重叠时，就会引发人兽冲突，这需要消耗一定的人类和野生动物的生存成本。不同地区冲突产生的原因具有一定差异，但主要原因包括：人口增长、土地利用变化造成野生动物栖息地丧失、退化和破碎化（Ellis et al.，2010）；牲畜数量增加，同野生食草动物竞争资源（Mishra et al.，2003）；由于保护野生动物，野生动物数量增加（Messmer，2000；Fall and Jackson，2002）；气候因素（Patterson et al.，2004）等。

20 世纪 60 年代以后，为获得更多经济收入，羌塘高原牧民北迁和商业捕猎活动兴起，导致野生动物数量锐减。1993 年启动全面禁猎，野生动物数量有所回升，但牧场仍逐步深入羌塘高原北部，侵占野生动物栖息地，引起野生动物食物减少，致使它们伤害家畜和人，人兽冲突频发。羌塘地区的人兽冲突集中在野生动物与家畜争夺栖息地和食物上，主要包括 4 种类型：①棕熊、雪豹、狼和狐狸等食肉动物伤害山羊和绵羊等家畜；②棕熊进入牧民的房屋和帐篷搜寻食物，对房屋和家具造成破坏；③栖息地被占领后，野生食草动物（主要是藏羚羊、藏野驴、藏原羚）被迫同家畜争夺草场资源；④雄性野牦牛拐走家养雌性牦牛，干扰牧业生产活动。另外，很多牧民还遭受棕熊和野牦牛的袭击，尽管捕猎禁令存在，但仍有少数对野生动物隐蔽性、报复性猎杀的情况出现（Tsering et al.，2002）。

1. 食肉动物捕食家畜

牧场扩展到野生食肉动物的领地，造成其天然食物源减少，时常发生野生食肉动物伤害家畜的情况。食肉动物杀死家畜的现象几乎遍布整个青藏高原，肇事野生动物主要有棕熊、雪豹、猞猁、狼、鹰等（蔡炳城等，2011）。Li 等（2015）在青海湖对牧民家庭进行开放性半结构式访谈，结果显示，2010 年 3 月～ 2011 年 3 月，93.7% 的受访家庭牲畜遭受过食肉动物伤害。野生动物造成的损失占牲畜总价值的 3.7%，狼是猎杀牲畜的主要元凶（76.0%），其次是棕熊、藏狐狸、红狐和猛禽。雪豹生活在高海拔地区，雪豹同人类的冲突主要发生在喜马拉雅山地区（Jackson，2001；Wangchuk et al.，2004；Bagchi and Mishra，2006；Namgail et al.，2007）。达 瓦 次 仁（2012，2013）于 2006 年、2007 年在羌塘国家级自然保护区和色林错国家级自然保护区的研究发现，棕熊、雪豹及藏羚羊、藏野驴与人类的冲突最突出，其中棕熊同当地人发生冲突的案例占比高达 50%。

2. 棕熊捣毁牧民房舍

棕熊除猎杀家畜以外，常进入牧民的房屋和帐篷搜寻食物，并对房屋和家具造成巨大破坏。2006 年一些地方政府开展高原鼠兔消灭行动，鼠兔大量减少，导致棕熊的食物源锐减（Xu et al., 2006）。在三江源地区的研究发现, 夏季棕熊进入牧民的房屋和帐篷, 寻找食物, 并造成房屋和家具的破坏, 带来巨大的经济损失（Worthy and Foggin, 2008）。在西藏, 肇事伤人的野生动物主要是棕熊（蔡炳城等, 2011）。Tsering 等（2002）在羌塘地区的研究发现, 1990年以来, 在接受调查的300户牧民家庭中, 34%的家庭房屋受到棕熊的破坏, 47%的家庭帐篷受到破坏。

3. 草场资源争夺与"围栏效应"

野生食草动物同家畜争夺草场是羌塘地区人兽冲突最突出的表现形式（Yangzong, 2006）。其表现在两方面: 一是野生动物同家畜争夺草场资源; 二是围栏破坏草场连续性, 对野生动物生存造成影响（Fox et al., 2008a, 2009）。羌塘国家级自然保护区建立以后, 野生动物数量稳定恢复, 但牧民北迁仍在继续。放牧区同野生动物栖息地重叠度增大（达瓦次仁, 2009）。2000年秋, Fox等（2004）发现, 阿鲁盆地大约有12000只有蹄类野生动物（大多数是藏羚羊）, 同时还有8000只家畜。随着经济发展和牲畜数量增加, 家畜同野生食草动物争夺草场资源的情况愈加剧烈。

同时, 野生食草动物还不得不面临一个新的挑战——草场围栏建设。根据北美洲西部围栏对叉角羚的影响研究（O'Gara et al., 2004）, 大量围栏不仅造成草地破碎化, 限制了野生动物活动范围和食物来源, 增大了野生动物的死亡概率, 还影响了野生动物迁徙活动。修建围栏的初衷是保护草场, 但却忽视了在野生动物丰富的自然保护区内, 围栏对野生动物生存产生的影响。这种"围栏效应"具体表现为: 围栏造成野生动物栖息地破碎化, 导致种群隔离; 切断野生动物的草路和水路, 切断迁徙路线; 有利于驱赶野生动物、缩小其生存空间、破坏草原食物链, 不利于草原生态系统的稳定等（曾贤刚等, 2014）。Fox等（2008a）呼吁对现有草场管理模式开展评估, 并建议拆掉围栏, 他认为这对牧民和野生动物都有益处。

阿鲁盆地是藏羚羊重要栖息地之一, 也是羌塘国家级自然保护区的核心区。为了获得更多草场资源, 部分牧户由南部地区陆续迁移到阿鲁盆地, 部分围栏修建在藏羚羊越冬地和迁徙路线上, 对其生存造成严重影响（Fox and Dorji, 2009; 达瓦次仁, 2009）。在青海湖流域, 草原围栏修建对普氏原羚的生存带来了破坏性影响。普氏原羚正面临着栖息地破碎化、退化、丧失和与家畜争夺草地资源等方面的威胁（刘丙万和蒋志刚, 2003; Li et al., 2012; You et al., 2013; 游章强等, 2013）。

4. 雄性野牦牛拐走家养雌性牦牛干扰牧业生产

经历长达一个世纪的捕猎和驱赶, 羌塘南部地区的野牦牛数量变得非常少。从野牦牛生活习性来看, 野牦牛群常见几头至25头, 雄性野牦牛偶见单独行动（Schaller, 1998）。雄性野牦牛需要通过决斗才能获得交配权, 部分决斗中落败的野牦牛往往拐走家养雌性牦牛, 甚至伤害牧民人身安全（达瓦次仁, 2012, 2013）。根据申扎县林业局的数据, 2000～2005年, 雄性野牦牛拐走或杀死家养雌性牦牛223头（Tsering et al., 2002）。

7.4 土地利用冲突案例

7.4.1 羌塘国家级自然保护区土地利用冲突与协调

1. 社会经济发展及人类聚落扩张

西藏民主改革后，西藏建立了牧业互助组和人民公社，草地划分到村和生产队。自 20 世纪 70 年代以来，申扎、班戈等羌塘高原南部地区人口及家畜数量快速增长，牧民开始向北羌塘腹地的无人区搬迁，地方政府给新村社划定了草场（徐志高等，2010）。牧区聚落（马文参和徐增让，2017）及牧场规模扩张和范围拓展压缩了野生动物的生存空间。2004 年夏天，改则县先遣乡巴热村 12 户牧民在羌塘国家级自然保护区核心区的阿鲁错修建临时住房，进入藏羚羊、野牦牛栖息地游牧；尼玛县荣玛乡藏曲村牧民定居点向玛依岗日核心区逼近，夏季游牧到达 34°15′N 甜水河附近的藏羚羊产仔地。双湖县 84.6% 的面积位于羌塘国家级自然保护区内，其城乡建设、牧业发展对自然保护具有深远影响。

1988 ～ 2010 年羌塘国家级自然保护区所涉及的安多、尼玛、双湖、改则、革吉、日土 6 县的人口总数由 5.59 万人增加到 13.87 万人，年均人口增长率达 4.22%，高于同期西藏人口增长率。6 县有 62% 的县域面积、10% 人口和居民点位于羌塘国家级自然保护区内，各县人口都不同程度增加，牲畜存栏波动明显。牲畜存栏年均增加 0.22%，由 1988 年的 517.2 万羊单位增加到 1993 年的 590.1 万羊单位，1994 年雪灾导致牲畜存栏量急剧下降，到 2000 年降到 475.9 万羊单位的低点，2001 年后恢复增长，到 2004 年增加到 603.7 万羊单位的历史峰值。之后由于围栏禁牧、草原生态保护等政策因素，牲畜存栏数下降，并稳定在 600 万羊单位左右（图 7.7）。

根据国家基础地理信息中心数据，羌塘 6 县的县、乡、村各级居民点数有 3584 个，其中羌塘国家级自然保护区内有 357 个，分布在保护区实验区内的有 346 个、缓

图 7.7　1988 ～ 2010 年羌塘国家级自然保护区 6 县人口（a）和牲畜存栏数（b）

冲区有 9 个、核心区有 2 个（表 7.1）。除革吉县外，其余 5 县均涵盖保护区的 3 个功能区（图 7.8）。各县都不同程度地在保护区内有居民点。双湖县域内羌塘国家级自然保护区核心区面积约为 1.73 万 km²，是无人区，禁止无关人员进入；保护区缓冲区面积约为 2.41 万 km²，包括措折羌玛乡 1 村和 2 村，多玛乡北部。保护区实验区面积约 1.88 万 km²，有嘎措乡 1 村和 2 村、措折羌玛乡 3 村，雅曲乡 1 村、2 村、3 村、4 村，多玛乡 1 村。

表 7.1　羌塘 6 县保护区内的人口和居民点分布情况

项目	人口 / 人	人口比重 /%	居民点数 / 个	居民点比重 /%
羌塘 6 县	138689	100.0	3584	100.0
羌塘国家级自然保护区	14742	10.63	357	9.96
实验区	10310	7.43	346	9.65
缓冲区	4273	3.08	9	0.25
核心区	159	0.11	2	0.06

注：羌塘 6 县指羌塘国家级自然保护区所涉及的安多县、尼玛县、双湖县、改则县、革吉县、日土县。

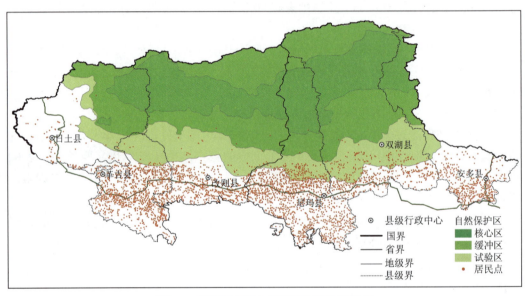

图 7.8　羌塘国家级自然保护区里的居民点

2. 围栏禁牧及其对野生动物栖息地的影响

20 世纪 80 年代牧区实行牲畜私有政策，90 年代推行草场承包责任制。目前，羌塘国家级自然保护区可利用草场面积 905.51 万 hm²，其中承包草场面积 555.62 万 hm²，占可利用草场面积的 61.36%。2005 年农业部推行退牧还草工程，羌塘草原开始大规模围栏建设。草场承包、草场围栏威胁着藏羚羊等野生动物的迁徙活动（达瓦次仁，2012）。2009 年农牧部门启动草原生态保护补贴与奖励机制，不仅要求减畜，还要求建设围栏。羌塘国家级自然保护区内建立围栏的草场面积为 14.57 万 hm²，占可利用草场面积的 1.61%，占承包草场面积的 2.62%。围栏长度为 3036.5km，其中核心区有网围栏 9.36km，所围区域水草条件好、阻隔作用大。野生动物和家畜共享的草原被围栏和道路分割（赵晓艳，2015）。

　　每年的 5～6 月，生活在羌塘南部达则错、色林错、扎加藏布沿岸的藏羚羊带着未成年的雌性羔羊到北方的甜水河、卓乃湖、可可西里一带产仔地，6～7 月产仔，母藏羚羊带着羔羊于 8 月初返回南部的过冬地（WCS，2014）。近十几年来，禁牧尤其是网围栏横亘在藏羚羊迁徙的必经通道上（图 7.9），对藏羚羊的正常迁徙、繁殖、觅食行为产生了明显干扰。

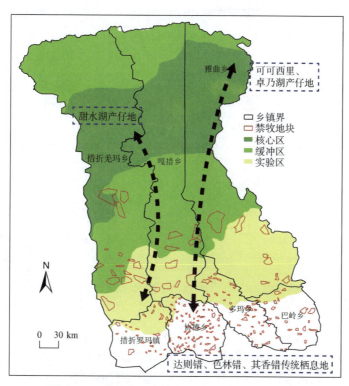

图 7.9　双湖县北 3 乡禁牧地块与藏羚羊迁徙通道

3. 野生动物肇事及补偿

　　1970 年之前，西藏有藏羚羊 100 多万只，但 20 世纪 70～90 年代中期，国际奢侈品市场藏羚羊羊绒的高额利润引发猖獗偷猎，使得 90 年代藏羚羊种群急速下降到约 5 万只。随着自然保护的强化，西藏野生动物种群得到较好恢复，到 2012 年西藏藏羚羊恢复到约 15 万只，藏野驴恢复到约 10 万头，野牦牛发展到 9000 头[①]。雪豹、狼、棕熊等食肉动物也有所恢复。在种群数量明显恢复而生存空间有限的条件下，食肉动物伤及人畜，藏野驴、野牦牛、藏羚羊与家畜争食牧草，野牦牛混群拐带家畜等野生

[①] 资料来源：中国自然保护区标本资源共享平台。

动物肇事现象频现（蔡静和蒋志刚，2006；沈洁滢和崔国发，2015）。西藏自治区人民政府 2010 年通过的《西藏自治区陆生野生动物造成公民人身伤害或者财产损失补偿办法》，对野生动物肇事造成的牧民财产损失进行经济补偿。仅 2008～2009 年就有 2 万多农牧户受到补偿（赵怀东等，2014）。但是，野生动物肇事补偿覆盖范围仍然有限，补偿标准明显偏低，防范体制机制仍不完善。

根据对双湖县嘎措乡的调查，生长季人兽冲突剧烈，严防死守野生动物肇事成为乡政府的重要工作。2011～2015 年双湖县年均野生动物肇事致使 6537 头（匹）牲畜死亡，占存栏牲畜总数的 1.5%。受害牧户 1728 户，占牧户总数的 61.9%。年均野生动物肇事补偿 204 万元，其中牲畜死亡补偿 175 万元，人员伤亡补偿 11.5 万元，其他财产损失补偿 17.5 万元（图 7.10）。

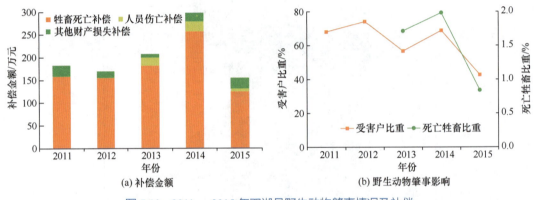

图 7.10　2011～2015 年双湖县野生动物肇事情况及补偿

4. 缓解保护区土地利用冲突的建议

针对羌塘国家级自然保护区的土地利用冲突，以恢复人 – 畜与兽 – 草地生态系统平衡为目标，提出减畜、移民、调级、少围的自然保护区管理建议。

（1）控制人畜数量，维持牧区生态平衡。考虑野生动物生存空间，合理确定家畜存栏量，确保家畜和野生动物总量与草地承载力平衡。持续推动退牧还草、草原生态保护补奖机制，减畜增效，发展质量效益型的绿色畜牧业，实现草、畜与兽等第一性生产力和第二性生产力的平衡，推动牧区形成生态经济负反馈系统。

（2）落实自然保护区的生态移民，推动牧区聚落适度集中。2017 年修订的《中华人民共和国自然保护区条例》规定，禁止在自然保护区内进行砍伐、放牧、狩猎、捕捞、采药、开垦、烧荒、开矿、采石、挖沙等活动。自然保护区核心区内原有居民确有必要迁出的，由自然保护区所在地的地方人民政府予以妥善安置。利用生态移民、扶贫搬迁，将人畜迁出核心区，疏解缓冲区的人口和产业、控制放牧强度；科学论证聚落的功能、规模、布局原则；严格控制聚落和牧场向缓冲区、核心区继续拓展，实现城乡聚落向更加宜居的地区适度集中。

双湖县是世界上海拔最高、条件最严酷、我国最年轻的县。双湖县城、措折羌玛乡、嘎措乡、雅曲乡位于羌塘国家级自然保护区内，双湖县城位于缓冲区，各级居民点集中于实验区，牧场深入实验区和缓冲区。20 世纪 70 年代末，人畜向羌塘无人区进军，设立尼玛县双湖特别区，2012 年国务院正式批准成立双湖县。县域海拔 5000m 以上，县城海拔 4900m 以上，年均温为 –10℃，无霜期仅 60 天，高寒缺氧，导致风湿性关节炎、心脑血管疾病多发，人均寿命 58 岁。雪、风灾频发，农牧业基础脆弱。由于野牦牛、棕熊、藏野驴种群迅速恢复，野生动物肇事案件逐年增多。目前，双湖县资源环境瓶颈突显，持续发展乏力。建议稳妥推进双湖县生态移民，实施人类活动的后退收缩战略，具体在措折玛乡、嘎措乡、雅曲乡整乡移民的基础上，将双湖县城后撤到南部乡镇，实现人类聚落及活动从羌塘国家级自然保护区整体后退收缩，以适度集中人类聚落，降低产业活动强度，保护野生动物栖息地。

(3) 无围栏或少围栏，维持草原开放空间和家畜与野生动物的流动性。在草场承包、围栏禁牧问题上，农牧部门和自然保护部门有不同的政策目标，不利于草原牧区生产功能和生态功能协调。在围栏禁牧条件下，畜群和野生动物的流动性降低，草 – 畜 – 兽空间动态失衡，应协调农牧部门和自然保护部门关于草场围栏的政策取向 (徐增让等，2017a)。建议将自然保护、生态建设、产业发展进行系统整合，优化草场承包和草场围栏政策措施，原则上拆除羌塘国家级自然保护区内核心区、缓冲区、实验区阻断野生动物迁徙通道的围栏。实验区内只建设接羔育幼草场网围栏，保证珍稀野生动物能够正常迁徙和有畅通的草路和水路，避免网围栏挤占野生动物的生存空间和对野生动物造成伤害。

(4) 宽严相济，完善羌塘国家级自然保护区政策。除藏中南、西宁等城镇地区为重点开发区域外，青藏高原总体上是以严格保护为主的生态安全屏障区[1]。针对生态本底脆弱敏感的实际，按照《中华人民共和国自然保护区条例》，参考美国国家荒野保护体系 (National Wilderness Preservation System)，对自然保护区核心区实行最严格的荒野保护政策，杜绝人类建（构）筑物，不允许进行采伐、开垦、采矿等生产活动，除羌塘国家级自然保护区建立之前当地居民的放牧及必要的生产生活设施以外，不允许新增放牧活动和设施[2]。羌塘国家级自然保护区的缓冲区仅允许科研活动，实验区允许徒步、爬山、钓鱼、野营等轻度游憩观光活动 (Carver et al.，2013；徐增让等，2017b)。

7.4.2　改则县先遣乡的人与野生动物冲突与协调

先遣乡位于阿里地区改则县西北部的羌塘高原腹地，西与革吉县、日土县相邻，北与新疆相接（图 7.11）。先遣乡政府驻扎布村，距离县城 160km，东距离拉萨市

---

[1] 国务院. 国务院关于印发全国主体功能区规划的通知. 国发〔2010〕46 号.

[2] Congressional Grazing Guidelines for Black Rock-High Rock Wilderness Areas. Excerpt from Public Law 101-628 §101 (f).

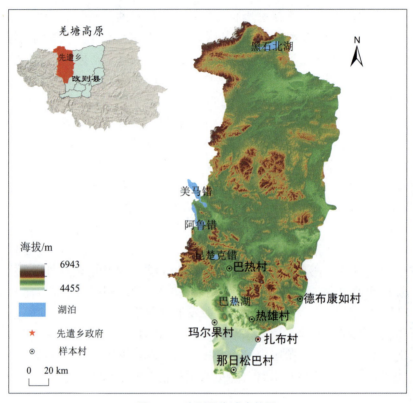

图 7.11　改则县先遣乡位置

1235km，西距离阿里地区狮泉河镇 440km。先遣乡土地面积 2.14 万 km²，人口稀少，根据第六次全国人口普查数据，先遣乡人口数仅 1825 人。先遣乡平均海拔在 5000m 左右，草场面积 2781.25 万亩，可利用草场面积 2154.17 万亩，无水草场面积 1027.2 万亩。先遣乡辖 6 个村：热雄村、巴热村、德布康如村、那日松巴村、玛尔果村、扎布村。牧民生计以畜牧业为主，主要饲养绵羊、山羊、牦牛等。经济结构单一，牧业收入占全乡经济总收入的 85.87%。2005 年全乡人均纯收入 3046 元，牲畜存栏绵羊 53021 头、山羊 26904 只、牦牛 5133 头、马 375 匹。2014 年全乡人均纯收入 7389.81 元，10 年间人均纯收入实现了翻倍。

　　先遣乡气候条件恶劣，属于高原亚寒带干旱季风气候，寒冷、干旱、多大风、昼夜温差大。年降水量 189.6mm，常以雪、冰雹、风暴的形式出现。植物生长季只有 120 ～ 180 天。高寒草原和高山冻原覆盖了大部分地区，是牦牛、绵羊、山羊及野生动物的重要生存地区。先遣乡的金矿资源丰富，长期采矿诱发草场退化。湖泊众多，有美马错、阿鲁错、巴热湖和黑石北湖等较大的湖泊。野生动物资源丰富，藏羚羊、藏原羚和藏野驴分布广泛，种群数量大，是目前世界上高寒生态系统保存完好的区域之一。过去传统的狩猎是牧民的重要生计方式，主要猎取野牦牛和藏羚羊，1993 年起政府禁止狩猎。

　　近些年，先遣乡草场退化，毒草丛生，从而导致野生食草动物与家畜争夺草场资源。干旱、毒草丛生不仅对草地资源造成影响，还对牧民家庭带来巨大经济损失。近几十年来，先遣乡有毒植物（醉马草）一直在扩张，导致许多动物死亡。醉马草通常在早春发芽，在 4～5 月迅速生长。当牲畜吃到毒草时，毒物在其身体积累长达 2～3 个月，最后导致其死亡。随着牲畜数量增加和草场承包责任制实施，大量草地被牧民占据，野生食草动物被迫同家畜争夺草地资源。先遣乡野生动物资源丰富，人类活动影响较大，因而选择该乡作为土地利用冲突研究案例区。

1. 研究所用数据

1）问卷调查数据

考察队于 2017 年 8～9 月前往先遣乡开展牧民与野生动物冲突的问卷调查，调查方法为半结构式访谈。在做调查之前，先同乡、村干部进行座谈，确定抽样村及牧户。随后在扎布村开展为期一天的预调查，并根据预调查结果对问卷内容做适当调整。调查对象多为户主，每户调查时间为 1～2h。由于语言和文化差异，考察队聘请了一位西藏农牧学院大学生和一位先遣乡本地懂普通话的人员作为翻译，还邀请村干部作为向导，以减少牧民的戒备心理，获得真实数据。

问卷内容包括：①牧民家庭基本情况（家庭人口数、年龄、健康状况、文化程度、就业情况、收入情况等）；②家庭基本资产情况（资产类型、数量、修建或购买时间、修建或购买费用等）；③ 2016 年家庭收支情况（农牧业收入、非农牧业收入、补贴类收入、生产性支出、生活性支出等）；④草场经营情况（草地位置、草地面积、草场类型、草场是否退化等）；⑤放牧形式（单户或联户及原因）；⑥ 2016 年末牲畜类型和存栏量、新增和死亡数量等；⑦牧民与野生动物冲突（当年见到的野生动物的类型及数量、近 3 年牧民与野生动物冲突事件、野生动物保护措施等）等。共获得 109 份有效问卷，样本总量约占总户数的 1/3（表 7.2），样本数量较少的原因主要包括以下两点：①先遣乡地广人稀，家庭户数仅有 300 多户，且牧民放牧地点比较分散，调查难度较大；②调查期间连续降雨，交通不便，越野车多次陷入泥沼，放弃了对部分偏远牧户的调查。

表 7.2　先遣乡家庭问卷调查样本分布

村名	概况	样本量
巴热村	巴热村是先遣乡最北边的村，也是藏羚羊冬季交配地。该村冬窝子最远延伸到了北纬 34° 的阿鲁错附近，村民主要以放牧为生，由于该村居民点分布较分散，问卷调查较困难	14
德布康如村	德布康如村地广人稀，调查起来相对较难，该村藏羚羊 8～9 月最多，同时野牦牛、狼、棕熊比较多，牧民与野生动物冲突较多，由于天气及该村居民点分散等原因，问卷调查较困难	12
玛尔果村	玛尔果村北邻巴热村，由于雪山阻挡，牧民并未到达阿鲁错放牧。草场退化较严重，大部分被毒草覆盖，村民用长围栏隔离毒草。冬天藏羚羊会翻过雪山到达村子，畜兽争夺草场成为主要冲突	22
那日松巴村	那日松巴村比较靠南，村民主要以放牧为生。以前藏羚羊很少见，如今能够看到藏羚羊	22
热雄村	热雄村北临巴热村，藏羚羊分布较广，也是藏羚羊冬季交配地。村主任曾看到上千只藏羚羊在雪山上迁徙，因此其是调查的重要村	25
扎布村	扎布村是先遣乡政府所在地，牧民们获得的非农工作机会较多，村民以联户放牧为主，目前仅有 9 户家庭仍在放牧，59 户在乡镇居住或外出务工。样本包含所有 9 户放牧家庭，另外选取 5 户不放牧的家庭作为补充	14
总计		109

2）围栏分布数据

围栏分布数据来源于野外实际调查和县农牧局提供的围栏坐标点数据。其中，野外实际调查是通过邀请村干部作为向导，驱车前往有围栏处，利用 GPS 确定围栏特征点坐标，并在笔记本上做详细的野外调查记录，再利用 ArcGIS 软件将特征点坐标展绘出来。野外实际调查和农牧局提供的数据出现部分重叠，重叠部分围栏大小、形状基本吻合，说明调查数据可靠。

3）野生动物分布数据

野生动物分布数据通过常用的野生动物数量调查方法——样线调查法获得（路飞英等，2015）。考察队于 2017 年 8～9 月在先遣乡主要调查了阿鲁错附近及以南区域。以先遣乡作为出发点，为避免重复计数，以道路的交叉点作为新样线的起点，一条完整样线的统计均在一天之内完成。在整个调查期间总共获得 12 条样线（图 7.12）。

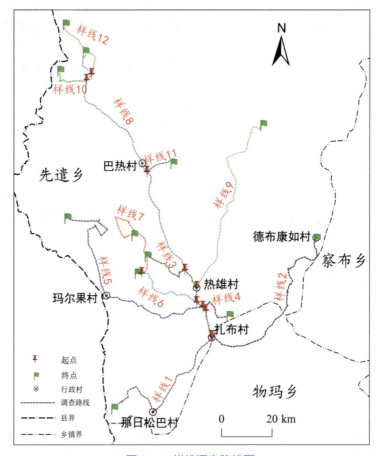

图 7.12　样线调查路线图

调查方式是通过乘坐越野车，沿着固定路线以 30km/h 左右的速度前进。在道路和地形允许的情况下，车辆以直线行驶。车内安排两名人员观察道路两边 2km 以内野生动物的种类和数量，当发现野生动物时，车减速至 5km/h 左右，通过双筒望远镜或目视确定野生动物种类并计数，用 GPS 记录动物所处的位置。

4）其他数据

道路和居民点均由野外实际调查结合室内遥感影像判读所得。野外实际调查时利用 GPS 记录居民点位置道路轨迹，然后利用 Google Earth，结合外业调查数据，进行遥感影像判读，绘制出居民点分布和道路网。

2. 野生动物样线调查

1）调查方法

主要调查了藏羚羊、藏野驴、藏原羚 3 种有蹄类野生动物的数量。采用单位里程个体数量指数（index of kilometric abundance，IKA），即每公里见到的动物个体数量来表示动物的相对数量（Maillard et al.，2001）。IKA 可以用作监测动物相对数量变化的一个指标（Brugière et al.，2005；路飞英等，2015）。其计算公式为

$$IKA = N/L \tag{7.1}$$

采用样带密度和平均密度确定每种动物的相对密度。样带密度指样线调查中观测到的单位面积野生动物个体数，表示每条调查样线上野生动物的相对密度，用 $D_{样带密度}$ 表示；而平均密度则表示所有样线覆盖范围内观测到的单位面积野生动物个体数，表示每种野生动物在调查范围内的平均密度，用 $D_{平均密度}$ 表示（路飞英等，2015）。其计算公式为

$$D_{样带密度} = n_i/s, \quad s = 2 \times l_i \times A_i \tag{7.2}$$
$$D_{平均密度} = N/S, \quad S = 2 \times L \times A_i \tag{7.3}$$

式中，N 为所有样带内记录的野生动物总数（只）；S 为所有样带的总面积（km^2）；L 为样带总长度（km）；A_i 为第 i 条样带的单侧观测宽度（设定为 2km）；n_i 为第 i 条样带记录到的野生动物数（只）；s 为每条样带的面积（km^2）；l_i 为第 i 条样带的长度（km）。各样带的长度通过 GPS 导出轨迹，然后在 ArcGIS 中计算所得。

2）调查结果

本次调查获得 12 条样线（表 7.3），总长度为 644.41km，共观察到藏羚羊 1159 只、藏野驴 1338 只、藏原羚 305 只。单位里程观察到的 3 种有蹄类野生动物数量存在着一定差异，其中观察到的藏野驴和藏羚羊相对较多，分别为 2.08 只 /km 和 1.80 只 /km，单位里程观察到的藏原羚相对较少，为 0.47 只 /km。不同样线野生动物分布数量也不一样。样线 12、样线 7、样线 8 上藏羚羊分布密度最大，分别为 1.92 只 /km^2、1.37 只 /km^2 和 1.29 只 /km^2；样线 3 和样线 2 上藏野驴分布密度最大，分别为 2.85 只 /km^2 和 1.65 只 /km^2；另外，藏原羚分布密度最大的也在样线 3 和样线 2 上，分别为 0.45 只 /km^2 和 0.35 只 /km^2。整个调查过程中，藏野驴、藏羚羊、藏原羚出现比较频繁，栖息地与牧场有较多重叠。观察到的野牦牛数量不多，未纳入统计。

不同动物对栖息地要求不同，3 种有蹄类野生动物分布地域存在一定差异，颜色越深代表种群数量越多（图 7.13）。结果表明，藏羚羊主要分布在 33°10′N 以北 [图 7.13（a）]，越往北藏羚羊分布越多，阿鲁错是藏羚羊的一个集中地。Fox 等（2008a）

表 7.3　样线分布及野生动物数量

序号	长度 /km	藏羚羊		藏野驴		藏原羚	
		数量 / 只	样带密度 / （只 /km²）	数量 / 只	样带密度 / （只 /km²）	数量 / 只	样带密度 / （只 /km²）
样线 1	68.11	0	0.00	49	0.18	18	0.07
样线 2	79.98	6	0.02	529	1.65	113	0.35
样线 3	51.44	21	0.10	586	2.85	93	0.45
样线 4	16.38	0	0.00	16	0.24	0	0.00
样线 5	106.20	26	0.06	15	0.04	17	0.04
样线 6	31.83	26	0.20	34	0.27	43	0.34
样线 7	46.32	253	1.37	85	0.46	17	0.09
样线 8	106.79	550	1.29	24	0.06	2	0.00
样线 9	81.73	49	0.15	0	0.00	0	0.00
样线 10	16.42	2	0.03	0	0.00	2	0.03
样线 11	12.64	22	0.44	0	0.00	0	0.00
样线 12	26.57	204	1.92	0	0.00	0	0.00
合计	644.41	1159	0.45	1338	0.52	305	0.12
单位里程个体数量 /（只 /km）		1.80		2.08		0.47	
平均密度 /（只 /km²）		0.45		0.52		0.12	

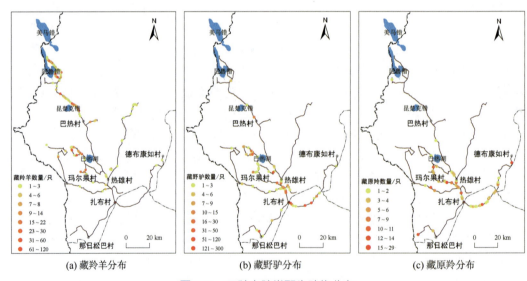

(a) 藏羚羊分布　　　　　(b) 藏野驴分布　　　　　(c) 藏原羚分布

图 7.13　三种有蹄类野生动物分布

调查显示，2002 年阿鲁盆地内藏羚羊数量有近 11000 只，2004～2007 年减少到 5000～8000 只。本次调查发现藏羚羊数量较少，仅看到 1159 只，最多的一群有 100 多只，有可能藏羚羊还未全部从北部的夏季产仔地迁回，但令人担忧的是牧民北迁和围栏建设对藏羚羊栖息地及种群数量的影响。另外，除了阿鲁盆地外，巴热湖也是藏羚羊分布较多的地区。藏野驴栖息地主要在巴热湖及以南区域 [图 7.13（b）]，两个物种栖息地有明显的重叠区，即巴热湖地区。藏野驴的栖息地同人类生活区域有较多重叠。藏野驴多以 10 只以上群体活动，最多的一群有 300 只左右。藏原羚的栖息地同藏野驴基本重叠 [图 7.13(c)]，但藏原羚群体较小，以 10 只以下常见。

3. 人类活动加剧

1）道路和居民点的扩张

20 世纪六七十年代，人口和牲畜数量增加，当地政府鼓励牧民向北迁移，发展畜牧业。居民点扩张和道路修建威胁着野生动物栖息地（图 7.14）。现在藏羚羊主要分布在人类活动较少的偏远地区和高山上。

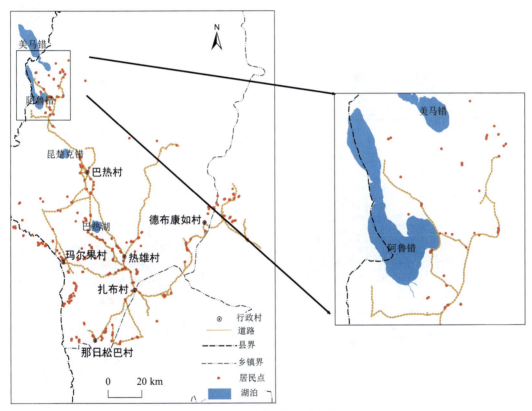

图 7.14　道路及居民点分布

利用 GPS 记录居民点位置和道路，结合 Google Earth 在室内判读，绘制出居民点分布和道路网

2）放牧压力大、草场退化仍较严重

样本家庭共有草地 306.01 万亩，平均每户有 2.81 万亩，人均 5484.05 亩。有 1 万～2 万亩的家庭最多，有 37 户，占样本总量的 33.95%；有 4 万亩以上的家庭 30 户，占样本总量的 27.52%，人均草地面积较大。家畜种类主要有绵羊、山羊、牦牛和马。样本家庭共有绵羊 8637 只、山羊 6853 只，户均绵羊 72.24 只、山羊 62.87 只；牦牛数量相对较少，有 931 头，户均 8.54 头。由于草地载畜能力低，牲畜需要较大的草地以满

足生存需求。

　　研究区优质草场有 90 块，占总调查草场的 43.69%；质量良的草场 40 块，占比 19.42%；退化草场 76 块，占比 36.89%（图 7.15）。鼠害造成退化的草场占 21.84%，鼠害是草场退化的首要原因；其次是醉马草，其导致退化的草场占 12.13%；泥石流、旱灾、牲畜增多等也是草场退化的重要原因（图 7.15）。由于草场退化，牧民需要更多草场以维持生产，这样便促使其加快了围栏建设及北迁步伐，进而侵占野生动物领地，引发牧民与野生动物冲突。

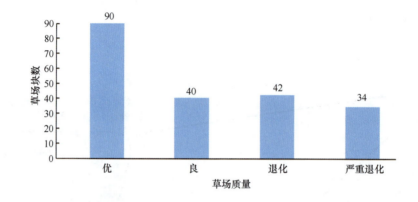

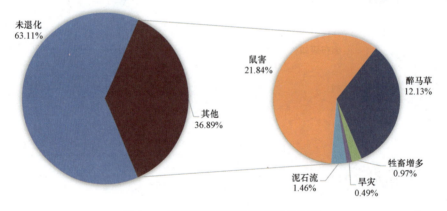

图 7.15　草场质量情况和草场退化原因

3）大规模围栏建设

　　家庭承包责任制和"退牧还草"工程的实施加快了羌塘高原的围栏建设（赵怀东，2015）。2006 年以来，先遣乡开始大规模围栏建设，传统放牧方式被新的草场管理模式代替，野生动物同家畜争夺草场的问题突显，围栏对野生动物的影响显现。先遣乡已建围栏长度达到 596.9km，热雄村等地还有大量围栏在建设中。

　　围栏按照不同用途可分为几类：划分行政界线的围栏（如村界、组界）、季节性草场分界围栏、休牧围栏、保育围栏、禁牧围栏（用于隔离毒草、退牧）（图 7.16）。虽然围栏作为草地承包经营责任制的一项措施曾被地方政府推广，但是牧民担心围栏会造成

图 7.16　围栏种类（村组界围栏、保育围栏、禁牧围栏）

优质草地和水源分配不均，因此仅建造了划分村组界的围栏，以及为退牧还草、草场恢复而修建的围栏。自从 2011 年实行草原生态奖补机制以来，退牧围栏被作为奖补（牧民家庭每人 5500 元 / 年补助）的重要条件，使得围栏建设得到强化。当问到围栏对草场质量是否有提升时，73% 的家庭认为围栏是有好处的，25% 的家庭认为围栏没有作用。

　　围栏修建形式（图 7.17）：第一种是封闭多边形，这样的围栏多建在比较开阔的地区；第二种靠山或湖等障碍物修建，以障碍物作为围栏的一条边界；第三种是直线形，这样的围栏一端或两端以山或湖等障碍物结束。不同类型的围栏形状及长度具有一定差异。例如，村界围栏、季节性草场分界围栏以直线形为主，长度可达几十公里；休牧围栏、保育围栏、禁牧围栏则以封闭多边形为主，边长一般在几公里以内。

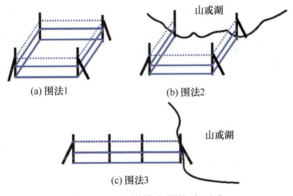

图 7.17　围栏的主要修建形式

4. 人兽冲突的类型

1）主要冲突类型

　　2017 年 1～9 月，牧民见到的野生动物以藏羚羊最多，达到 53586 只，其次是藏野驴和藏原羚，分别为 48097 只和 24837 只（图 7.18）。野牦牛和雪豹主要栖息在高海拔山上，同牧民接触较少，牧民见到它们的次数不多。狐狸、狼、棕熊则是先遣乡较常见的野生食肉动物。狐狸主要单独行动，棕熊一般以 1～2 只行动，而狼以 6～10 只群体行动。

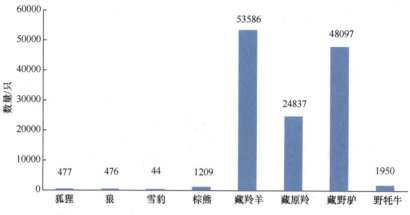

图 7.18　2017 年 1 ～ 9 月牧民见到的野生动物种类及数量

　　牧民同野生动物有 5 种主要的冲突类型（表 7.4），包括野生食肉动物杀死牲畜、棕熊袭击牧民的房屋和帐篷、雄性野牦牛干扰正常的牧业生产并拐走家养雌性牦牛、野生动物袭击牧民、野生食草动物同家畜争夺草场资源。2017 年、2016 年和 2015 年分别只有 13 户、11 户和 16 户牧民家庭未同野生动物发生过冲突，而发生过冲突的比例却高达 88.07%、89.91% 和 85.32%。从不同冲突类型来看，野生食草动物同家畜争夺草场资源和野生食肉动物杀死牲畜是主要冲突类型，而野生动物袭击牧民、雄性野牦牛干扰正常的牧业生产并拐走家养雌性牦牛的事件较少发生。野生食草动物数量恢复意味着它们需要更多的栖息地，而牧民饲养牲畜增加同样需要更多的草地资源，家畜与野生食草动物的栖息地产生重叠。羌塘草地牲畜承载能力较低，因而野生食草动物同家畜争夺草场资源冲突激烈。越来越多的牲畜占据了野生食草动物的栖息地，使野生食肉动物的食物来源减少，导致牧民和野生动物之间的冲突增多。2017 年 83 户牧民家庭有同藏羚羊或藏野驴争夺草场资源的经历，43 户牧民家庭有牲畜被野生食肉动物杀死的经历，另外有 10 户牧民家庭的房屋和帐篷被棕熊毁坏。

表 7.4　近 3 年牧民同野生动物发生冲突的类型　　　　　　　　　　　（单位：户）

冲突类型	2017 年	2016 年	2015 年
冲突 1	43	53	36
冲突 2	10	5	4
冲突 3	1	5	2
冲突 4	0	1	0
冲突 5	83	92	75
无	13	11	16

　　注：冲突 1 为野生食肉动物杀死牲畜；冲突 2 为棕熊袭击牧民的房屋和帐篷；冲突 3 为雄性野牦牛干扰正常的牧业生产并拐走家养雌性牦牛；冲突 4 为野生动物袭击牧民；冲突 5 为野生食草动物同家畜争夺草场资源。

　　2）野生食肉动物伤及人畜

　　2016 年样本家庭共有 1679 头牲畜意外死亡，其中绵羊 792 只、山羊 834 只、牦牛 53 头。牲畜死亡原因主要有饿死、冻死、病死、野生食肉动物猎杀、误食毒草以

及其他原因（图 7.19）。其中，牦牛以病死为主，一共有 30 头，占牦牛死亡总量的
56.60%；山羊以冻死和病死为主，分别有 344 只和 249 只，分别占山羊死亡总量的
41.25% 和 29.86%；绵羊同样以病死和冻死为主，分别有 264 只和 252 只，分别占绵羊
死亡总量的 33.33% 和 31.82%。由野生食肉动物猎杀造成的牲畜死亡有 246 只，占总
量的 14.65%。可见，除了疾病和极端气候条件造成牲畜死亡以外，野生食肉动物猎杀
是造成牲畜死亡的重要原因。

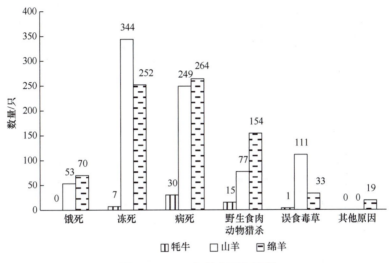

图 7.19　2016 年牲畜死亡情况

不同种类的野生食肉动物对牧民家庭造成的损失具有一定差异性（图 7.20）。
狼是杀害牲畜的主要凶手，狼造成牲畜死亡的数量占野生食肉动物杀害牲畜总量的
86.59%。棕熊除了猎杀牲畜以外，还会袭击牧民的房屋和帐篷以寻找食物，对牧民的
固定资产造成破坏。雪豹同牧民及牲畜接触的机会相对较少，造成的牲畜死亡也相对

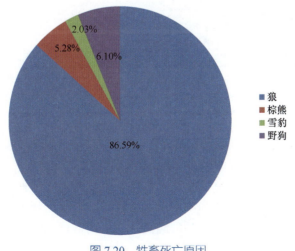

图 7.20　牲畜死亡原因

较少。野狗主要指草原上的流浪狗，饥饿是迫使野狗袭击羊群的主要原因。

3）家畜与野生食草动物争食

家畜与野生食草动物的冲突主要表现在：畜兽争夺草场；围栏对野生食草动物生存造成影响等。在围栏建设过程中没有充分考虑到对野生动物保护的因素，大大小小的围栏已遍及阿鲁错周边及以南区域（图 7.21），打破了千百年来人类和野生动物之间的和谐关系。围栏对于野生动物的影响主要包括以下几点。

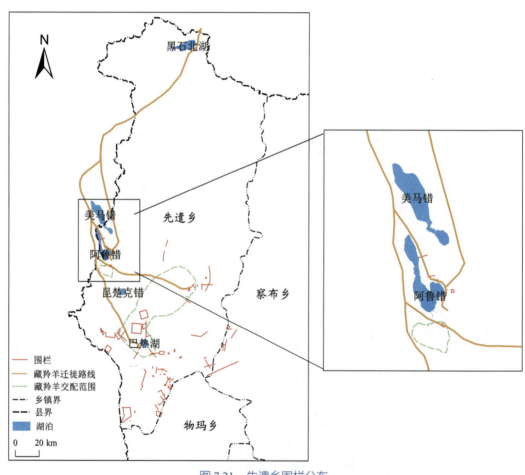

图 7.21　先遣乡围栏分布

围栏是通过 GPS 野外实际调查和农牧局提供的数据绘制而成的；藏羚羊的迁徙路线及藏羚羊交配范围是通过询问当地多名牧民后，在外业绘制范围，然后在室内进行矢量化所得的

（1）新修围栏对野生动物造成较大伤害。野生动物并不知道哪些地方新建了围栏，很容易被围困、刮伤。在调查过程中笔者亲眼看到野生动物挂死在围栏上。

（2）围栏造成野生动物栖息地破碎化，切断野生动物的觅食路。围栏不仅缩减了野生动物栖息地，还造成其饮水和吃草路线被阻滞。野生动物须绕道才能到达或者还不能到达水源地和草场。围栏导致种群隔离，使不同群体之间难以进行基因交流，导致物种灭绝。

（3）围栏切断藏羚羊的迁徙路线。作为具有迁徙习性的大型野生动物种群，先遣乡的藏羚羊通常每年夏初从巴热村或阿鲁错南部的交配地点成群地沿着固定路线迁徙到羌塘地区北部的黑石北湖或前往新疆产仔。横亘在传统迁徙路径上的围栏阻滞藏羚羊正常迁徙（图 7.21）。

（4）围栏便于驱赶和猎杀野生动物。草场承包责任制实施后，牧民采用围栏等措施，隔离野生动物进入承包草场。部分牧民骑摩托车或者骑马沿着围栏驱赶野生动物，迫使野生动物到质量较差的北部地区采食繁衍。

5. 协调冲突的措施

1）人兽冲突的典型案例

人兽冲突在其他国家或地区也普遍存在，由于野生动物种类不同，冲突主体有别，但对居民造成巨大经济损失是其共同点。例如，在津巴布韦，与保护区接壤的传统农牧区的家畜被狒狒、狮子和豹杀死，以狮子最具威胁（Butler，2015）；在肯尼亚察沃国家公园，狮子、斑鬣狗和猎豹是攻击家牛的主要野生动物种类（Patterson et al.，2004）；在埃塞俄比亚，斑马、野猪造成的农作物损失巨大（Fentaw and Duba，2017）；在乌干达，狒狒、猴子和黑猩猩是造成农作物损失的重要原因（Hill，1997；Webber，2006）；在印度，野猪、鹿、叶猴、恒河猴、鹦鹉等也时常和人类发生冲突（Sekhar，1998；Karanth et al.，2012；Beisner et al.，2015；Karanth and Kudalkar，2017）；在美洲，狼是造成家畜死亡的主要凶手；在加拿大的阿尔伯塔省，1982～1996 年狼造成 2086头家畜死亡；在美国的爱达荷州、蒙大拿州和怀俄明州，1987～2001 年狼杀死 728 头家畜（Musiani et al.，2003）。

围栏修建对野生动物的生存带来巨大影响。例如，在博茨瓦纳，角马从卡拉哈里迁移到东北部的恩加米湖和奥卡万戈三角洲寻找食物和水源，但围栏切断了其迁徙走廊，迫使其继续向东，仅一年便有 52000 头角马饿死。1981～1987 年大约有 10000 头麋鹿因为围栏而死亡（Boone and Hobbs，2004）。美国和墨西哥边境围栏破坏索诺兰沙漠生态系统，影响其动物群落，还阻止了野生动物在美国和墨西哥之间迁徙（Cohn，2007）。在青海湖流域，围栏建设后导致普氏原羚活动距离缩短、活动范围缩小、采食周期明显缩短、逃离天敌的能力减弱，对普氏原羚生存有明显的影响（游章强等，2013）；在内蒙古，围栏导致蒙原羚生境斑块破碎化、重要生存资源无法获取、近亲繁殖、阻断其迁徙通道等（张博等，2010）。

2）野生动物肇事补偿制度

改则县林业和草原局 2014 年和 2015 年的记录以及农户问卷调查显示，野生动物肇事除了导致牲畜死亡以外，还造成粮食、奶制品、家具等损失。改则县林业和草原局野生动物肇事补偿记录显示（表 7.5），政府对野生动物造成的家畜死亡、粮食掠夺、家具破坏、生命损伤进行了补偿。2014 年、2015 年改则县野生动物肇事补偿总金额分别为 466755 元和 633202.6 元，其中西藏自治区承担 60%、地区承担 30%、县级承担10%。牲畜损失补偿中，主要补偿对象为绵羊和山羊。2014 年改则县共有 932 只绵羊、

634 只山羊和 1 头牦牛得到补偿；2015 年有 701 只绵羊、292 只山羊和 3 头牦牛得到补偿。不同乡镇的牲畜补偿有一定差异。2014～2015 年，改则镇、洞措乡、麻米乡、物玛乡、察布乡、古姆乡野生动物对家畜造成的损失补偿减少，而先遣乡牲畜补偿增加。

表 7.5　改则县野生动物肇事及补偿

地名	绵羊 / 只		山羊 / 只		牦牛 / 头		其他		补偿总金额 / 元	
	2014 年	2015 年	2014 年	2015 年	2014 年	2015 年	2014 年	2015 年	2014 年	2015 年
改则镇	116	64	88	33	1	0	粮食、家具	奶制品、糌粑、家具	56300	39410
洞措乡	107	37	127	28	0	3	粮食、家具	粮食、奶制品、家具	57390	51537
麻米乡	206	108	114	36	0	0	—	奶制品、家具	80560	41400
物玛乡	217	39	69	21	0	0	—	粮食、家具	65770	65600
察布乡	3	202	59	109	0	0	粮食、家具	粮食、家具	70280	67980
古姆乡	72	80	83	0	0	0	粮食、家具	家具	69905	69452
先遣乡	211	171	94	65	0	0	—	1 人丧生	66550	297823.6
改则县	932	701	634	292	1	3	—	—	466755	633202.6

先遣乡是改则县野生动物资源丰富的北部三乡之一，该地区人与野生动物接触频繁，人兽冲突频发。2015 年先遣乡牲畜死亡补偿总金额为 55750 元（表 7.6），涉及 67 户，共 236 只家畜获得补偿，其中绵羊 171 只、山羊 65 只。从各村获得补偿情况看，巴热村获得补偿最多，有 58 只绵羊和 31 只山羊，总金额为 20700 元；其次为热雄村，有 32 只绵羊和 11 只山羊，总金额为 10200 元。巴热村和热雄村位于乡域北部，野生动物造成家畜损失较多。2015 年 9 月，巴热村一位村民被野牦牛杀死，获得补偿 242073.6 元。经济补偿从一定程度上缓解了野生食肉动物给牧民带来的损失，而野生食草动物同家畜争夺草场所带来的隐性经济损失却无法得到补偿。围栏作为缓解野生食草动物同家畜争夺草场冲突的措施，又对野生动物保护工作带了巨大掣肘。

表 7.6　2015 年先遣乡各村牲畜损失补偿情况

村名	绵羊 / 只	山羊 / 只	补偿金额 / 元
巴热村	58	31	20700
德布康如村	27	6	7950
玛尔果村	13	9	5050
那日松巴村	17	0	4250
热雄村	32	11	10200
扎布村	24	8	7600
总计	171	65	55750

7.5　土地利用冲突的原因

从地类或生态系统的角度看，土地利用冲突主要表现在：牧场与栖息地及湿地、荒漠等脆弱生态系统的冲突，耕地与栖息地及脆弱生态系统的冲突，居民点与栖息地的冲突，核心仍然是生产生活与生态功能的冲突。土地利用冲突的主要原因可以归纳为两点：①生态系统第一性、第二性生产力不平衡，区域生态容量总体超载；②生态系统消费者生态位空间高度重叠。

7.5.1　区域生态容量总体超载

土地利用冲突或人兽冲突是由区域生态承载力超载引起的。区域生态系统的第一性生产者与第二性消费者的系统不平衡时必然产生系统内要素之间的冲突，导致系统结构和功能退化甚至崩溃。在分析了阿里及邻近地区近 40 年生态承载能力变化后，作者认为在人畜兽都不同程度地增加的条件下，区域生态承载能力整体呈现紧张态势，不少地区出现严重超载情况，必然引起野生食草动物与家畜争食牧草的冲突。

草地畜牧业仍是阿里及邻近地区的基础产业，草地承载能力关乎居民生计和生态安全。作者采用草地面积、产草量及牲畜采食量数据，核算了阿里及邻近地区各县 2010 年、2015 年的草地载畜能力，结合牲畜存栏量，计算了载畜率，与第一次青藏科考有关成果对比，发现近 40 年西藏草畜平衡态势有了很大变化。

载畜量、载畜能力分别反映了现实和理论草地承载量。载畜能力受草场属性、牲畜属性及草场经营管理水平限制。载畜率为牲畜存栏量与载畜能力二者的比率，反映了草畜平衡状况，载畜率指标掌握得好有助于促进畜牧业与生态安全协调发展。

$$CC = \frac{F \times S \times r}{I \times d} \tag{7.4}$$

$$B = \frac{N}{CC} \tag{7.5}$$

式中，CC 为草地载畜能力（羊单位）；F 为单位面积草地牧草产量（kg/hm^2）；S 为草地面积（hm^2）；r 为草地可利用率（%）；I 为绵羊日食量（kg/d）；d 为年放牧天数（d）；B 为草地载畜率（%）；N 为年牲畜存栏量（羊单位）。

近 40 年来，阿里及邻近地区牲畜存栏数、草地载畜能力和载畜率的动态变化（图 7.22～图 7.24、表 7.7）及原因分析如下。

（1）牲畜存栏数明显下降，经过了一个先增后减的过程。1977 年、2010 年及 2015 年西藏阿里及邻近地区牲畜存栏数分别为 322.90 万羊单位、447.43 万羊单位及 257.07 万羊单位（表 7.7 和图 7.24）。2015 年牲畜存栏数比 2010 年历史峰值下降 42.55%，比 1977 年下降了 20.39%。近 20 年来国家的退牧还草、草原生态保护补助奖励等保护性政策扭转了牲畜数量增长的势头，牲畜存栏数处于缓慢下降过程。

（2）载畜能力呈降低的趋势（表 7.7 和图 7.24）。1977 年核定的阿里及邻近地区载畜能力为 855.03 万羊单位，按照西藏草原生态保护补助奖励政策口径，2015 年阿里及邻近地区载畜能力为 320.58 万羊单位，比 1977 年下降 62.51%。随着气候、草原等变化，不同时期载畜能力会有变化，但如此大的差异，主要是在不同的产业和环境政策条件下，草原载畜能力核算中的关键参数，如可利用草场面积、牧草利用率等取值变化较大，导致不同时期核定载畜能力出入大、可比性差。

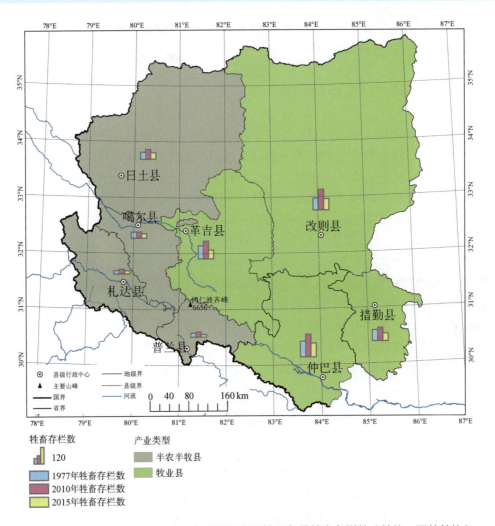

图 7.22　1977 年、2010 年、2015 年阿里及邻近地区各县牲畜存栏数（单位：万羊单位）

图例中的蓝、紫、黄色柱分别代表 1977 年、2010 年、2015 年的牲畜存栏数，黄色柱的高度代表 120 万羊单位

（3）载畜率经历先升后降的过程。载畜率可依据当年牲畜存栏数与载畜能力之比计算得到。1977 年、2010 年及 2015 年西藏载畜率分别为 37.8%、139.6% 及 80.2%。鉴于 1977 年的核定载畜能力过大，若采用 2015 年的载畜能力，则 1977 年的载畜率由 37.8% 变为 101%，即会出现方向性偏差。因此，由于不同时期核定的载畜能力差异大，通过载畜率反映区域草畜平衡状况的可信度取决于载畜能力核算是否科学。

近 40 年，生态承载能力、载畜率等动态变化启示：因为载畜能力核算的不确定性，简单依据载畜率判断草畜平衡的指导意义不大，应该研究更加完善、更加系统及全面的生态平衡核算框架和指标。

短缺经济时期强调畜牧业生产，生态文明时代强调生态保护。在草地承载力研究中，需要从更广的视角，充分考虑生态保护，给自然生态系统留有余地，适度控制人类对草地空间和初级生产力的占用比例，否则，难以实现保护和发展的双赢。例如，羌塘

图 7.23 1977 年、2010 年、2015 年阿里及邻近地区各县草地载畜能力（单位：万羊单位）

图例中的蓝、红、黄色柱分别代表 1977 年、2010 年、2015 年的载畜能力，黄色柱的高度代表 230 万羊单位

高原是国家级自然保护区，国家保护动物野牦牛、藏羚羊、藏野驴、藏原羚等草食性动物恢复性增长较快，占用了较大的草地空间与资源。若局限在草–畜平衡的框架内，2015 年该地区已实现了草–畜平衡。但若把大量草食性野生动物作为消费者考虑进去，把草–畜平衡扩充为草–畜–兽平衡进行分析，则包括家畜与野生动物在内的第二性生产力与草地第一性生产力就不平衡了（徐增让等，2017b）。

7.5.2 生态系统消费者生态位空间高度重叠

1. 野生动物栖息地

青藏高原生物多样性丰富，维管束植物 1200 种、哺乳动物 210 种、鸟类 532 种、

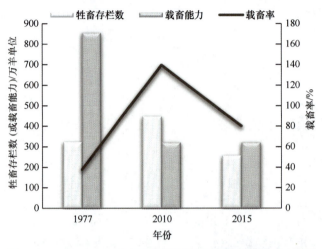

图 7.24　1977 ～ 2015 年阿里及邻近地区草地载畜率动态变化

表 7.7　**1977 年、2010 年、2015 年阿里及邻近地区草地载畜能力、牲畜存栏数与载畜率**

地区	2015 年			2010 年			1977 年		
	载畜能力/ 万羊单位	牲畜存栏数/ 万羊单位	载畜 率/%	载畜能力/ 万羊单位	牲畜存栏数/ 万羊单位	载畜 率/%	载畜能力/ 万羊单位	牲畜存栏数/ 万羊单位	载畜 率/%
仲巴县	70.37	60.66	86.2	70.37	100.77	143.2	250.25	69.70	27.9
普兰县	13.96	11.57	82.9	13.96	23.34	167.2	22.47	18.50	82.3
札达县	17.22	13.84	80.4	17.22	21.00	122.0	66.61	15.50	23.3
噶尔县	20.59	18.92	91.9	20.59	26.99	131.1	53.86	27.10	50.3
日土县	38.08	28.33	74.4	38.08	42.68	112.1	115.62	30.60	26.5
革吉县	54.01	38.95	72.1	54.01	80.26	148.6	134.48	58.80	43.7
改则县	69.86	51.06	73.1	69.86	93.32	133.6	166.26	54.10	32.5
措勤县	36.49	33.74	92.5	36.49	59.07	161.9	45.48	48.60	106.9
阿里及 邻近地区	320.58	257.07	80.2	320.58	447.43	139.6	855.03	322.90	37.8

鱼类 115 种。但青藏高原内部生物多样性分布不均匀，东南部丰富、西北部贫乏。例如，羌塘地区面积占青藏高原总面积的 1/4，但物种数仅占物种总数的 1/10，这里是一些孑遗大型哺乳动物（如大型有蹄类）的重要避难地（图 7.25、图 7.26）（Zhang et al.，2002）。羌塘地区的大型哺乳动物主要包括藏羚羊、野牦牛、藏野驴等有蹄类，大型食肉动物棕熊、藏狐，高原鼠兔等啮齿类，藏雪鸡等鸟类。其中，藏羚羊、高原鼠兔、藏雪鸡是青藏高原的地方特有种。

2. 栖息地质量变化

野生动物栖息地质量可用栖息地质量指数来表征。基于 InVEST 生态系统服务模

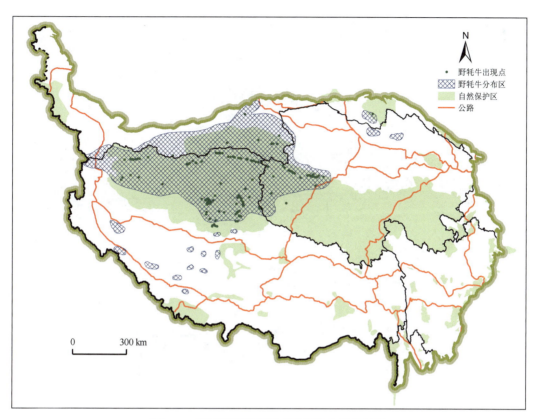

图 7.25　青藏高原野牦牛分布区与自然保护区

数据来源：栖息地数据来自 Buzzard 和 Berger（2016）；野外样点数据来自 WCS（2014）

型（表 7.8），栖息地质量指数（Q_{xj}）与栖息地适宜性指数（H_j）呈正相关、与威胁水平（D_{xy}）呈负相关，可根据式（7.6）计算得到（Pepine et al.，2004）：

$$Q_{xj} = H_j \left(1 - \frac{D_{xj}^z}{D_{xj}^z + k^z} \right) \tag{7.6}$$

式中，Q_{xj} 为栖息地 j 中栅格 x 处的栖息地质量指数；H_j 为栖息地适宜性指数，$H_j \in [0, 1]$；D_{xj} 为栖息地 j 栅格 x 处受威胁总水平或人类活动压力指数；k 为饱和常数，一般为栅格尺度最大威胁水平的一半，这里取 0.5；z 为常数，取 2.5。

$$D_{xj} = \sum_{r=1}^{R} \sum_{y=1}^{Y_r} \frac{w_r}{\sum_{r=1}^{R} w_r} r_y \cdot i_{rxy} \cdot \beta_x \cdot S_{jr} \tag{7.7}$$

式中，w_r 为第 r 种威胁的权重；r_y 为源于栅格 y 处的第 r 种威胁水平；i_{rxy} 为第 r 种威胁从威胁源 y 到栅格 x 的衰减率；β_x 为可达性（易受扰动水平）；S_{jr} 为栖息地 j 对 r 威胁的敏感性。第 r 种威胁的衰减率 i_{rxy} 的计算可采用线性和指数两种模型：

$$i_{rxy} = 1 - \frac{d_{xy}}{d_{r\max}} \text{if linear} \tag{7.8}$$

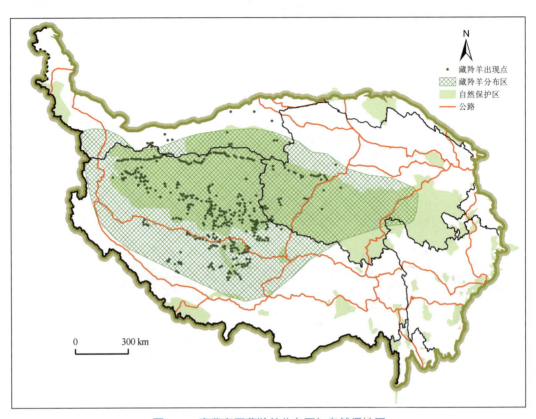

图 7.26　青藏高原藏羚羊分布区与自然保护区

数据来源：栖息地范围数据来自 IUCN SSC Antelope Sepcialist Group（2016）；野外样点数据来自 WCS（2014）

$$i_{rxy} = \exp\left(-\frac{2.99 \cdot d_{xy}}{d_{r\,\max}}\right) \text{if exponential} \tag{7.9}$$

关于栖息地珍稀度（habitat rarity），栖息地栅格 x 的总珍稀度 R_x 为（Pepine et al.，2004）

$$R_x = \sum_{x=1}^{X} \sigma_{xj} R_j \tag{7.10}$$

在现状或未来景观中，若栅格 x 位于栖息地 j 内，$\sigma_{xj}=1$；若栅格 x 不在栖息地 j 内，$\sigma_{xj}=0$。栖息地 j 相对珍稀度 R_j 取决于现状或未来第 j 类栖息地面积与其历史面积的比值。

$$R_j = 1 - \frac{N_j}{N_{j\,\text{baseline}}} \tag{7.11}$$

式中，N_j 为现状或未来栖息地 j 的栅格数；$N_{j\,\text{baseline}}$ 为历史或理想栖息地 j 的栅格数。$R_j=1$，则目前或未来栖息地 j 极端珍稀，若历史景观中没有 j 地类，则现状或未来的 $R_j=0$。

表 7.8　InVEST 生态系统服务模型模拟栖息地质量数据输入与输出

指标	数据输入	数据输出
栖息地质量指数	土地利用和土地覆被，威胁源分布、权重、影响大小、影响距离，栖息地对威胁源的敏感性，地类受保护状况	栖息地受胁迫指数 栖息地质量指数 栖息地珍稀度指数

土地利用与覆被数据主要参考研究区 1985 年和 2005 年两期 1∶25 万土地覆被数据[①]、2001 ～ 2010 年 MODIS MCD12Q1 500m，重点区域采用 Landsat8、Google Earth 等中高分辨率遥感影像解译，对 1992 ～ 2015 年欧洲航天局（ESA）300m 分辨率土地覆被数据进行了质量评估和局部订正更新。研究区主要的威胁源，如城乡居民点、公路数据基本可以满足研究需要。草场围栏、工矿点、生态建设工程等微观数据通过野外调研、机构座谈等方式收集与集成。

人类活动一方面对生态系统产生压力，另一方面通过实施生态建设政策/工程缓解生态压力。考虑城乡聚落、道路交通、农田等人类活动对生态系统和栖息地质量的影响。基于主体功能区划，把羌塘高原分为国家级自然保护区、国家重点生态功能区、省级重点生态功能区、省级农产品主产区来对比分析不同生态政策实施区的栖息地质量差异。

总体上，羌塘高原人类活动压力指数（图 7.27）低于青藏高原平均水平，生境质量指数高于青藏高原平均水平（图 7.28、表 7.9）。但羌塘高原内部不同生态建设政策/工程实施区差异明显（图 7.29）。从人类活动压力的角度看，不同生态建设政策实施区，人类活动方式和强度不同，人类活动对生态系统的压力指数呈现国家级自然保护区最小，省级农产品主产区最大，重点生态功能区居中的规律性特征。而生境质量指数排序为国家级自然保护区＜国家重点生态功能区＜省级重点生态功能区＜省级农产品主产区，生境质量没有随着人类活动的增加而下降，反映了生境质量既受人类活动压力的影响，又受自然生态系统本底特征和人类的生态建设行为影响。另外，研究区人类活动的强化还没有达到使生态退化的程度。

3. 栖息地与牧场的空间重叠

采用 IUCN SSC Antelope Specialist Group（2016）的野生动物栖息地数据，利用考察队 2013 ～ 2017 年采集的放牧点定位数据，运用 MaxEnt 模型模拟阿里地区、那曲市等地的牧草地分布。在整体超载过牧的条件下，假设所有牧草地都具有一定强度的放牧活动，野牦牛、藏羚羊等野生食草动物栖息地与牧场在空间上重叠意味着野生动物与家畜的竞争与冲突在所难免。

采用放牧点的点位数据，以及东英吉利亚大学气候研究中心 1971 ～ 2000 年年均气温、最暖月最高气温、最冷月最低气温、年均降水量、最湿月降水量、最旱月降水量、海拔 7 个指标，基于 MaxEnt 模型模拟得出藏西北的牧草地适宜指数。若采用适宜性

[①] 国家综合地球观测数据共享平台（http://www.chinageoss.cn/dsp/catalog/catalog_list.action?id=1）.

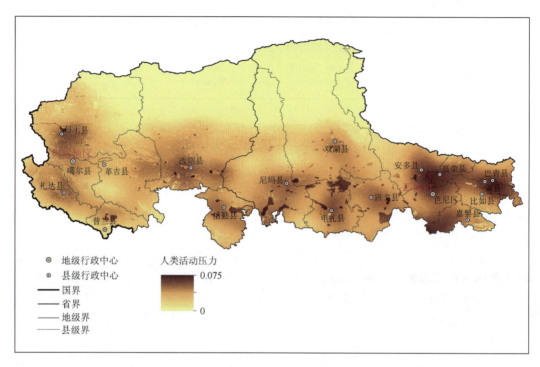

图 7.27　人类活动压力指数

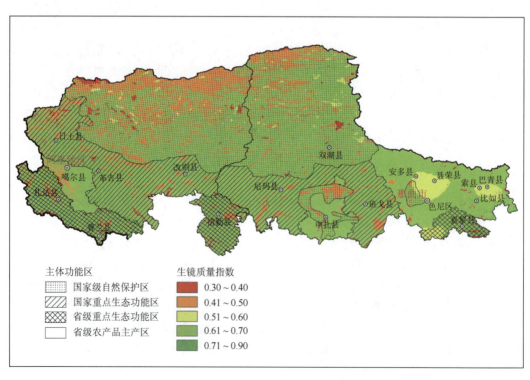

图 7.28　不同生态建设政策／工程实施区生境质量指数

表 7.9　不同生态建设政策 / 工程实施区的生境质量指数与人类活动压力指数

生态建设政策 / 工程实施区	面积 /km²	人类活动压力指数		生境质量指数	
		均值	标准差	均值	标准差
NNR	325880	0.0008	0.0012	0.5303	0.0970
NEA	188075	0.0256	0.0082	0.5677	0.0772
PEA	73721	0.0254	0.0091	0.5693	0.0916
PAA	109995	0.0294	0.0097	0.5887	0.0592

注：NNR 为国家级自然保护区；NEA 为国家重点生态功能区；PEA 为省级重点生态功能区；PAA 为省级农产品主产区。

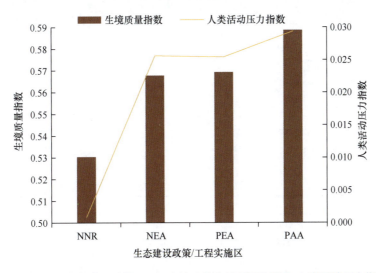

图 7.29　不同生态建设政策 / 工程实施区的生境质量指数与人类活动压力指数

指数中位数为阈值，则模拟的牧草地格局较符合区域牧业发展实际，据此得到藏西北牧草地面积为 37.66 万 km²，占土地总面积的一半。

野牦牛集中分布在羌塘高原北部，在羌塘高原南部，仅在双湖县、尼玛县、革吉县等地的牧草地中有零星分布（图 7.30）。目前，深入北羌塘野牦牛栖息地的牧场面积为 30537km²，占牧草地总面积的 8.1%。南羌塘野牦牛岛状栖息地共 7 块、4949km²，占牧草地的比例为 1.3%（表 7.10）。总体上，野牦牛栖息地与牧场交集的面积仅占牧草地总面积的 9.4%，空间叠置率不高。野牦牛和家牦牛、羊等家畜对草地资源、生存空间的竞争不算大。

藏羚羊在藏西北分布十分广泛，其生境涵盖了 81.3% 的牧草地，栖息地内的草场面积占栖息地总面积的一半（图 7.31）。藏羚羊与家畜争食、争空间的冲突比较常见。

此外，县、乡镇、村落等各级人类聚落都广泛分布在牧草地内，城乡聚落、交通等基础设施建设直接占用大量高品质的草场，加剧了家畜与野生动物、人与地的冲突。

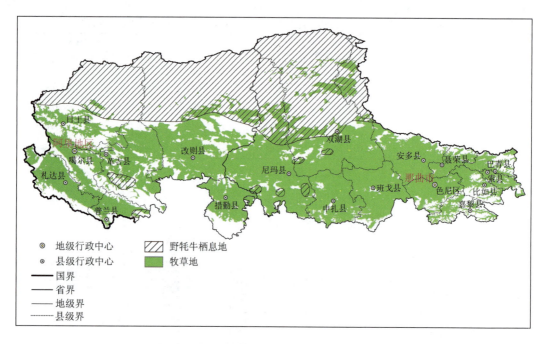

图 7.30　藏西北野牦牛栖息地与牧草地空间叠置

表 7.10　藏西北野生动物栖息地与牧场的空间叠置率

种类	地块编号	面积 /km²	空间叠置率 /%	意义
野牦牛	0	1165		
	1	717		
	2	535		
	3	505	1.3	南羌塘牧场中的野牦牛岛状栖息地
	4	589		
	6	993		
	8	445		
	9	30537	8.1	牧场扩张至北羌塘野牦牛栖息地
	小计	35486	9.4	牧场与野牦牛栖息地空间叠置率
藏羚羊	0	306247	81.3	81.3% 的放牧草场深入藏羚羊栖息地内

7.5.3　草场围栏激化家畜与野生动物的矛盾

2005 年以来西藏推行退牧还草、草原生态保护补助奖励机制，草场围栏快速增长。2009 年羌塘国家级自然保护区草场围栏 1457km²。据估算，到 2016 年双湖县自然保护区内有草场围栏 353km²，日土县自然保护区内有草场围栏 198km²。羌塘高原藏羚羊迁徙主要有两个方向：东部的双湖县、尼玛县等地的藏羚羊主要向可可西里产仔地迁徙（Schaller et al.，2006）；西部的日土县、改则县等地的藏羚羊主要向阿尔金山迁徙（Buzzard et al.，2012；Fox and Dorji，2009）。围栏横亘在藏羚羊迁徙通道上（图 7.32），威胁其生存繁衍。首先，围栏与周围环境的对比度不大，藏羚羊、藏野驴

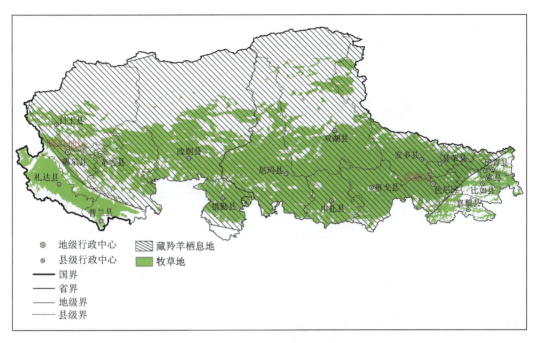

图 7.31　藏西北藏羚羊栖息地与牧草地空间叠置

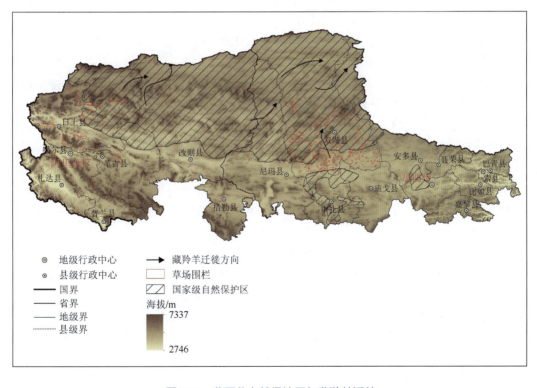

图 7.32　藏西北自然保护区与藏羚羊迁徙

等不慎撞上围栏后会被刮伤甚至致死。其次，围栏大都建在水草条件较好的区域，切断了野生动物的水路、草路。再次，人类活动加剧了生境破碎化、基因交流受阻等。最后，阻碍藏羚羊正常迁徙活动（WCS，2014）。

7.6 土地利用冲突的协调

7.6.1 冲突缓解与协调措施

人兽冲突不仅给人类带来巨大的经济损失，还造成野生动物死亡，因而尽最大可能协调人兽冲突具有重要意义。从全球来看，针对不同种类的人兽冲突，不同地区有不同的协调措施，主要的缓解与协调措施有补偿措施、保险措施、激励措施、生态旅游、迁移等。

（1）补偿措施。通过补偿人们在人兽冲突中的损失来缓解冲突（Treves et al.，2009；Agarwala et al.，2010；Dickman et al.，2011）。补偿可以采用资金补偿或自然资源使用权许可——允许当地居民从保护区内搜集燃料或其他生存资源（Li et al.，2013）。资金补偿包括牲畜损失赔偿、人员伤害医疗费用和亡故赔偿，以提高当地人们对野生动物的接受程度，减少报复性捕杀（Nyhus et al.，2005，2010）。在一些高山牧场，政府资助建设更多基础设施，或者使用牧羊犬保护家畜（Li et al.，2013）。为了补偿公民因保护野生动物所造成的损失，根据《中华人民共和国野生动物保护法》《中华人民共和国陆生野生动物保护实施条例》，结合实际情况，2006 年西藏自治区人民政府发布了《西藏自治区重点陆生野生动物造成公民人身伤害和财产损失补偿暂行办法》。2008 年西藏在日喀则、山南、那曲、阿里 4 个地区（市）的 10 个县开展试点。2008 ～ 2009 年 10 个试点县对野生动物肇事补偿 1689.79 万元。羌塘高原禁止狩猎及报复性猎杀野生食肉动物，西藏自治区人民政府通过财政投入对野生动物肇事进行补偿（蔡炳城等，2011）。补偿措施是缓解人兽冲突的一项重要措施，但部分补偿方案成效不明显，原因包括不可持续的高支出、难以核实索赔、大量虚假索赔、政府腐败和农村地区难以及时支付等（Madhusudan，2003；Nyhus et al.，2005）。此外，人兽冲突原因复杂多样，单纯补偿并不能解决人兽冲突的根本问题，还会给各级政府带来沉重的经济负担（Lu et al.，2012）。

（2）保险措施。畜牧业和农作物保险是减轻人兽冲突影响的一项创新性解决方案（Hussain，2000；Mishra et al.，2003），在一些地区取得了较好效果。保险减轻了在遭受野生动物袭击后农作物和牲畜损失的风险。保险方案的实施要求村民支付一定的保险费用，当农作物或牲畜遭受损失时，保险公司予以保险赔偿。地方管理机构也免除了一项重大财务支出（Madhusudan，2003）。在印度喜马拉雅地区的喜马偕尔邦（Himächal Pradesh），村民每月向保险公司缴款，然后根据死亡牲畜总数和年内缴入保险基金额得到赔偿（Mishra et al.，2003）。自 2017 年开始，阿里地区、那曲市也陆续实行野生动物肇事保险制度。

（3）激励措施。对采取有利于野生动物保护的做法给予奖励，通过同牧民交换利益来实现对野生动物保护的激励。在印度和蒙古国，很多牧民与家畜生活在雪豹栖息地范围内。印度喜马拉雅地区的 Himächal Pradesh，禁止牧民在 500hm² 的区域内放牧和进行其他生产活动，以减少家畜和野生动物之间的草料竞争，牧民因此可获得经济上的补偿，结果野生食草动物密度增大，野生食肉动物拥有足够的食物来源，减少了对牲畜的掠夺，减缓了人兽冲突（Mishra et al.，2003）。蒙古国不允许牧民偷猎雪豹等，其收入损失由妇女们向企业出售羊毛工艺品来抵消，并可使得家庭人均月收入增加25%。但该措施的弱点是需要来自外部的保护基金或政府补贴（Mishra et al.，2003）。

（4）生态旅游。在许多发展中国家，野生动植物生态旅游业是国民收入的重要来源之一。生态旅游业通过增加就业机会来增加当地收入，给农村社区带来了利益，以鼓励保护野生动物、阻止盗猎。牧民通过对野生动物的保护，发展生态旅游业，弥补人兽冲突所带来的经济损失，增加收入，改变当地人对野生动物的消极看法，有利于减缓人兽冲突（Naughton-Treves，1997；O'Connell-Rodwell et al.，2000）。

（5）迁移。迁移包括野生动物迁移和当地居民迁移。将一定数量的动物从问题区域迁移到新区域有一定风险，但如果有合适的栖息地，这也是一种可行的办法（Treves and Karanth，2010）。相对于迁移野生动物来说，将保护区居民迁移到具有更好的自然资源和社会经济机会的地区是解决人兽冲突更为有效的方案（Madhusudan，2003）。

肇事补偿可以弥补野生动物给牧民带来的部分损失，却不能完全弥补牧民遭受的损失，一些地区还存在补偿方案不合理、不完善的情况。因此，对于承受巨大损失的家庭，防护围栏等设施是减少人兽冲突的有效措施（Papworth et al.，2014）。为了减少棕熊、狼、雪豹的袭击及缓解争夺草场的矛盾，地方政府除了补偿外还采取一些额外的措施（如实施草原承包责任制、修建围栏、惊吓野兽），以阻止野生动物与牧民竞争资源，这在短期内有效，但从长期来看，对野生动物具有负面影响（达瓦次仁，2010）。

7.6.2　冲突协调的建议

阿里及邻近地区拥有独特的生态环境与丰富的野生动植物资源。长期以来，人类与自然生态系统、传统游牧业与野生动物处于相安无事的状态。但 20 世纪中叶以后，牲畜增多、牧民北迁、非法捕猎等人类活动的加剧逐步打破这种平衡，引发严重的人地冲突及人兽冲突，如何缓解土地利用冲突，协调区域经济发展和生物多样性保护日益成为学术界和决策界的重要课题。针对目前阿里及邻近地区土地利用冲突问题，提出以下几点建议。

第一，综合考虑草地生态系统第一性生产力与第二性生产力，科学确定草地承载能力，合理预留和有效保护野生动物栖息地，以草定畜，避免超载过牧，实现草 – 畜 – 兽之间的动态平衡。

第二，在摸清藏羚羊、藏原羚、野牦牛、藏野驴等主要保护物种种群规模，以及觅食、繁殖、迁徙行为的基础上，适时调整保护级别，维持食物链稳定和生态平衡。

第三，客观认识草场围栏在畜牧业发展、野生动物保护中的作用，整合农牧部门、自然保护部门的政策诉求。科学论证、慎重新建围栏。拆除自然保护区核心区及部分缓冲区的围栏，拆除藏羚羊迁徙通道、重要水源地、觅食地通道上的围栏。

第四，完善野生动物肇事补偿制度。目前，野生动物肇事补偿存在的主要问题有：①补偿标准过低。根据《西藏自治区重点陆生野生动物造成公民人身伤害和财产损失补偿暂行办法》可知，野生动物导致家畜死亡补偿标准为羊300元/只、牦牛1500元/头，仅占经济损失的1/5～1/3。建议将补偿标准提高到经济损失的1/2以上。②补偿程序复杂，常出现支付延迟现象。建议完善补偿核实登记制度，可在村组设立专人及时核实登记野生动物肇事情况，简化兑现程序。另外，规范野生动物肇事保险理赔制度，使牧民及时、便捷获得赔偿。

第五，在自然保护区及周边地区持续推动生态移民。阿里及邻近地区环境严酷、经济结构单一，数量扩张型畜牧业不但不能致富，还增加了草原退化风险，加剧了人兽冲突。各级政府在增加草原生态保护补贴的同时，要大力倡导人畜退出自然保护区，持续推动生态移民转型转产，多渠道增加就业机会，人畜逐步从保护区的核心区和缓冲区收缩后撤。

第六，在不影响野生动物正常生息繁衍的情况下，适度发展野生动物观赏生态旅游，增加地方经济收入，弥补生态保护所带来的机会成本损失。

（本章执笔人：徐增让、阎建忠、王宏、靳茗茗、杨柳、
郑鑫、金绍兵、扈晶晶、李媛媛、张德锂、郑度）

参考文献

蔡炳城, 李青文, 郭立新, 等. 2011. 野生动物肇事损害补偿调查. 野生动物学报, 32(4): 228-232.

蔡静, 蒋志刚. 2006. 人与大型兽类的冲突：野生动物保护所面临的新挑战. 兽类学报, 26(2): 183-190.

崔庆虎, 蒋志刚, 刘季科, 等. 2007. 青藏高原草地退化原因述评. 草业科学, 25(5): 20-26.

达瓦次仁. 2009. 西藏羌塘地区草场管理模式与围栏建设对野生动物和自然保护区的影响. 西藏研究, (3): 85-93.

达瓦次仁. 2010. 羌塘地区人与野生动物冲突的危害以及防范措施. 中国藏学, (4): 71-78.

达瓦次仁. 2012. 西藏自然保护区概况以及保护区面临的挑战. 西藏研究, 136(6): 103-113.

达瓦次仁. 2013. 西藏羌塘地区野生动物保护和利用的可持续机制. 中国藏学, (2): 9-18.

高清竹, 李玉娥, 林而达, 等. 2005. 藏北地区草地退化的时空分布特征. 地理学报, 60(6): 965-973.

李云龙, 周宇庭, 张宪洲, 等. 2013. 羌塘牧民对"退牧还草"工程的认知与响应. 草业科学, 30(5): 788-794.

李忠秋, 蒋志刚. 2007. 青海省天峻地区藏原羚的食性分析. 兽类学报, (1): 64-67.

刘丙万, 蒋志刚. 2003. 青海湖草原围栏对植物群落的影响兼论濒危动物普氏原羚的保护. 生物多样性,

10(3)：326-331.

路飞英, 石建斌, 张子慧, 等. 2015. 阿尔金山自然保护区藏羚羊、藏野驴和野牦牛的数量与分布. 北京师范大学学报(自然科学版), (4)：374-381.

马文参, 徐增让. 2017. 基于高分影像的牧区聚落演变及其影响因子——以西藏当曲流域为例. 经济地理, 37(6)：215-223.

农业部草原监理中心. 2010. 数字看2009年草原保护建设成果. 中国牧业通讯, (13)：37.

沈洁滢, 崔国发. 2015. 国内外野生动物肇事现状及其防控措施. 世界林业研究, 28(1)：43-49.

斯确多吉, Fox J L, 格桑顿珠. 2011. 藏西北地区传统与现代狩猎模式变迁与野生动物保护调查分析. 四川动物, 30(1)：141-143.

吴晓民, 张洪峰. 2011. 藏羚羊种群资源及其保护. 自然杂志, 33(3)：143-148.

武永华. 2007. 雌性藏羚迁徙对青藏高原降水时空分布的适应性分析. 兽类学报, 27(3)：298-307.

徐增让, 成升魁, 高利伟. 2017a. 游牧民定居条件下草地利用空间分异及生态效应. 干旱区资源与环境, 31(6)：8-13.

徐增让, 张镱锂, 成升魁, 等. 2017b. 青藏高原区域可持续发展战略思考. 科技导报, 35(6)：108-114.

徐增让, 郑鑫, 靳茗茗. 2018. 自然保护区土地利用冲突及协调——以羌塘国家自然保护区为例. 科技导报, 36(7)：8-13.

徐志高, 王晓燕, 宗嘎, 等. 2010. 西藏羌塘自然保护区野生动物保护与牧业生产的冲突及对策. 中南林业调查规划, 29(1)：33-37.

游章强, 蒋志刚, 李春旺, 等. 2013. 草原围栏对普氏原羚行为和栖息地面积的影响. 科学通报, 58(16)：1557-1564.

张博, 周立山, 刘松涛, 等. 2010. 围栏对内蒙古达赉湖地区蒙原羚食物资源的影响. 野生动物学报, 31(3)：124-126.

张镱锂, 吴雪, 祁威, 等. 2015. 青藏高原自然保护区特征与保护成效简析. 资源科学, 37(7)：1455-1464.

赵怀东, 次旦卓嘎, 赵晓艳, 等. 2014. 羌塘国家级自然保护区社区防护措施对减缓人–熊冲突的作用. 西藏科技, (2)：10-13.

赵怀东. 2015. 守护羌塘的生灵. 人与生物圈, (1)：48-51.

赵晓艳. 2015. 生命的家园. 西藏人文地理, (2)：78-87.

曾贤刚, 唐宽昊, 卢熠蕾. 2014. "围栏效应"：产权分割与草原生态系统的完整性. 中国人口·资源与环境, 24(2)：88-93.

中国供销商情编辑部. 2005. 西藏退牧还草成效显著. 中国供销商情：村官, (9)：27.

Agarwala M, Kumar S, Treves A, et al. 2010. Paying for wolves in Solapur, India and Wisconsin, USA: comparing compensation rules and practice to understand the goals and politics of wolf conservation. Biological Conservation, 143(12)：2945-2955.

Bagchi S, Goya S P, Sankar K. 2003. Prey abundance and prey selection by tigers (*Panthera tigris*) in a semi-arid, dry deciduous forest in western India. Journal of Zoology, 260(3)：285-290.

Bagchi S, Mishra C. 2006. Living with large carnivores: predation on livestock by the snow leopard (*Uncia uncia*). Proceedings of the Zoological Society of London, 268(3)：217-224.

Beisner B A, Heagerty A, Seil S K, et al. 2015. Human-wildlife conflict: proximate predictors of aggression between humans and *Rhesus macaques* in India. American Journal of Physical Anthropology, 156 (2): 286-294.

Boone R B, Hobbs N T. 2004. Lines around fragments: effects of fencing on large herbivores. Proceedings of the Annual Congresses of the Grassland Society of Southern Africa, 21 (3): 147-158.

Brantingham P J, Olsen J W, Schaller G B. 2001. Lithic assemblages from the Chang Tang Region, Northern Tibet. Antiquity, 75 (288): 319-327.

Brook R K. 2009. Historical review of elk-agriculture conflicts in and around Riding Mountain National Park, Manitoba, Canada. Human-Wildlife Conflicts, 3 (1): 72-87.

Brugière D, Dia M, Diakité S, et al. 2005. Large- and medium-sized ungulates in the Haut Niger National Park, Republic of Guinea: population changes 1997-2002. Oryx, 39 (1): 50-55.

Buho H, Jiang Z, Liu C, et al. 2011. Preliminary study on migration pattern of the Tibetan antelope (*Pantholops hodgsonii*) based on satellite tracking. Advances in Space Research, 48 (1): 43-48.

Bulte E H, Rondeau D. 2005. Why compensating wildlife damages may be bad for conservation. Journal of Wildlife Management, 69 (1): 14-19.

Butler J R A. 2015. The economic costs of wildlife predation on livestock in Gokwe communal land, Zimbabwe. African Journal of Ecology, 38 (1): 23-30.

Buzzard P J, Wong H M, Zhang H. 2012. Population increase at a calving ground of the Endangered Tibetan antelope *Pantholops hodgsonii* in Xinjiang, China. Oryx, 46 (2): 266-268.

Buzzard P, Berger J. 2016. *Bos mutus*. The IUCN Red List of Threatened Species. https://www.iucnredlist. org/species/2892/101293528. [2019-08-24].

Carver S, Tricker J, Landres P. 2013. Keeping it wild: mapping wilderness character in the United States. Journal of Environmental Management, 131: 239-255.

Choudhury A. 2004. Human-elephant conflicts in northeast India. Human Dimensions of Wildlife, 9 (4): 261-270.

Cohn J P. 2007. The environmental impacts of a border fence. BioScience, 57 (1): 96.

Dar N I, Minhas R A, Zaman Q, et al. 2009. Predicting the patterns, perceptions and causes of human-carnivore conflict in and around Machiara National Park, Pakistan. Biological Conservation, 142 (10): 2076-2082.

Dickman A J, Macdonald E A, Macdonald D W. 2011. A review of financial instruments to pay for predator conservation and encourage human-carnivore coexistence. Proceedings of the National Academy of Sciences of the United States of America, 108 (34): 13937-13944.

Ellis E C, Goldewijk K K, Siebert S, et al. 2010. Anthropogenic transformation of the biomes, 1700 to 2000. Global Ecology and Biogeography, 19 (5): 589-606.

Eniang E A, Ijeomah H M, Okeyoyin G, et al. 2011. Assessment of human-wildlife conflicts in Filinga range of Gashaka Gumti National Park, Nigeria. Production Agriculture and Technology, 7 (1): 15-35.

Fall M W, Jackson W B. 2002. The tools and techniques of wildlife damage management-changing needs: an introduction. International Biodeterioration & Biodegradation, 49 (2): 87-91.

Fentaw T, Duba J. 2017. Human-Wildlife conflict among the pastoral communities of southern rangelands of Ethiopia: the case of Yabello Protected Area. Journal of International Wildlife Law & Policy, 20 (2): 198-206.

Fox J L, Ciren Y Z, Gesang D Z, et al. 2008b. Biodiversity conservation and pastoralism in the Tibetan Chang Tang; coexistence or conflict? Journal of the International Association of Tibetan Studies, 4: 10.

Fox J L, Dhondup K, Dorji T. 2008a. Tibetan Antelope and New Rangeland Management Activities in and Around the Aru Basin, Chang Tang Nature Reserve. Lhasa: Report to the Tibet Autonomous Region Forestry Bureau.

Fox J L, Dhondup K, Dorji T. 2009. Tibetan antelope *Pantholops hodgsonii* conservation and new rangeland management policies in the western Chang Tang Nature Reserve, Tibet: is fencing creating an impasse? Oryx, 43 (2): 183-190.

Fox J L, Dorji T. 2009. Traditional hunting of Tibetan antelope, its relation to antelope migration, and its rapid transformation in the Western Chang Tang Nature Reserve. Arctic Antarctic and Alpine Research, 41 (2): 204-211.

Fox J L, Mathiesen P, Yangzom D, et al. 2004. Modern wildlife conservation initiatives and the pastoralist/hunter nomads of northwestern Tibet. Rangifer, 24 (4): 17-27.

Frank E G, Schlenker W. 2016. Balancing economic and ecological goals. Science, 353 (6300): 651-652.

Gandiwa E, Heitkönig I M A, Lokhorst A M, et al. 2013. CAMPFIRE and human-wildlife conflicts in local communities bordering Northern Gonarezhou National Park, Zimbabwe. Ecology and Society, 18 (4): 7.

George B, Cai X, Kang A, et al. 2006. Migratory and calving behavior of Tibetan antelope population. Acta Theriologica Sinica, 26 (2): 105-113.

Gordon I J, Acevedo-Whitehouse K, Altwegg R, et al. 2012. What the 'food security' agenda means for animal conservation in terrestrial ecosystems. Animal Conservation, 15 (2): 115-116.

Hill C. 1997. Crop-raiding by wild vertebrates: the farmer's perspective in an agricultural community in western Uganda. Pans Pest Articles and News Summaries, 43 (1): 77-84.

Huang J, Chen J, Ying J, et al. 2011. Features and distribution patterns of Chinese endemic seed plant species. Journal of Systematics and Evolution, 49 (2): 81-94.

Huber T. 2005. Antelope hunting in northern Tibet: cultural adaptations to wildlife behaviour. Wildlife and Plants in Traditional and Modern Tibet: Conceptions, Exploitation, and Conversation, 23: 5-17.

Hussain S. 2000. Protecting the snow leopard and enhancing farmers' livelihoods. Mountain Research and Development, 20 (3): 226-231.

IUCN SSC Antelope Specialist Group. 2016. *Pantholops hodgsonii*. The IUCN Red List of Threatened Species 2016: e.T15967A50192544.

Jackson R W R. 2001. Linking snow leopard conservation and people-wildlife conflict resolution: grassroots measures to protect the endangered snow leopard from herder retribution. Endangered Species Update, 18: 138-141.

Jens K, Örjan J. 2010. Predictability of repeated carnivore attacks on livestock favours reactive use of mitigation measures. Journal of Applied Ecology, 47(1): 166-171.

Karanth K K, Gopalaswamy A M, Defries R, et al. 2012. Assessing patterns of human-wildlife conflicts and compensation around a central Indian protected area. PLoS One, 7(12): e50433.

Karanth K K, Kudalkar S. 2017. History, location, and species matter: insights for human-wildlife conflict mitigation from India. Human Dimensions of Wildlife, 22(4): 1-16.

Karanth K U, Madhusudan M D. 2002. Mitigating human-wildlife conflicts in southern Asia//Terborgh J, van Schail C, Davenport L, et al. Making Parks Work. Washington DC: Island Press: 250-264.

Kolowski J M, Holekamp K E. 2006. Spatial, temporal, and physical characteristics of livestock depredations by large carnivores along a Kenyan reserve border. Biological Conservation, 128(4): 529-541.

Li C, Jiang Z, Li C, et al. 2015. Livestock depredations and attitudes of local pastoralists toward carnivores in the Qinghai Lake Region, China. Wildlife Biology, 21(4): 204-212.

Li C, Jiang Z, Ping X, et al. 2012. Current status and conservation of the endangered przewalski's gazelle *Procapra przewalskii*, endemic to the Qinghai-Tibetan Plateau, China. Oryx, 46(1): 145-153.

Li J, Schaller G B, McCarthy T M, et al. 2013a. A communal sign post of snow leopards (*Panthera uncia*) and other species on the Tibetan Plateau, China. International Journal of Biodiversity, 2013: 1-8.

Li J, Yin H, Wang D, et al. 2013b. Human-snow leopard conflicts in the Sanjiangyuan region of the Tibetan Plateau. Biological Conservation, 166(10): 118-123.

Li X, Buzzard P, Chen Y, et al. 2013. Patterns of livestock predation by carnivores: human-wildlife conflict in northwest Yunnan, China. Environmental Management, 52(6): 1334-1340.

Lincre A, Tobe S S. 2011. An overview to the investigative approach to species testing in wildlife forensic science. Investigative Genetics, 2(1): 1-9.

Lu C, Xie G, Xiao Y. 2012. Ecological compensation and the cost of wildlife conservation: Chang Tang grasslands, Tibet. Journal of Resources and Ecology, 3(1): 20-25.

Madden F. 2004. Creating coexistence between humans and wildlife: global perspectives on local efforts to address human-wildlife conflict. Human Dimensions of Wildlife, 9(4): 247-257.

Madden F. 2008. The growing conflict between humans and wildlife: law and policy as contributing and mitigating factors. Journal of International Wildlife Law and Policy, 11(2-3): 189-206.

Madhusudan M D. 2003. Living amidst large wildlife: livestock and crop depredation by large mammals in the interior villages of Bhadra Tiger Reserve, South India. Environmental Management, 31(4): 466-475.

Maillard D, Calenge C, Jacobs T, et al. 2001. The kilometric index as a monitoring tool for populations of large terrestrial animals: a feasibility test in Zakouma National Park, Chad. African Journal of Ecology, 39(3): 306-309.

Manfredo M, Dayer A. 2004. Concepts for exploring the social aspects of human-wildlife conflict in a global context. Human Dimensions of Wildlife, 9(4): 1-20.

Mazzolli M, Graipel M E, Dunstone N. 2002. Mountain lion depredation in southern Brazil. Biological Conservation, 105(1): 43-51.

Meriggi A, Lovari S. 1996. A review of wolf predation in southern Europe: does the wolf prefer wild prey to livestock? Journal of Applied Ecology, 33(6): 1561-1571.

Messmer T A. 2000. The emergence of human-wildlife conflict management: turning challenges into opportunities. International Biodeterioration and Biodegradation, 45(3): 97-102.

Ming L Y, Gao Z X, Li X H, et al. 2000. Illegal wildlife trade in the Himalayan region of China. Biodiversity and Conservation, 9(7): 901-918.

Mishra C, Allen P, Mccarthy T, et al. 2003. The role of incentive programs in conserving the snow leopard. Conservation Biology, 17(6): 1512-1520.

Musiani M, Mamo C, Boitani L, et al. 2003. Wolf depredation trends and the use of fladry barriers to protect livestock in western north America. Conservation Biology, 17(6): 1538-1547.

Næss M W, Bårdsen B. 2016. Why do Tibetan pastoralists hunt? Land Use Policy, 54: 116-128.

Namgail T, Fox J L, Bhatnagar Y V. 2007. Carnivore-caused livestock mortality in Trans-Himalaya. Environmental Management, 39(4): 490-496.

Naughton-Treves L. 1997. Farming the forest edge: vulnerable places and people around Kibale National Park, Uganda. Geographical Review, 87(1): 27-46.

Newell W H. 1989. Nomads of western Tibet: the survival of a way of life. Australian Journal of Chinese Affairs, 64(32): 208.

Nyhus P J, Osofsky S A, Ferraro P, et al. 2005. Bearing the Costs of Human-Wildlife Conflict: the Challenges of Compensation Schemes. https://digitalcommons.colby.edu/faculty_scholarship/15. [2015-10-20].

Nyhus P J, Fischer H, Madden F, et al. 2010. Taking the bite out of wildlife damage the challenges of wildlife compensation schemes. Conservation, 4(2): 37-43.

O'Connell-Rodwell C E, Rodwell T, Rice M, et al. 2000. Living with the modern conservation paradigm: can agricultural communities co-exist with elephants? A five-year case study in East Caprivi, Namibia. Biological Conservation, 93(3): 381-391.

O'Gara B W, Yoakum J D, Fichter E, et al. 2004. Pronghorn: Ecology and Management. Boulder: University Press of Colorado.

Ogra M V. 2008. Human-wildlife conflict and gender in protected area borderlands: a case study of costs, perceptions, and vulnerabilities from Uttarakhand (Uttaranchal), India. Geoforum, 39(3): 1408-1422.

Papworth S K, Kang A, Rao M, et al. 2014. Bear-proof fences reduce livestock losses in the Tibetan autonomous region, China. Mpra Paper, 11: 8-11.

Patterson B D, Kasiki S M, Selempo E, et al. 2004. Livestock predation by lions (*Panthera leo*) and other carnivores on ranches neighboring Tsavo National Parks, Kenya. Biological Conservation, 119(4): 507-516.

Pepine C J, Handberg E M, Cooper-DeHoff R M, et al. 2004. A calcium antagonist vs a non-calcium antagonist hypertension treatment strategy for patients with coronary artery disease: the International Verapamil-Trandolapril Study (INVEST): a randomized controlled trial. ACC Current Journal Review, 13(2): 19-20.

Pringle R M. 2017. Upgrading protected areas to conserve wild biodiversity. Nature, 546（7656）: 91-99.

Prins H H T, Grootenhuis J G. 2000. Introduction: the value of priceless wildlife//Prins H H T, Grootenhuis J G, Dolan T T. Wildlife Conservation by Sustainable Use. New York: Springer: 1-12.

Schaller G B. 1998. Wildlife of the Tibetan Steppe. Chicago: University of Chicago Press.

Schaller G B. 2000. Wildlife conservation in the Chang Tang Reserve, Tibet//Tibet's Biodiversity, Conservation and Management China. Beijing: Forestry Publishing House: 21-28.

Schaller G B, Kang A, Cai X, et al. 2006. Migratory and calving behavior of Tibetan antelope population. Acta Theriologica Sinica, 26（2）: 105-113.

Schaller G B, Liu W. 1996. Distribution, status, and conservation of wild yak *Bos grunniens*. Biological Conservation, 76（1）: 1-8.

Sekhar N U. 1998. Crop and livestock depredation caused by wild animals in protected areas: the case of Sariska Tiger Reserve, Rajasthan, India. Environmental Conservation, 25（2）: 160-171.

Sillero-Zubiri C, Sukumar R, Treves A. 2007. Living with wildlife: the roots of conflict and the solutions// Macdonald D, Service K. Key Topics in Conservation Biology. New York: Wiley-Blackwell: 255-272.

Suryawanshi K R, Bhatnagar Y V, Redpath S, et al. 2013. People, predators and perceptions: patterns of livestock depredation by snow leopards and wolves. Journal of Applied Ecology, 50（3）: 550-560.

Treves A, Karanth K U. 2010. Human-carnivore conflict and perspectives on carnivore management worldwide. Conservation Biology, 17（6）: 1491-1499.

Treves A, Naughton-treves L, Harper E K, et al. 2004. Predicting human-carnivore conflict: a spatial model derived from 25 years of data on wolf predation on livestock. Conservation Biology, 18（1）: 114-125.

Treves A, Wallace R B, White S. 2009. Participatory planning of interventions to mitigate human-wildlife conflicts. Conservation Biology, 23（6）: 1577-1587.

Tsering D, Farrington J, Norbu K. 2002. Human-wildlife Conflict in the Chang Tang Region of Tibet: the Impact of Tibetan Brown Bears and Other Wildlife on Nomadic Herders. Beijing: WWF China-Tibet Program.

Wangchuk R, Jackson R, Richard C, et al. 2004. A community-based approach to mitigating livestock-wildlife conflict in Ladakh, India. Strategic Innovations for Improving Pastoral Livelihoods in the Hindu Kush-Himalayan Highlands. Volume 2: Technical Papers. Proceedings of An International Workshop in Lhasa, Tibet Autonomous Region, People's Republic of China.

WCS. 2014. Report on Ungulate Status and Trends in the Tibetan Plateau. New York. Wildlife Conservation Society.

Webber D A. 2006. Primate Crop Raiding in Uganda: Actual and Perceived Risks around Budongo Forest Reserve. Oxford: Oxford Brookes University.

Wells M, Bradon K, Hannah L J. 1992. People and Parks: Linking Protected Area Management with Local Communities. People & Parks Linking Protected Area Management with Local. Washington DC: World Bank.

Woodroffe R, Thirgood S, Rabinowitz A. 2005. People and Wildlife: Conflict or Coexistence? Cambridge:

Cambridge University Press.

Worthy F R, Foggin J M. 2008. Conflicts between local villagers and Tibetan brown bears threaten conservation of bears in a remote region of the Tibetan Plateau. Human-Wildlife Conflicts, 2(2): 200-205.

Xia L, Yang Q, Li Z, et al. 2007. The effect of the Qinghai-Tibet railway on the migration of Tibetan antelope *Pantholops hodgsonii* in Hoh-xil National Nature Reserve, China. Oryx, 41(3): 352-357.

Xu A, Jiang Z, Li C, et al. 2006. Summer food habits of brown bears in Kekexili Nature Reserve, Qinghai-Tibetan Plateau, China. Ursus, 17(2): 132-137.

Xu W, Xiao Y, Zhang J, et al. 2017. Strengthening protected areas for biodiversity and ecosystem services in China. Proceedings of the National Academy of Sciences of the United States of America, 114(7): 1601-1606.

Yangzong C. 2006. The Household Responsibility Contract System and the Question of Grassland Protection-a Case Study from the Chang Tang, Northwest Tibet Autonomous Region. Tromsø: Universitetet i Tromsø.

You Z Q, Jiang Z G, Li C W, et al. 2013. Impacts of grassland fence on the behavior and habitat area of the critically endangered Przewalski's gazelle around the Qinghai Lake. Science Bulletin, 58(18): 2262-2268.

Yu C, Zhang Y, Claus H, et al. 2012. Ecological and environmental issues faced by a developing Tibet. Environmental Science and Technology, 46(4): 1979-1980.

Zhang B P, Chen X D, Li B L. 2002.Biodiversity and conservation in the Tibetan Plateau. Journal of Geographical Sciences, 12(2): 135-143.

Zhao H, Liu S, Dong S, et al. 2014. Characterizing the importance of habitat patches in maintaining landscape connectivity for Tibetan antelope in the Altun Mountain National Nature Reserve, China. Ecological Research, 29(6): 1065-1075.

附录1

数据与方法

附 1.1   野外调查数据

附 1.1.1   地物光谱测量数据

植被反射率光谱数据采集利用美国 Analytical Spectral Device（ASD）公司生产的 FieldSpec HandHeld 便携式地物光谱仪。该仪器能够记录 325 ~ 1075nm 的完整反射率光谱，光谱采样间隔为 1.5nm，光谱分辨率为 3.5nm，标准内置视场角为 25°。

在考察区内有 64 个采样点（附图 1.1），考察队共获取光谱数据 672 组（每 5 个数据为 1 组）。采样点主要集中分布于普兰、札达、噶尔、革吉四县，基于实地光谱测量数据，建立了考察区典型植被光谱数据库（附图 1.2 和附图 1.3）。该数据库包含青稞、香柏、藏北嵩草、大黄、二裂委陵菜、藏西嵩草、雪灵芝、藏沙蒿等在内的约 50 种西藏地区常见植被的光谱数据。

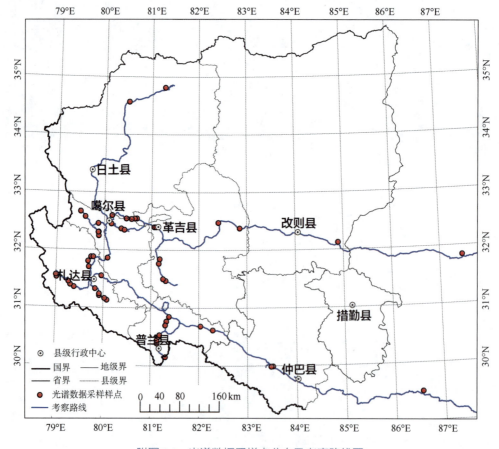

附图 1.1   光谱数据采样点分布及考察路线图

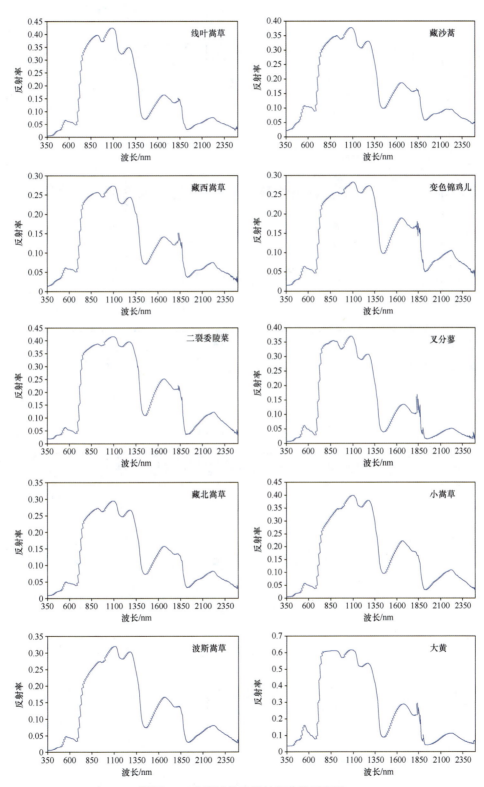

附图 1.2　典型地物光谱特征曲线示意图 1

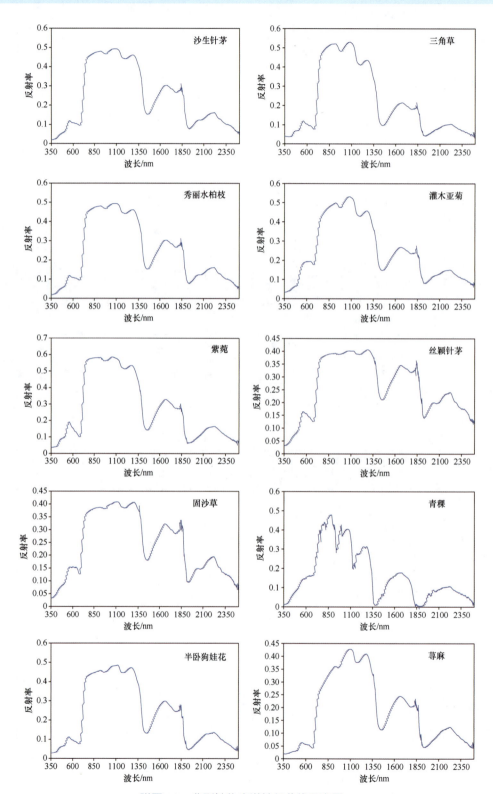

附图 1.3　典型地物光谱特征曲线示意图 2

附 1.1.2　土地覆被类型与植被样方调查数据

1. 样方数据获取方式

样方法调查是按照样地调查标准规程中规定的选择样地的原则、取样技术和调查的野生植物资源的性质（草本、灌木或乔木），以及调查地区的特点，选用相应的样方大小，其中灌木样方选择 10m×10m、草本样方选择 1m×1m，并制定调查表记录有关内容，主要包括样地地理坐标、样地与样方号、样方面积、调查地点、调查时间、群落类型，以及样方内植物的高度、盖度、密度、生物量等内容。

每个样方所在地点均以 GPS 准确定位，并记录环境要素特征。在样方调查过程中，同时进行植物标本的采集、观察和记录。通过采集植物标本，记录其分布地点、生长环境、群落类型、大致数量（多度）、花期、果期及主要用途等，了解调查地区的野生植物种类数量、分布规律、种群数量、有无珍稀濒危植物分布等。

结合调查地区实地情况，设置草本植物调查样方面积 1m×1m（附图 1.4），灌丛、小半灌木调查样方面积 10m×10m。调查样地选择遵循物种的分布均匀、结构完整、层次分明，土壤、地形条件一致的原则。对每个调查样点进行 3 个大样方调查，每个大样方中抽取 3 个小样方进行调查，记录样方内主要植物名称、盖度、高度和植被总盖度等基本信息，以及地形、坡度、坡向等辅助信息。

附图 1.4　草本植物样方调查

1）样方调查点分布

植被样方大小分为 10m×10m 和 1m×1m 两种类型，对每个特征植被类型和灌木进行 10m×10m 的样方调查，其中灌木样方进行 3 个重复，并在每个 10m×10m 大样方中随机选取 3 个 1m×1m 小样方，记录草本植物类型和盖度。此次调查共计完成 10m×10m 大样方 387 个，1m×1m 小样方 1237 个。样方调查点分布如附图 1.5 所示，其较集中分布在普兰县、札达县、革吉县、噶尔县及仲巴县的部分地区。

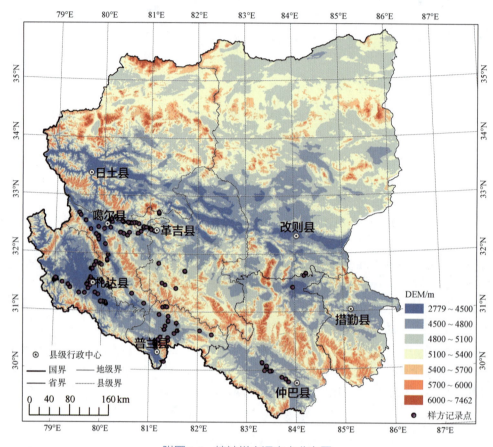

附图 1.5 植被样方调查点分布图

2) 类型调查

在仲巴县境内主要是对香柏灌丛、湿地和草地的植被样方进行调查。香柏灌丛样方调查点海拔 4678m，香柏灌丛盖度 25% 左右，平均株高 48cm，最大株高 60cm，样方内其他多年生草本植物有菊科的紫菀、紫草科的微孔草、龙胆科的肋柱花和豆科的黄耆属等。对沼泽草甸的调查发现，在湿地水分含量较高的区域，优势种为小嵩草、矮嵩草和二裂委陵菜等，盖度通常在 45%～70%，而在水分含量较低的区域，嵩草的比重明显下降，薹草逐渐占据优势，盖度通常在 15%～20%，样方内其他多年生草本植物有青海刺参、西南鸢尾、翼首花等。

样方调查主要类型有金露梅灌丛、变色锦鸡儿灌丛和沼泽草甸等。金露梅灌丛调查点海拔约 4640m，灌丛平均盖度为 18%，部分长势较好区域盖度达 35%，样方内其他多年生草本植物有针茅、薹草、风毛菊、地蔷薇、山莓草、红景天等。变色锦鸡儿灌丛主要分布于仲巴县北部、中部马泉河畔的坡地上，海拔在 4623m 左右，平均盖度 30%，平均高度 20cm，最高可达 28cm，样方内草本植物包括丝颖针茅、小叶棘豆、白草和独行菜等。帕羊镇周边的沼泽草甸主要优势种为莎草科的嵩草和针蔺，两者比例约 1∶1，草甸总盖度为 90% 左右，部分湿润地带可达 100%。分布在雅鲁藏布江上游宽谷、河滩及内陆河床的湿地，以三角草为优势种，三角草通常形成草丛较大的片斑状的草甸群落，草甸总盖度为 50%～70%，三角草盖度可达 45%～60%，占绝对优势。三角草高度一般在 45～90cm，部分水源条件好的地带可达 100cm 以上，居于植被上层，下层植物通常有矮生二裂委陵菜、小叶棘豆、黄耆、藜及莎草科的嵩草等。

在普兰县境内主要对玛旁雍错周边及冈仁波齐国家森林公园内的植被进行了样方调查。玛旁雍错南侧为大面积草原，海拔 4321～4609m，主要植物类型为紫花针茅、沙生针茅、丝颖针茅和早熟禾，植被总盖度为 20%～27%，早熟禾盖度为 13%～22%，占绝对优势，三种针茅的盖度达 5%～8%，样方内其他草本植物有小叶棘豆、半卧狗娃花、獐牙菜、光锥果葶苈及少量垂穗披碱草。沼泽草甸的优势种为窄果嵩草、藏西嵩草，草甸总盖度为 65%～75%，除嵩草外，湿地内还分布有鞭打绣球、斑唇马先蒿、小叶棘豆、毛茛、还阳参等多年生草本植物。玛旁雍错北侧是面积更为广阔的针茅草原，以紫花针茅和丝颖针茅为主，此外还有变色锦鸡儿、驼绒藜等灌丛分布，草地盖度为 13%～20%，灌丛盖度为 20%。玛旁雍错东侧山坡上主要分布变色锦鸡儿、金露梅、单子麻黄和驼绒藜灌丛，灌丛盖度为 20%～25%，变色锦鸡儿盖度约 12%，平均高度 23cm，最大株高 35cm；金露梅盖度约 9%，平均高度 60cm，最大株高可达 85cm 以上。单子麻黄、驼绒藜、藏沙蒿等灌木植物在样方内零星分布。冈仁波齐保护区的植被样方调查点海拔为 4900～5500m，样方内植物有雪灵芝、垫状点地梅、冈底斯山蝇子草、葶苈、棘豆、委陵菜、早熟禾和部分莎草科植物，植被盖度随海拔升高呈下降趋势，5400m 处的植被盖度为 30%，植株高度明显偏矮，如早熟禾的高度仅为 6～9cm。

札达县境内草本植物组成与普兰县基本相似，灌木主要为札达沙棘、鼠李、变色锦鸡儿和秀丽水柏枝，在靠近县城的区域分布有大片灌木亚菊和大刺儿菜。札达沙棘主要分布于札达县中部、靠近县城的区域，海拔为 3700～3800m，灌丛盖度为 35%～45%，高度在 150～270cm，部分水源条件好的地区可以达到 300cm 以上。变色锦鸡儿灌丛主要分布在札达县西南部，海拔为 4800～4900m，部分在 4900m 以上，灌丛盖度在 25%～35%，株高 13～17cm，最大株高可达 40cm。样方内分布的多年生草本植物有垂穗披碱草、早熟禾、长柱琉璃草、二裂委陵菜、瓦松、堇菜、紫花针茅等。古格王朝遗址处（海拔 3690m）的灌丛以札达沙棘为主，盖度在 40%～50%，高度可达 250～300cm，最高可达 380cm，此外还有少量棘枝忍冬，高度在 100～170cm，位于灌木植被的下层。样方内其他多年生草本植物有二裂委陵菜、披针叶黄华、蒙山莴苣和大刺儿菜等。

在噶尔县、革吉县进行的样方调查重点关注狮泉河国家湿地公园和狮泉河源头区。湿地公园内灌木植被主要有变色锦鸡儿灌丛、灌木亚菊、秀丽水柏枝等。变色锦鸡儿灌丛总盖度约 35%，平均高度 80cm 左右，最高可达 150cm；灌木亚菊通常分布在土壤较干燥的区域，植被盖度较低，通常低于 15%，高度在 20cm 左右。沼泽湿地草甸以莎草科植物占多数，主要包括藏北嵩草、波斯嵩草、线叶嵩草、粗壮嵩草和喜马拉雅嵩草等，莎草科植物盖度一般可达总盖度的70%～80%，其他多年生草本植物主要有毛茛、杉叶藻、掌叶多裂委陵菜、水麦冬、斑唇马先蒿、鞭打绣球等。河源区主要植被类型为湿地草甸和高寒草原，灌木较少。湿地草甸同样是莎草科植物占优势地位，包括藏西嵩草、线叶嵩草等，其他多年生草本植物有早熟禾、披碱草、蕨麻、西伯利亚蓼等。高寒草原植物类型主要包括紫花针茅、羽柱针茅，盖度可达总植被盖度的60%以上，样方内其他多年生草本植物主要有地蔷薇、小叶棘豆、白花枝子花、二裂委陵菜、风毛菊和胀果棘豆等。

2. 土地利用与土地覆被调查获取方式

沿考察路线（附图1.6），约间隔5km进行一次样点记录。记录方式具体为：首先，采用Holux M-241 GPS记录样点经纬度信息，利用EYESKEY M2-B地质罗盘仪记录坡度、坡向信息。其次，记录土地覆被的环境特征，包括土壤水分状况及地表物质成分和比例，环境特征数据主要用来辅助分析样区的土地覆被状况以及植被生长的环境特征，故未用特定的仪器进行测量，仅简单地根据经验进行目视估算。再次，记

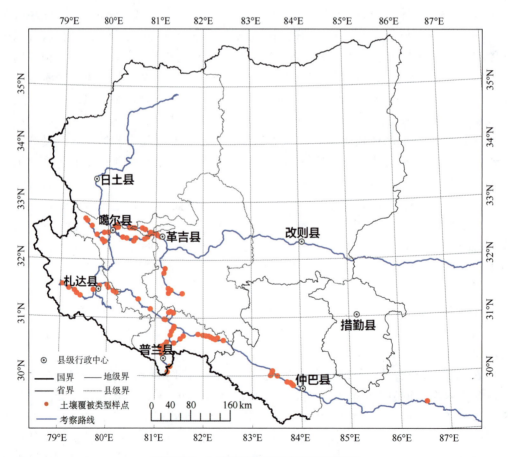

附图1.6　土地覆被类型样点考察路线图

录土地覆被样点可视范围内的主要植被类型，测量植被高度和植被的盖度信息，并建立土地覆被分类系统（附表 1.1），对样点进行土地覆被类型划分。最后，以照片形式记录样点和周围环境信息，每个土地覆被样点需要拍摄 1 张垂直向下的中心样点照片和 8 张周围环境的照片。周围环境的照片拍摄以调查样点为中心，以正北方向为 0° 起始方向，利用 Nikon 数码相机每间隔角度 45° 顺时针拍摄一张照片，环绕拍摄完 360°，照片视野尽量捕捉中心样点向拍摄方向延伸后发生变化的过渡区域，并记录类型变化区域距离样本点中心的距离，以及目前过渡区域的土地覆被现状。该信息主要是为了记录土地覆被样点类型的匀质空间范围，实际调查过程中发现样点的匀质范围多是不规则的八边形，如 1km×500m×300m×800m×200m×600m×150m×100m 等。

附表 1.1　藏西北土地覆被分类系统

一级类型	二级类型	定义
草地	高寒草甸	由寒冷中生多年生草本植物为主的植物群落覆盖区域，主要指藏北嵩草草甸、小嵩草（高山嵩草）草甸覆盖区
	高寒草原	具有一定御寒能力的、旱生的多年生草本植物和小半灌木植物占优势的植物群落覆盖区域
稀疏植被	稀疏植被	分布在连续植物覆盖的植被以上至永久雪线之间的、由适应严寒生境的寒旱生或寒冷中旱生多年生轴根性杂类草或以垫状植物或地衣苔藓等构成的盖度在 5%～40% 的植被区域，如蚤缀、垫状点地梅植被分布区域
荒漠（灌丛）	半灌木或矮半灌木荒漠	半灌木、矮半灌木（驼绒藜、灌木亚菊、蒿）荒漠、垫状驼绒藜荒漠广泛分布区域
水体	河流	指自然形成的沿着地表的长条状槽形洼地
	湖泊	指自然条件下形成的积水区常年水位以下的土地
沼泽	沼泽湿地	指覆盖着水（淡水、半咸水或咸水）与草本或木本植物的广阔区域，是介于陆地和水体之间的过渡带
居民建设用地	居民建设用地	指被建筑物覆盖的土地类型
裸地	盐碱地	指地表盐碱聚集，只能生长强耐盐碱植物（如赖草、角果碱蓬）的土地
	其他裸地	指地表植被稀少，植被盖度在 5% 以下的土地
雪被与冰川	雪被与冰川	指常年由积雪或者冰覆盖的土地类型

此次共记录土地覆被类型样点 105 个，包括高寒草甸、高寒草原、稀疏植被、半灌木或矮半灌木荒漠、沼泽湿地 5 个二级土地覆被类型，60% 分布在普兰县和噶尔县。土地覆被调查是沿考察路线随机抽样，从普兰县的土地覆被类型可以看出，该县以荒漠灌丛类型为主，优势植被类型为变色锦鸡儿和金露梅灌丛，该类型的比例占了该县采样点数量的 37.5%。其主要分布在海拔约 4300m，距离沼泽 1km 的水分条件稍差的地带，植被盖度在 10%～40%。其次为沼泽，其大部分分布在普兰县的玛旁雍错湿地保护区周边以及普兰县仁贡村流向孔雀河的水系附近。该区域沼泽植被盖度在 10%～95%，平均盖度为 56%，优势植被类型主要为小嵩草。

仲巴县调查以沼泽为主,其优势植被类型主要有藏西嵩草以及三角草等。此次调查发现,由于该县年降水量为300mm,远高于阿里地区,故该县沼泽明显多于阿里地区,主要分布在雅鲁藏布江上游马泉河周边地区,沼泽的平均植被盖度为63%。

在札达县的阳坡面上可以看到成片的驼绒藜荒漠灌丛,平均植被盖度为36.67%,可以看出,札达县的灌丛植被在类型和盖度上与普兰县有较大差别。札达县沿象泉河等河谷地带海拔较低,温度较高,降水极少,气候更加干燥,更适合喜干旱的驼绒藜生长,而普兰县海拔高,温度低,多生长变色锦鸡儿和金露梅等喜阴冷的灌丛。

噶尔县调查以高寒草原、灌木和沼泽湿地3种类型为主。灌丛类型主要有灌木亚菊和变色锦鸡儿,平均盖度为36.25%。变色锦鸡儿的植被盖度(50%～85%)范围整体要高于灌木亚菊(10%～30%),且灌木亚菊多分布在比变色锦鸡儿海拔更高、更干旱的地区。比较噶尔县、札达县和普兰县的灌丛植被可以发现,海拔由低到高,主要优势植被类型变化明显,分别为驼绒藜、变色锦鸡儿和灌木亚菊,但各县灌丛植被的盖度相差不大,均为35%。噶尔县沼泽植被类型以藏北嵩草为主,平均植被盖度为92.5%,样点沿狮泉河分布,从狮泉河源头经狮泉河国家湿地公园到噶尔县中心,最终到达典角边境村,该地区湿地是此次调查中湿地植被平均盖度最高的地区。

3. 生物量数据获取方式

地上生物量的采集工作与植被样方调查同步进行。综合考虑获取的样本的代表性,以及高原地区工作的时间、劳动成本,在每个10m×10m的样方采集3个生物量样方,以代表10m×10m的样方内植被(草本植物)的生物量情况。获取的样方面积根据植被长势选择1m×1m/0.5m×0.5m/0.25m×0.25m,并利用GPS记录坐标点信息。

地上生物量获取方式采用收获法,即齐地分种剪下样方内所有植物种类的地上部分,在野外称重、记录,获得地上生物量鲜重。室内以75℃恒温烘烤草样24h,称得干重。考察组最后共获取70个10m×10m样地内的204个生物量样方数据。

仲巴县主要采集了湿地草甸的生物量数据(附图1.7)。以三角草为优势种的湿地草甸生物量鲜重为337.6～774.4g/m^2,干重为121.6～280g/m^2。以针蔺、嵩草为优势种的湿地草甸所采得的生物量略高,鲜重为709.2～1464.4g/m^2,干重为172.8～299.6g/m^2。以薹草、嵩草、丝颖针茅为优势种的湿生草地生物量为376～1507.2g/m^2,干重为123.2～444.8g/m^2。

在普兰县,分布于国道G219沿线及玛旁雍错西岸,以紫花针茅、丝颖针茅、沙生针茅为主的草地生物量鲜重为40～100g/m^2,干重基本为10～50g/m^2。以各类嵩草(藏西嵩草、藏北嵩草、窄果嵩草等)为主的湿生草甸(如玛旁雍错东岸)生物量较高,采样的鲜重最低值普遍在300g/m^{2}以上,最高可达1931.2g/m^2,干重多在90～400g/m^2。玛旁雍错北岸,以白草为主的草地鲜重为165.2～632g/m^2,干重为24～275g/m^2。以早熟禾、棘豆为主的生物量较低,鲜重基本为50～68g/m^2,干重为24.8～41.6g/m^2。普兰县北侧沿道路采得的以藏沙蒿为优势种的样本生物量鲜重为

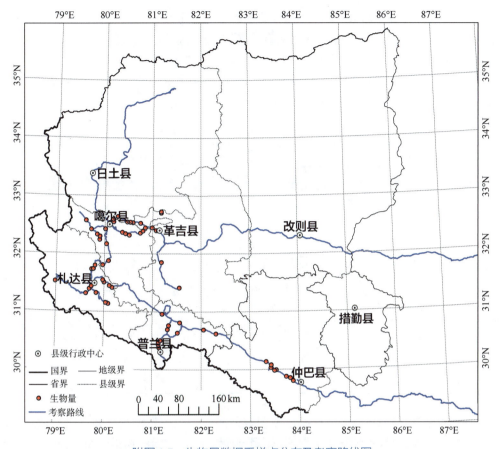

附图 1.7　生物量数据采样点分布及考察路线图

$81.6 \sim 116.4 \text{g/m}^2$，干重为 $35.6 \sim 48 \text{g/m}^2$。

以固沙草、沙生针茅、西北针茅为优势种的草地广泛分布于札达县，其生物量较低，考察队采集的 24 个样本中仅有两个样本点鲜重大于 300g/m^2，其余的样本点鲜重基本在 200g/m^2 以内，最低至 11.2g/m^2。在萨让采集的以窄果嵩草、委陵菜、天然苜蓿为主的草地生物量较高，鲜重为 $707.2 \sim 1196.8 \text{g/m}^2$，干重为 $267.2 \sim 467.2 \text{g/m}^2$。

从噶尔县城出发，向东至革吉县沿线，考察组采集了一系列以固沙草、沙生针茅、藏沙蒿为优势种的草地样方，这些生物量鲜重多在 100g/m^2 以下，最低为 9.6g/m^2；干重多在 50g/m^2 以下。此外，在噶尔县至革吉县沿线、噶尔县西北方向还有以各类嵩草为优势种的湿地草甸，其生物量非常高，鲜重基本分布在 $500 \sim 2500 \text{g/m}^2$，最高达 2779.2g/m^2；干重最高超过 900g/m^2。羽柱针茅、薹草、紫花针茅、赖草为优势种的草地生物量鲜重为 $40.4 \sim 358.8 \text{g/m}^2$，干重为 $13.6 \sim 152.8 \text{g/m}^2$。

附 1.1.3　无人机航拍数据

航拍影像数据利用大疆 Phantom4 Pro 型号无人机和自带的相机进行获取。该飞行器和相机的具体参数见附表 1.2。从飞行器的参数可以看出，在青藏高原地区进行无人机航拍是一项比较困难的工作。因为青藏高原地区海拔高，此次航拍地区的起飞点海拔基本在 4500m 左右，很接近飞行海拔 6000m 的极限值。阿里地区 8～9 月早晚温度较低，在 0℃ 以下，与北京时间有 2h 时差，上午到 10 点以后温度才有所回升，这时无人机才可以进行拍摄，下午太阳落山之后风较大，也无法进行拍摄。

附表 1.2　Phantom4 Pro 飞行器和相机参数

Phantom4 Pro 飞行器		Phantom4 Pro 相机	
参数	参数值	参数	参数值
飞行器型号	Phantom4 Pro	相机型号	Phantom4 Pro 2000 万像素
重量	1388g	传感器尺寸	13.2mm×8.8mm CMOS 传感器
最大水平飞行速度	50km/h	俯仰角度（云台）	−90°～+30°
最大飞行高度	500m	照片像素数	5472×3078
最大飞行海拔	6000m	电池续航能力	25min/ 块
最大可承受风速	10m/s	航拍分辨率	0.5（20m）cm/px；1.4（50m）cm/px；2.7（100m）cm/px；4.0（150m）cm/px；5.5（200m）cm/px
工作环境温度	0～40℃		
最大悬停精度	垂直：±0.1m；水平：±0.3m		

航拍前需要结合 Google 影像和地形图数据提前拟定考察路线，并选取典型的土地覆被类型，结合实地地形情况，根据天气（下雨天、多云天无法拍摄）和植被分布状况，规划好航拍范围。起飞前，需要设定好飞行器和相机的参数。为了确保后期照片能拼接成功，要特别注意设定航向重叠率和旁向重叠率为 60%～80%，镜头垂直向下拍摄。每个起飞点需要利用 GPS 记录起飞点的位置和航拍区域内的土地覆被信息，用以辅助判断照片的类型信息。

此次考察过程中，沿考察路线，共航拍 60 个架次，航拍面积约 3582hm²，约 8589 张 RGB 照片（115G）。拍摄地主要集中在狮泉河和札达县，无人机航拍样点分布如附图 1.8 所示。由于是首次在青藏高原进行无人机航拍，不确定哪种飞行高度比较合适土地覆被分类，故整个飞行过程中，拍摄的高度有 20m、50m、100m、150m、200m 五种尺度，数据分辨率为 0.5～5.5cm/px。

无人机照片需要利用无人机拼接软件（Pix4D mapper、PhotoScan）进行后期处理，将每个架次的照片拼接成正摄影像图，用于后期的土地覆被分类等研究，影像的拼接工作需要借助高配置的电脑，且需要特别大的存储空间。例如，拼接飞行架次高度为 50m，飞行面积约 16.65hm²，照片数量约 1000 张（8G 大小），航向和旁向重叠度均为 80%，采用 16 核 i7 CPU 32G 内存电脑，拼接过程中 CPU 使用率达到了 90% 以上，拼接完成需要约 19h，最后生产的中间过程文件约 35G，生成的正摄影像约 1G，最后拼接后分辨率能达到 1.43cm。

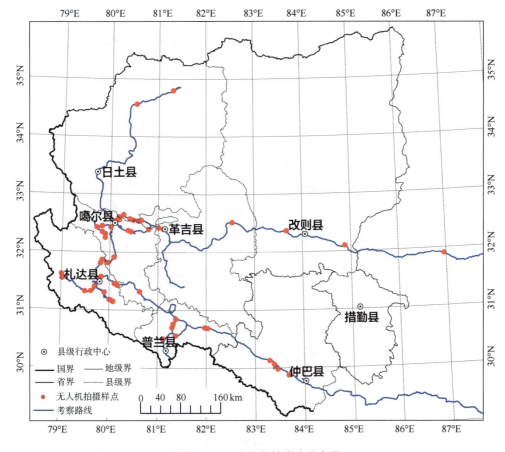

附图 1.8　无人机航拍样点分布图

附 1.1.4　土壤样品采集数据

1.土壤样品采集主要包括以下步骤

1）样点选择

A.调查地点的代表性

在野外调查之前，先在室内对收集的相关文件资料进行分析研究，综合考虑研究区的地形、植被、交通条件等因素，初步确定研究区内代表性调查地点。到达研究区之后，还需要先对上述初步确定的代表性调查地点进行全面考察，考察内容包括土壤类型（初步判断）、地形、植被、成土母质、人类活动状况、交通条件等，再根据这些考察内容最终确定代表性调查地点。

B.调查样地的代表性

代表性调查地点范围比较大，可能包括很多相似的山谷、坡地、平地、湖盆等，因此还需根据前述考察的土壤类型（初步判断）、地形、植被、成土母质、人类活动状况、交通条件等，选定其中具有代表性的山谷、坡地、平地或湖盆等调查样地。

C. 剖面样点的代表性

选定的代表性调查样地范围内，还存在海拔、坡度、坡向、成土母质、地表植被等局地差异，因此还需根据这些因素选定代表性剖面样点的位置，使其能够反映上述局地因素作用下形成的土壤类型及特征。

2）样品采集

为了避免样品在采集过程中受到污染，采集样品时不使用金属采集工具。采集过程中，先用铁锹挖出一个深 30～40cm 的土壤剖面，然后使用木铲剥离掉剖面表层土壤，防止铁锹使用过程中对土壤产生污染，最后使用木铲自上而下对土壤剖面进行分层并采集土样。在垂直方向上，每个样点按照 0～5cm、5～10cm、10～20cm、20～30cm 进行土壤样品采集。每个样品取 1kg 左右，将其先装入聚氯乙烯保鲜袋中，然后装入布袋中，以防在运输中破损，对保鲜袋和布袋均进行编号，编号内容包括采集地点、采集日期、样点号、样品深度，如"2017090101（0～5cm）"，代表 2017 年 9 月 1 日第 1 个样点的 0～5cm 层，以此类推。土壤剖面原面采集采用有机玻璃材质定制的 10cm×10cm×20cm 尺寸的盒装，从地表分层采集，形成原始土壤剖面展示，用于典型土壤剖面的发育特征解析等。

3）样品记录

土壤样点描述主要包括剖面基本信息记录与土壤发生层特征描述两个方面。根据野外调查研究目的，并参考国内外土壤调查记录形式，制作专用的土壤剖面描述记录表格。

需记录的样品基本信息主要有以下几个方面。

（1）样点编号、采样时间、区域、地点、经纬度、海拔、坡度、坡向、采样者姓名等。

（2）样点所处地貌单元：如坡积裙、坡顶、洪积扇、山前平原、山间凹地、河流阶地、河漫滩等。

（3）样点所在地微地形：指的是坡面的形状特点，如平直、微凹、微凸等。

（4）样点地表特征：包括植被状况、砾石分布状况、排水状况、侵蚀状况等。

（5）地表照片：对地表状况及周边地形进行拍照，拍摄地面特定物体（如鼠洞、冻拔石、石环等）时应放置参照物。

根据土壤类型和植被类型的差异，结合植被调查样点的布设，沿途共在 27 个土壤样点采样，按照 0～5cm、5～10cm、10～20cm、20～30cm 分层采集，共获得 108 份土壤分析样品，其中采集土壤剖面 3 个（附图 1.9、附图 1.10）。植被类型涉及紫花针茅草原、小嵩草草原、藏沙蒿草草原、羽柱针茅草原等。主要生长植被包括紫花针茅、棘豆、紫菀、金露梅、变色锦鸡儿、驼绒藜、二裂委陵菜、藏白蒿、沙生针茅、青稞等。

后续处理为土壤样品采集后，对土壤样品整理处理，并对土壤样品进行理化分析，主要包括土壤质地、水分、酸碱度、有机质、全氮、碱解氮、全磷、速效磷、全钾、速效钾、养分含量、主要元素（常量元素、微量元素）。

2. 数据描述整体概况

本次考察中主要由县城向周边乡镇辐射公路沿途布设样区，重点参考地表植被类

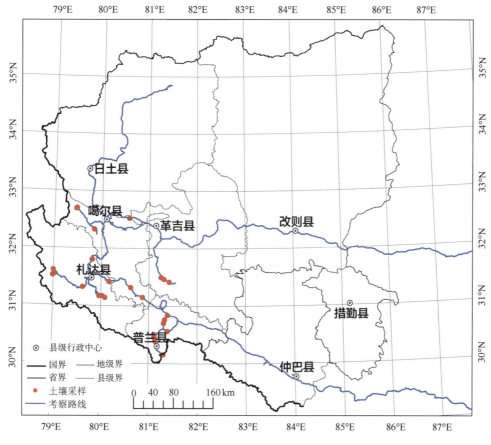

附图 1.9　土壤采样点分布图

附图 1.10　采集土壤剖面示意图

型的区域差异性，采样点海拔为 3600～5100m，其中普兰县和札达县的海拔相对较低，主要集中在河谷地带，地表植被盖度较高，随着海拔的升高，植被盖度呈下降趋势，植被类型也由灌丛草甸向草原和荒漠草原过渡。

附 1.2　其他数据

（1）土地利用数据：来源于中国科学院地理科学与资源研究所资源环境科学与数据中心 2015 年中国土地利用现状遥感监测数据，2015 年数据更新是在 2010 年数据的基础上，基于 Landsat 8 遥感影像，通过人工目视解译生成的，土地利用类型包括耕地、林地、草地、水域、居民建设用地和未利用土地 6 个一级类型，以及 25 个二级类型（附表 1.3）。

附表 1.3　其他数据汇总表

序号	数据名称	数据来源	时间（年份）	空间分辨率	下载网址
1	土地利用数据	中国科学院地理科学与资源研究所资源环境科学与数据中心	2015	30m	http://www.resdc.cn/
2	湿地数据	中国科学院地理科学与资源研究所资源环境科学与数据中心	1990、2000、2010、2015	30m	http://www.resdc.cn/
3	积雪深度数据	国家青藏高原科学数据中心	1990～2014	0.25°	http://www.tpdc.ac.cn/zh-hans/
4	积雪面积数据	—	2002～2015	500m	—
5	气象数据	中国气象数据网	1990～2016	—	http://data.cma.cn/
6	草地数据	中国科学院地理科学与资源研究所资源环境科学与数据中心			http://www.resdc.cn
7	耕地数据	第二次全国土地调查数据	—		
8	农业统计数据	《西藏统计年鉴》	1996～2017		

（2）湿地数据：来源于中国科学院地理科学与资源研究所资源环境科学与数据中心 1990 年、2000 年、2010 年和 2015 年四期中国土地利用现状遥感监测数据，空间分辨率为 30m，其分类系统中包括河流、湖泊、水库坑塘、滩地和沼泽 5 种湿地类型，数据的总体精度为 94.30%。

（3）积雪深度数据：来源于国家青藏高原科学数据中心的中国雪深长时间序列数据集中的 1990 年 1 月 1 日～2014 年 12 月 31 日逐日的中国范围的积雪厚度分布数据，其空间分辨率为 0.25°。

（4）积雪面积数据：来源于基于 MODIS 的青藏高原逐日无云积雪产品，为 2002～2015 年的逐日数据，空间分辨率为 500m，数据总分类精度达到 96.6%，积雪分类精度达到 83%，积雪判对概率（召回率）达到 89.0%（邱玉宝等，2017）。

（5）气象数据：来源于中国气象数据网 1990～2016 年逐日气温、降水量和湿度数据。

（6）草地数据：来源于中国科学院地理科学与资源研究所资源环境科学与数据中

心 2015 年中国土地利用遥感监测数据。

（7）耕地数据：由阿里地区提供的各县第二次全国土地调查数据，耕地分为水浇地、旱地和水田 3 类，考察区域内各县均无水田分布，数据原始单位为公顷（hm²）。

（8）各县农业产值变化数据与历年耕地总面积和历年粮食总产量：来源于《西藏统计年鉴》1996 ~ 2017 年各县级统计数据。人均耕地占有面积和人均粮食总量根据总面积和总产量与逐年对应的人口数计算求得。

附 1.3　研究方法

附 1.3.1　建设用地变化

为了解各个县城建成区面积变化情况，采用目视解译的方法，计算阿里及邻近地区 8 个县建成区 20 世纪 60 年代（或 70 年代）至 2017 年在空间上的扩张过程，时间间隔为 10 年。监测过程中使用的遥感数据基本情况见附表 1.4。

附表 1.4　遥感影像数据表

数据源	空间分辨率	观测时间段
KeyHole 系列卫星影像	6 ~ 25ft[①]，为 1.83 ~ 7.62m	20 世纪 60 年代、70 年代、80 年代
Landsat 5 TM	30m	20 世纪 90 年代、2000 年
Landsat 7 ETM+	30m，全色 10m	2010 年
Sential 2A/2B	10m	2017 年

注：KeyHole（又称锁眼）系列卫星影像星历参数未解密，仅提供影像 4 个交点坐标信息，并且影像存在一定的畸变。因此在使用前需要在 ArcGIS 内以 Google Earth 影像为参考，其分辨率小于 2m，选择 100 ~ 200 个地面控制点进行影像矫正，随后再对建设用地进行目视提取。建设用地整体变化情况主要参考 1984 ~ 1991 年西藏首次土地资源调查成果《西藏自治区土地利用》一书中的数据、2017 年科考过程中从阿里地区自然资源局获取的 2016 年调查数据，以及中国科学院地理科学与资源研究所资源环境科学与数据中心获取的 2000 年、2010 年、2015 年中国土地利用现状遥感监测数据。

① 1ft（英尺）=0.3048m。

附 1.3.2　草地质量状况与变化

阿里及邻近地区草地整体分布情况参考中国科学院地理科学与资源研究所资源环境科学与数据中心 2015 年中国土地利用现状遥感监测数据。

绿度变化监测使用的数据为 MOD13A2 NDVI 产品，时间分辨率为 16 天，空间分辨率为 1000m。为去除云、积雪污染的影响，采用 TIMESAT 中的 Savitzky-Golay 模型对 MODIS 时间序列进行平滑处理。随后分析阿里及邻近地区草地生物量 2000 ~ 2017 年的生长趋势，求取每年生长季 NDVI 平均值，随后计算变化趋势：

$$y=a+bx+\varepsilon$$

式中，y 为每年的 NDVI 生长季平均值；x 为年份；a 和 ε 分别为一元线性回归的截距和误差；斜率 b 为本书研究中使用的趋势变化分析的量化指标。拟合回归函数采用的是最小二乘法，其使得方程真实值与拟合值的插值平方的和最小。用 F 检验（$\alpha=0.05$）代表置信度的高低：$\alpha<0.05$ 说明变化显著。

附 1.3.3　景观格局分析方法

从类型尺度和景观尺度对考察区各土地利用类型的景观格局现状进行分析，以期对土地利用景观的总体特征有较为全面的认识。运用的软件包括 ArcGIS 软件和 Fragstats 软件。

其具体计算流程如下所示：

（1）在 ArcGIS 软件中，运用 Conversion Tools 工具集中的 Feature to Raster 工具，将 2015 年土地利用矢量数据转换为栅格数据，并以值字段进行转换。值得注意的是，在转换前，应确保原始矢量数据具有投影坐标系，而不是仅有地理坐标系。

（2）转换成栅格数据后，在 ArcGIS 软件中，运用 3D Analyst Tools 工具集中的 Reclassify 工具，并以 Value 字段进行重分类，将考察区内 6 个土地利用类型按照 1～6 依次进行重分类。

（3）重分类完成后，在 ArcGIS 软件中，将重分类得到的 grid 格式的栅格数据导出成 tif 格式的栅格数据，并注意存储名称中不应出现中文字符，存储目录尽量为根目录。

（4）打开 Fragstats4.2 软件，选择 tif 格式的 2015 年考察区土地利用栅格数据，将背景值设为 –1。之所以将背景值设为负值，是因为当背景值设为正值时，系统会将背景像元作为目标景观的一部分，从而对各项景观格局指数的计算产生影响。而将背景值设为负值，系统则默认背景像元不是目标景观的一部分。

（5）在 Fragstats4.2 软件中，边缘深度（edge depth）选择固定深度为 50m。在 Analysis Parameters 中勾选 Class Metrics 和 Landscape Metrics，因为研究主要讨论考察区中各土地利用类型的景观格局特征和整个研究区的景观格局特征，不考虑每一个涉及不同土地利用类型的斑块的景观格局特征，此后，选择类型尺度和景观尺度的各种景观格局指数参与运算即可。

参考文献

① 邱玉宝, 王星星, 韩璐璐, 等. 2017. 2002～2016年高亚洲逐日积雪覆盖度数据集. 科学数据银行, 2(2): 59-69.

附录 2

考 察 日 志

附表 2.1   河湖源土地资源变化与区域发展考察分队考察日志一
（土地资源与湿地变化调查组，2017 年 8～9 月）

日期	工作内容	停留地点
8 月 20 日	拉萨市→日喀则市：在日喀则市桑珠孜区的撂荒典型区，进行了土地覆被类型调查。晚上召开第一次工作会议，进行任务分配和交流、学习近平贺信和刘延东的讲话精神	日喀则市
8 月 21 日	日喀则市→拉孜县：沿途观察土地资源、湿地等生态环境状态	拉孜县
8 月 22 日	拉孜县→桑桑镇→萨嘎镇→仲巴县：沿途获取香柏灌丛及沼泽湿地无人机影像数据共 119 张，对香柏灌丛进行样方调查、光谱测量，并对同一区域内湿地植被进行调查	仲巴县
8 月 23 日	仲巴县→帕羊镇珠珠村→帕羊镇：沿途对帕羊镇草甸湿地、沼泽湿地进行土地覆被样点调查、无人机航拍及湿地植被样方调查，共完成土地覆被调查样点 7 个，航拍影像 328 张	帕羊镇
8 月 24 日	帕羊镇→马攸拉山口→公珠错→巴嘎乡：沿途进行植被样方调查、光谱数据测量和无人机航拍等工作。主要针对湿地植被与针茅草原，共完成土地覆被调查样点 13 个，航拍影像 242 张	巴嘎乡
8 月 25 日	巴嘎乡→玛旁雍错→拉昂错→普兰县：沿途进行植被样方调查、光谱数据测量和无人机航拍等工作。主要针对湿地植被与针茅草原，共完成土地覆被调查样点 13 个，航拍影像 242 张，晚上召开第二次工作会议，汇报工作进展情况，交流经验心得	普兰县
8 月 26 日	普兰县→科伽村→玛旁雍错→普兰县：对中尼边境地区的土地覆被类型进行调查、测量光谱数据、采集土壤样品和获取生物量样本点，以及进行无人机航拍等，沿线完成土地覆被调查样点 4 个，航拍影像 177 张。部分队员到阿里地区普兰县人民政府搜集地区资料	普兰县
8 月 27 日	普兰县→冈仁波齐峰→普兰县：围绕冈仁波齐峰进行土地利用调查、植被样方调查和土壤调查等工作，共完成植被样方调查点 6 个。晚上对之前工作进行汇总	普兰县
8 月 28 日	普兰县→玛旁雍错→门士乡：上午对玛旁雍错周边的土地覆被状况、植被和土壤进行补充调查，下午前往门士乡，对沿途的植被和土地利用状况进行调查。共完成植被样方调查点 21 个，土地利用类型调查点记录 12 个，土壤样品调查点 5 个，光谱数据测量 75 组，生物量获取 3 组，航拍影像 268 张	门士乡
8 月 29 日	门士乡→札达县：沿途对植被、土壤、土地利用等状况进行调查。共完成植被样方调查点 24 个，土地利用类型调查点记录 7 个，土壤样品调查点 2 个，光谱数据测量 40 组，生物量获取 4 组，航拍影像 456 张	札达县
8 月 30 日	札达县→萨让乡：调查萨让村农田状况，无人机航拍记录，共完成植被样方调查点 6 个，土地利用类型调查点 2 个，土壤样品调查点记录 1 个，光谱数据测量 30 组，航拍影像 265 张	萨让乡
8 月 31 日	萨让乡：完成边境地区调查土地覆被类型、测量光谱、采集土壤、获取生物量和无人机航拍等工作，共完成植被样方调查点 12 个，土地利用类型调查点记录 1 个，土壤样品调查点 2 个，光谱数据测量 205 组，生物量获取 2 组，航拍影像 310 张。部分队员前往札达县政府部门搜集地区资料	萨让乡
9 月 1 日	萨让乡→札达县：沿途调查土地覆被类型、测量光谱、采集土壤、获取生物量和无人机航拍等，共完成植被样方调查点 15 个，土地利用类型调查点 2 个，土壤样品调查点 1 个，光谱数据测量 80 组，生物量获取 2 组，航拍影像 308 张。部分队员继续在札达县政府部门搜集地区资料	札达县
9 月 2 日	札达县：上午对札达县附近植被进行调查，航拍土林地貌，共完成野外植被样方调查点 5 个。下午整理获取的野外资料	札达县
9 月 3 日	札达县→达巴乡→札达县：对达巴乡至县城沿途的植被类型、土地利用状况和湿地状况进行调查，共完成植被样方调查点 33 个，土地利用类型调查点记录 11 个，土壤样品调查点 3 个，光谱数据测量 210 组，生物量获取 5 组，航拍影像 728 张	札达县

续表

日期	工作内容	停留地点
9 月 4 日	札达县→香孜乡→狮泉河镇：沿途对土壤植被进行调查，共完成植被样方调查点 34 个，土地利用类型调查点记录 21 个，土壤样品调查点 1 个，光谱数据测量 40 组，生物量获取 4 组	狮泉河镇
9 月 5 日	狮泉河镇：狮泉河国家湿地公园主要湿地类型的样方调查、光谱测量、无人机航拍等，共完成植被样方调查点 36 个，土地利用类型调查点记录 12 个，土壤样品调查点 2 个，光谱数据测量 305 组，生物量获取 6 组，航拍影像 551 张。前往政府管理部门办理后续工作手续，收集政府部门数据资料	狮泉河镇
9 月 6 日	狮泉河镇→左左乡→狮泉河镇：沿途进行土地覆被类型、测量光谱、生物量、无人机航拍等调查，共完成植被样方调查点 12 个，土地利用类型调查点记录 2 个，光谱数据测量 260 组，生物量获取 4 组，航拍影像 259 张。晚上和其他小组开会，交流心得与调查状况	狮泉河镇
9 月 7 日	狮泉河镇→典角村→狮泉河镇：对边境村的环境、交通、基础设施、植被、耕地等进行考察，共完成植被样方调查点 19 个，土地利用类型调查点记录 8 个，土壤样品调查点 2 个，光谱数据测量 85 组，生物量获取 3 组，航拍影像 254 张	狮泉河镇
9 月 8 日	狮泉河镇→革吉县：沿途调查湿地草甸和高寒荒漠草原等，共完成植被样方调查点 39 个，土地利用类型调查点记录 13 个，光谱数据测量 95 组，生物量获取 8 组，航拍影像 589 张	革吉县
9 月 9 日	革吉县→狮泉河镇→革吉县：狮泉河源头生态环境调研工作主要包括调查土地覆被类型、测量光谱和生物量等，共完成植被样方调查点 19 个，土地利用类型调查点记录 6 个，土壤样品调查点 3 个，光谱数据测量 255 组，生物量获取 4 组	革吉县
9 月 10 日	革吉县：调查狮泉河国家湿地公园土地覆被类型、光谱测量、生物量采集和无人机航拍等。共完成植被样方调查点 30 个，土地利用类型调查点记录 6 个，土壤样品调查点 2 个，光谱数据测量 240 组，生物量获取 4 组，航拍影像 435 张	革吉县
9 月 11 日	革吉县→狮泉河镇→日土县：从革吉县到狮泉河镇，收集噶尔县的相关统计资料，沿路拍照记录，购买物资	日土县
9 月 12 日	日土县：上午在日土县办理进入无人区手续，到阿里荒漠环境综合观测研究站联系相关事宜，下午对统计资料等进行汇总记录	日土县
9 月 13 日	日土县→多玛乡→松西村：上午办理完林业、公安方面的手续，下午赶路至松西村	松西村
9 月 14 日	松西村→羌塘无人区：进行羌塘无人区生态环境调研，维护各站点仪器设备	羌塘无人区
9 月 15 日	羌塘无人区→狮泉河镇：道路受阻，无法按计划进行，遂折返，沿途共完成光谱数据测量 125 组，航拍影像 462 张	狮泉河镇
9 月 16 日	狮泉河镇：修整并整理物资、仪器装备等，将部分需处理的样品等邮寄回北京	狮泉河镇
9 月 17 日	狮泉河镇→改则县：沿途完成植被光谱数据测量 145 组，航拍影像 679 张	改则县
9 月 18 日	改则县：收集并整理相关统计资料	改则县
9 月 19 日	改则县→尼玛县：沿途完成植被光谱数据测量 70 组，航拍影像 891 张	尼玛县
9 月 20 日	尼玛县→班戈县：沿途完成植被光谱数据测量 125 组，航拍影像 375 张	班戈县
9 月 21 日	班戈县→拉萨市：天气原因，沿途无法完成相关工作，此次科考工作结束	拉萨市

附表 2.2　河湖源土地资源变化与区域发展考察分队考察日志二
（农牧发展调查组，2017 年 8 ～ 9 月）

日期	工作内容	停留地点
8 月 20 日	拉萨市→日喀则市：沿路对雅鲁藏布河谷农业进行了考察，在桑珠孜区进行牧户访谈，了解牧民生活生产状况，探究农牧业发展对当地生态环境的影响。在黑颈鹤自然保护区了解保护区状况。晚上召开第一次工作会议，进行任务分配和交流、学习习近平贺信和刘延东的讲话精神	日喀则市
8 月 21 日	日喀则市：分小组走访日喀则市发展和改革委员会、日喀则市财政局、日喀则市农牧局、日喀则市林业局、日喀则市环境保护局、日喀则市气象局、日喀则市文化局和日喀则市民政局 8 个部门，收集地区资源、产业、生态和环境等数据。晚上召开小组会议，确定科考工作具体安排，强调野外科考的注意事项	日喀则市
8 月 22 日	日喀则市→萨嘎县：沿途了解当地农牧业发展情况及生态保护政策	萨嘎县
8 月 23 日	萨嘎县→仲巴县：走访仲巴县政府，收集资源、产业、生态和环境等数据	仲巴县
8 月 24 日	仲巴县→普兰县：沿途对玛旁雍错周围环境、农牧业及藏羚羊等野生动物栖息地进行拍照和航迹记录	普兰县
8 月 25 日	普兰县：在普兰县沿马甲藏布进行样方调查，分组进行牧户调查；部分队员走访相关部门，收集县域资源、产业、生态和环境等数据。晚上召开会议，汇报任务进展情况，对发现的问题进行研究	普兰县
8 月 26 日	普兰县→科迦村→玛旁雍错→普兰县：在科迦村采集青稞、油菜等农田土壤样品，顺访中尼边境；绕玛旁雍错采集草样，并做牧户调查	普兰县
8 月 27 日	普兰县→冈仁波齐峰→普兰县：考察冈仁波齐峰植被垂直带谱及高寒环境下牦牛生活环境	普兰县
8 月 28 日	普兰县→噶尔县门士乡→札达县：在噶尔县门士乡采集河谷草甸草地样品，下午到札达县政府参加有农牧、林业、环保、国土等部门参加的座谈会，明确次日考察安排	札达县
8 月 29 日	札达县→曲松乡→札达县：在曲松乡了解当地农牧业发展状况，沿途进行牧户问卷调查和草地样品采集	札达县
8 月 30 日	札达县→底雅乡→底雅村→什布奇村→底雅乡：在底雅村采集河谷农田土样，进行农户访谈；与底雅乡对接，到边境村什布奇村进行农田土壤采样和农牧户访谈	底雅乡
8 月 31 日	底雅乡→札达县：对牧户季节性转场进行专题调研。了解季节性放牧转场以及季节性居所的情况	札达县
9 月 1 日	札达县→噶尔县→左左乡→噶尔县：沿途采集草样，完成生物量、土壤养分样方 3 个；与阿里地区行政公署座谈，之后到噶尔县左左乡进行政府访谈、草地采样、牧户调查	噶尔县
9 月 2 日	噶尔县→日土县→日松乡→日土县：日土县政府访谈，收集农牧、林业、环保等资料；在日松乡班公错周边进行草地采样，完成生物量、土壤养分样方 3 个	日土县
9 月 3 日	日土县→噶尔县：与县政府农牧、林业、环保等部门座谈与收集资料；车辆维修、人员休整	噶尔县
9 月 4 日	噶尔县→革吉县→改则县：沿途采样，完成生物量、土壤养分样方 6 个；对革吉县人民政府有关部门及羌塘保护区松多列管理站进行访谈	改则县
9 月 5 日	改则县→尼玛县：与改则县政府及农牧、林业、环保等部门座谈并收集资料；沿途采样，完成牧户调查 2 户与生物量、土壤养分样方 3 个	尼玛县

续表

日期	工作内容	停留地点
9 月 6 日	尼玛县：在当惹雍错周边采样、进行牧户问卷调查。完成牧户调查 1 户，生物量、土壤养分样方 6 个。 在尼玛县人工草地示范基地调研、采集土样，向农牧局干部了解人工种草情况	尼玛县
9 月 7 日	尼玛县→双湖县：沿途进行牧户问卷调查，完成牧户调查 1 户，生物量、土壤养分样方 3 个；参加双湖县政府有关部门座谈会，对双湖县的自然保护、草原生态保护补奖机制、围栏禁牧、城乡建设等进行座谈	双湖县
9 月 8 日	双湖县→班戈县：在双湖县林业、农牧、环保、统计等部门收集资料。在双湖县 – 班戈县沿线进行调查	班戈县
9 月 9 日	班戈县→拉萨市：参加班戈县政府林业、农牧、环保等部门召开的座谈会并收集资料；对县城周边的城郊湿地公园进行了考察。在班戈县—拉萨市沿线进行调查	拉萨市
9 月 10 日	拉萨市：汇总整理收集到的材料、数据等，完善各项手续，结束考察	拉萨市

附表 2.3　河湖源土地资源变化与区域发展考察分队考察日志三
（农牧发展调查组，2017 年 8 ～ 9 月）

日期	工作内容	停留地点
8 月 24 日	改则县→先遣乡：前往改则县先遣乡获取数据，考察野生动物、牧民及围栏之间的关系	先遣乡
8 月 25 日	先遣乡→察布乡：前往察布乡获取数据，考察野生动物活动、草地保护有效性等问题	察布乡
8 月 26 日	察布乡→先遣乡：准备前往阿鲁错进行考察，调查藏羚羊的迁徙路线，在先遣乡修整，整理数据材料	先遣乡
8 月 27 日	先遣乡→阿鲁错→改则县：前往阿鲁错考察藏羚羊的迁徙路径，考察围栏修建对藏羚羊迁徙的影响等问题	改则县
8 月 28 日	改则县：前往国土局收集地图资料	改则县
8 月 29 日	改则县：前往各部门搜集相关数据资料	改则县
8 月 30 日	改则县→先遣乡：在先遣乡同乡干部座谈，了解乡里的基本情况，明确第二天工作目标	先遣乡
8 月 31 日	先遣乡：对牧户进行问卷调查；调查村里的围栏状况	先遣乡
9 月 1 日	先遣乡→巴热村→先遣乡：前往先遣乡最远的巴热村进行牧户问卷调查，考察野生动物活动等相关问题	先遣乡
9 月 2 日	先遣乡→德布康如村→先遣乡：前往德布康如村进行牧户问卷调查，考察野生动物活动等相关问题	先遣乡
9 月 3 日	先遣乡→巴热村→先遣乡：前往巴热村继续进行牧户问卷调查	先遣乡
9 月 4 日	先遣乡→玛尔村→先遣乡：前往玛尔村进行牧户问卷调查，考察野生动物活动等相关问题	玛尔村
9 月 5 日	先遣乡：进行牧户问卷调查，考察野生动物活动等相关问题	先遣乡
9 月 6 日	先遣乡：继续进行牧户问卷调查，考察野生动物活动等相关问题	先遣乡
9 月 7 日	先遣乡：继续进行牧户问卷调查，考察野生动物活动等相关问题	先遣乡

附表 2.4　河湖源土地资源变化与区域发展考察分队考察日志四
（旅游交通文化调查组，2017 年 8 ～ 9 月）

日期	工作内容	停留地点
8 月 20 日	拉萨市→日喀则市：途经曲水县雅鲁藏布江拉萨河汇流处、雅鲁藏布江中游峡谷、土布加雅鲁藏布江风景区，沿途考察雅鲁藏布江河谷旅游、交通情况	日喀则市
8 月 21 日	日喀则市→拉孜县：沿途考察旅游、交通及文化状况；参观位于萨迦县本波山下的萨迦寺	拉孜县
8 月 22 日	拉孜县→萨嘎县：途经昂仁县、桑桑镇、日阿嘎藏布、愧拉山口等，沿途考察旅游、交通及文化资源状况	萨嘎县
8 月 23 日	萨嘎县→巴嘎乡：前往冈仁波齐山下的巴嘎乡，沿途考察旅游、交通及文化资源状况	巴嘎乡
8 月 24 日	巴嘎乡→普兰县：前往普兰县，途经玛旁雍错和拉昂错、纳木那尼峰等，沿途考察旅游、交通及文化资源状况；参加普兰县相关部门召开的座谈会并搜集相关资料	普兰县
8 月 25 日	普兰县：前往在建的普兰口岸、尼泊尔的边境村庄玉萨村进行考察；考察科迦村的科迦寺、孔雀河的源头、仁贡村、噶尔东村、普兰达拉喀城堡和贤柏林寺遗址	普兰县
8 月 26 日	普兰县：前往玛旁雍错、冈仁波齐进行考察，并考察沿途相关旅游文化资源状况	普兰县
8 月 27 日	普兰县→札达县：沿途考察旅游、交通及文化资源状况	札达县
8 月 28 日	札达县：对古格王朝遗址进行详细的旅游资源状况考察	札达县
8 月 29 日	札达县→底雅乡：前往札达县底雅乡什布奇村，考察边贸市场；考察底雅乡什布奇村	底雅乡
8 月 30 日	底雅乡→札达县：沿途考察旅游、交通及文化资源状况	札达县
8 月 31 日	札达县：前往札达县民政、农牧和旅游局收集资料	札达县
9 月 1 日	札达县→狮泉河镇：沿途考察旅游、交通及文化资源状况；下午召开座谈会并搜集资料	狮泉河镇
9 月 2 日	狮泉河镇→扎西岗乡→狮泉河镇：前往自治区级边境示范村——扎西岗乡典角村考察	狮泉河镇
9 月 3 日	噶尔县→日土县：考察沿线的旅游、交通及文化资源状况	日土县
9 月 4 日	日土县→曼冬错边境地区→日土县：由日土镇前往热角村、曼冬错、上曲龙考察旅游、交通及文化资源状况	日土县
9 月 5 日	日土县：考察日土县周边旅游、交通及文化资源状况	日土县
9 月 6 日	日土县→噶尔县：考察阿里天文台、暗夜公园、狮泉河镇等旅游基础设施状况	噶尔县
9 月 7 日	噶尔县→改则县：沿途考察旅游、交通及文化资源状况；对 S201 和 S206 沿线的交通状况进行考察	改则县
9 月 8 日	改则县→萨嘎县：沿途考察旅游、交通及文化资源状况；对 S206 由措勤县至 G318 旁的 22 道班交通状况进行考察	萨嘎县
9 月 9 日	萨嘎县→吉隆县：沿途考察旅游、交通及文化资源状况；考察吉隆口岸设施状况	吉隆县
9 月 10 日	吉隆县→日喀则市：沿途考察旅游、交通及文化资源状况	日喀则市
9 月 11 日	日喀则市→拉萨市：途经江孜、浪卡子县、满拉水库、卡若拉冰川及羊卓雍错并进行考察	拉萨市
9 月 12 日	拉萨市：前往西藏自治区旅游局、西藏自治区交通厅收集相关资料；考察哲蚌寺	拉萨市

科考分队信息及名单

附 3.1 专题科考分队信息

（1）项目：第二次青藏高原综合科学考察研究
（2）科考分队信息
专题科考分队名称：河湖源土地资源变化与区域发展考察分队
专题科考分队编号：I02-2017-04/05
关键科考区名称：河湖源
协调小组正组长和副组长：徐柏青　王磊
专题科考队分队长：张镱锂
专题执行分队长：刘林山
分队任务承担单位：中国科学院地理科学与资源研究所
分队任务参加单位：西南大学、青海师范大学
西藏大学、西藏农牧学院、西藏自治区林业调查规划研究院
科考计划执行期限：2017 年 8 月～ 2018 年 12 月

附 3.2 （2017 年）河湖源土地资源变化与区域发展考察分队

分队长：张镱锂
野外执行分队长：刘林山
（临）党支部书记：姚予龙
纪检委员：徐增让
宣传委员：刘峰贵
组织委员：李兰晖
野外考察时段：2017 年 8 月 15 日～ 9 月 30 日

科考专业组
土地资源与湿地变化调查组
组长：张镱锂　刘林山
组员：张镱锂　刘林山　王兆锋　李兰晖　何毅　刘琼欢　张炳华　谢芳荻
　　　王宇坤　谷昌军　刘丹辉　宫宝昌　次仁　马和平　宋福林　夏彦杰
　　　拉巴次仁　巴桑次仁　洛桑加措　拉巴平措　布琼

农牧发展调查组
组长：徐增让　阎建忠
组员：徐增让　金绍兵　靳茗茗　阿旺桑布　拉巴　仁增　加措　朗加
　　　阎建忠　王宏　杨柳　次杰　松觉　顿旦　旦增桑珠　旦增多杰

旅游交通文化调查组

组长：陈屹松

组员：陈屹松　刘峰贵　姚予龙　马伟东　土登次仁

附 图

附图 1　科考队员调试无人机及样方调查

附图 2　仲巴县湿地调查

附图 3　帕羊镇队员衣服上蚊虫密布　　　　附图 4　科考分队在冈仁波齐峰前合影

附图 5　在普兰进行地物光谱测量工作

附图 6　冈仁波齐峰附近样方调查

附图 7　队员在路边吃饭

附图 8　湿地陷车

附图 9　队员们维护无人区仪器

附图 10　队员们在牧民家处理数据

附图 11　普兰镇多油村马甲藏布土壤采样及玛旁雍错湖滨草地采样

附图 12　噶尔县门士乡草甸样方调查与牧户问卷调查

附图 13　札达县香孜乡草地样方调查及牧民访谈

附图 14　被熊破坏的房屋　　　　　　　附图 15　问卷调查

附图 16　野外围栏调查记录